Maurice Sartre

L'ANATOLIE HELLÉNISTIQUE

de l'Égée au Caucase

(334-31 av. J.-C.)

ARMAND COLIN

Collection U • Histoire

Document de couverture : Sardes, le temple d'Artémis.
Cliché de l'auteur.

ISBN 2-200-26574-3

Armand Colin • 21, rue du Montparnasse • 75006 Paris

Préface

Près de huit ans ont passé depuis la parution de *L'Asie Mineure et l'Anatolie d'Alexandre à Dioclétien*. De très nombreux travaux nouveaux, appuyés sur les découvertes archéologiques, épigraphiques et numismatiques, obligeaient à réviser certains points et, par les nouveautés qu'ils introduisaient, plaidaient en faveur d'une refonte substantielle. Une simple mise à jour me paraissait insuffisante, même si certains développements présentés au lecteur gardaient leur valeur. Au fur et à mesure que j'avançais dans ce travail, il m'apparaissait que la nouvelle version se détachait peu à peu de son modèle. C'est pour cette raison qu'en accord avec l'éditeur, il a été décidé de modifier le titre, évitant ainsi d'introduire des confusions entre le livre de 1995 et celui-ci, quelles que soient leurs similitudes. Par ailleurs, les enrichissements étaient tels qu'il n'était plus possible de faire un volume unique, regroupant d'une seule volée plus de six siècles d'histoire. Un autre volume prolongera donc celui-ci, dans un délai que j'espère peu éloigné, et englobera l'ensemble de l'époque impériale. J'ai bien conscience des inconvénients qu'il y a à séparer ainsi l'époque hellénistique de l'Empire, et plus encore l'histoire de la première province d'Asie de celle de l'Asie impériale, d'autant que certains développements relatifs à des institutions comme le *koinon* ou les *conventus* trouveront leur place dans le volume consacré à l'Empire. Cela obligera en attendant à recourir au livre de 1995, que je ne crois pas périmé sur ce point.

Malgré ces modifications, la conception de l'ensemble n'a pas varié, et j'ai tenu à conserver à ce livre son caractère d'histoire régionale de la péninsule anatolienne et des îles proches de la côte. Ce choix explique que l'on ne trouve pas ici certains aspects essentiels de l'histoire de la période tels que la conception de la royauté chez les Attalides, la formation des armées hellénistiques ou le développement du culte des souverains. Le lecteur attentif verra que le plan reprend exactement celui du livre de 1995, sauf sur quelques points où j'ai subdivisé davantage ou modifié des intertitres – signe de remords féconds. Mais si la structure demeure globalement identique, le texte a été profondément remanié, corrigé sur de nombreux points, enrichi presque partout. Cela se traduit par une augmentation importante des développements et de l'appareil de références, dont on prendra la mesure en particulier par les notes infra-paginales. En revanche, pour des raisons de place, on a supprimé quelques documents, en particulier ceux qui proviennent des auteurs anciens et qui se trouvent facilement : on pourra toujours les retrouver dans le livre de 1995 ; en revanche, on a ajouté quelques inscriptions importantes, récemment publiées ou non.

Malgré ces accroissements et ces changements, ce livre reste un manuel destiné aux étudiants, une initiation à la connaissance de l'Asie Mineure et de l'Anatolie antiques, et il ne prétend donc nullement à l'exhaustivité. Les nombreuses notes, la bibliographie mise à jour jusqu'au dernier moment voudraient inviter le lecteur à aller plus loin et lui fournir les moyens d'approfondir l'étude de l'une des régions les plus passionnantes du monde grec antique.

Tours le 11 avril 2003

Introduction[1]

Choisir un si large espace, sur une aussi longue période, revient à bousculer quelques habitudes de l'historien de l'Antiquité. D'une part, historiquement, il s'agit de briser le carcan où s'enferme parfois l'histoire ancienne classique, qui sépare abusivement en Méditerranée orientale une « histoire grecque » qui s'arrêterait à Actium d'une « histoire romaine » qui prendrait son relais. En plaçant l'ensemble de ce projet dans la longue durée, de la conquête d'Alexandre à la veille des réformes de Dioclétien (et cette borne ultime n'est placée que parce qu'il faut bien s'arrêter là où ses propres compétences marquent le pas), on veut donc se donner les moyens d'introduire d'autres articulations chronologiques, de suivre des phénomènes essentiels comme la diffusion de la cité ou la mise en tutelle des ruraux pendant près d'un millénaire. Même si le volume que l'on a entre les mains, qui est le premier volet du projet, s'arrête à Actium, ce n'est pas pour sacrifier à la tradition ; à bien des égards, les dates de 133 ou de 88 av. J.-C. se révèlent aussi capitales, mais aussi l'époque flavienne qui coïncide avec la fin des derniers États-clients de Cilicie et de profondes réformes des provinces. Le choix de 31 av. J.-C., outre qu'il permet d'équilibrer de façon satisfaisante les deux volumes — mais qui se satisfera de cette pirouette ? — trouve néanmoins à mes yeux une justification essentielle : c'est le retour de la paix dans une région du monde où la guerre n'a pas cessé depuis 334. Même si rien ne change dans les jours qui suivent la victoire d'Octave, l'historien est bien obligé de faire le constat que rien ne sera plus comme avant. Sans nier l'importance du processus qui s'engage, je reste attaché, malgré cette coupure techique, à la vision globale du projet et c'est celui-ci que je compte exposer dans les lignes qui suivent.

En choisissant l'Anatolie dans son entier[2], on s'oblige à sortir des sentiers battus de l'histoire strictement égéenne pour prendre en compte la totalité de la

1. L'introduction est reprise presque sans changement du livre de 1995, sauf quelques ajouts bibliographiques dans les notes. Elle englobe donc en principe l'ensemble du projet, le volume ici présenté et celui qui viendra un peu plus tard sur l'Anatolie romaine.
2. Le terme d'Anatolie peut être ambigu. Le terme, qui désigne chez les Grecs de Grèce propre le lieu où se lève le soleil (ἡ ἀνατολή), devrait s'appliquer à l'ensemble de la péninsule turque actuelle. C'est dans ce sens qu'il faut l'entendre ici. Mais beaucoup

péninsule. En effet, l'histoire classique ne s'intéresse guère qu'aux régions occidentales (Asie Mineure) ou méridionales hellénisées, l'Est n'apparaissant dans l'historiographie que comme un *limes* fortifié, une frontière à défendre. Trop souvent, on a tendance à étendre à toute la région des observations faites dans la partie hellénique ou hellénisée de l'Asie Mineure, sans trop se préoccuper des phénomènes de résistance ou de simple persistance d'autres traditions là où l'hellénisme avait peu progressé. Il est vrai cependant que les Anciens n'eurent sans doute pas une conscience claire de l'unité géographique de cet ensemble puisque aucun mot ne désigna jamais à la fois l'Asie Mineure au sens strict, le plateau anatolien et les régions montagneuses voisines du Caucase.

Car l'Anatolie offre une grande diversité que masque trop souvent l'éclat des cités d'Asie Mineure. D'un point de vue géographique d'abord, elle est constituée d'ensembles très différents. Le seul élément d'unité, celui qui nous la fait considérer comme un tout cohérent, c'est son aspect de longue péninsule cernée par quatre mers, le Pont-Euxin, la Propontide (mer de Marmara), l'Égée et la Méditerranée. La limite orientale se laisse plus difficilement fixer mais on s'en tiendra à une ligne qui partirait de l'angle sud-est du Pont-Euxin, courrait le long de l'Euphrate jusqu'à ce qu'il franchisse l'Anti-Taurus, suivrait la crête des montagnes et plongerait vers le fond du golfe d'Issos[3].

Ce vaste rectangle rassemble des régions très diverses autant par la topographie que par le climat[4]. On peut opposer une zone méditerranéenne, allant de la Bithynie à la Cilicie en passant par l'Ionie, la Carie et la Lycie, aux régions continentales du centre, de l'Est et du Nord. Mais cette opposition est loin de prendre en compte la totalité des différences.

Du Bosphore à la Carie s'étend une vaste zone de plaines et de collines au climat méditerranéen, bien arrosée et aux hivers doux, tempérée l'été. Le paysage est semblable à celui de la Grèce, mais avec une ampleur des plaines et des vallées, une puissance des fleuves que la Grèce ignore. La circulation n'est cependant guère aisée du nord au sud en raison de chaînons montagneux qui

---

d'auteurs, comme Stephen Mitchell, *Anatolia*, Oxford, 1993, *passim*, distinguent l'Asie Mineure, c'est-à-dire la partie occidentale de la péninsule, de l'Anatolie, terme dont ils réservent l'usage aux régions de l'intérieur, de la Phrygie à la Cappadoce en passant par la Galatie.

3. On laissera donc de côté la Commagène, considérée comme un appendice syrien vers le Nord. Son histoire et son peuplement sont d'ailleurs liés à ceux de la Syrie.
4. La Turquie d'Asie actuelle, qui correspond approximativement à l'ensemble que l'on étudiera couvre plus de 750 000 km^2. On trouvera une bonne description d'une part dans le manuel de géographie (ancien mais encore utile) de P. Birot et J. Dresch, *La Méditerranée et le Moyen-Orient*, t. 2 : *La Méditerranée orientale et le Moyen-Orient,* Paris, 1956, et dans T. R. S. Broughton, *Roman Asia*, Philadelphie, 1936, p. 599-607, ou dans St. Mitchell, *Anatolia*, I, Oxford, 1993, p. 5-7. Pour une étude plus ponctuelle, on peut lire la thèse classique, mais passionnante, de X. de Planhol, *De la plaine pamphylienne aux lacs pisidiens*, Paris, 1958.

séparent les grandes vallées, Sangarios, Makestos, Caïque, Hermos, Caÿstre, Méandre. La côte, très découpée, offre de multiples abris mais les fleuves apportent des alluvions surabondantes qui ensablent les ports (Priène, Milet, Éphèse).

De la Lycie à la Cilicie, si le climat reste méditerranéen, chaud et sec (cf. les bananeraies de la côte sud), le relief s'élève fortement, la côte, plus rectiligne, offre moins de bons ports. La Lycie, mais plus encore la Cilicie Trachée, présentent une véritable barrière montagneuse culminant en plusieurs points à plus de 2 000 mètres. Cependant l'étroite plaine pamphylienne à l'ouest, la vaste plaine de Cilicie Plane à l'est offrent aux extrémités de très riches possibilités agricoles.

La transition avec l'intérieur se fait depuis l'Ouest par étape et comme insensiblement. On le voit bien en remontant les grandes vallées vers l'est : les hautes terres de Phrygie ou de Pisidie reçoivent encore l'influence de la Méditerranée mais les hivers y sont rudes (l'olivier y disparaît rapidement, parfois dès 250 m d'altitude), avec beaucoup de neige jusqu'en mars-avril, et des gelées possibles jusqu'en mai, voire en juin.

Le centre de la péninsule est occupé par un vaste plateau d'altitude souvent supérieure à mille mètres avec un climat continental très marqué, chaud et sec l'été, glacial l'hiver[5]. C'est un pays sans arbres (*Axylon*), dont le centre est occupé par un lac salé (moderne Tuz Gölu, antique lac Tatta). Lorsqu'on s'éloigne vers l'est, l'altitude s'élève et toute la partie orientale de la Turquie actuelle est occupée par de hautes montagnes, coupées de profondes vallées abritant villages et cultures formant chacune comme un chapelet d'oasis. L'hiver y est très rude, long et enneigé.

La côte pontique offre un autre type de paysage. Bordée de collines plus ou moins élevées, elle jouit d'un climat méditerranéen plus frais mais surtout plus humide. Même en allant vers l'est, la présence de la mer atténue fortement la continentalité et à des hivers doux et pluvieux succèdent des étés à chaleur modérée et tout aussi humides.

À cette géographie contrastée s'ajoute une histoire diverse dont témoignent le peuplement et la variété des traditions. Bien qu'elle appartienne tout entière à l'Empire achéménide depuis le milieu du VIe siècle, l'Anatolie est loin d'être unifiée culturellement. Sans entrer dans un détail très complexe[6], on peut au moins fixer les grands traits du peuplement de l'Anatolie vers l'époque où Alexandre franchit les Dardanelles (Hellespont).

La partie occidentale de l'Asie Mineure est, depuis la fin du deuxième millénaire ou le début du premier millénaire, une terre grecque depuis le Bosphore jusqu'en Carie septentrionale. Un fort peuplement grec, à peu près continu de la Troade à la vallée du Méandre a fini par masquer largement le vieux fond indi-

5. Cf. St. Mitchell, *Anatolia*, I, p. 143-145.
6. Cf. St. Mitchell, *Anatolia*, I, p. 171-176.

gène. C'est dans cette zone que se situent les plus importantes cités grecques, de Phocée à Milet, en passant par Éphèse, Smyrne, Klazomènes et Priène. L'Ionie apparaît vraiment comme la Grèce d'Asie, mais cette Grèce d'Asie n'occupe qu'une étroite bande côtière : toutes les cités sont des ports ou à proximité de la mer. Dès que l'on s'enfonce dans l'intérieur, les Grecs disparaissent. Sardes, la capitale de l'Asie Mineure perse, n'est qu'à cent kilomètres de Smyrne.

Mais le peuplement grec ne se limite pas à l'Ionie. Il existe des fondations éparpillées le long des côtes, vers le sud (en Carie comme Cnide ou Halicarnasse, cité gréco-barbare), en Lycie (Phasélis), en Pamphylie (Sidè, Pergé, Aspendos), mais aussi sur la mer de Marmara (Cyzique, Chalcédoine) et la côte sud du Pont-Euxin (Héraclée, Sinope, Trapézonte).

Cette Grèce d'Asie, occupée par les Perses en 546, n'a connu qu'une brève période de liberté entre 479-478 et 411-410. Depuis la fin du ve siècle, elle est retombée aux mains des Perses, y compris les îles de Lesbos, Chios, Samos, Cos, Rhodes et toutes celles qui sont à proximité de la côte anatolienne[7]. La révolte des satrapes perses d'Asie Mineure contre l'autorité d'Artaxerxès II (366-360) ne lui a pas permis de se libérer et les Grecs de Grèce propre qui sont intervenus dans le conflit n'ont guère défendu d'autres intérêts que les leurs[8].

Dès que l'on quitte la zone côtière et les quelques colonies grecques qui la jalonnnent, on rencontre un monde très différent, qui a subi plus ou moins l'influence de l'hellénisme. Au nord, les Bithyniens, proches parents des Thraces, sont mal connus. Le contact avec les cités grecques depuis Cyzique jusqu'à Héraclée du Pont a favorisé l'hellénisation d'une frange de notables, mais on ne peut certainement pas parler d'une hellénisation en profondeur de la majorité de la population. Même sur le territoire des cités grecques subsistent des paysans indigènes placés en situation de dépendance (Mariandyniens d'Héraclée).

Au sud, au contraire, les Cariens, qui ont conservé leur langue[9], sont fortement hellénisés. La région connait une relative émancipation politique et une vive hellénisation culturelle à l'époque où la dynastie indigène des Hécatomnides constitue autour de Mylasa puis d'Halicarnasse une principauté semi-indépendante dont l'apogée coïncide avec le règne de Mausole[10]. Ces princes

---

7. Sur tout ceci, O. Picard, *Les Grecs face à la menace perse*, Paris, 1980, et, en particulier pour l'Anatolie, Ch. G. Starr, « Greeks and Persians in the Fourth century B.C., a study in cultural contacts before Alexander », *Iranica Antiqua*, 11, 1976, p. 39-99 et 12, 1977, p. 49-115, et maintenant P. Briant, *Histoire de l'Empire perse, de Cyrus à Alexandre*, Paris, Fayard, 1996, et P. Debord, *L'Asie Mineure au IVe siècle (412-323 av. J.-C.)*, Bordeaux, Ausonius, 1999.
8. Cf. M. Weiskopf, *The So-called « Great satrap's Revolt », 366-360 B.C.*, Stuttgart, 1989.
9. G. Neumann dans G. Neumann et J. Untermann, *Die Sprachen im römischen Reich der Kaiserzeit*, 1980, p. 167-185, fait le point de la situation linguistique de l'Anatolie au début de l'Empire ; cf. aussi St. Mitchell, *Anatolia*, I, p. 172-175.
10. Sur la Carie au IVe siècle, S. Hornblower, *Mausolus*, Oxford, 1982.

indigènes se conduisent à la fois comme des satrapes perses d'Asie Mineure – dont ils exercent les fonctions – et comme de grands notables hellénisés faisant travailler pour leur compte architectes, sculpteurs et artistes grecs.

Plus au sud, la Lycie a développé une civilisation très originale mêlant traditions aristocratiques locales, système de valeurs perse et culture hellénique. Là encore l'hellénisme a pénétré dans les milieux dirigeants (tombeaux) mais le lycien reste très vivant et le régime aristocratique persiste dans l'organisation sociale et politique[11]. La mainmise des Hécatomnides sur la région après la révolte des satrapes a peut-être conduit au remplacement d'une partie des élites lyciennes par des Cariens[12], et n'a pu que favoriser les progrès de l'hellénisme dans la région.

On connaît moins bien les régions de l'intérieur bien qu'on devine l'originalité de la civilisation phrygienne dont les centres principaux se trouvent à Gordion et à Pessinonte. Les Paphlagoniens vivent autour de princes dont on ne voit pas bien les liens avec les Perses, mais qui doivent jouer un rôle d'administration locale avec l'approbation du pouvoir central. Plus à l'est, les peuples du Pont et de Cappadoce sont dominés par une aristocratie terrienne iranisée ; les satrapes locaux sont quasi indépendants du Grand Roi, à la fois maîtres de grands domaines ruraux et sans doute clefs de voûte d'un système aristocratique fortement hiérarchisé.

En Cilicie enfin[13], on distingue à la suite de Strabon[14] entre la Cilicie Trachée (prolongée au nord-ouest par l'Isaurie et la Lycaonie), très sauvage, et la Cilicie Plane urbanisée, partiellement hellénisée (début du monnayage dès le ve siècle) mais aussi sémitisée dans ses cultes et ses traditions linguistiques.

C'est dans ce monde bigarré, repris en main depuis peu par les Perses, qu'Alexandre pose le pied au printemps 334. C'est le début d'une aventure où l'Asie Mineure joue en définitive un rôle court et secondaire, mais c'est pour celle-ci un changement politique majeur, à l'origine de formidables bouleversements. Dans cet esprit, on voudrait consacrer ce manuel à l'étude de quelques phénomènes essentiels pour l'histoire de ces régions et les prendre en considération dans la longue durée.

Il faudra d'abord examiner la mise en place de nouveaux pouvoirs en Anatolie, à la fois ceux qui, issus des compagnons d'Alexandre, luttent pour la domination des secteurs occidentaux et méridionaux de l'Anatolie et ceux

11. Résumé commode de la situation politique aux ve-ive siècles dans Ph. H. J. Houwink Ten Cate, *The Luwian population groups of Lycia and Cilicia Aspera during the Hellenistic Period*, Leyde, 1965, p. 3-17.
12. Ph. H. J. Houwink Ten Cate, *The Luwian population groups*, p. 12-14.
13. Sur la Cilicie achéménide, résumé de Ph. H. J. Houwink Ten Cate, *The Luwian population groups*, p. 31-32.
14. P. Desideri, « La città della pianura di Cilicia in Strabone », dans *Hestiasis. Studi di tarda Antichità offerti a Salvatore Calderone*, Messine, 1988, p. 331-346. Pour l'ensemble de l'Asie Mineure et chaque région en particulier, cf. A.-M. Biraschi et G. Salmeri, *Strabone e l'Asia Minore*, Naples, 2001.

qui, plus à l'est, se constituent en nouveaux royaumes indigènes plus ou moins hellénisés, de la Bithynie à la Cappadoce et au Pont. Ces nouvelles structures se caractérisent par une grande instabilité, notamment à l'ouest où des dynasties grecques dont le siège est extérieur à la région (Lagides, Séleucides, Antigonides) n'envisagent la possession de l'Asie Mineure que comme un atout indispensable dans la lutte qu'ils se livrent pour la mainmise sur l'empire d'Alexandre réunifié. L'élimination de ces puissances extérieures après la paix d'Apamée (188) laisse face à face les pouvoirs strictement locaux, Attalides de Pergame, royaumes indigènes, cités grecques (Rhodes, Héraclée) ou ligues (Lycie), mais introduit un nouveau partenaire : Rome.

La présence de Rome à partir de 188, d'abord discrète et masquée derrière ses alliés, devient réelle en 129 avec la création de la province d'Asie. Désormais, l'Anatolie compte une structure administrative supplémentaire : la province romaine. Entre 129 av. J.-C et 72 apr. J.-C, on assiste à la provincialisation lente, hésitante, mais définitive de toute la région. Phénomène complexe puisque Rome passe souvent par une structure intermédiaire, l'État-client.

L'histoire administrative et politique de l'Anatolie ne s'arrête pas avec l'annexion des derniers États-clients de Cilicie Trachée en 72. De multiples remaniements provinciaux, amples ou minimes, traduisent les hésitations d'un pouvoir qui semble avoir de la peine à trouver des structures stables pour cet immense domaine asiatique. Peu de régions de l'Empire romain semblent avoir subi autant de remaniements successifs, sans que les raisons, sans doute plus militaires que purement administratives, nous apparaissent clairement. En tout cas, les solutions adoptées ne parviennent pas à empêcher le déferlement des barbares au milieu du IIIe siècle apr. J.-C. De plus, le système des États-clients, supprimé en Anatolie proprement dite, se trouve reporté plus loin, dans le Caucase.

En six siècles d'histoire, l'Asie Mineure et l'Anatolie passent donc du statut de satrapies d'un empire universel, l'Empire achéménide, à celui de provinces d'un autre empire universel, l'Empire romain : aucune des autres structures politiques que l'on observe entre 334 av. J.-C. et 72 ap. J.-C. n'est parvenue à durer et à s'imposer, comme si la région était destinée à n'être qu'une partie d'un tout dont le siège est ailleurs, en Iran ou en Italie.

Par ailleurs, la longue domination achéménide, qui a laissé des traces dans le peuplement et les cultes, n'a pas abouti à un recul de l'hellénisme. Au contraire, l'hellénisation a progressé rapidement dès le IVe siècle vers l'intérieur, en Carie, en Phrygie, en Pisidie, en Cilicie Plane par exemple. On tentera d'apprécier comment se poursuit le phénomène lorsque des États grecs sont installés en Asie Mineure. Séleucides, Lagides, Attalides mais aussi les rois de Bithynie ont été des colonisateurs actifs, du moins durant les IIIe et IIe siècles. L'hellénisation de certaines zones se poursuit activement jusqu'au Ier siècle av. J.-C. (Pisidie, Phrygie) même si les effets ne s'en font vraiment sentir que sous le Haut-Empire.

L'irruption de Rome ne modifie pas en profondeur ce phénomène. Malgré la création de quelques colonies romaines dès l'époque de César puis au temps d'Auguste, Rome favorise la diffusion du modèle grec de la cité. On en étudiera de beaux exemples dans la partie ouest de l'Anatolie. Mais il faudra aussi s'interroger sur les limites de cette diffusion : on doit constater que de vastes secteurs du centre, de l'est et du nord-est de l'Anatolie ne comptent qu'un réseau urbain très lâche, ce qui marque les limites de cet aspect particulier de l'hellénisation.

Si l'hellénisation de l'Asie Mineure emprunte principalement la voie de l'urbanisation ou plutôt de la « poliadisation »[15], la cité grecque ne reste pas immuable. Cette communauté dont le rêve a longtemps été l'autarcie se trouve désormais confrontée à des structures qui la dépassent de beaucoup : qu'elle soit à l'extérieur ou à l'intérieur d'un royaume, d'une ligue ou d'une province romaine, la cité grecque ne peut conserver telles quelles l'indépendance et la souveraineté qui, en réalité, n'avait jamais été le privilège que des plus grandes. Si l'organisation générale de la cité reste la même jusqu'à l'Empire, ses finalités, son fonctionnement changent lentement et comme par touches insensibles. Les questions matérielles (approvisionnement, voirie) et culturelles (concours, gymnase, fêtes) prennent une importance croissante, entraînant des changements dans les hiérarchies sans pour autant éliminer des débats politiques les soucis traditionnels des cités en matière de diplomatie et de défense. De plus, les malheurs qui s'abattent sur l'Asie Mineure aux IIe et Ier siècles av. J.-C. entraînent de profondes mutations, plaçant au premier rang ceux qui, par leur argent et leur influence, peuvent assurer la survie de la communauté civique. Le retour de la paix après Actium ne diminue pas le rôle des riches bienfaiteurs mais les conduit à agir de façon différente. Rome finit par codifier et imposer à tous des comportements qui, à l'origine, étaient fondés sur le volontariat. Unie par une culture et une éducation (παιδεία) communes, la communauté hellénique assure le maintien d'un système de valeurs – exprimé autant dans les décrets pour les bienfaiteurs que par les honneurs décernés aux vainqueurs dans les concours – qui est au cœur même de l'Hellénisme pendant plus de sept siècles. Mais elle fait bien davantage que de préserver un patrimoine et elle sait, à l'occasion, retrouver une créativité qui s'exprime à merveille dans le renouveau littéraire et artistique des Ier et IIe siècles ap. J.-C.

Mais l'hellénisme n'est qu'un aspect de la vie culturelle et religieuse de l'Anatolie. La diversité des peuples que l'on a relevé plus haut ne se réduit pas avec le temps. D'une part de nouveaux peuples comme les Galates font leur apparition et viennent accroître la diversité ethnique et linguistique de l'Anatolie. D'autre part, derrière une hellénisation superficielle, on devine la

15. Ce néologisme disgracieux vise à insister sur l'aspect institutionnel des fondations urbaines « à la grecque » et non pas seulement sur le phénomène socio-économique de la fondation de villes.

survie de traditions indigènes plus ou moins modifiées par le contact avec le monde hellénisé, notamment en matière religieuse. En étudiant les sociétés rurales, on aura à cœur de mettre en évidence le maintien et les transformations de ces structures. Mais l'étendue de nos ignorances en ce domaine montre aussi à quel point le triomphe du mode de vie urbain continue à occulter l'histoire des sociétés indigènes, pourtant majoritaires. L'historien en est réduit aux observations ponctuelles d'un Strabon ou d'un Arrien pour saisir, da façon fugitive, le mode de vie des ruraux en Mysie, en Pisidie ou aux confins du Caucase.

Ce programme ne constitue pas un inventaire complet des questions qu'on étudiera chemin faisant. Il faudra aussi s'inquiéter des problèmes de défense face aux Parthes et aux barbares venus du Caucase, mesurer l'impact de l'installation – parfois massive – d'Italiens et de Romains en Asie Mineure, évaluer les transformations institutionnelles et culturelles que l'Asie Mineure doit à Rome. Pour ce faire, on suivra un plan à la fois chronologique et thématique. La chronologie importe au premier chef dans une étude d'aussi longue durée. Mais on s'efforcera de faire l'état des questions sur de longues tranches chronologiques en marquant bien les grandes articulations que me semblent introduire la conquête d'Alexandre, la paix d'Apamée, la crise mithridathique, l'âge d'Auguste et celui de Vespasien.

En arrêtant ce volume à la veille de la bataille d'Actium, on laisse en quelque sorte le lecteur au milieu du gué. Certes, on respecte ainsi une charnière traditionnelle de l'Histoire, même si elle reste sans grande signification pour l'Anatolie. Cependant, le retour de la paix, le changement du régime à partir de 27, l'intégration progressive des États-clients dès 25 av. J.-C. montrent combien sont profonds et rapides les changements. Mais rien de ce qui figure dans cette étude de l'Anatolie hellénistique ne devrait être inutile pour comprendre celle qu'on donnera de l'Anatolie impériale. L'Histoire ne s'arrête pas davantage qu'elle n'effectue de tournant, mais l'historien doit bien, à un moment, mettre un point final à son volume. J'ai choisi de le faire en 31 av. J.-C. ; chacun pourra critiquer ce choix : je ne lui attache, quant à moi, que peu d'importance.

Chapitre 1

D'Alexandre aux Diadoques : libération et morcellement (334-281)

L'Anatolie, achéménide depuis 546, a longtemps bénéficié des bienfaits de la *Pax Persica*. Lorsqu'on examine la situation économique de la région sur la longue durée, on observe en effet que l'Asie Mineure prospère au VIe siècle avant la révolte de l'Ionie puis à nouveau au IVe siècle malgré la reprise des guerres (guerre des alliés, révolte des satrapes). En revanche, la période la plus sombre correspond à celle de sa pseudo-libération entre 478 et 410, lorsque la plupart des cités se trouvent en réalité sous la domination athénienne par l'intermédiaire de la Ligue de Délos. Il n'est donc pas sûr que l'envie d'être libérés soit très forte chez les Grecs d'Asie, qui s'accommodent fort bien de la domination perse, au total peu pesante, malgré l'appui accordé à l'occasion aux oligarchies locales, voire à des tyrans.

On reviendra plus loin sur l'état de l'Anatolie à la fin du IVe siècle, notamment pour mettre en évidence apports perses, influences grecques et synthèses indigènes en matière de culture. On voudrait consacrer ce chapitre aux seuls aspects politiques et administratifs avant et après la conquête d'Alexandre.

L'organisation de l'Anatolie achéménide[1]

D'après Hérodote[2], c'est Darius Ier qui organisa définitivement l'empire en le divisant en vingt satrapies. Celles-ci sont loin d'être d'importance territoriale

1. Deux ouvrages récents permettront d'être ici assez brefs. D'une part, P. Briant, *Histoire de l'Empire perse, de Cyrus à Alexandre*, Paris, Fayard, 1996, traite de façon dispersée de l'histoire des Grecs d'Asie Mineure, et des populations non grecques, sur plus de deux siècles ; mais il fournit un très utile tableau de l'organisation de l'Empire à la veille de la conquête d'Alexandre en montrant que les historiens d'Alexandre sont une source de première importance en ce domaine. D'autre part, P. Debord, *L'Asie Mineure au IVe siècle (412-323 av. J.-C.)*, Bordeaux, Ausonius, 1999, donne un état détaillé de l'organisation achéménide de l'Asie Mineure durant cette période (p. 19-200). Pour la liste hérodotéenne des satrapies de l'Empire perse, voir aussi H. Klinkott, *Die Satrapienregister der Alexander- und Diadochenzeit*, Stuttgart, 2000, p. 11-16, à comparer avec les diverses listes perses des pays : P. Briant, p. 184-188.
2. Hérodote, III, 89.

égale puisque l'Anatolie regrouperait à elle seule cinq satrapies, c'est-à-dire le quart de l'ensemble alors qu'elle ne représente guère plus du dixième de la superficie totale de l'Empire perse. En réalité, ce que décrit Hérodote constitue l'organisation fiscale de l'Anatolie plutôt que l'organisation satrapique au sens strict. Ces cinq districts fiscaux sont, en leur attribuant le numéro d'ordre donné par Hérodote[3] :

I : L'Ionie, la Carie, la Lycie et la Pamphylie (400 talents).

II : La Lydie et la Mysie (500 talents).

III : La Phrygie hellespontique, la Bithynie et la Paphlagonie (360 talents).

IV : La Cilicie (500 talents).

XIV : la Cappadoce (600 talents).

On pourrait y ajouter la satrapie n° XIII, l'Arménie et le Pont (400 talents), qui couvre une partie de la région du nord-est anatolien en même temps que le Caucase.

À la veille de la conquête d'Alexandre, le tableau des satrapies se présente un peu différemment dans la mesure où la géographie administrative a varié alors que la structure fiscale semble être restée stable. Au nord-ouest de la péninsule, la satrapie de Daskyleion couvre principalement la Phrygie hellespontique, en bordure de la mer de Marmara (ant. Propontide), mais le satrape a autorité sur la Troade à l'ouest, et, selon des modalités diverses, sur la Mysie et la Paphlagonie (des vice-gouverneurs résident dans ces deux dernières régions), la côte pontique jusqu'à Sinope et Trapézonte, ainsi que sur la Bithynie et Héraclée du Pont où sa tutelle laisse une large autonomie aux pouvoirs locaux[4]. Au centre-ouest de la péninsule, la satrapie de Lydie (cap. Sardes) englobe à la fois la Lydie proprement dite et l'Ionie, c'est-à-dire les principales cités grecques de la région, tandis qu'il y existe de forts noyaux de population iranienne ainsi que des gens originaires de maintes régions de l'Empire achéménide[5]. Plus à l'est, la satrapie de Grande Phrygie (cap. Kélainai) englobe aussi la Lycaonie (Iconion) et s'étend jusqu'à l'Halys qui marque la frontière avec la satrapie de Cappadoce. Vers le sud, elle englobe certains districts proches de la Lycie, comme les Milyades, bien que ceux-ci continuent à verser le tribut avec les Lyciens[6]. Ces derniers ont été depuis peu (au plus tard en 337, mais sans doute dès le règne d'Artaxerxès III) rattachés à la satrapie de Carie (cap. Halicarnasse) dont le gouverneur contrôle ainsi l'angle sud-ouest de la péninsule. Au sud-est, un satrape réside à Tarse, avec autorité sur la Cilicie et la Syrie ; pour ce qui est de la péninsule anatolienne, sa satrapie s'étend jusqu'à la Cataonie, administrée par un sous-gouverneur résidant à Mazaka, et peut-être jouit-il d'une certaine autorité sur les villes de la côte de Pamphylie dont on sait qu'elles contribuent à l'armée perse par des archers,

3. Hérodote, III, 90-94.
4. P. Briant, p. 718-720.
5. P. Briant, p. 721-725.
6. Arrien, I, 24, 5 ; cf. P. Briant, p. 726.

des marins ou d'autres mercenaires[7]. Enfin, entre l'Halys et le haut Euphrate s'étend la satrapie de Cappadoce, dont nous ne savons à peu près rien à cette époque, sinon qu'elle doit former une seule satrapie plutôt que deux, contrairement à ce que prétend Strabon[8]. Mais notre ignorance ne peut laisser croire en une faible présence perse, pas plus que dans la satrapie voisine d'Arménie : la forte proportion d'anthroponymes iraniens, la présence des dieux iraniens, l'usage de l'araméen confirment au contraire une solide implantation de l'administration achéménide, même si nous ne la voyons guère à l'œuvre[9].

Ces satrapies sont dirigées par des nobles perses nommés par le Grand Roi, mais qui jouissent d'une relative indépendance. En effet certaines familles, très richement possessionnées en terres dans leur satrapie, finissent par s'approprier le gouvernement local : une même dynastie de satrapes semble gouverner la Phrygie hellespontique durant tout le IVe siècle ; de même en Cappadoce et en Cilicie. Chaque satrape s'appuie sur des garnisons perses assez nombreuses, réparties sur tout le territoire, non seulement dans les fortins installés en rase campagne, mais aussi dans les villes, les capitales satrapiques (Daskyleion, Sardes) et les principales cités grecques (Milet, Éphèse). La toponymie conserve à l'occasion le souvenir de cette présence de soldats levés aux extrémités de l'Empire, comme la plaine hyrkanienne[10] et la cité d'Hyrkanis, à l'ouest de Sardes[11], qui évoquent l'Hyrkanie, à l'angle sud-est de la mer Caspienne. Certaines satrapies peuvent donner l'illusion d'être des principautés quasi-autonomes. Ainsi les Hécatomnides, princes cariens originaires de Mylasa, ont réussi à conserver leur pouvoir ancestral en se faisant reconnaître le titre de satrape. De la sorte, Hécatomnos put transmettre sa principauté-satrapie à son fils Mausole en 377, qui transféra sa capitale à Halicarnasse, et laissa ensuite le pouvoir à sa veuve Artémise (353) qui ne lui survit que peu (351-350). Le pouvoir passa alors au frère cadet de Mausole, Idrieus, et à sa sœur-épouse Ada jusqu'en 344. Ada survécut à son frère-époux, mais fut rapidement évincée (341-340) par un autre frère, Pixôdaros[12].

---

7. P. Briant, p. 730-731 ; P. Debord, p. 412-416.
8. Strabon XII, 1, 4, nommant la Grande Cappadoce et la Cappadoce Pontique, mais P. Briant, p. 761, fait observer que Strabon cherche peut-être seulement à expliquer par l'histoire l'existence à son époque de deux royaumes cappadociens, la Cappadoce et le Pont. Les contingents cappadociens sont conduits par un seul chef en 332-331 : Arrien, III, 8, 5.
9. Cf. l'analyse de P. Briant, p. 762-764.
10. Strabon, XIII, 4, 13.
11. Petite cité située entre Magnésie du Sipyle et Sardes, au nord de l'Hermos : J. et L. Robert, *Hellenica*, Paris, 1948, p. 16-26 ; G. M. Cohen, *Hellenistic Settlements*, Leyde, 1995, p. 209-212.
12. Sur Mausole, cf. S. Hornblower, *Mausolus*, Oxford, 1982 ; P. Briant, p. 686-687 (pour Mausole), et surtout P. Debord, *L'Asie Mineure au IVe siècle*, Bordeaux, 1999, p. 400-406. Curieusement, lors de la conquête de la Carie par Alexandre, Ada, réfugiée dans la petite ville d'Alinda depuis 341-340, lui propose de l'adopter (ce qui fait de lui le « Roi des Cariens », fonction religieuse), et, en échange, Alexandre lui rend la direction de la satrapie-principauté de Carie : Arrien, I, 23, 8 ; Diodore, XVII, 24, 2-3.

La présence achéménide n'a pas abouti à une uniformisation administrative ni politique. L'intérêt du Grand Roi est essentiellement fiscal : le respect des formes d'organisation indigènes lui permet d'économiser le personnel administratif sans nuire au rendement fiscal. On ignore largement la situation dans l'intérieur anatolien, mais on peut faire quelques observations dans l'Ouest.

D'une part, les Grecs ont conservé leur organisation civique traditionnelle. Revenus sous la domination perse v. 411-410, officiellement abandonnés par les Grecs de Grèce lors de la paix du Roi en 386, ils ne semblent pas souffrir particulièrement de la situation puisque rien ne laisse apparaître une opposition politique aux Perses. Les discours enflammés d'Isocrate invitant ses compatriotes à libérer leurs frères d'Asie ne répondent pas à une revendication de ceux-ci. Beaucoup de ces Grecs ont trouvé une place dans la haute administration perse, comme Memnon de Rhodes, amiral de la flotte perse et l'un des tout premiers personnages du royaume, son frère Mentôr, qui fut un agent efficace d'Artaxerxès III en Asie Mineure ; l'une de leurs sœurs a épousé vers 360 le satrape de Daskyleion, Artabaze, à qui elle a donné onze garçons (dont Pharnabaze, futur commandant en chef de la flotte perse après la mort de son oncle Memnon) et dix filles. Si certains Grecs participent à la révolte des satrapes, force est de constater que les Grecs se retrouvent en fait dans les deux camps, et que les notables font largement cause commune. Il faut ajouter à cela qu'ils ne bénéficient pas seuls de ce régime d'auto-administration. Des villes indigènes comme Xanthos ou Sardes disposent d'institutions politiques qui, sans leur valoir l'appellation de *poleis*, n'en traduisent pas moins l'existence de structures autonomes. Ainsi, lorsque Alexandre marche vers Sardes, ce sont les notables (littéralement « les plus puissants », *dynatôtatoi*) de la cité qui viennent lui signifier la reddition de leur ville, alors que le commandant perse se contente de remettre la citadelle et le trésor[13]. Dans la grande inscription trilingue de Xanthos, datée probablement de 337, les Xanthiens apparaissent en mesure de voter des décrets[14].

D'autre part, il ne faudrait pas conclure de cette diversité des formes d'organisation et de la tutelle apparemment lointaine, dans quelques cas, du contrôle achéménide, que la domination perse ne marque pas profondément les provinces de l'Empire. Les témoignages du contraire se multiplient, avec la découverte de reliefs de style perse en Cappadoce, en Cilicie, en Paphlagonie alors qu'ils sont déjà bien connus et nombreux en Phrygie hellespontique. Le brassage ethnique conduit parfois à une « persisation » des notables, comme on l'observe à Xanthos, ce qu'un Grec comme Plutarque considère

13. Arrien, I, 17, 3.

14. Sur ce texte capital pour l'histoire de la Lycie achéménide, cf. H. Metzger éd., *Fouilles de Xanthos* VI. *La stèle trilingue du Létôon*, Paris, 1979 ; A. Lemaire, « The Xanthos trilingual revisited », dans Z. Zevit, S. Gitin et M. Sokoloff éd., *Solving Riddles and Untying Knots. Biblical, Epigraphic and Semitic Studies in Honor of Jonas C. Greenfield*, Winona Lake, 1985, p. 423-432. État de la bibliographie sur la date dans P. Briant, p. 1037-1038.

comme se « barbariser » à propos d'Éphèse[15]. Naturellement cela n'est en rien considéré comme une « déchéance » et marque simplement le dynamisme perse dans la région, l'attrait que la culture des maîtres exerce sur les notables indigènes, qu'ils soient grecs, lyciens, ciliciens ou quoi que ce soit d'autre.

L'expédition d'Alexandre (334-323)[16]

Les raisons d'une guerre

Depuis le début du IVe siècle, il s'est développé en Grèce l'idée qu'une guerre anti-perse permettrait de refaire l'unité des Grecs. Isocrate a brillamment défendu cette idée, tout en variant sur le choix du chef de cette entreprise. Après avoir pensé à Athènes, il s'est rallié à l'idée que Philippe seul pouvait conduire les Grecs à la victoire. Mais Philippe n'avait sans doute pas besoin des conseils et encouragements d'Isocrate, mort en 338, pour faire adopter par la ligue de Corinthe le principe d'une grande expédition orientale qui regrouperait les Grecs autour de la Macédoine. Le motif officiel paraît sans rapport avec les problèmes du temps puisque l'objectif est d'abord de châtier les Perses pour l'incendie des sanctuaires grecs lors de la campagne de 480[17] ; il est vrai que Diodore ajoute qu'il s'agit aussi de libérer les Grecs, mais on peut se demander s'il ne s'agit pas ici d'une justification *a posteriori*[18]. En réalité, les intérêts de la Macédoine et du Grand Roi paraissent de plus en plus contradictoires. Ainsi, la progression de Philippe le long de la côte thrace en direction des Détroits (sièges

15. Plutarque, *Lysandre*, III, 3 : Lysandre passe à Éphèse peu après 407 : la ville « risquait de devenir complètement barbare, sous l'effet des coutumes des Perses, à cause des nombreux échanges qu'elle avait avec eux ».
16. D'une bibliographie immense on retiendra P. Briant, *Alexandre le Grand*, coll. Que Sais-je ?, 5e éd., Paris 2002 ; A. B. Bosworth, *Conquest and Empire : the Reign of Alexander the Great*, Cambridge, 1988 ; N. G. L. Hammond, *Alexander the Great : King, Commander and Statesman*, 3e éd., Bristol, 1994 ; P. Briant, *Histoire de l'Empire perse*, Paris, 1996, p. 837-852, pour les opérations en Asie Mineure, avec l'avantage d'observer les événements depuis le camp perse ; N. G. L. Hammond, *The Genious of Alexander the Great*, Londres, Duckworth, 1997 (trad. fr. *Le génie d'Alexandre le Grand*, Paris, Economica, 2002). La conquête de l'Asie Mineure est traitée avec soin par P. Debord, *L'Asie Mineure au IVe siècle av. J.-C.*, Bordeaux, 1999, p. 427-478, avec un appendice p. 158-165, sur l'organisation satrapique au temps d'Alexandre. Pour les sources antiques, aux récits essentiels de Diodore de Sicile, livre XVII (trad. P. Goukowsky, Paris, Les Belles Lettres, 1976), de Quinte-Curce, *Histoire d'Alexandre le Grand* (trad. H. Bardon, Paris, Les Belles Lettres, 1947-1948), de Justin, *Epitomè des Histoires Philippiques* (trad. E. Chambry, Paris, Garnier, 1936), de Plutarque, *Vie d'Alexandre* (trad. A.-M. Ozanam, Paris, Gallimard, 2002), et d'Arrien, *Histoire d'Alexandre. L'anabase d'Alexandre le Grand* (trad. P. Savinel, Paris, Ed. de Minuit, 1984), on ajoutera désormais les fragments rassemblés par J. Auberger, *Historiens d'Alexandre*, Paris, Les Belles Lettres, 2001 (coll. Fragments).
17. Diodore, XVI, 89, 2 ; Justin, IX, 5.
18. Diodore, XVI, 91, 2.

de Périnthe et de Byzance) avait été ressentie comme une menace pour la souveraineté perse dans la région et le satrape de Phrygie avait été envoyé pour secourir Périnthe[19]. Par ailleurs, le Grand Roi n'hésite pas à intervenir en sous-main en Grèce propre pour soutenir les adversaires de la Macédoine.

Quoi qu'il en soit des détails, après avoir obtenu mandat de la ligue de Corinthe, Philippe II envoie en 336 une expédition conduite par Parménion, Attale et Amyntas, pour préparer le passage ultérieur d'une armée royale. Le détail de la campagne se reconstitue difficilement, mais, entre le début et la fin, les conditions ont changé. Envoyés par un roi au faîte de sa puissance contre un Empire en proie à une crise dynastique, les deux généraux macédoniens se trouvent rapidement dans une situation difficile : leur propre roi meurt assassiné (automne 336) alors qu'un nouveau roi perse, Darius III[20], souverain énergique, paraît bien décidé à restaurer intégralement la puissance perse. De plus, ses représentants en Asie Mineure – au premier rang desquels se trouve Memnon de Rhodes – se montrent actifs et fins stratèges. Au bout du compte, les Macédoniens ne conservent qu'Abydos comme tête de pont sur l'Hellespont, et peut-être Cyzique. La révolution démocratique pro-macédonienne qui a secoué Éphèse fait long feu et le pouvoir revient rapidement à l'oligarchie pro-perse[21]. Cependant, malgré ses piètres résultats pratiques, l'expédition de 336-335 a permis de révéler l'existence de factions anti-perses dans plusieurs cités (Chios, Lesbos, Éphèse, Cyzique, Iasos peut-être).

Les modernes ont souvent cru que l'Empire perse connaissait un net déclin depuis le début du IVe siècle. Or, après une période d'affaiblissement dû à des révoltes locales (Égypte, Asie Mineure), qui avaient facilité l'émergence de pouvoirs autonomes et une relative indépendance des Grecs, Darius III lance une contre-offensive qui lui permet de reprendre le contrôle de toute l'Asie Mineure. Dans le même temps, il encourage en Grèce même tous les opposants à la Macédoine (Thèbes, Athènes) grâce à des financements parfois considérables, ce qui pousse Alexandre à porter la guerre en Asie et à mobiliser dans ce but tous les membres de la Ligue. En fait, les Grecs consentirent un effort modeste et seule la flotte rassemblée à l'embouchure du Strymon fut presque entièrement fournie par les cités. Or, Alexandre lui faisait si peu confiance qu'il n'osa jamais s'en servir contre la flotte perse dirigée par Memnon de Rhodes.

Le moment est sans doute bien choisi car la reprise en main de Darius III a exaspéré les Grecs et certains Perses. Mais l'entreprise est risquée car l'Asie Mineure compte de nombreuses garnisons perses et, à la même époque, la Macédoine reste menacée au nord par les incursions barbares. Après avoir assuré sa frontière nord par des campagnes en Thrace et en Illyrie et terrorisé les Grecs en infligeant à Thèbes révoltée un châtiment exemplaire (la ville est rasée à la fin de l'été 335), Alexandre se prépara à porter secours au maigre

19. Diodore, XVI, 75, 1-2. L'opération se place à la fin de l'été 340.
20. Sur les conditions de son avènement, après l'assassinat d'Arsès-Artaxerxès IV, cf. P. Briant, p. 789-800.
21. Sur tout ceci, P. Briant, p. 837-838 ; P. Debord, *L'Asie Mineure*, p. 421-426.

corps expéditionnaire macédonien qui subsistait au-delà des Détroits. Il reprenait à son compte les raisons de son père, y ajoutait la liberté des Grecs et le souci de venger la mort de Philippe, où l'on feignait de voir des intrigues achéménides. Et le butin permettrait sûrement de renforcer les fidélités[22].

La marche d'Alexandre

Au printemps 334, Alexandre franchit l'Hellespont et, symboliquement, plante sa lance dans le sol de l'Asie, affirmant ainsi sa prise de possession. Ce n'est pas d'une libération qu'il s'agit, mais bien d'une conquête.

Malgré des effectifs importants (50 000 mercenaires grecs) et des chefs de qualité, les Perses ne sont pas préparés à une offensive de grande ampleur, alors que le débarquement de Parménion avait donné l'alerte deux ans plus tôt. Ainsi, l'absence de toute flotte perse dans la région des Détroits au printemps 334, reste sans explication. De plus, les satrapes semblent s'être divisés sur la stratégie à adopter, d'après les récits de Diodore et d'Arrien. Face à Memnon de Rhodes qui prône le politique de la terre brûlée, Arsitès, le satrape de Phrygie hellespontique, aurait au contraire rappelé que sa mission consistait à protéger les populations placées sous son autorité. On peut cependant douter que la stratégie globale n'ait pas été arrêtée par le Grand Roi en personne, les chefs sur place se contentant d'en préparer l'application tactique.

En tout cas, le débarquement s'opère sans difficulté de Sestos à Abydos pour le gros des troupes grâce à une flottille de 160 bateaux, et en Troade pour Alexandre. Tandis que les Grecs observent avec prudence ce déploiement de force, le roi, au lieu de descendre le long de la côte, se porte vers l'est, sans doute pour ne pas laisser sur ses arrières l'importante armée perse constituée par des contingents venus de toute l'Asie Mineure. Il l'écrase au Granique en mai 334.

L'expédition d'Alexandre semble alors tourner à la promenade militaire, mais il ne faut pas s'y fier. D'abord parce qu'elle rencontre des résistances ponctuelles, dont certaines durent plusieurs mois. Surtout, incapable de dominer la mer, Alexandre dut laisser Memnon de Rhodes conduire une brillante contre-offensive à la fin de l'hiver 334-333, et jusqu'à la mort de Memnon au printemps 333, voire jusqu'au printemps 332, Alexandre fit campagne avec la menace constante d'une contre-offensive perse en Égée[23]. Pourtant, après le Granique, Darius choisit de replier ses troupes pour attendre Alexandre à l'entrée de la Syrie[24].

22. M. Austin, « The Macedonian Invasion of Asia », dans J. Rich et G. Shipley éd., *War and Society in the Greek World*, Londres, 1993, p. 197-223.
23. La caractère risqué de la campagne terrestre d'Alexandre est bien mis en valeur par A. B. Bosworth, *Conquest and Empire. The reign of Alexander the Great*, Cambridge, 1988, p. 44-55.
24. On trouvera un récit des événements dans toute histoire d'Alexandre ; on peut recommander particulièrement P. Briant, p. 838-848, qui voit les opérations depuis la cour perse ; cf. aussi P. Debord, *L'Asie Mineure*, p. 427-478 ; N. Hammond, *Le Génie d'Alexandre le Grand*, Paris, 2002, p. 73-98.

Alexandre se porte donc d'abord sur la capitale perse, Sardes, puis vers les cités grecques d'Ionie, notamment Éphèse, dont la garnison mercenaire s'enfuit en volant deux trières et où Alexandre rétablit un gouvernement démocratique. Tandis que Parménion contrôle la Lydie et la Phrygie, qu'Alkimachos fait campagne dans le nord de l'Ionie et en Éolide où subsistent des garnisons perses, avec mission de chasser les régimes oligarchiques, de rendre aux cités l'usage de leurs lois et de faire remise du tribut payé aux Perses (Arrien, I, 18, 2), Alexandre marche vers le sud, assiège Milet et s'en empare[25], se porte ensuite contre Halicarnasse que Memnon a choisi comme point de rassemblement des troupes perses dans la région. Après la prise de la ville, il traverse la Carie, la Lycie, guerroie en Milyades, puis de Phasélis gagne la Pamphylie, jusqu'à Sidè, tandis que Parménion, depuis Sardes, s'enfonce en Grande Phrygie jusqu'à Colosses. Partout, cités grecques et villes indigènes doivent choisir leur camp ; la plupart se soumettent volontairement en tentant de négocier leur ralliement ou en demandant à Alexandre d'arbitrer des conflits locaux en leur faveur. D'autres résistent et obligent Alexandre à un siège en règle (Aspendos, Sillyon, Termessos, Sagalassos). N'étant pas encore maître de la mer, Alexandre évite la voie de terre le long de la côte sud, impraticable, et remonte par la Pisidie, la Phrygie orientale (Kélainai, Gordion), reçoit à Ancyre la soumission des princes paphlagoniens, contourne le plateau central par le nord, marche jusqu'aux limites de la Cappadoce avant de piquer droit au sud. À travers les Portes Ciliciennes, il gagne Tarse et soumet la Cilicie.

Or cette stratégie faisait courir à l'armée entière des risques immenses, car la flotte perse restait puissante en Égée et les partis pro-perses n'avaient pas disparu dans les cités. Alors qu'Alexandre se trouve sur le plateau anatolien, la contre-offensive que lance Memnon au printemps 333 menace ses lignes arrières et lui permet de reprendre pied dans les îles[26]. Mais, en novembre 333, à l'extrémité sud-est de la plaine cilicienne, à Issos, Alexandre affronte à nouveau une armée perse, dirigée cette fois-ci par le Grand Roi lui-même. La victoire lui ouvre les portes de la Syrie et de la Phénicie, même si elle ne règle pas tous les problèmes en suspens en Égée et en Asie Mineure. Non seulement la reconquête maritime est loin d'être achevée, mais des chefs et des contingents perses trouvent refuge en Cappadoce, d'où ils tentent d'organiser un nouveau noyau de résistance face à Alexandre. Mais cela n'empêche pas Alexandre de poursuivre sa route tandis que les satrapes nouvellement nommés, en particulier Antigone en Phrygie, se chargent de mettre un terme à ces ultimes tentatives pour entraver la marche du conquérant.

Limites et bilan

Au moment où Alexandre pénètre en Syrie, la conquête de la péninsule anatolienne est loin d'être achevée. Ce n'est pas qu'Alexandre néglige les régions nord

25. Siège de Milet et négociations : Arrien, I, 18, 3 ; 19, 1.
26. Cf. en particulier P. Debord, p. 457-473.

et est de l'Anatolie de plein gré, mais il craint la forte activité diplomatique de Darius III en Grèce : Athènes s'agite, Sparte envoie des ambassades auprès des Perses. Il redoute manifestement de voir couper les routes avec ses bases arrières de Macédoine et c'est pour cela qu'il se porte à marche forcée contre l'armée perse, espérant qu'une victoire décisive mettra un terme à l'agitation grecque. Le résultat en est qu'il doit tantôt se contenter d'une soumission de pure forme (Paphlagonie), tantôt renoncer à la conquête (Bithynie, Pont, Cappadoce pour la plus grande partie). Et même dans les régions où il a lui-même fait campagne, il a dû laisser des villes insoumises : ce n'est que lors de son séjour à Soloi de Cilicie qu'il apprend la campagne victorieuse de Ptolémée et d'Asandros contre Halicarnasse, Myndos, Kaunos, la prise de Cos ou le ralliement de Rhodes[27].

Malgré les limites de la conquête, celle-ci n'en est pas moins déjà affirmée et organisée. Avec un sens exceptionnel du symbole, Alexandre multiplie les gestes significatifs. Choisissant de franchir l'Hellespont, il refait en sens inverse le chemin de Xerxès en 481. Dès son passage en Asie, il se rend à Troie en pèlerinage, invitant ainsi les Grecs à rééditer sous sa direction les exploits des héros d'Homère et signifiant du même coup à ses adversaires le sort qui les attend. Mais ce geste purement symbolique est suivi à Sardes de décisions plus pratiques. Dans la capitale achéménide de l'Asie Mineure, il se pose en héritier direct de son adversaire. Confirmant l'organisation satrapique (mais il nomme des hommes à lui comme nouveaux satrapes)[28], il conserve l'administration fiscale de l'Anatolie : « Il ordonna aux habitants de payer les mêmes taxes qu'à Darius autrefois[29]. » Si certains, notamment chez les Grecs, ont espéré trouver un libérateur, ils doivent comprendre qu'ils n'ont fait que changer de maître. D'ailleurs bien des Grecs restent fidèles aux Perses, comme une partie des Éphésiens qui ont fait appel à Memnon de Rhodes[30]. En tout cas, le choix de la capitale achéménide pour annoncer le maintien d'une structure d'Empire ne peut être le fait du hasard.

Pour atténuer l'effet désastreux que ces mesures pourraient avoir sur les Grecs d'Asie Mineure, il leur consacre une attention particulière lors de son séjour à Éphèse, la plus brillante des cités grecques de la région. En dehors de privilèges particuliers accordés aux Éphésiens (le tribut payé aux Perses sera désormais consacré à Artémis)[31], il proclame son attachement à la pérennité des cités, ordonne le rappel des bannis[32] et la fin des confiscations. Il restaure les institutions démocratiques[33] et supprime les régimes oligarchiques rétablis par Darius III.

27. Pour Rhodes, Quinte Curce, IV, 5, 9.
28. Cf. ci-dessous p. 23.
29. Arrien, I, 17, 1, déjà au lendemain de la bataille du Granique.
30. Arrien, I, 17, 10-11.
31. Arrien, I, 17, 10.
32. *OGIS*, 2 ; J. Dareste, B. Haussoullier et S. Reinach, *Recueil des inscriptions juridiques grecques*, II, Paris, 1914, p. 344-354, n° XXXV (texte, traduction et commentaire). Un nouvel édit ordonnant le rappel général de tous les bannis fut pris en 324 : Diodore, XVIII, 8, 2-7.
33. Arrien, I, 18, 1-2. Il ne fut pas obéi sur le champ partout : la démocratie n'est restaurée à Chios qu'après sa mort : *Syll.*[3], 283.

Alexandre n'a sans doute aucune préférence personnelle pour la démocratie, mais il peut espérer d'une telle mesure un double bénéfice ; d'une part, il se pose bien en libérateur de la tyrannie alliée des Perses, d'autre part il peut attendre une fidélité sans faille de régimes qui lui doivent leur existence[34]. Bien qu'il soit allé jusqu'à supprimer tout tribut pour les cités grecques[35], toutes ne paraissent pas considérer Alexandre comme un libérateur puisque plusieurs d'entre elles émettent un monnayage où le Macédonien apparaît sous les traits d'un roi perse[36]. Partout, pour éviter de gaspiller ses forces, il tente de rallier les cités par ses bienfaits (*philanthropiai*, indique Diodore XVII, 24, 1), se montrant plus généreux avec les cités grecques qu'avec les autres. Enfin, à Gordion, en tranchant le célèbre nœud, en présence de son armée et des ambassadeurs des peuples barbares, il cisèle son image de héros chéri des dieux à qui rien ni personne ne résiste.

Mesures à prendre pour le retour des bannis

1. Les rois en feront l'attribution complémentaire au banni, attendu qu'il y a eu fraude commise par le citoyen resté en ville.

2. Si quelqu'un des bannis rentrés n'observe pas ces transactions, il ne sera mis par la ville en possession d'aucun bien et ne rentrera dans aucun des biens qui lui ont été cédés par les citoyens restés en ville ; ceux des citoyens restés en ville qui lui ont cédé ces biens y rentreront, et les stratèges feront retourner ces biens au citoyen resté en ville, comme si aucune convention n'avait été consentie par le banni. Les rois en feront l'attribution complémentaire au citoyen resté en ville, attendu qu'il y a eu fraude commise par le banni rentré. Si quelqu'un intente une action au sujet de ces biens, elle ne sera introduite ni par les inspecteurs, ni par les surveillants de justice, ni par aucun autre magistrat.

3. Les stratèges, les rois, les inspecteurs, les surveillants de justice et les autres magistrats interviendront au cas où le présent décret ne serait pas entièrement exécuté dans sa forme et teneur. Ils feront condamner celui qui commettrait quelque infraction au présent décret, en sorte qu'il n'y ait aucune contestation entre les bannis rentrés et les citoyens restés en ville, mais que tous ceux qui se sont réconciliés entre eux vivent sans défiance et sans mauvais desseins, observant fidèlement la réponse du roi et la transaction insérée dans le présent décret.

4. Le peuple élira vingt conciliateurs, dont dix pris parmi les bannis rentrés, dix parmi les citoyens restés en ville. Ces personnes vivront en bonne intelligence et mettront leurs soins à ce qu'il n'y ait aucune contestation entre les bannis rentrés et les citoyens restés en ville. Au sujet des biens litigieux, les conciliateurs s'efforceront, avant toute chose, de procurer des transactions tant entre les bannis rentrés et les citoyens restés en ville qu'entre les bannis eux-mêmes ; s'ils n'y parviennent pas, ils veilleront à ce que tous se montrent le plus juste qu'ils pourront, observant les transactions pour lesquelles s'est prononcé le roi et la convention intervenue, vivant en bonne harmonie dans la ville et dans la campagne.
Au sujet des questions d'argent, après que la transaction aura été acceptée dans le plus grand nombre de cas possibles, au sujet du serment qui devra être prêté par les citoyens et généralement de toutes les conventions passées par les citoyens entre eux, les conciliateurs élus feront des rapports au peuple et le peuple, ces rapports entendus, prendra telles décisions qu'il jugera utiles.

---

34. Cf. G. Le Rider, « Alexander in Asia Minor », dans *Essays in honor of Charles Hersh*, Londres, 1998, p. 49-57, notamment p. 50-52.
35. Arrien, I, 17, 10 ; 18, 2.
36. Cf. P. Debord, « Les monnayages « perses » à l'effigie d'Alexandre », dans O. Casabonne éd., *Mécanismes et innovations monétaires dans l'Anatolie achéménide. Numismatique et histoire*, Paris, 2000, p. 255-264.

5. Si le peuple estime que les conventions passées par les citoyens entre eux sont avantageuses (à la cité), il pourra décider d'appliquer aux bannis rentrés sous la prytanie de Smithinas les dispositions votées pour les autres.

6. S'il se trouve quelque lacune dans le présent décret, le conseil décidera sur ce point.

7. Quand le décret aura été confirmé par le peuple, le peuple entier, le vingtième jour du mois, après le sacrifice, offrira des prières aux dieux, attestant que c'est pour le salut et le bonheur de tous les citoyens qu'est intervenue la transaction entre les bannis rentrés et les citoyens restés en ville. Les prêtres [...] et les prêtresses ouvriront les temples et s'y rendront (avec des victimes).

8. Les sacrifices auxquels s'est engagé le peuple lorsqu'il a envoyé des messagers au roi seront accomplis chaque année, au jour de la fête célébrée pour la naissance du roi. Seront présents au sacrifice les vingt conciliateurs, et les messagers envoyés au roi, qui avaient été pris tant parmi les citoyens restés en ville que parmi les bannis rentrés.

9. Les trésoriers feront graver le présent décret sur une stèle [...].

Source : *OGIS*, 2 ; J. Dareste, B. Haussoullier et S. Reinach, *Recueil des inscriptions juridiques grecques*, II, Paris, 1914, p. 344-354, n° XXXV (texte, traduction et commentaire).

En ce qui concerne l'organisation satrapique[37], Alexandre n'a procédé que progressivement à des modifications. Dès la victoire du Granique, il nomma Kalas comme satrape de Daskyleion, à la place d'Arsitès qui venait de se suicider. Son autorité s'étend, comme au temps d'Arsitès, sur la Bithynie et la Paphlagonie, autorité nominale puisque Kalas fait campagne contre ces deux peuples et qu'il trouve la mort en combattant Bas, prince bithynien, avant 323[38]. Il fut remplacé par Démarchos. En Lydie, Asandros, fils de Philotas[39], remplaça le perse Spithridatès de 334 à 331, avant d'être lui-même remplacé par Ménandre. Mais le district fiscal dépend de Nikias, et un sous-gouverneur, Alkimachos, est en charge des cités d'Ionie et d'Éolide. En Carie, Alexandre désigna d'abord Ada, mais on trouve quelque temps après Philoxénos. Halicarnasse dut perdre son rang de capitale, mais on ne sait s'il faut faire remonter à l'époque d'Alexandre le choix de Mylasa comme siège satrapique, attesté sous le gouvernorat d'Asandros fils d'Agathon. Antigone le Borgne reçut la Grande Phrygie, avec ses annexes, augmentée des régions côtières méridionales en 331, et il s'y trouvait encore à la mort d'Alexandre. La Cappadoce reçut un satrape indigène, Sabiktas selon Arrien, Abistaménès selon Quince-Curce, mais peut-être est-ce le même personnage[40]. Enfin, en Cilicie, la fonction fut confiée à Balakros, qui fut tué peu avant la mort d'Alexandre, et remplacé par Philotas. Ainsi, malgré des aménagements

37. Cf. P. Debord, *L'Asie Mineure*, p. 158-165 ; H. Klinkott, *Die Satrapienregister der Alexander- und Diadochenzeit*, Stuttgart, 2000, examine les diverses listes conservées, en soulignant les variantes ; elles sont de peu d'importance pour l'Asie Mineure.

38. Campagne en Paphlagonie : Quinte Curce, IV, 5, 13 ; en Bithynie, Memnon, 434 F 1, 12.4.

39. À ne pas confondre avec Asandros, fils d'Agathon, qui fut plus tard en charge de la Carie.

40. Arrien, II, 4, 2 ; Quinte Curce, III, 4, 1 ; cf. J. E. Atkinson, *Commentary on Q. Curtius Rufus'Historiae Alexandri Magni, Books 3 and 4*, Amsterdam, 1980, p. 135 ; A. B. Bosworth, *A Historical Commentary on Arrian's History of Alexander*, Oxford, 1980, p. 189.

de détail, Alexandre a conservé l'organisation satrapique achéménide, allant jusqu'à employer, comme les Perses avant lui, des dynastes indigènes (Ada).

Pendant les dix années qui suivent la conquête d'Alexandre, l'Anatolie apparaît souvent comme une base arrière utile pour se procurer hommes, chevaux et argent. Mais quelques-uns de ses généraux entreprennent aussi de conserver ou d'achever une conquête incomplète. Dès 332, des rescapés de l'armée perse battue à Issos, réfugiés en Paphlagonie et en Cappadoce, tentaient de rouvrir la route de Sardes, tandis que la flotte perse reprenait Milet. Antigone le Borgne parvint cependant à repousser les troupes perses au-delà de l'Halys tandis que la flotte de Pharnabaze battait en retraite avant d'être anéantie (332). Les satrapes nommés par Alexandre, loin de rester inactifs ou de protéger les acquis, tentèrent de renforcer la présence macédonienne, de l'imposer dans des régions marginales où Alexandre n'avait pas pénétré. Ainsi fit Kalas en Paphlagonie et en Bithynie, et Balakros en Lycaonie (il aurait trouvé la mort lors d'une expédition contre Isaura et Laranda)[41].

On en était là lorsque Alexandre mourut à Babylone en juin 323. La conquête n'avait guère progressé et l'ensemble du pays avait conservé ses structures anciennes, satrapies et districts financiers (l'Anatolie n'en forme plus qu'un, confié à Philoxénos). Pour la masse indigène, rien n'a changé. Seuls les Grecs peuvent avoir l'impression d'une relative libération ; en droit, ils ne dépendent d'aucun satrape bien qu'une surveillance discrète soit effectuée par chacun d'entre eux sur les cités situées dans son ressort. Toute l'ambiguïté de la liberté dont ils jouissent à l'époque hellénistique se trouve contenue dans cette situation initiale de l'époque d'Alexandre. En tout cas, dès 334, des Grecs d'Asie Mineure ont décerné les honneurs divins à Alexandre, marquant ainsi leur satisfaction et leur admiration pour celui qui apparaît comme leur sauveur[42].

L'Anatolie entre les Diadoques (323-281)

La mort d'Alexandre provoque *de facto* un éclatement rapide de son Empire. Mais jusqu'à l'assassinat de Séleucos Ier en 281, on put conserver l'illusion ou l'espoir d'une possible réunification. En tout cas, dans les combats qui opposent les Diadoques, l'Asie Mineure constitue un enjeu majeur car elle constitue le lieu de passage obligé entre la Macédoine, siège de la légitimité du pouvoir, et les conquêtes asiatiques. Sans entrer dans le détail d'une histoire militaire complexe où les événements survenus en Asie ne peuvent pas être isolés de ce qui se passe en Grèce ou en Syrie, il faut évoquer quelques épisodes marquants et, surtout, essayer de trouver un fil directeur dans cette confusion apparente.

41. Diodore, XVIII, 22, 1-2.
42. Création des *Alexandreia* de Priène : *I. Priene*, 108 (ligne 75) ; Strabon, XIV, 1, 22 ; cf. L. Cerfaux et J. Tondriau, *Le culte des souverains*, Paris-Tournai, 1957, p. 130-131.

Deux personnages dominent successivement l'Asie Mineure, d'abord Antigone le Borgne de 323 à 301[43], puis Lysimaque de 301 à 281[44]. Mais l'un comme l'autre se trouvent contestés par des rivaux et surtout ni l'un ni l'autre ne considèrent la maîtrise de l'Anatolie comme une fin en soi : ce n'est qu'un moyen pour tenter de récupérer « la totalité » (*ta hola*) c'est-à-dire ce que nous appelons « l'Empire » d'Alexandre. Tous leurs adversaires ont compris le rôle clef de l'Asie Mineure, entre monde égéen (et notamment Macédoine) et Proche-Orient. D'ou leurs efforts pour grignoter leurs possessions. Mais le contexte change entre le temps d'Antigone et celui de Lysimaque.

Antigone, qui avait dépassé la cinquantaine au moment de la conquête d'Alexandre, avait été laissé par le conquérant comme satrape de Grande Phrygie, à laquelle avaient été ajoutées la Lycie et la Pamphylie en 330. Tenu ainsi à l'écart de la grande expédition, il aurait dû apparaître comme un personnage secondaire au moment de la mort d'Alexandre : son âge comme son éloignement n'incitaient pas à lui confier des responsabilités. De fait, en juin 323, on se contenta de le maintenir dans ses fonctions de satrape de Grande Phrygie. C'était sans compter avec l'énergie et l'ambition du personnage, et sous-estimer la puissance que lui conférait le contrôle des routes terrestres entre la Macédoine et la Syrie.

Sans entrer ici dans le détail des luttes entre Diadoques, dont l'enjeu et les répercussions dépassent de très loin la seule Asie Mineure[45], il faut du moins mettre en évidence la manière dont elles affectent la péninsule anatolienne. On peut distinguer trois grandes phases qui se recouvrent partiellement sur le plan chronologique : la lutte contre Eumène de Kardia (323-316), la prise de contrôle de l'Asie par Antigone (321-301), enfin le transfert du pays à Lysimaque (301-281).

L'une des premières préoccupations d'Antigone, de 323 à 316, fut de s'imposer face à Perdiccas, désigné comme chiliarque, ce qui lui donnait en principe autorité sur tous les satrapes, mais qui, de plus, exerça en fait la garde et la tutelle des rois[46]. Alors que Léonnatos, qui avait reçu la satrapie de Phrygie hellespontique en 323, disparaissait dès 322, tué en allant affronter les Grecs révoltés[47], à l'est des possessions d'Antigone, Perdiccas intervenait personnellement pour aider son allié Eumène de Kardia à s'emparer de la satrapie de Cappadoce qui lui avait été confiée lors du partage de 323. Vainqueur du satrape Ariarathe, il confia à Eumène le soin d'achever la pacification et d'organiser le

43. Cf. l'ouvrage essentiel de R. A. Billows, *Antigonos the One-Eyed and the Creation of the Hellenistic State*, Berkeley-Londres, University of California Press, 1990.

44. On possède désormais quelques bonnes études du royaume et de la politique de Lysimaque : H. S. Lund, *Lysimachus. A Study in early Hellenistic kingship*, Londres-New York, Routledge, 1992 ; F. Landucci Gattinoni, *Lisimaco di Tracia nella prospettiva del primo ellenismo*, Milan, Jaca, 1992 ; C. Franco, *Il regno di Lisimaco. Strutture amministrative e rapporti con le città*, Pise, Giardini, 1993 (= *Studi Ellenistici*, VI).

45. Sur les aspects syriens, cf. M. Sartre, *D'Alexandre à Zénobie*, Paris, 2001, p. 99-110.

46. E. Will, *HP*, I, p. 22-23.

47. Diodore, XVIII, 14, 4 ; 15, 1-3.

pays[48]. Mais il continua sa campagne en intervenant contre Laranda et Isaura, en Isaurie[49], c'est-à-dire juste à l'est du domaine d'Antigone. Cependant, Perdiccas se souciait déjà de la puissance croissante de Ptolémée et décida de marcher contre l'Égypte[50], où il trouva la mort dans le courant 321. Antigone était délivré d'un dangereux rival, mais il lui restait à affronter l'allié fidèle de Perdiccas, Eumène.

Antigone avait protégé efficacement la Phrygie contre les Cappadociens avant même la mort d'Alexandre, mais il ne s'était guère soucié de s'emparer du pays et de compléter ainsi la conquête d'Alexandre. Comme la Bithynie, la Paphlagonie et le Pont, la Cappadoce restait donc hors de l'Empire. Il pouvait donc paraître étrange que Paphlagonie et Cappadoce aient été confiées, en 323, à Eumène de Kardia, un Grec proche d'Alexandre[51]. En fait, on avait volontairement donné à cet homme de bibliothèque des pays qui restaient à conquérir, avec pour mission de les arracher à Ariarathe de Cappadoce. Bien que Léonnatos et Antigone aient reçu mandat de l'aider dans sa tâche[52], chacun espérait sans doute bien qu'il n'y parviendrait pas !

Or avec l'aide de Perdiccas, on vient de le voir, Eumène conduisit en 322 une campagne victorieuse au-delà de l'Halys. Avant de quitter l'Asie, Perdiccas lui confia la mission d'occuper la région des Détroits afin d'empêcher tout envoi de renforts de Macédoine vers le Proche-Orient[53]. Or, dans cette mission, Eumène réussit brillamment, l'emportant à deux reprises sur Cratère qui perdit la vie dans la seconde bataille[54]. Mais, au même moment[55], la mort de Perdiccas privait Eumène de son principal soutien. La

48. Diodore, XVIII, 16, 1-3 ; Plutarque, *Eumène*, III, 14, mais Eumène n'y demeure qu'un temps et regagne rapidement l'entourage de Perdiccas, « pour lui faire sa cour et parce qu'il ne souhaitait pas rester à l'écart des rois » (*ibid.*) ; il fallut que Perdiccas le renvoie lui-même pour commander les troupes de Cappadoce et d'Arménie contre ses adversaires de Macédoine : Plutarque, *Eumène*, V.
49. Diodore, XVIII, 22.
50. Diodore, XVIII, 25, 6, place la décision au moment du passage de l'expédition en Pisidie.
51. Lors du partage de 323, Antigone se vit confirmer le gouvernement des régions qu'il commandait déjà, Grande Phrygie, Lycie, Pamphylie, alors qu'Eumène recevait la Paphlagonie et la Cappadoce « et toutes provinces limitrophes où Alexandre n'avait pas pénétré ». La Phrygie Hellespontique a été donnée à Léonnatos, la Cilicie à Philotas, la Carie à Asandros, la Lydie à Ménandre : Diodore, XVIII, 3, 1. Plutarque, *Eumène*, III, 3, donne une description un peu plus précise du domaine d'Eumène : « La Cappadoce, la Paphlagonie et toute la côte baignée par le Pont-Euxin, jusqu'à Trapézonte », mais précise, comme Diodore, que rien de tout ceci n'avait été conquis par les Macédoniens. Sur les listes satrapiques en 323 puis en 321, H. Klinkott, *Die Starapienregister der Alexander- und Diadochenzeit*, Stuttgart, 2000 ; il n'existe pas de divergences entre Diodore et Arrien, tout au plus Arrien est-il un peu plus précis.
52. Plutarque, *Eumène*, III, 4.
53. Diodore, XVIII, 25, 6.
54. Récit détaillé de Plutarque, *Eumène*, V-VII, qui, néanmoins, ne donne pas le moindre indice quant au lieu de la bataille ; elle se situe en Asie, puisque Cratère et Néoptolème ont alors franchi les Détroits (V, 1), mais on ne saurait être plus précis.
55. La nouvelle de la mort de Cratère serait parvenue en Égypte deux jours après l'assassinat de Perdiccas : Plutarque, *Eumène*, VIII, 3.

disparition presque simultanée de Cratère et de Perdiccas obligeait à un nouveau partage des responsabilités. Les principaux diadoques se réunirent à Triparadeisos (Phénicie)[56], en 321, où non seulement Eumène fut écarté du nouveau partage, mais désigné comme l'ennemi commun, à charge pour Antigone d'en débarrasser l'Empire.

Le partage de Triparadeisos (321)

Avec l'approbation de l'assemblée, Pithon et Arrhidaios furent proclamés à titre provisoire chefs de l'ensemble de l'armée à la place de Perdiccas. Dans l'entourage d'Eumène et d'Alkétas, il y eut quelque cinquante condamnations. La principale raison en était la mort de Cratère au cours des luttes entre Macédoniens. On rappela Antigone de Chypre, et aussi Antipatros, pour hâter leur jonction avec les rois. Avant qu'ils arrivent, Eurydice exigea de Pithon et d'Arrhidaios qu'ils n'entreprissent rien sans son aveu. Leur premier mouvement fut de ne pas refuser. Mais, ensuite, ils lui dénièrent le droit de prendre part aux affaires de l'État : à eux seuls, jusqu'à l'arrivée d'Antigone et d'Antipatros, incombait le soin de tout diriger. Lorsqu'ils furent là, le pouvoir passa à Antipatros. Mais alors, l'armée réclama les gratifications qu'Alexandre lui avait promises pour ses services en campagne. Antipatros répondit qu'il n'avait rien, pour le dire tout net, mais qu'il allait faire l'inventaire des trésors royaux et de toutes les réserves déposés en d'autres lieux et qu'il ferait alors tout son possible pour qu'ils n'aient rien à lui reprocher, réponse qui ne fit aucun plaisir à l'armée quand elle l'entendit. Eurydice contribua si bien par ses calomnies contre Antipatros à la rancune que la foule lui portait qu'une mutinerie éclata. Elle l'accusa en public... Peu s'en fallut qu'Antipatros ne fût massacré. Antigone et Séleucos, à sa prière, prirent sa défense devant la foule, ce qui leur valut, à eux aussi, de voir la mort de près. Ayant échappé au danger, Antigone se réfugia dans son propre camp. Les hipparques, convoqués par ses soins, se présentèrent à lui et, la mutinerie apaisée à grand-peine, conférèrent de nouveau le commandement à Antipatros dans les mêmes conditions qu'avant. Il procéda alors, à son tour, à un partage de l'Asie, tantôt confirmant le précédent partage, tantôt y apportant des changements quand les circonstances l'exigeaient. L'Égypte, la Libye et tout le vaste territoire qui s'étend au-delà, tout ce qui, en outre, pourrait être conquis par les armes vers le Couchant, appartiendrait à Ptolémée. Laomédon de Mitylène se verrait confier la Syrie. Il mit Philoxénos à la tête de la Cilicie qu'il avait auparavant. Dans les satrapies supérieures, il attribua la Mésopotamie et la province d'Arbèles à Amphimachos, frère du roi ; à Séleucos, il affecta la Babylonie ; Antigénès, initiateur du complot contre Perdiccas et commandant des Argyraspides macédoniens, reçut le gouvernement de la Susiane en son entier ; à Peukestas, il confirma la Perside ; la Carmanie fut attribuée à Tlépolémos ; la Médie à Pithon jusqu'aux Portes Caspiennes ; Philippos reçut la Parthyène. En Arie et en Drangiane, il désigna Stasandros comme gouverneur ; en Bactriane et en Sogdiane, Stasanôr de Soles ; en Arachosie, Sibyrtios ; dans les Paropamisades, Oxyartès, père de Rhoxane ; dans l'Inde, les provinces frontalières des Paropamisades allèrent à Pithon, fils d'Agénor ; des satrapies attenantes, il concéda celle que baigne l'Indus et Patala, la plus grande des cités qui borde l'Hydaspe à Taxilès, un Indien lui aussi, car il n'était pas aisé de les déplacer puisque Alexandre leur avait confié le pouvoir et qu'ils possédaient une puissance appréciable. Dans les régions qui s'étendent du Taurus vers le nord, il confia la Cappadoce à Nikanôr. À la tête de la Grande-Phrygie, de la Lycaonie, de la Pamphylie et de la Lycie se trouva comme auparavant Antigone. Il attribua la Carie à Asandros, la Lydie fut donnée à Kleitos, à Arrhidaios la Phrygie de l'Hellespont. Il donna

56. La Cilicie fut alors confirmée à Philoxénos qui avait dû en hériter peu avant, la Cappadoce alla à Nikanôr, la Lydie à Kleitos, la Phrygie hellespontique à Arrhidaios, tandis qu'Asandros conservait la Carie et qu'Antigone le Borgne ajoutait la Lycaonie à ses provinces antérieures : Arrien, *Succ.*, fr. 9, 37 (Jacoby, *FGrHist.*, 156 F 9).

mission à Antigénès de lui apporter les fonds en dépôt à Suse et lui affecta environ trois milles des Macédoniens qui s'étaient mutinés. Il désigna comme gardes du corps du roi Autodikos, fils d'Agathoclès, Amyntas, fils d'Alexandros et frère de Peukestas, Ptolémée fils de Ptolémée, et Alexandros, fils de Polyperchon ; Cassandre, son propre fils, comme chiliarque de la cavalerie ; comme chef de l'armée autrefois commandée par Perdiccas, Antigone. Il lui confia aussi la garde et le service des rois, en même temps que, sur sa demande, la tâche de mener à bien la guerre contre Eumène. Quant à Antipatros lui-même, félicité à l'envi par tous pour tout ce qu'il avait fait, il prit la décision de rentrer chez lui.

Un différend s'éleva entre Cassandre et Antigone. Cassandre dut renoncer à sa désobéissance devant l'opposition de son père Antipatros. Néanmoins, Cassandre ayant rencontré son père en Phrygie, le persuada de ne pas se séparer des rois et de se méfier d'Antigone. Mais ce dernier, par sa modestie, ses prévenances et sa valeur déjoua comme il put la méfiance. Antipatros, rassuré, préleva sur l'armée qui l'avait accompagné en Asie, pour les lui confier, huit mille cinq cents fantassins macédoniens, autant sur la cavalerie des hétaires et la moitié de tous ses éléphants, soit soixante-dix, pour lui faciliter la conduite de la guerre contre Eumène. Antigone se consacra dès lors à la guerre et Antipatros, emmenant les rois et le reste de son armée, se disposa à rentrer en Macédoine.

Source : Arrien, *Successeurs,* dans F. Jacoby,
Die Fragmente der griechischen Historiker, n° 156, F. 9 et 11.

C'est qu'Eumène triomphait. Après avoir trouvé de quoi renouveler sa cavalerie dans les haras royaux de l'Ida, il pénétrait en Lydie où il résidait quelque temps à Sardes, auprès de Cléopâtre, la sœur d'Alexandre le Grand et veuve de Perdiccas (automne 320), occupait Kélainai, la capitale habituelle d'Antigone en Grande Phrygie et ravageait le pays[57] avant de regagner sa satrapie de Cappadoce[58]. Antigone l'y poursuivit et, bientôt, après l'avoir battu en rase campagne, l'assiégeait dans le bourg fortifié de Nôra, en Cataonie, aux confins de la Cappadoce et de la Cilicie[59]. Abandonné par l'essentiel de ses troupes, Eumène semblait perdu. Antigone, qui poursuivait d'autres objectifs[60], laissa une armée pour conduire le siège qui se prolongea un an. Un événement inattendu, la mort d'Antipatros en Macédoine (319), poussa Antigone non seulement à lever le siège, mais à rechercher l'alliance d'Eumène : les intérêts macédoniens du Borgne l'emportaient sur son désir d'être débarrassé de tout rival à l'est de l'Anatolie[61].

Eumène profita de la situation pour reconstituer son armée, mais sollicité par les adversaires d'Antigone, notamment Polyperchon, il semblait bien décidé à faire front avec eux contre Antigone[62]. Commence alors une véritable course poursuite entre Eumène et Antigone, qui conduit les deux armées d'abord en Cilicie, puis en Syrie du Nord, enfin en Iran où Eumène fut livré au vainqueur par ses troupes, jugé et exécuté (316)[63]. Antigone restait maître de l'Anatolie.

57. Plutarque, *Eumène*, VIII, 6 ; Arrien, *Succ.*, 41.
58. Sur la carrière assez extraordinaire d'Eumène, cf. P. Briant, « D'Alexandre le Grand aux Diadoques : le cas d'Eumène de Kardia », *REA*, 74, 1972, p. 32-73, et 75, 1973, p. 43-81.
59. Strabon, XII, 2, 5.
60. Il mène alors campagne contre Alkétas et Attale en Pisidie : Diodore, XVIII, 44-47, épisode pour lequel Diodore est la seule source.
61. Diodore, XVIII, 53 ; 50, 4.
62. Diodore, XVIII, 57, 3-4.
63. Sur la fin de l'aventure d'Eumène, voir principalement Diodore, XVIII, 57-63, 73 ; XIX, 12-34, 37-44 ; Plutarque, *Eumène*, 12-19.

Mais la suprématie d'Antigone, nommé satrape d'une grande Phrygie qui s'étend jusqu'en Lycie et Pamphylie en 323, confirmé à Triparadisos en 321 où il reçoit en plus le titre de « Stratège de l'Asie », n'était pas menacée par la seule présence d'Eumène. Avant même la disparition du satrape de Cappadoce, d'autres rivaux étaient apparus. Peu avant la mort de Perdiccas, Alkétas, son propre frère, s'était constitué une sorte de principauté en Pisidie, avec quelques amis et proches du chiliarque, et en s'appuyant essentiellement sur les éléments indigènes pisidiens. Sa puissance devait commencer à inquiéter Antigone car c'est pour le combattre qu'il abandonna la conduite personnelle du siège de Nôra[64]. Les combats semblent avoir été d'une grande violence, notamment autour de Termessos, à en juger par le traitement ignominieux réservé par Antigone au cadavre d'Alkétas[65].

Peu après, ce fut Arrhidaios, satrape légitime de la Phrygie hellespontique qui eut à affronter Antigone. En effet, craignant qu'Antigone ne s'empare de sa satrapie, il chercha à se renforcer en s'emparant de Cyzique. Ce fut un échec cuisant, mais Antigone, se présentant en garant de la liberté des cités grecques, se porta contre lui et l'obligea à se soumettre[66]. Au même moment, Antigone s'emparait de la satrapie de Lydie, dont le satrape Kleitos courut en Macédoine dénoncer les abus de pouvoir de son voisin, ce qui n'empêcha pas Antigone de mettre la main sur Éphèse, Kymè et d'autres cités de la région[67].

De telles agressions contre des satrapes légitimes ne pouvaient qu'inquiéter les autres diadoques. Au printemps 315, Lysimaque, Cassandre et Ptolémée exigèrent d'Antigone, entre autres choses, qu'il remette la Phrygie hellespontique à Lysimaque, la Cappadoce et la Lycie à Cassandre[68]. Pour toute réponse, Antigone se contenta d'occuper systématiquement ce qui lui échappait encore en Asie Mineure, en Bithynie, en Carie dont le satrape Asandros s'allia avec Ptolémée[69], en organisant enfin la confédération des Insulaires, qui devait lui permettre de contrôler l'Égée[70]. C'est dans ce contexte que Ptolémée noua des alliances qui sont autant de têtes de pont en Carie (Iasos, v. 315-312), et tenta peut-être d'en faire autant en Ionie (Milet[71]).

64. Diodore, XVIII, 44-47.
65. Diodore, XVIII, 47, 3.
66. Diodore, XVIII, 51-52 ; en réalité, Arrhidaios semble avoir fait campagne en faveur d'Eumène.
67. Diodore, XVIII, 52, 5-8 ; Kymè est une conjecture, car le texte est corrompu à cet endroit-là.
68. On a parfois voulu corriger *Kasandros* en *Asandros*, nom du satrape de Carie ; cf. E. Will, *HP*, I, p. 55, sur les raisons de conserver le nom du maître de la Macédoine. Cassandre a d'ailleurs aussitôt dépêché des troupes pour prendre possession de la Cappadoce : Diodore XIX, 57, 4 ; 60, 2 (siège d'Amisos)
69. Diodore, XIX, 62, 2 et 5.
70. On a parfois crédité Ptolémée de cette initiative, en 308, mais elle remonte sans doute aux années 315-314 : E. Will, *HP*, I, p. 58, avec bibliographie à cette date.
71. C. B. Welles, *Royal Correspondence*, n° 14, avec le décret milésien *I. Milet*, I, 3, n° 139 ; mais peut-être cela concerne-t-il un épisode plus tardif, après 295 : E. Will, *HP*, I, 72.

La paix de 311, qui confirmait l'autorité du Borgne en Asie, ne mit pas un terme à ce grignotage de ses positions en Asie Mineure[72]. Ptolémée continuait à agir en Lycie (Limyra, v. 309), sur la côte sud de l'Anatolie et dans les îles où il s'empara de Cos. Lorsque Rhodes fut menacée par Antigone pour avoir refusé de combattre à ses côtés, Ptolémée lui porta secours et lui évita de succomber[73]. C'est le début d'une présence lagide intense en Asie mineure méridionale qui devait durer un siècle. De son côté, Séleucos, d'ailleurs exclu de la paix de 311, ne restait pas inactif et tentait d'entretenir des relations privilégiées avec quelques grandes cités, comme Milet[74]. Mais il est vrai qu'il est alors plus préoccupé par les affaires indiennes de son vaste État.

Lettre d'Antigone le Borgne aux habitants de Skepsis (Troade) au sujet de la paix de 311

[...] nous faisons montre du plus grand zèle pour la liberté des Grecs, accordant pour cette raison des concessions non négligeables et distribuant en outre de l'argent ; en plus de tout ceci, nous avons envoyé ensemble Aischylos et Démarchos. Jusqu'à ce qu'il y ait accord à ce propos, nous avons participé à la conférence de l'Hellespont, et si certains hommes n'étaient pas intervenus, l'affaire aurait été conclue alors. Maintenant aussi, quand des discussions en vue de la conclusion d'une trêve eurent lieu avec Cassandre et avec Ptolémée[75] et que certaines des exigences de Cassandre étaient difficiles à satisfaire, mais parce que malgré tout il y avait accord sur les affaires concernant les Grecs, nous avons pensé qu'il était nécessaire de veiller à ce que tout soit terminé le plus vite possible. Quoique nous attachions beaucoup d'importance à ce que tout soit arrangé pour les Grecs comme nous le souhaitions, mais parce que la négociation aurait été plus longue – et parfois, au cours d'un retard, beaucoup d'événements inattendus surviennent – et que nous étions soucieux de voir les affaires des Grecs réglées de notre vivant, nous avons pensé qu'il ne fallait pas que des détails risquent de remettre en question toute l'affaire. Quel zèle nous avons montré à cette occasion, je pense que ce sera évident pour vous et tous les autres au vu de l'accord lui-même.

Après que les accords avec Cassandre et Lysimaque aient été menés à leur terme, accords pour lesquels Prépélaos avait été envoyé avec les pleins pouvoirs, Ptolémée nous envoya des ambassadeurs pour demander qu'une trêve soit conclue avec lui aussi et qu'il soit inclus dans le même traité. Nous estimions que ce n'était pas rien de partager un honneur pour lequel nous avions pris beaucoup de peine et supporté de grandes dépenses, au

72. Sur la paix de 311, cf. E. Will, *HP*, I, 61-65 ; R. A. Billows, *Antigonos the One-Eyed*, p. 131-134.
73. Rhodes, qui avait expulsé sa garnison macédonienne dès la mort d'Alexandre, a réussi à rester libre lors des combats des Diadoques. Elle fut contrainte à l'amitié d'Antigone, et entra dans son alliance après le siège de 305-304, mais cela ne l'empêcha pas d'entretenir de bonnes relations avec Ptolémée.
74. *I. Didymeion*, II, 279 et 480 ; Pausanias, I, 16, 3, d'où l'on a déduit une alliance entre Séleucos Ier et Milet ; mais peut-être l'ensemble des documents ne fait-il que prouver la pleine indépendance de Milet, qui conserve de bonnes relations avec tous les rois : W. Orth, *Königlicher Machtanspruch und städtische Freiheit*, Munich, 1977, p. 17-32.
75. J'adopte la leçon recommandée par H. Hauben alors que certains commentateurs corrigent en Lysimaque, voire Polémaios. Antigone a entamé des discussions avec Cassandre et avec Ptolémée, séparément ; ce passage du texte n'est qu'un résumé de ce qui est explicité ensuite.

moment où un accord était conclu avec Cassandre et Lysimaque et que la tâche restante était plus facile. Néanmoins, parce que nous pensions qu'après la conclusion d'un accord avec lui le problème de Polyperchon pourrait être arrangé plus rapidement puisque personne ne serait plus son allié, parce que nous avons des liens de parenté avec lui et parce que nous voyons que vous et nos autres alliés étiez accablés par la guerre et les dépenses, nous avons pensé qu'il était bon de céder et de faire une trêve avec lui aussi. Nous envoyâmes Aristodèmos, Aischylos et Hégésias établir l'accord. Ils étaient de retour avec les engagements à ce moment et les représentants de Ptolémée dirigés par Aristoboulos vinrent pour les recevoir de nous.

Sachez donc que la trêve a été conclue et la paix faite. Nous avons fait inscrire dans le traité que tous les Grecs ont à s'aider les uns les autres pour préserver leur liberté et leur autonomie, estimant que, de notre vivant, tout ceci resterait intact, selon toute probabilité, mais que par la suite la liberté serait préservée plus sûrement pour tous les Grecs si à la fois eux et les hommes au pouvoir étaient liés par des traités. Pour eux aussi apporter son aide à la conservation des termes du traité que nous avons fait avec chacun d'eux, ne nous semble ni humiliant ni désavantageux pour les Grecs. En conséquence, il me semble que le mieux pour vous est d'accepter le traité que nous vous avons envoyé. Dans le futur aussi, nous essaierons de vous faire bénéficier vous et les autres Grecs de tout avantage en notre pouvoir. Il m'a semblé que le mieux était donc de vous écrire à ce sujet et de vous envoyer Akion discuter de la question. Il vous apporte des copies du traité que nous avons fait et du serment. Salut.

Source : C.B. Welles, *Royal Correspondence*, n° 1.
Bibliographie. : H. Hauben, « Who's who in Antigonus'letter to the Skepcians », *EA*, 9, 1987, p. 29-36.

Une nouvelle coalition dirigée contre Antigone se noua après le retour de Séleucos de son expédition dans les satrapies supérieures[76]. Dès 302, Lysimaque et Cassandre s'entendaient pour franchir les Détroits et s'emparer du domaine asiatique de leur adversaire[77]. Après la prise de Lampsaque et de Parion, ils échouèrent néanmoins devant Abydos, Klazomènes et Érythrées dont Démétrios réussit à faire lever les sièges.

Prépélaos, lieutenant de Cassandre, occupa Adramyttion, puis, brièvement, Éphèse, dont il tenta de bloquer le port en y coulant des navires. Mais Démétrios parvint à reprendre la ville avant la bataille décisive d'Ipsos, et Prépélaos dut se contenter de ravager l'intérieur du pays, tandis que Lysimaque courait le risque d'être coupé de ses bases européennes. Néanmoins, Lysimaque semble être parvenu à se rallier la Phrygie, la Lycaonie, alors que des chefs antigonides passent de son côté, dont Philétairos et son frère Eumène à Pergame[78]. La guerre fait rage dans la région de Synnada et de Dorylaion, avant que l'affrontement décisif ne se produise en Phrygie, à Ipsos, dans l'été 301, où les troupes d'Antigone sont vaincues grâce aux éléphants de Séleucos. Antigone est tué tandis que Démétrios se réfugie à Éphèse.

76. On désigne ainsi les satrapies situées à l'est de la Mésopotamie, de l'Iran à la plaine de l'Indus.
77. Récit assez commode de C. Franco, *Lisimaco*, p. 49-61.
78. Pausanias, I, 8, 1.

Dernière coalition contre Antigone le Borgne (302-301)

Cassandre, roi des Macédoniens, qui voyait la puissance des Grecs s'accroître et toute l'activité militaire se concentrer sur la Macédoine, était rempli d'appréhension pour l'avenir. Aussi envoya-t-il des ambassadeurs à Antigone en Asie pour lui demander de mettre un terme à leur conflit. Antigone lui fit répondre qu'il ne connaissait qu'un terme : Cassandre devait lui abandonner tout ce qui lui appartenait. Atterré, il fit venir de Thrace Lysimaque pour convenir d'une politique commune d'ensemble. Sa pratique constante, en effet, dans les situations les plus graves, était de l'appeler à son aide en raison à la fois de la valeur de l'homme et du fait que son royaume était à la frontière de la Macédoine. Ces souverains conférèrent donc de leur intérêt commun et envoyèrent des ambassadeurs au roi d'Égypte, Ptolémée, et à Séleucos, maître des satrapies supérieures, pour leur faire connaître l'arrogance de ses réponses et leur montrer que le péril causé par la guerre était le même pour tous. Car si la Macédoine tombait au pouvoir d'Antigone, il enlèverait sans délai aux autres aussi leurs royaumes. N'avait-il pas donné la preuve maintes fois qu'il était insatiable et qu'il entendait garder tout pouvoir pour lui seul ? L'intérêt de tous était donc de s'entendre et de se liguer pour faire la guerre à Antigone. Ptolémée et Séleucos, jugeant qu'ils avaient raison, se rallièrent à eux sans hésiter et ils convinrent de s'appuyer mutuellement avec des forces considérables.

Cassandre décida de ne pas attendre l'offensive ennemie, mais de la devancer en partant en campagne pour saisir des avantages. aussi confia-t-il à Lysimaque une partie de son armée et y adjoignit-il Prépélaos an qualité de stratège. Lui-même, avec le reste de ses forces, marcha sur la Thessalie pour reprendre la guerre contre Démétrios et les Grecs. Lysimaque, avec son armée, fit la traversée d'Europe en Asie. Lampsaque et Parion passèrent volontairement de son côté : il leur laissa leur liberté. Mais, à Sigée qu'il avait dû prendre d'assaut il imposa une garnison. Ensuite, il donna au stratège Prépélaos six mille fantassins et mille cavaliers avec mission de rallier les cités d'Éolide et d'Ionie. Quant à lui, sa première action fut de tenter le siège d'Abydos. Il prépara à cette fin des projectiles, des machines et le reste. Mais, par mer, les assiégés reçurent un contingent de troupes envoyé par Démétrios qui suffisait à assurer la sûreté de la cité. Lysimaque renonça à son entreprise. Ayant rallié la Phrygie de l'Hellespont, il vint aussi mettre le siège devant Synnada, ville où se trouvaient d'importants magasins royaux. Il réussit alors à persuader Dokimos, stratège d'Antigone, de faire cause commune avec lui et, grâce à lui, s'empara de Synnada et de quelques-unes des places fortes où étaient déposés les trésors du roi. Le stratège qui avait été envoyé en Éolide et en Ionie par Lysimaque, Prépélaos, se rendit maître d'Adramyttion au passage, fit le siège d'Éphèse et inspira assez d'effroi à ses habitants pour prendre la ville... Il laissa leur liberté aux Éphésiens, mais il brûla tous les navires qu'il trouva dans le port parce que les ennemis étaient maîtres de la mer et que le sort final de la guerre était incertain. Ensuite, il rallia Téos et Kolophon. Érythrées et Klazomènes reçurent de l'aide par mer, si bien qu'il ne put prendre ces villes, mais il ravagea le plat pays ; après quoi, il se dirigea sur Sardes. Là, il persuada Phoinix, stratège d'Antigone, d'abandonner le roi et s'empara de la cité, à l'exemption de la citadelle. Celui qui la défendait était Philippos, un des amis d'Antigone, et il maintint sa fidélité à celui qui lui avait fait confiance. Telle était sa situation de Lysimaque.

Dès qu'Antigone eut appris le débarquement de Lysimaque et la trahison de ses généraux, [...] il prit lui-même la tête de son armée et quitta la Syrie à marches forcées à la rencontre de ses ennemis. Arrivée à Tarse en Cilicie, avec l'argent qu'il avait apporté de Kyinda, il paya trois mois de solde à l'armée. En outre, il transportait un trésor de campagne de trois mille talents afin d'avoir cette ressource à sa disposition lorsqu'il aurait besoin d'argent. Puis, franchissant le Taurus, il se dirigea vers la Cappadoce, marcha contre les défaillants de Haute-Phrygie et de Lycaonie et les ramena à l'alliance antérieure. À ce moment, Lysimaque, ayant appris la présence des ennemis, tint conseil pour délibérer de la tactique à adopter en face des dangers à venir. On décida de ne pas accepter la bataille jusqu'à ce que Séleucos fût descendu des satrapies supérieures, mais d'occuper des points forts et, par des fossés et des palissades, d'y établir un camp suffisamment retranché pour y soutenir l'assaut des ennemis. La décision fut mise en pratique avec énergie. Antigone, arrivé en vue de l'ennemi, déployait son armée et lui offrait la bataille. Personne ne se hasardant à une sortie, il occupa certains points de passage obligé pour les approvisionnements de ses adversaires. Lysimaque eut peur, si son ravitaillement était coupé, de subir la loi de ses ennemis. Il battit en retraite de nuit, parcourut quatre cents stades et alla établir son camp près de Dorylaion. La position était amplement pourvue en blé et autres ressources, et une rivière qui coulait à côté offrait une protection à qui campait auprès. Établissant là son camp, il en fortifia l'emplacement par un profond fossé et une triple palissade.

Lorsque Antigone apprit le départ des ennemis, il se lança aussitôt à leur poursuite. Arrivée près de la position, comme personne ne sortait pour une bataille rangée, il commença à creuser une tranchée autour du camp et il fit venir des catapultes et des projectiles dans l'intention d'en faire le siège. On escarmoucha autour de ce terrassement. Lysimaque tenta de dispenser à coups de projectiles les sapeurs. Mais, en toutes circonstances, Antigone avait le dessus. Puis le temps passa, les travaux étaient sur le point de s'achever, le ravitaillement se faisait rare pour les assiégés. Alors, Lysimaque attendit une nuit de tempête et abandonna sa position. À travers des régions montagneuses, il battit en retraite pour gagner ses quartiers d'hiver. Lorsque Antigone, le jour venu, constata le départ de ses ennemis, il s'efforça de les suivre parallèlement par les plaines. De grandes pluies survinrent. La terre du pays était épaisse. Elle devint boueuse. Il en résulta qu'un grand nombre de bêtes de somme et quelques hommes furent perdus. Dans l'ensemble, toute l'armée se trouva en mauvaise posture. Aussi le roi, à la fois parce qu'il voulait mettre fin aux souffrances de ses hommes et qu'il voyait arriver la saison de l'hivernage, arrêta la poursuite, choisit pour quartiers d'hiver les endroits les mieux situés, entre lesquels il répartit ses corps d'armée. Lorsqu'il apprit que Séleucos descendait des satrapies supérieures avec des forces importantes, il envoya quelques-uns de ses amis en Grèce auprès de Dèmètrios pour l'inviter à le rejoindre avec son armée en toute hâte. Il tentait par-dessus tout d'éviter que tous les rois, unis dans une offensive concentrique contre lui, ne le contraignissent à jouer en une bataille tout le sort de la guerre avant d'avoir pu faire sa jonction avec son armée d'Europe. Comme lui, Lysimaque répartit ses troupes pour hiverner dans la plaine dite de Salonia. Il fit venir beaucoup de ravitaillement d'Héraclée...

En Grèce, Dèmètrios [...] pour commencer concentra à Chalcis d'Eubée sa flotte et ses forces terrestres. Puis, à la nouvelle que Cassandre l'avait devancé en occupant les passes (les Thermopyles), il renonça à pénétrer en Thessalie par voie de terre. Il fit voile le long de la côte avec son armée jusqu'au port de Larissa, y débarqua, enleva l'agglomération d'un élan, mit le siège devant l'acropole et, l'ayant emportée, il fit la garnison prisonnière et rendit leur autonomie aux citoyens de Larisa. Ensuite, il gagna Antronès et Ptéléon et, quand Cassandre voulut transporter de Dion et d'Orchomène à Thèbes, il empêcha le transfert de population. Compte tenu du succès des entreprises de Dèmètrios, Cassandre renforça les garnisons de Phères et de Thèbes, puis concentra toute son armée et vint camper face à Dèmètrios. Il avait en tout 29 000 fantassins et 2 000 cavaliers (Dèmètrios disposait de 1 500 cavaliers et 56 000 fantassins). Les camps demeurèrent dressés l'un vis-à-vis de l'autre ; pendant des jours et des jours, on se rangeait en bataille face à face. Mais aucun des deux partis n'engageait le combat, persuadé que ce qui allait se passer en Asie déciderait de tout. Dèmètrios, néanmoins, répondit à l'appel de Phères, pénétra dans la ville avec une partie de son armée, enleva d'assaut la citadelle, renvoya les troupes de Cassandre sous la garantie d'un accord et rendit leur liberté aux citoyens de Phères.

Telle était la situation en Thessalie lorsque Dèmètrios reçut les envoyés d'Antigone. Ils lui exposèrent en détail les instructions de son père et le pressèrent de faire passer sans délai son armée en Asie. C'était pour lui un devoir impératif, pensait le roi, d'obéir à son père. Il conclut donc un arrangement avec Cassandre, mais en subordonnant la validité de ses clauses à l'agrément de son père. Or, il savait fort bien qu'il ne l'admettrait pas puisqu'il avait décidé une fois pour toutes que c'était par les armes qu'il mettrait fin à la guerre en cours. Mais il voulait donner à sa retraite en Grèce un aspect honorable pour lui épargner de ressembler à une fuite. Figurait parmi les clauses du traité, entre autres, la liberté des cités grecques, non seulement celles de Grèce, mais aussi celles d'Asie. Ensuite, Dèmètrios ayant armé des transports pour la traversée des hommes et du train, mit à la voile avec toute sa flotte, fit route à travers les îles et vint mouiller à Éphèse. Il débarqua son armée, campa au pied des remparts

> et contraignit la cité à revenir à sa situation antérieure. La garnison installée par Prépélaos, le stratège de Lysimaque, fut renvoyée sous la garantie d'une capitulation. Il en établit une à ses ordres dans la citadelle avant de partir pour l'Hellespont. Il reprit possession de Lampsaque et de Parion ainsi que de certaines des autres cités qui avaient changé de parti. Puis, arrivé à l'embouchure du Pont, il construisit un camp au sanctuaire des Chalcédoniens et, pour garder cette position, il y laissa 3 000 fantassins et trente croiseurs. Ensuite, il répartit le reste de son armée entre les cités pour lui faire prendre ses quartiers d'hiver [...]
>
> Dans le même temps, Cassandre, après le départ de Dèmètrios, recouvra les cités de Thessalie et envoya Pleistarchos avec une armée en Asie pour appuyer Lysimaque [...]
>
> Dans le même temps, le roi Ptolémée, ayant quitté l'Égypte avec une armée considérable, soumit toutes les cités de Coelè-Syrie. Pendant qu'il faisait le siège de Sidon, on lui apporta la fausse nouvelle qu'une bataille rangée avait opposé les rois, que Lysimaque et Séleucos, vaincus, s'étaient repliés sur Héraclée et que le vainqueur, Antigone, s'avançait avec son armée vers la Syrie. Ainsi trompé et persuadé que la nouvelle était vraie, il conclut avec les Sidoniens une trêve de quatre mois, plaça dans les cités soumises des garnisons pour s'en assurer la maîtrise et regagna l'Égypte avec son armée [...] À ce moment, Séleucos lui aussi arriva, après avoir traversé les satrapies supérieures, en Cappadoce avec une nombreuse armée. Il fit édifier des baraques pour ses hommes et prit ses quartiers d'hiver dans le voisinage. Il avait environ 20 000 fantassins, quelque 12 000 cavaliers en comptant les archers à cheval, 480 éléphants et plus de 100 chars à faux. Les armées des rois étaient donc concentrées de cette manière et tous étaient bien décidés à obtenir, au cours de l'été suivant, la décision par la force des armes.
>
> Source : Diodore de Sicile, XX, 106-113.

La disparition d'Antigone le Borgne obligeait à une redistribution de l'ensemble. Lysimaque se vit attribuer la totalité de l'héritage d'Antigone à l'exception des places lagides de Lycie, Carie et Pamphylie et d'un état cilicien confié à Pleistarchos. C'était négliger que Démétrios tenait encore de nombreuses places côtières entre Abydos et Milet, et conservait l'appui de la confédération des insulaires. Lysimaque réussit à prendre assez vite le contrôle des régions septentrionales (Phrygie hellespontique, Bithynie, Mysie) et occidentales (Ionie, Lydie), et il est possible que ses troupes aient tenu des provinces situées à l'est de l'Halys (Cappadoce, Lycaonie) puisque Agathoclès, son fils, aurait tenté de couper la route de la Cilicie à Démétrios en 285[79]. En revanche, son autorité en Carie est des plus douteuses, alors que les Lagides y paraissent actifs et que Pleistarchos, chassé de Cilicie par Démétrios dès 299, y retrouve un État autour d'Héraclée du Latmos[80].

---

79. Plutarque, *Démétrios*, 47, 2.
80. L. Robert, *Le sanctuaire de Sinuri*, Paris, 1945, p. 57-62, a montré que l'idée d'un État s'étendant de la Cilicie à la Carie ne reposait sur rien et que ce n'est qu'après la perte de son royaume cilicien dès 299 ou 298 au plus tard que Pleistarchos reçut une compensation en Carie autour d'Héraclée du Latmos, où il resta en place jusqu'à la conquête de la région par Lysimaque en 287. On ignore les limites de ce second État qui n'a aucune raison d'avoir englobé toute la Carie. Cf. en dernier lieu A. Pearce Gregory « A Macedonian δυναστή : Evidence for the Life and Career of Pleistarchos Antipatrou », *Historia*, 44, 1995, p. 11-28, en particulier p. 19-26, mais l'auteur pense que Pleistarchos est mort dès le milieu des années 290, date où il aurait été remplacé par son agent dans la région, Eupolémos. Sur Eupolémos, qui n'est ni un dynaste, ni un agent de Pleistarchos, cf. ci-dessous p. 65.

Le détail des opérations nous échappe largement et il faudrait examiner en détail la situation de chaque cité sans pouvoir être sûr d'interpréter correctement les données disponibles. On peut retenir que jusqu'en 295, le pouvoir de Lysimaque reste chancelant et soumis à de brusques offensives de Démétrios. Mais à cette date, alors que les Lagides interviennent au sud, Lysimaque conduit des opérations systématiques contre les possessions de Démétrios, avec succès. Une contre-offensive de Démétrios en 287-286 échoue : après son débarquement dans la région de Milet, il ne parvient pas à s'emparer de Priène[81], et finit par trouver refuge en Cilicie puis en Syrie où il est fait prisonnier.

Enfin, dans toute cette période, les Grecs semblent plus victimes que bénéficiaires des rivalités des Diadoques. En dehors de Rhodes qui profita de la mort d'Alexandre pour expulser sa garnison macédonienne et conquérir une indépendance réelle, toutes les autres cités sont ballottées au gré des intérêts et des intrigues des uns et des autres. Certes, elles peuvent parfois tirer avantage de la compétition en obtenant des cadeaux pour prix de leur bienveillance (cf. les cadeaux de Séleucos à l'Apollon de Didymes sur le territoire de Milet), mais, le plus souvent, elles doivent contribuer à l'effort de guerre, relever leurs remparts (Érythrées vers 300) ou subir le passage des armées. Bien qu'Antigone (imité par tous) ait proclamé la liberté des Grecs à Tyr en 315, il est clair que cette liberté ne s'applique jamais aux cités placées sous la domination de celui qui la proclame. Antigone intervient dans les affaires intérieures, supprime des cités (Skepsis en 311 pour peupler Antigoneia de Troade) ou en fait fusionner d'autres (synoikisme entre Téos et Lébédos)[82] au mépris de la liberté. Lysimaque se montre plus brutal, installant des tyrans à sa solde (à Ilion, à Priène peut-être)[83]. D'où des guerres longues et épuisantes : Éphèse qui soutient les démocrates de Priène contre le tyran Hiéron, est ruinée v. 300-297 comme le prouve la proclamation d'un moratoire pour les dettes, la fixation d'un taux d'emprunt maximum (8,33 %) avec effet rétroactif et l'instauration de la vente du droit de cité[84]. Les cités font le dur apprentissage de la confrontation avec des États dont la puissance militaire et la richesse

81. Cf. *I. Priene*, 14.
82. C. B. Welles, *Royal Correspondence*, n° 3.
83. Vers 300, la tyrannie de Hiéron suscite la vigoureuse opposition de Priéniens qui s'exilent au fortin de Karion ; il est bien difficile de savoir dans quel camp se situe Lysimaque, ou même s'il a pris parti pour les uns ou les autres. Sur la tyrannie : *I. Priene*, 37 ; Pausanias, VII, 2, 10 ; cf. C. Franco, *Lisimaco*, p. 67-85.
84. *Syll*^{3}, 363 (= *I. Ephesos*, 2001) et 364 (*I. Ephesos*, 1461) ; ce second texte avait d'abord été daté de l'époque de la guerre mithridatique (Dareste-Haussoullier-Reinach, *Recueil des inscriptions juridiques grecques*, t. I, p. 40), mais il doit être placé dans les années 299-297 : D. Magie, *Roman Rule*, p. 91 et 920 ; D. Asheri, « Leggi greche sul problema dei debiti », *SCO*, 18, 1969, p. 42-47 (et traduction p. 108-114). Sur *hexamnaios*, que l'on a compris comme « celui qui achète la citoyenneté pour le prix de six mines », cf. L. Migeotte, *L'emprunt public dans les cités grecques*, Paris-Québec, 1984, p. 287, n. 89), et Ph. Gauthier, *Bull. épigr.*, 1988, 388.

sont sans commune mesure avec les leurs, et tentent coûte que coûte de préserver ou de reconquérir leur statut d'État libre et autonome. Quelques-unes y parvinrent et laissèrent ainsi subsister l'espoir pour les autres[85].

Loi d'Éphèse portant règlement des dettes hypothécaires à la suite d'un état de guerre prolongé

Titre 1er. Hypothèques antérieures à la déclaration de guerre

[...] les juges.

1. Si les juges estiment que le litige n'est pas de nature à être tranché par le droit strict, l'évaluation du propriétaire étant trop élevée et celle du créancier trop basse, ils pourront eux-mêmes estimer les fonds suivant l'équité.

2. En ce qui concerne le montant de la dette, aucune contre-estimation (du juge) n'est admise.

3. Si les parties sont d'accord sur l'estimation (du fonds) et en désaccord sur celle de la dette, ou inversement, le point contesté sera seul soumis à l'appréciation des juges.

4. Les décisions des juges et les sentences des arbitres, que les parties auront déclaré accepter devant le tribunal, seront transcrites par *Isagogues* sur un tableau et transmises au Comité de défense nationale.

5. Dès que le Comité de défense nationale aura reçu les jugements et les sentences arbitrales, il tirera au sort, pour chaque période de cinq jours, cinq répartiteurs parmi les trente citoyens élus par le peuple à cet effet ; les fonds hypothéqués seront affichés et répartis par le sort entre ses commissaires. Chacun d'eux procédera ensuite à la division des fonds qui lui auront été assignés, en prenant soin de ne morceler ni la part du propriétaire ni celle du créancier, mais de les composer de parcelles continues. Le fonds sera divisé entre le propriétaire et le créancier en proportion de sa valeur estimative et du montant de la dette ; dans cette opération on réservera les chemins conduisant aux lieux sacrés, aux bâtiments et aux tombeaux.

6. Si le partage soulève des contestations, elles seront portées devant le Comité de défense nationale et le président du tribunal.

7. Le président du tribunal conduira les juges sur le terrain, et les juges rectifieront, s'il y a lieu, le partage en tenant compte des valeurs respectives du fonds et de la dette.

8. Les partages ainsi faits par les répartiteurs ou les juges seront consignés par écrit et remis au Comité de défense nationale. Le procès-verbal énoncera les noms des parties, la désignation des lieux, les bornes fixées. Le Comité fera transcrire ces procès-verbaux sur des tableaux qui seront déposés par le soin des Néopes (administrateurs du temple) dans les archives du temple. Il en sera remis copie au secrétaire archiviste et tout citoyen pourra en prendre connaissance, ces partages ayant un caractère public.

9. Si, au contraire, les parties se sont entendues à l'amiable sur les conditions du partage et en ont remis au Comité de défense nationale un acte écrit, cet arrangement fera loi entre elles. Le propriétaire et le créancier pourront chacun prendre copie de l'estimation du fonds et des dettes qui le concernent ; de même il pourra en être donné copie au tuteur dans l'intérêt de son pupille et aux cotuteurs qu'il aura pu s'adjoindre. En dehors de ces personnages, nul ne pourra en prendre copie ; les fonctionnaires préposés à la garde de ces titres ne pourront ni en prendre copie eux-mêmes, ni en donner copie à qui que ce soit.

---

85. Analyse systématique des relations de Lysimaque avec les cités d'Asie Mineure par C. Franco, *Lisimaco*, Pise, 1993, p. 65-182, très détaillé ; traitement plus sommaire de H. S. Lund, *Lysimachus*, Londres, 1992, p. 118-127, et de F. Landucci Gattinoni, *Lisimaco di Tracia*, Milan, 1992, p. 237-243.

Celui qui enfreindra cette défense soit en prenant, soit en donnant copie, sera maudit et pourra être poursuivi en justice comme rebelle et ennemi de la paix publique.

10. Ceux qui ont consenti un prêt sur un fonds déjà hypothéqué pourront se satisfaire sur le restant du fonds (après le partage), qu'ils soient un seul ou plusieurs ; on commencera par les premiers en date et ainsi de suite, en appliquant à ces créanciers ultérieurs les mêmes règles de partage qu'au premier hypothécaire. Mais si un propriétaire d'un fonds hypothéqué a contracté un nouvel emprunt en faisant croire que le fonds était libre et a trompé ainsi les créanciers ultérieurs, ceux-ci pourront désintéresser le premier hypothécaire en profitant du bénéfice de guerre et se mettre en possession des terres. Si même après cela il leur reste dû quelque chose, ils pourront se satisfaire sur le reste de la fortune du débiteur, par tous moyens et sans encourir aucune pénalité. S'il existe une caution, elle sera tenue de la même manière que celui qui a garanti une dette chirographaire.

Titre II. Des cautions hypothécaires

11. Si la valeur de l'immeuble hypothéqué, calculée d'après son état avant la guerre, est équivalente au montant de la dette, la caution est libérée de son engagement. Si la dette dépasse la valeur estimative de l'immeuble, la caution reste tenue pour l'excédent, comme les cautions de dettes chirographaires, à moins que les intérêts ne se soient accumulés pendant un temps plus long que celui pour lequel la caution s'était engagée originairement.

12. Si le créancier a laissé s'accumuler les intérêts contrairement au contrat et au-delà du temps stipulé, la caution ne sera pas tenue de ces intérêts supplémentaires, à moins que le créancier n'ait ajourné ses poursuites avec l'assentiment de la caution.

13. S'il s'élève quelque contestation, elle sera tranchée d'après l'équité par le tribunal des étrangers à moins que les arbitres n'aient réussi à mettre les parties d'accord. Le créancier sera demandeur.

Titre III. Des personnes qui ne peuvent invoquer le bénéfice de guerre

14. Les tuteurs qui détiennent, à quelque titre que ce soit, des sommes appartenant à leurs pupilles et qu'ils ont prises pendant la tutelle, ne pourront invoquer le bénéfice de guerre.

15. Ceux qui doivent des dots à leurs filles ou à leurs sœurs comme représentant la part de celles-ci dans le patrimoine paternel, semblablement les tuteurs institués par le testament du père ou nommés par le peuple qui n'auront pas délivré à leurs pupilles les dots prescrites par le père, de même enfin les époux divorcés qui n'auront pas rendu la dot restituable d'après la loi, tous ces débiteurs devront rembourser les dots avec l'intérêt réglé par le contrat, sans pouvoir invoquer le bénéfice de guerre. La perte éventuelle pour les orphelines devra être comblée par les tuteurs sur le reste du patrimoine qu'ils administrent.

Titre IV. Des obligations contractées depuis la déclaration de guerre

16. Ceux qui ont emprunté sur hypothèque postérieurement au mois Posidéon de la prytanie de Démagoras pourront, comme les autres, invoquer le bénéfice de guerre, mais on prendra pour vase de l'évaluation la valeur du fonds au moment du contrat. Par exemple, si à ce moment les champs étaient dévastés et les constructions détruites, on tiendra compte de ces ravages dans l'évaluation du fonds.

17. Si, avant le mois Lénéon de la prytanie d'Apollas, des actes ont été conclus portant renonciation au bénéfice de guerre, cette clause sera nulle et le débiteur pourra néanmoins invoquer le bénéfice.

18. Quant aux contrats hypothécaires conclus postérieurement au mois Lénéon d'Apollas, ils recevront leur pleine exécution et les emprunteurs ne pourront invoquer le bénéfice de guerre, car les prêteurs leur ont rendu service et ont eu confiance en eux malgré l'état de guerre ; toutefois les prêteurs ne pourront exiger d'intérêt supérieur au denier douze (8,33 %).

Titre V. Des créanciers qui se sont mis en possession de leurs gages

19. Les créanciers qui, antérieurement au mois Posidéon de Démagoras se sont mis en possession de leurs gages, conformément à leur contrat, et en perçoivent les fruits, seront maintenus en possession, à moins qu'ils n'aient de leur plein gré consenti un autre arrangement ; s'il y a contestation au sujet de la propriété définitive, l'affaire sera jugée suivant les lois. Si, au contraire, les créanciers se sont mis en possession depuis cette date, alors que d'après le décret du peuple les débiteurs avaient été autorisés à percevoir les fruits et rétablis dans la possession de leurs biens, la propriété sera restituée à l'emprunteur, la valeur de l'emprunt sera attribuée au prêteur ; le partage se fera d'après les mêmes règles que pour les autres créanciers.

20. Si une contestation s'élève entre les parties, le créancier prétendant (contrairement au débiteur) que sa prise de possession est antérieure au mois Posidéon de la prytanie de Démagoras, l'affaire sera jugée comme les autres procès résultant du fait de la guerre.

21. S'il n'y a pas eu prise de possession, mais que le débiteur resté en jouissance ait de son plein gré et sans contrainte consenti quelque avantage au créancier, cet arrangement fera loi entre les parties. S'il y a contestation sur le fait de contrainte, le tribunal des étrangers jugera, après que les parties auront préalablement porté leur différend devant les arbitres, conformément à la présente loi.

22. Si les débiteurs se sont déchargés de leur dette en délaissant leurs fonds de terre et que les créanciers les aient cultivés, les fonds appartiendront aux créanciers. Toutefois, si le débiteur consent à rembourser au créancier ses impenses, avec les intérêts calculés au denier quatorze (7,14 %), les frais de culture et tous autres dommages qu'il aura pu éprouver du fait de la culture, déduction faite des fruits perçus, il pourra entrer en possession de son immeuble et profiter du bénéfice de guerre, comme les autres débiteurs, pourvu que ces paiements soient effectués dans l'année du prytane Danaos.

23. En ce qui concerne l'évacuation des frais de culture et autres dommages, ainsi que celle des fruits perçus, s'il est intervenu un accord ou un arbitrage, il fera loi entre les parties ; dans le cas contraire, l'évacuation sera faite suivant l'équité par le tribunal des étrangers, comme pour les autres procès de cet ordre. Le délaissant devra jouer le rôle de demandeur.

24. Si quelques-uns, sous la prytanie de Démagoras, celle de Manticratès, ou celle d'Apollas jusqu'au mois Posidéron [...]

Source : Dareste, Haussoullier et Reinach, *Recueil d'inscriptions juridiques grecques*, I, p. 30-47, n° V (qui la date de 84 av. J.-C.) ; D. Asheri, « Leggi greche sul problema dei debiti », *SCO*, 18, 1969, p. 42-47 (et traduction p. 108-114).

La défaite de Lysimaque à Kouroupédion près de Sardes au début de 281 fut sans doute accueillie avec soulagement. Elle livrait l'Asie Mineure à Séleucos, qui après la mort de tous les Diadoques, semblait en passe de réussir la réunification. Mais passé en Europe, il y fut assassiné dans l'été 281. À qui reviendrait l'Anatolie ? À son assassin, Ptolémée Kéraunos, le nouveau roi de Macédoine, ou à son fils qui régnait dans la lointaine Bactres ? Une nouvelle période d'incertitude s'ouvrait.

Chapitre 2

L'Anatolie déchirée (281-188)

La période d'un siècle qui sépare la mort de Séleucos Ier de la paix d'Apamée paraît à première vue difficile à synthétiser, tant l'histoire politique, militaire et diplomatique des différents États s'y enchevêtre. Pourtant, si l'on va à l'essentiel, on peut mettre en évidence cinq axes majeurs autour desquels s'articule l'histoire de ces régions.

En premier lieu, si la puissance séleucide reste officiellement prépondérante dans tous les territoires conquis par Alexandre, de l'Hellespont à la Cilicie, elle est en fait contestée fortement dans toute la zone sud par les Lagides et, dans une moindre mesure, par Rhodes. Malgré des faiblesses passagères, dues davantage à des contestations issues de membres de la dynastie elle-même qu'à des assauts extérieurs, la mainmise séleucide sur l'Asie occidentale reste forte et relativement stable tout au cours du siècle. L'importance que les rois séleucides accordent à l'ensemble de ces régions justifie qu'ils y nomment un vice-roi, de la même manière qu'ils se font représenter dans les « satrapies supérieures » par un autre vice-roi.

En second lieu, la naissance d'une principauté autour de Pergame dès 281/280, engendre rapidement un nouvel État dont l'étendue territoriale fluctue au gré de la puissance séleucide, mais dont l'existence n'est jamais réellement remise en question. Une politique efficace de résistance aux Galates conféra à la dynastie attalide un prestige certain auprès des cités de la région. En tout cas, la réussite des dynastes de Pergame justifie qu'on les considère, avec les Séleucides, les Lagides et Rhodes, comme l'une des quatre puissances qui dominent l'Asie Mineure.

En troisième lieu, l'irruption des Galates apporte des dévastations considérables et constitue pendant plusieurs dizaines d'années un facteur de troubles. Repoussés vers l'est, les Galates constituent un nouveau pouvoir en Anatolie centrale, longtemps peu organisé et donc incontrôlable, au moins jusqu'au milieu du IIe siècle. En tout cas, jusqu'à la grande campagne de Manlius Vulso en 189, aucune cité d'Asie Mineure ne peut se sentir à l'abri de leurs ravages.

En quatrième lieu, tandis que les quatre grandes dynasties grecques issues du démembrement de l'Empire d'Alexandre – Séleucides, Attalides, Lagides et Antigonides – se déchirent et se disputent l'Ouest anatolien, des états indigènes hellénisés émergent des anciennes satrapies non conquises, en Bithynie, Paphlagonie, Pont, Cappadoce. Si les débuts sont souvent obscurs, la réalité politique des nouveaux royaumes se manifesta rapidement par une intervention directe de ces rois dans les conflits qui déchirent l'Anatolie.

Enfin, la situation d'équilibre qui a fini par se mettre en place dans les années 210-200 est remise en question par l'irruption de Rome qui, vainqueur d'Antiochos III à Magnésie du Sipyle (189), redistribue l'Ouest anatolien entre ses alliés. L'élimination des Séleucides, survenant peu après celle des Antigonides et des Lagides, marque un tournant décisif dans l'histoire politique de la région désormais livrée tout entière, du moins en apparence, à des pouvoirs dont le siège est en Anatolie même, mais, en réalité, placés sous la tutelle de Rome.

Il serait fastidieux de donner ici un récit suivi de l'histoire politique et militaire de l'Anatolie au IIIe siècle[1]. On se contentera de fixer les grandes articulations faisant apparaître quels sont les principaux pouvoirs en charge de la région.

L'Asie séleucide

Un espace instable

La mort de Séleucos Ier pouvait mettre en péril la domination séleucide en Asie Mineure. Malgré des difficultés, son fils Antiochos Ier parvint à assurer son pouvoir de l'Égée à l'Asie Centrale. De fait, de 281 à 188, les Séleucides apparaissent bien comme la puissance dominante en Asie Mineure. Mais l'Asie Mineure ne constitue pas l'essentiel de leur royaume et leur autorité n'y est pas sans partage. Cela entraîne plusieurs conséquences de première importance.

D'une part, l'Asie Mineure séleucide n'est que l'extrémité occidentale d'un immense royaume dont le centre de gravité géographique se trouve en Mésopotamie[2] et le cœur politique en Syrie. Quelle que soit la priorité que les Séleucides veulent donner aux affaires grecques, ils sont constamment préoccupés par les affaires iraniennes (avec l'invasion parthe à partir du milieu du IIIe siècle) ou les guerres avec les Lagides pour la (re)conquête de la Syrie-

1. On trouvera un récit à la fois clair et détaillé dans Ed. Will, *Histoire politique du monde hellénistique*, 2e éd., Nancy, 1979-1982.
2. Ce constat ne justifie pas les conclusions d'A. Kuhrt et S. Sherwin-White, *From Samarkhand to Sardis : a new approach to the Seleucid Empire*, Berkeley, 1993, qui accordent une importance politique et culturelle décisive aux régions orientales de l'Empire.

Palestine : cela explique parfois leur inaction à l'ouest, ou leur lenteur – toute relative – à réagir.

D'autre part, l'Asie Mineure séleucide ne couvre qu'une partie de l'Anatolie, de la mer de Marmara (Propontide) à la Cilicie, malgré la revendication officielle des Séleucides d'être maîtres de « toute terre au-delà du Taurus »[3] : la victoire de Séleucos Ier à Kouroupédion légitimait une revendication qui n'avait jamais été réalisée, ni par Séleucos[4], ni par Lysimaque, ni par Antigone le Borgne dont Lysimaque se trouvait l'héritier après Ipsos. En réalité, même au moment de la plus grande extension séleucide au IIIe siècle, à peu de choses près, le nord, le centre et l'est restèrent hors de portée. Il y eut bien des tentatives de conquête ou de reconquête, mais sans succès (expéditions séleucides contre Héraclée du Pont en 281 et 280)[5], sans doute contre la Cappadoce vers 255[6]. Assez tôt, les Séleucides renoncèrent à la conquête et entreprirent une politique d'alliance avec les dynasties indigènes de l'Est anatolien, parfois scellées par des échanges matrimoniaux.

Même dans le domaine qui est le leur, les Séleucides durent assurer leur autorité, face aux Attalides ou aux Lagides[7], par une diplomatie souple à l'égard des cités. De multiples décrets des cités pour les rois séleucides ou des membres de leur famille témoignent autant de l'activité de ceux-ci dans les cités pour s'acquérir leurs bonnes grâces (cadeaux aux sanctuaires, financement d'édifices prestigieux, dons de blé, de bois ou de matériaux de construction) que de la marge de liberté relative dont jouissent les cités prises entre des sollicitations multiples. Par le biais des associations régionales traditionnelles, comme la ligue ionienne, les rois parviennent à renforcer leur autorité politique et à maintenir de bonnes relations avec un réseau étendu de cités[8]. Mais c'est sans doute en luttant contre les Galates que les Séleucides

---

3. C'est le terme employé dans le *prostagma* envoyé en 210-209 par Antiochos III à Zeuxis, son vice-roi en Asie Mineure, pour l'informer de la nomination de Nikanôr comme « grand-prêtre de tous les sanctuaires de toute terre au-delà du Taurus » (le « au-delà » se comprend vu d'Antioche) : *SEG* 37, 1010. La même revendication apparaît dans le discours tenu par Antiochos III aux envoyés romains à la conférence de Lysimacheia en 196 : Polybe, XVIII, 51.
4. Sur l'activité de Séleucos entre sa victoire sur Lysimaque en février 281 et son assassinat par Ptolémée Kéraunos sept mois plus tard (Justin, 17, 2, 4), cf. A. Mehl, *Seleukos Nikator und sein Reich*, Louvain, 1986, p. 299-315 ; J. D. Grainger, *Seleukos Nikator. Constructing a Hellenistic Kingdom*, Londres, 1990, p. 183-187.
5. Memnon dans F. Jacoby, *FGrHist.*, 434 F 7 ; W. Orth, *Königlicher Machtanspruch und Städtische Freiheit*, Munich, 1977, p. 39-43.
6. Ci-dessous p. 72.
7. Sur le domaine lagide, ci-dessous p. 59-61.
8. Décret du *Panionion* instituant une fête en l'honneur du roi et réaffirmant la fidélité des Ioniens : *I. Erythrai und Klazomenai*, 2, 492 ; F. Hiller von Gaertringen, *I. Priene*, Berlin, 1906, n° 507 ; cf. F. Piejko, « Decree of the Ionian League in honor of Antiochos I ca. 267-262 BC », *Phoenix*, 45, 1991 p. 126-147. Cf. W. Orth dans J. Seibert éd., *Hellenistische Studien. Gedenkschrift für Hermann Bengtson*, Munich, 1991, p. 61-74.

avaient le plus de chances de s'attirer la reconnaissance des cités. Ils le firent dès 278-275, puis à nouveau vers 269 sans doute (bataille dite de l'éléphant, ni datée, ni localisée)[9].

Décret d'Ilion en l'honneur d'un roi Antiochos

Alors qu'était *épimènios* Nymphios fils de Diotrèphès, épistate Dionysios fils d'Hippomédon, Démétrios fils de Diès a fait la proposition suivante : attendu que le roi Antiochos, fils du roi Séleucos, naguère ayant reçu le royaume et faisant montre d'une politique toute à sa gloire et excellente, s'est efforcé d'une part de rétablir dans la paix et la prospérité antérieure les villes de Séleucide mises dans des circonstances difficiles par la faute de ceux qui poussaient à la révolte contre le royaume, et d'autre part de recouvrer le pouvoir paternel en se portant contre les responsables des troubles, comme il est juste ; par la suite, grâce à une entreprise belle et juste, ayant reçu pour soutenir ses affaires non seulement (l'appui) de ses amis et de ses troupes, dévoués envers lui, mais encore l'aide de la divinité bienveillante, il rétablit les villes dans la paix et le royaume dans sa situation ancestrale. Maintenant, arrivé dans les pays situés de ce côté-ci du Taurus, avec tout son zèle et sa libéralité, à la fois il procure la paix aux cités et il a conduit les affaires et le royaume à une situation meilleure et plus brillante, d'une part grâce à son propre mérite (*arétè*), d'autre part grâce à la bienveillance (*eunoia*) de ses amis et de ses troupes.

Afin donc qu'il soit manifeste pour le roi que le peuple, comme lorsque jadis, dans les circonstances où il (Antiochos) recueillit le royaume, n'a pas cessé de faire des prières et des sacrifices à tous les dieux en sa faveur, et de même reste maintenant bienveillant et conserve la même attitude ;

À la Bonne Fortune, plaise au conseil et au peuple que la prêtresse, les *hiéronomoi* et les prytanes fassent une prière à Athéna Ilias avec les ambassadeurs afin que sa présence soit profitable au roi, à la reine sa sœur, à ses amis et à ses troupes, que tout le bien possible arrive au roi et à la reine, que les affaires et le royaume continuent à prospérer comme ils le désirent ; que les autres prêtres et prêtresses, avec le prêtre du roi Antiochos, fassent une prière à Apollon fondateur de sa famille, à Nikè, à Zeus, et à tous les autres dieux et déesses. En plus des prières, que les *hiéronomoi* et les prytanes avec la prêtresse et les ambassadeurs offrent à Athéna le sacrifice ancestral ; qu'à Apollon et aux autres dieux, les stratèges avec les autres prêtres (offrent les sacrifices habituels). Lorsqu'ils accompliront les sacrifices, que les citoyens et tous les *paroikoi* portent des couronnes ; se réunissant par maison, qu'ils accomplissent des sacrifices en l'honneur du roi et du peuple. Afin qu'il soit manifeste pour tous que le peuple aide à établir ce qui convient à son honneur et à sa gloire, qu'on le loue pour le mérite (*arétè*) et l'*andragathia* qu'il ne cesse d'avoir, qu'on lui élève une statue équestre en or dans le sanctuaire d'Athéna, dans le lieu le plus en vue, près de l'autel de pierre blanche et qu'on inscrive ceci :

« Le peuple d'Ilion en l'honneur du roi Antiochos, fils du roi Séleucos, en raison de sa piété envers la divinité, lui qui est devenu le bienfaiteur (évergète) et le sauveur (*sôter*) du peuple. »

Que l'agonothète et les synèdres fassent l'annonce lors des Panathénées au concours gymnique, lorsque la cité et les autres cités couronnent Athéna Ilias, d'une couronne d'excellence, faisant faire la proclamation par le héraut du conseil et du peuple. Qu'on élise parmi tous les hommes d'Ilion trois ambassadeurs qui, l'ayant salué de la part du peuple et lui ayant souhaité bonne santé pour lui, pour sa sœur la reine, ses enfants, ses amis et ses troupes, lui annonceront l'honneur voté, et qui, après avoir rappelé la bienveillance du peuple envers son père le roi Séleucos et toute la famille royale [...] (*la suite est perdue*).

Source : *OGIS* 219 ; L. Robert, « Décret d'Ilion », *Am. St. Papyrology*, 1, 1966 (= *Essays C.B. Welles*), p. 175-211 ; *I. Ilion*, 32.

---

9. K. Strobel, *Die Galater. Geschichte und Eigenart der keltischen Staatenbildung auf dem Boden des hellenistischen Kleinasien*, Berlin, 1996, avec la bibliographie antérieure.

Bibliographie : Chr. Habicht, *Gottmenschentum und griechische Städte*, Munich, 1970, 2e éd., p. 83-85 ; W. Orth, *Königlicher Machtanspruch und Städtische Freiheit*, Munich, 1977, p. 43-75 (examen de la datation, parfois contestée et rabaissée au temps d'Antiochos III, maintenue par Orth au temps d'Antiochos Ier) ; G. Herman, « The « Friends » of the early hellenistic rulers : servants or officials ? », *Talanta*, 12/13, 1980/1981, p. 103-149 ; B. Funk, « Seleukos Nikator und Ilion », *HZ*, 258, 1994, p. 317-337 ; J. Ma, *Antiochos III and the Cities of Western Asia Minor*, Oxford, 2000, p. 254-259 (se range en faveur de la date haute sous Antiochos Ier, mais sans exclure la possibilité qu'il s'agisse d'Antiochos III).

Par trois fois, l'Asie Mineure séleucide se trouva au IIIe siècle en état de sécession par rapport au roi régnant à Antioche.

En 246, Antiochos II meurt en laissant le trône au fils – un bébé – qu'il a eu de sa seconde épouse, la lagide Bérénice. Le fils de sa première épouse Laodice, Séleucos II, se proclame roi à Éphèse et entreprend la reconquête de son royaume. La crise est vite dénouée, malgré l'occupation de la Syrie du Nord par Ptolémée III, car Bérénice et son fils furent massacrés à Antioche avant l'arrivée de l'armée lagide. Mais cette crise de succession a montré que l'Asie Mineure pouvait offrir un solide point d'appui pour un prétendant décidé et elle a surtout été l'occasion pour Ptolémée III de regagner le terrain perdu face à Antiochos II, sauf en Carie[10].

Séleucos II avait à peine consolidé son autorité en Syrie face aux prétentions de Ptolémée III qu'il dut affronter la rébellion de son frère Antiochos Hiérax, dès 241. Celui-ci reçut l'aide des Galates et de tous les dynastes indigènes qui trouvaient là une excellente occasion d'affaiblir la monarchie séleucide. Une « guerre fratricide » dont le détail nous échappe largement (tout ceci appartient à la décennie la plus obscure de IIIe siècle) s'engagea, où Séleucos connut une écrasante défaite devant Ancyre. Hiérax put alors régner en Asie Mineure (il frappe monnaie), d'autant que Séleucos II dut lâcher prise pour courir en Iran faire face à l'invasion des Parthes. Attale de Pergame entreprit alors de faire la guerre à Antiochos Hiérax, qui mettait à mal bien des cités, et parvint à le mettre en fuite (237-227). Hiérax fut assassiné un peu plus tard (226), mais toute l'Asie Mineure séleucide était passée entre les mains des rois de Pergame ! Il fallut une reconquête systématique entre 226 et 220, dirigée notamment par Séleucos III puis Achaios, vice-roi séleucide pour l'Asie Mineure, pour rétablir l'autorité des rois d'Antioche.

Mais, dès 220, Achaios, fort à la fois de ses succès et de sa parenté avec le roi[11], tenta de s'emparer du gouvernement du royaume au détriment du tout-puissant Hermias, puis fut proclamé roi par ses troupes. Bien qu'il ait finalement renoncé à marcher sur Antioche (Hermias venait d'être assassiné sur ordre d'Antiochos III), il se maintint comme roi en Asie Mineure. Antiochos III s'en accommoda le temps de sa nouvelle guerre contre les Lagides (219-217), mais, après la désastreuse défaite de Raphia (217), il se devait de

10. Ci-dessous p. 60-61.

11. Il est l'oncle maternel de Séleucos III et d'Antiochos III, cousin germain de Séleucos II et de Hiérax, dont il a épousé la fille.

rendre du lustre à son règne : il décida d'éliminer Achaios[12]. D'ailleurs, celui-ci se trouvait en difficulté. Après avoir fait campagne en Pisidie et en Pamphylie, il dut faire face à une offensive d'Attale Ier contre les possessions séleucides d'Ionie (Téos, Kolophon), d'Éolide (Myrina, Phocée, Kymè, etc.) et des Détroits (Lampsaque, Ilion, Alexandrie de Troade). Pris en tenaille entre Antiochos III et Attale Ier qui avaient réussi à s'entendre[13], Achaios résista pendant quatre ans. On ne sait à peu près rien de la guerre elle-même, en dehors d'épisodes situés autour de Sardes. Assiégé dans la citadelle de Sardes (la ville tombe en 215), Achaios finit par être pris en 213 à la suite d'une trahison, et supplicié de façon ignoble, d'après le récit de Polybe[14]. On ne sait exactement de quelles complicités et de quels appuis avait bénéficié Achaios – les cités de la région n'avaient guère d'autre choix que de suivre le parti du Séleucide en charge de la région –, mais Antiochos III se montra d'une extrême dureté envers Sardes en particulier[15].

L'usurpation d'Achaios (220)

Achaios, cependant, était maître des territoires situés en deçà du Taurus, et il venait de prendre le titre de roi [...]. Achaios était un parent du roi Antiochos, qui venait de recevoir la royauté en Syrie. Et il était devenu le maître de ce royaume pour les raisons suivantes. Après la mort de Séleucos, le père de cet Antiochos, l'aîné de ses fils, Séleucos, lui avait succédé dans son royaume. Comme parent, Achaios l'avait accompagné dans l'expédition que celui-ci avait entreprise au-delà du Taurus, environ deux ans avant l'époque dont nous parlons maintenant. En effet, le jeune Séleucos avait à peine reçu le royaume qu'il apprit qu'Attale s'était emparé de toute la partie du royaume située de l'autre côté du Taurus ; il s'empressa de franchir le Taurus avec une puissante armée pour aller au secours de ses propres possessions. Mais il avait été assassiné par traîtrise par le Galate Apatourios et par Nikanôr. Achaios le fit venger aussitôt en faisant mettre à mort les assassins, Nikanôr et Apatourios, et prit la direction des armées et de toutes les affaires avec discernement et grandeur d'âme. En effet, alors que l'occasion s'offrait à lui et que ses troupes l'invitaient de façon pressante à prendre le diadème, il préféra n'en rien faire et tenir le royaume pour le fils cadet, Antiochos. Il s'avança avec énergie et fit la reconquête de tout le pays de ce côté du Taurus. Mais lorsqu'il eût rencontré un succès qui dépassait ses attentes, ayant repoussé Attale jusque dans Pergame même et s'étant lui-même rendu maître de tout le reste du pays, il se laissa griser par ses succès, s'écarta du droit chemin, s'empara du diadème et se fit proclamer roi, devenant le plus puissant et le plus redoutable des rois et des dynastes de ce côté du Taurus.

Source : Polybe, IV, 48.

Ainsi, dans la pratique, de 241 à 213, une bonne partie de l'Asie séleucide se trouvait soit entre les mains d'un usurpateur (Hiérax, Achaios), soit au pouvoir d'adversaires déclarés des Séleucides (Attale Ier). Cet affaiblissement

12. Ed. Will, *HP*, II, p. 23-26.
13. Polybe, V, 107.
14. Polybe, VIII, 21 : son corps décapité fut crucifié dans une peau d'âne.
15. Cf. le dossier épigraphique publié par Ph. Gauthier, *Nouvelles inscriptions de Sardes*, II, Paris, 1989 ; ci-dessous p. 101-102.

n'est sans doute pas étranger aux convoitises nouvelles des Lagides et des Antigonides. Mais il ne faut pas exagérer les effets de ces faiblesses. Tout montre qu'Antiochos III tient solidement la plus grande partie de l'Asie Mineure après 213 et ce sont plutôt les Pergaméniens qui sont sur la défensive.

L'administration séleucide

On connaît mal le détail de l'organisation administrative et militaire de l'Asie Mineure séleucide avant l'époque d'Antiochos III, faute de documents assez nombreux et assez étalés dans le temps. Mais, grâce aux découvertes récentes, notamment au riche dossier relatif à Zeuxis, on peut désormais brosser un tableau un peu plus précis des grandes lignes de l'organisation séleucide de l'Asie.

Sardes apparaît comme la capitale royale par excellence, et c'est là que réside le vice-roi séleucide. À la fin du IIIe siècle, sous le règne d'Antiochos III, ce vice-roi, Zeuxis, porte le titre assez vague de « celui laissé par le roi Antiochos en charge des affaires de ce côté-ci du Taurus (*ho apoleleimenos hypo tou basileôs Antiokhou épi tôn epitade tou Taurou pragmatôn*), ce que la cité d'Amyzon, dans un texte officiel, réduit à « le préposé aux affaires » (*ho épi tôn pragmatôn*)[16]. Son autorité s'exerce *a priori* dans tous les domaines, puisqu'on le voit aussi bien conduire la guerre (c'est lui qui fait campagne en Carie en 197), négocier avec les cités et recevoir leurs ambassades, en un mot agir comme le représentant du roi dans tous les domaines. Mais son pouvoir n'est pas sans partage. En effet, il existe aussi un « grand-prêtre chargé des sanctuaires des pays au-delà du Taurus »[17], qui n'est sûrement pas confiné à la célébration et à la gestion du culte royal, mais possède autorité sur l'ensemble des sanctuaires, quels qu'ils soient, et notamment sur leurs finances (lignes 38-39). Or, dans sa lettre à Zeuxis l'informant de la nomination de ce grand-prêtre, Nikanôr, Antiochos III l'invite à collaborer avec le nouveau nommé pour toutes les

16. On note que son titre ne fait aucune allusion à un ressort territorial précis, bien que Polybe XXI, 16, 4, le désigne comme satrape de Lydie, ce qu'aucune inscription officielle ne confirme. Cf. L. Robert, *Nouvelles inscriptions de Sardes*, Paris, 1964, p. 11-14. Titre complet dans le texte de l'accord conclu par Zeuxis avec les habitants d'Euromos : *SEG*, 47, 707 (= J. Ma, *Antiochos III*, p. 339, n° 30) ; titre abrégé à Amyzon : J. et L. Robert, *Feuilles d'Amyzon en Carie*, Paris, 1983, p. 151-154, n° 15, ligne 9-10 (= J. Ma, p. 298-300, n° 10). Dans les lettres que le roi lui envoie, ou que lui-même envoie à des subordonnés, il ne porte en général aucun titre : cf. le dossier rassemblé par J. Ma, *Antiochos III*, p. 284-296. L'indication « de ce côté-ci du Taurus » implique que Zeuxis a été nommé à ce poste lorsque le roi résidait en Asie Mineure ; à l'inverse, la nomination de Nikanôr comme « grand-prêtre des sanctuaires au-delà du Taurus » montre que la décision a été prise à Antioche.
17. H. Malay, « Letter of Antiochos III to Zeuxis with two covering Letters (209 B.C.) », *EA*, 10, 1987, p. 7-17 (= J. Ma, *Antiochos III*, p. 288-292, n° 4) ; cf. J. Ma, *Antiochos III*, p. 145.

affaires d'intérêt commun, ce qui montre qu'il n'a pas autorité sur lui. De même, il existe probablement un responsable des finances (*ho épi tôn prosodôn*), indépendant du vice-roi[18]. Cette organisation est bien attestée à la fin du IIIe siècle, mais elle remonte probablement à une époque plus ancienne, même s'il peut y avoir discontinuité dans l'organisation administrative. En effet, dans la même lettre, Antiochos III rappelle qu'il revient à une situation qui existait au temps de son grand-père (Antiochos II) où la charge était confiée à un certain Dion (lignes 40-41), sans faire allusion à un quelconque prédécesseur immédiat. Déjà Alexandre, lorsqu'il entreprit d'organiser la seule satrapie de Lydie pendant son séjour à Sardes, nomma en même temps un satrape, un préposé à la garde de la citadelle et un administrateur des finances[19], et il avait nommé Philoxénos pour s'occuper de lever le tribut en Asie de ce côté du Taurus[20]. On trouve une organisation assez semblable chez les Lagides où les tâches d'administration générale et de gestion fiscale et financière sont séparées.

La nomination d'un grand-prêtre pour l'Asie Mineure au temps d'Antiochos III (février-mai 209)

Philotas à Bithys, salut. Je t'envoie une copie de la lettre que nous a envoyée Zeuxis au sujet des mesures relatives à Nikanôr. En conséquence donne des instructions pour qu'il soit fait comme il est ordonné. Salut. L'an 103, le 20 Artémisios.

Zeuxis à Philotas, salut. Si tu vas bien, tant mieux ; en ce qui me concerne, je vais bien. L'édit (*prostagma*) que nous a écrit le roi au sujet de Nikanôr le chambellan, je t'en envoie une copie ci-jointe. Tu feras bien, en conséquence, en donnant des ordres à tes subordonnés, d'obéir aux ordres et d'agir conformément à ce qu'il estime convenable. L'an 103, le 3 Artémisios.

Le roi Antiochos à Zeuxis, salut. Nikanôr le chambellan, un des amis, parce qu'il [...] en honneur et confiance [...], du fait qu'il a été élevé avec nous, a fourni des preuves évidentes de sa loyauté et de sa bienveillance, nous voulions le libérer de [notre service ?] de manière à ce que, conformément à ce qui est écrit précédemment, il puisse obtenir de nous tous les bienfaits. Mais, attendu qu'il n'a pas accepté d'être affecté à d'autres fonctions, nous l'avons désigné comme grand-prêtre des sanctuaires de la région au-delà du Taurus, comme il l'a lui-même demandé, convaincu qu'en raison de son caractère, il portera tous ses soins à la fois aux sacrifices et au reste de manière digne de la sollicitude que nous manifestons sur ces sujets, en proposant de les accroître comme il convient. Nous avons pensé nécessaire qu'il soit aussi en charge de tous les sanctuaires, et que leurs revenus et tout ce qui les concerne soit soumis à son administration, comme, au temps de notre grand-père, cela était fait par Dion. Donne donc des ordres pour que tes subordonnés collaborent avec lui sur les affaires mentionnées ci-dessus, et (que son nom) soit mentionné dans les contrats et dans les autres documents là où c'est l'usage, et après avoir fait copier

18. Cf. J. Ma, *Antiochos III*, p. 138, mais je doute que les chefs militaires aient constitué une autre hiérarchie parallèle, placée hors de l'autorité du vice-roi, car on ne voit pas de quels moyens celui-ci disposerait pour agir ; on voit à plusieurs reprises Zeuxis faire campagne.
19. Arrien, I, 17, 7.
20. Arrien, III, 6, 4.

la lettre sur des stèles de pierre, expose-les dans les sanctuaires les plus en vue. L'an 103, le 23 Dystros.

Source : H. Malay, *EA*, 10, 1987, p. 7-17 ; Ph. Gauthier, *Bull. épigr.*, 1989, 276 ; *SEG* 37, 1987, n° 1010 ; J. Ma, *Antiochos III*, Oxford 1999, p. 288-292, n° 4 ; B. Virgilio, *Lancia, diadema e porpora*, 2e éd., Pise, 2003, p. 236-239, n° 9.

Ces responsables de très haut rang, appelés à collaborer, ont en revanche autorité sur une administration territoriale que l'on perçoit de façon discontinue, mais que l'on peut restituer avec vraisemblance. Au-dessous du vice-roi, lorsqu'il y en a un, se trouvent les stratèges préposés aux diverses satrapies, dont il est bien difficile d'établir la liste. On peut être assuré de l'existence de la Mysie hellespontique, de la Lydie (avec l'Ionie), de la Carie, de la Phrygie, ainsi que de la Cilicie, qui, située au sud du Taurus, échappe à la tutelle du vice-roi de Sardes. Mais il subsiste bien des incertitudes. En se fondant essentiellement sur la description que donne Tite-Live de la situation au lendemain de la bataille de Magnésie, en 189, Helmut Berve estimait que l'Asie séleucide comptait neuf satrapies, mais l'interprétation paraît forcée et Tite-Live semble bien mettre sur le même plan de vraies satrapies et des districts plus petits, dont il juge utile de faire mention parce qu'ils figuraient explicitement dans le règlement territorial de la paix d'Apamée[21]. Chacune est ensuite subdivisée en districts que l'on a tendance à nommer hyparchies en raison de l'emploi de ce terme dans l'inscription d'Eriza[22] ; chaque hyparchie doit logiquement être administrée par un hyparque, mais l'hyparchie elle-même est divisée en unités plus petites confiées à des « épimélètes du lieu »[23]. Si l'on devine la hiérarchie des pouvoirs, en revanche, les titres de chacun restent dans le vague dans la mesure où les documents officiels n'en font que rarement état : lorsque Antiochos III annonce à Zeuxis la nomination de Nikanôr comme grand-prêtre, on a vu qu'il ne lui donne aucun titre ; mais Zeuxis agit de même en avertissant son subordonné Philotas (sans doute le satrape de Mysie), qui lui-même en fait de même avec son subordonné Bithys (probablement un hyparque), lequel devait ensuite informer les « épimélètes », dans la mesure où l'affaire les concernait.

---

21. Principalement Tite-Live, XXXVII, 56 et XXXVIII, 39 ; cf. H. Bengtson, *Die Strategie in der hellenistischen Zeit. Ein Beitrag zum antiken Staatsrecht*, II, Munich, 1944, p. 13-16 ; scepticisme déjà de D. Musti, *CAH*, VII, 1, p. 186-189 ; J. Ma, *Antiochos III*, p. 123-125.
22. *OGIS* 238 ; il s'agit du texte organisant le culte de la reine Laodice en 193.
23. Ainsi Hélénos, l'épimélète qui apparaît comme éponyme dans l'inscription des villageois de Néoteichos et de Kiddioukômè (M. Wörrle, *Chiron*, 5, 1975, p. 59-87) que j'avais malencontreusement considéré comme un magistrat villageois dans *L'Asie Mineure et l'Anatolie*, p. 101 ; son titre est certes ambigu, mais doit être équivalent à celui des « préposés à l'administration territoriale » de l'inscription de Hefzibah (cf. M. Sartre, *D'Alexandre à Zénobie*, p. 209) ; cf. J. Ma, *Antiochos III*, p. 123, n. 59.

Une hiérarchie semblable existait à coup sûr dans le domaine militaire, où l'existence de chefs de garnisons (*phrourarques*) ne fait aucun doute. Un réseau de garnisons couvre l'ensemble du pays, soit dans des cités grecques, soit dans des colonies militaires ou des fortins construits par les Séleucides, sans compter la garnison de Sardes même ; chaque *phrourarque* dispose d'une véritable circonscription territoriale, sans doute ce qu'une inscription d'Iran nomme une *phylakè* ; en tout cas, on devine qu'il y a un relatif parallélisme entre les préposés à l'administration territoriale de base et les phrourarques : dans l'inscription d'Hefzibah pour Ptolémaios, en Syrie, la même lettre est envoyée à quatre préposés et aux quatre phrourarques qui leur sont associés. Enfin, une flotte croisant en mer Égée et dans la Propontide, placée sous les ordres d'un commandant d'une base navale située en Troade, est attestée au début du IIIe siècle[24], mais on ne sait quels sont les échelons inférieurs.

De même, une organisation hiérarchisée se retrouve aussi pour les affaires fiscales et financières où des administrateurs (*dioikètai*) ou économes occupent les différents échelons de la hiérarchie[25]. Là, la difficulté tient à la reconduction du même titre à des échelons différents[26] et au fait que l'on ne peut pas toujours distinguer un agent royal d'un administrateur privé : Banabèlos, l'économe des biens d'Achaios (texte p. 177), porte un titre qui se trouve aussi bien dans l'administration royale[27]. Peut-être y eut-il des modifications, mais la structure générale de l'administration a bien dû rester à peu près la même, en s'adaptant aux variations géographiques du domaine séleucide au fil du IIIe siècle.

On ignore, cependant, si les prédécesseurs de Zeuxis ont tous joui d'une autorité aussi étendue que lui, car les titres dont il est honoré (« parent du roi ») et le fait qu'il soit resté en fonction pendant vingt-quatre ans[28] soulignent le caractère exceptionnel de sa position. Cependant, les rares prédécesseurs que l'on pourrait lui reconnaître ne sont pas moins proches du roi que lui puisqu'ils appartiennent à la famille royale : Alexandros, fils d'Achaios l'Ancien et frère de la reine Laodice au temps d'Antiochos II, Antiochos Hiérax comme co-régent de son frère Séleucos II, Achaios (II) le Jeune, oncle maternel d'Antiochos III, peut-être déjà Achaios (I) l'Ancien, qui peut avoir été un fils cadet de Séleucos Ier. On devine aussi le risque qu'il y avait pour le roi à confier de telles responsabilités à un membre de la famille royale : par deux fois, avec Hiérax et Achaios II l'aventure se termina par une usurpation. Pourtant, il paraissait inévitable que quelqu'un coordonne l'action des divers

24. C.B. Welles, *Royal Correspondence*, n° 10-13.
25. Ph. Gauthier, *Nouvelles inscriptions de Sardes*, II, Genève, 1989, p. 43-45.
26. Cf. l'inscription d'Hefzibah pour Ptolémaios fils de Thraséas : M. Sartre, *D'Alexandre à Zénobie*, Paris, 2001, p. 209.
27. En revanche, le dioécète Strouthion auquel Laodice promet de s'adresser pour fournir du blé à Iasos (*I. Iasos*, 4) appartient à l'administration séleucide, car il ne semble pas que le terme de *dioécète* se trouve dans les domaines privés.
28. Ph. Gauthier, *Nouvelles inscriptions de Sardes,* II, Genève, 1989, p. 39-42 ; son gouvernement est attesté de l'hiver 214-213 à l'hiver 190-189.

stratèges d'Asie Mineure, puisque le roi était souvent loin (il faut environ quarante jours à une armée pour aller de Syrie du Nord à Sardes), voire très loin lorsque le roi fait campagne en Iran ou en Bactriane. J. Ma a calculé que pendant les vingt-quatre ans de sa vice-royauté, Zeuxis s'était trouvé dans une quasi-impossibilité de communiquer avec le roi pendant dix ans[29]. On comprend que le choix d'un homme de confiance s'imposait.

Du triomphe à la chute : les entreprises d'Antiochos III

Antiochos III, tout auréolé du prestige de l'Anabase[30] (212-205), conclut un accord avec Philippe V sur un éventuel partage des possessions lagides, qu'il y ait alliance formelle ou arrangement tacite[31]. Tandis que Philippe V menait une campagne difficile en Asie Mineure[32], Antiochos III augmentait encore son prestige en réussissant enfin la conquête de la Koilè-Syrie (200-198) aux dépens des Lagides[33]. Libéré de tout souci à l'est et au sud, il entreprit alors une reprise en main systématique de toute l'Asie Mineure, ce qui doit sans doute être compris comme la suite du programme visant à restaurer le royaume dans l'extension qu'il avait connu à la veille de la mort de Séleucos Ier, en y ajoutant ce qui revenait à Séleucos mais dont celui-ci n'avait pas réellement pris possession : la prétention à se rendre maître de « toute terre au-delà du Taurus » n'était pas une clause de style[34].

Le corps expéditionnaire fut réuni en Cilicie Plane et la reconquête commença par la côte sud et la Pamphylie, ce qui apparaît comme la poursuite de la guerre contre les Lagides. Les places fortes côtières de Cilicie Plane (Mallos, Soloi) et de Cilicie Trachée (Korykos, Anémourion, Sélinous) furent les premières à être abandonnées par les garnisons lagides et Antiochos III ne rencontra que peu de résistance (Korakésion, mai 197). Ptolémaios fils de Thraséas, stratège de l'ancienne Syrie lagide devenue séleucide en 200, accompagnait l'expédition[35] ; descendants d'une famille originaire d'Aspendos, son père et son grand-père avaient administré la

29. J. Ma, *Antiochos III*, p. 127.
30. Ce mot, qui signifie « la marche vers le haut », fut d'abord appliqué à la retraite des Dix-Mille mercenaires grecs conduits par Xénophon en 400-399 depuis les environs de Babylone jusqu'à la mer Noire dans les parages de Trapézonte. On reprit le terme pour désigner l'expédition d'Alexandre, puis celle d'Antiochos III jusqu'en Bactriane et en Inde.
31. Cf. ci-dessous p. 63.
32. Ci-dessous p. 64.
33. Cf. M. Sartre, *D'Alexandre à Zénobie*, Paris, 2001, p. 200-201.
34. Cf. J. Ma, *Antiochos III and the Cities*, p. 26-33. Pour un récit détaillé de la guerre d'Antiochos III : J. D. Grainger, *The Roman War of Antiochos the Great*, Leyde, 2002.
35. Il fait une dédicace à Soloi : *OGIS* 230.

Cilicie pour le compte des Lagides (texte p. 89), ce qui facilita peut-être certaines redditions.

Bien qu'une ambassade rhodienne, arrivée au moment du siège de Korakésion, ait mis Antiochos en garde contre toute avance de ses troupes le long de la côte, par crainte, dit Polybe, « qu'en joignant ses forces à celles de Philippe (V), (il) ne mit obstacle à la liberté des Grecs »[36], le gros de l'armée de terre gagna Sardes. Pendant qu'un détachement s'emparait d'Arykanda en Lycie, Antiochos lui-même gagnait la Lycie où il prenait Limyra, Patara, et surtout Xanthos qui réussit à se faire reconnaître l'immunité fiscale en arguant du fait de la parenté entre les Xanthiens et Antiochos III, tous descendants d'Apollon[37]. L'affrontement avec les Rhodiens paraissait inévitable, mais Antiochos sut les neutraliser en leur rendant Stratonicée de Carie, arrachée peu avant par Zeuxis aux troupes macédoniennes qui y tenaient garnison (Philippe V avait été vaincu à Kynoscéphales au début de l'été 197). En effet, parallèlement, Zeuxis fait campagne en Carie, prend Iasos, Kildara, reçoit la reddition d'Euromos (les habitants d'Euromos avaient honoré Philippe V en donnant le nouveau nom de Philippes à leur cité), s'empare d'Héraclée du Latmos, et, en Ionie méridionale, de Priène, Magnésie du Méandre et Milet.

Antiochos III peut donc s'arrêter quelque temps à Telmessos, puis à Iasos (détruite en partie peu auparavant par un séisme, ce qui justifie des cadeaux royaux) avant de gagner Éphèse où il passe l'hiver 197-196. La reconquête de l'Asie lagide est à peu près terminée et il ne reste pratiquement rien des conquêtes antigonides : seule Bargylia ne tombe qu'en 196 devant des troupes romaines.

L'année 196 est donc occupée à la reconquête des régions situées plus au nord, Antiochos III s'en prenant notamment à des cités dominées par les Attalides (Thyatire), dont le roi, Attale Ier, vient de mourir (197), mais peut-être aussi bien à Prusias de Bithynie[38]. Le programme de restauration systématique du royaume de Séleucos Ier se poursuit dans la région des Détroits (Abydos, Lampsaque), y compris sur la rive européenne (Sestos). L'objectif semble pratiquement atteint fin 196 à de rares exceptions près (Smyrne). Mais les succès d'Antiochos III ont inquiété les cités grecques de la région, et Lampsaque et Smyrne se sont empressées de porter l'affaire devant les Romains. Lors de la

---

36. Polybe XVIII, 41a.
37. *OGIS* 746 ; le point par A. Bresson, « Dédicace des Xanthiens à Antiochos III », dans A. Bresson et R. Descat éd., *Les cités d'Asie Mineure occidentale au IIe siècle a. C.*, Bordeaux, 2001, p. 235-240. Apollon est le dieu dynastique des Séleucides, alors que Xanthos abrite un sanctuaire important de Létô et de ses enfants, Artémis et Apollon. Sur ce sanctuaire, en cours de fouilles depuis 1962, cf. J. des Courtils, « Xanthos et le Létôon au IIe siècle a. C. », *ibid.*, p. 213-224.
38. Ce serait le cas si l'on pouvait prouver que l'inscription *SEG* 2, 663 (ici texte p. 101), où l'un apprend qu'une cité inconnue retrouve grâce au roi de Pergame les droits qu'elle a perdus antérieurement concerne bien Apollonia du Rhyndakos, et que l'auteur de cette privation est bien Antiochos III.

conférence de Lysimacheia (automne 196)[39] Antiochos eut beau se défendre en faisant observer qu'il ne faisait que récupérer ses biens ancestraux et que les Romains n'avaient en rien à s'occuper de ce qui se passait en Asie « puisque lui-même ne se mêlait absolument pas des affaires italiennes »[40], l'engrenage de l'affrontement se mettait en place.

La conférence de Lysimacheia (196)

Alors qu'Antiochos voyait son entreprise se développer favorablement, L. Cornelius Lentulus débarqua à Sélymbria. C'était à lui que le Sénat avait précédemment confié la mission de s'entremettre pour rétablir la paix entre Antiochos et Ptolémée.

Au même moment arrivèrent aussi trois des dix commissaires romains, c'est-à-dire P. Cornelius Lentulus, qui venait de Bargylia, ainsi que L. Terentius et P. Villius, qui venaient de Thasos. Le roi ayant bientôt été informé de leur présence, tous se réunirent quelques jours plus tard à Lysimacheia. Hégésianax et Lysias, qui avaient été envoyés auprès de Flamininus, arrivèrent à temps pour se joindre à eux. Les entretiens que les Romains eurent en particulier avec le roi se déroulèrent dans une simplicité et une cordialité parfaites. Mais ensuite, quand tout le monde se fut réuni en conférence pour discuter de l'ensemble de la situation, les choses prirent un tour bien différent.

L. Cornelius exigeait en effet qu'Antiochos évacuât toutes les cités d'Asie qui se trouvaient antérieurement soumises à Ptolémée et dont il avait pris possession, et il insistait vivement pour qu'il se retirât aussi de celles qui avaient été soumises à Philippe, car, disait-il, c'était une chose risible de voir Antiochos arriver ainsi, alors que la guerre contre le Macédonien était terminée, et s'approprier les prix gagnés par les Romains. Il invitait en outre le roi à ne pas toucher aux cités autonomes et, d'une façon générale, il déclarait qu'on pouvait se demander pour quel motif Antiochos était passé en Europe avec des forces de mer et de terre aussi considérables, car, à bien raisonner, le seul qu'on pût trouver était qu'il se proposait d'engager la lutte contre les Romains. Ayant ainsi exposé leur point de vue, les représentants romains se turent.

Le roi répondit qu'en premier lieu il ne voyait pas à quel titre les Romains lui contestaient la possession des cités du littoral asiatique, étant donné que cela les regardait moins que personne. Il les invita ensuite à s'abstenir, d'une façon générale, de toute intervention dans les affaires d'Asie, puisque lui-même ne se mêlait absolument pas des affaires italiennes. Puis il déclara que s'il était passé en Europe avec ses troupes pour recouvrer la Chersonnèse et les cités du littoral thrace, c'était parce qu'il avait sur elles plus de droits que quiconque, étant donné qu'il s'agissait des cités qui constituaient autrefois le royaume de Lysimaque et que Séleucos, après avoir vaincu ce dernier à la guerre, était, par droit de conquête, devenu le maître de tout son royaume. Par la suite, profitant de ce que ses ancêtres étaient occupés ailleurs, Ptolémée d'abord et, après lui, Philippe s'étaient appropriés ces contrées. Il ne s'agissait donc pas pour lui aujourd'hui d'en prendre possession en tirant avantage de la situation dans laquelle se trouvait Philippe, mais bien d'user de ses droits pour reprendre son bien. Quant aux gens de Lysimacheia, il ne lésait en aucune façon les Romains en les rétablissant dans leur cité, d'où ils avaient été expulsés par les Thraces à la suite d'une agression soudaine. Ce faisant, il ne se proposait nullement d'engager la lutte contre Rome, mais songeait seulement à préparer une résidence pour Séleucos. Pour ce qui était des cités autonomes d'Asie, ce n'était pas d'un décret des Romains qu'elles devaient attendre leur liberté, mais de sa propre générosité. En ce qui concernait ses relations avec Ptolémée, il

39. Polybe, XVIII, 49-52

40. Polybe, XVIII, 51 ; les Romains durent en juger autrement lorsque Antiochos III offrit refuge à Éphèse à Hannibal à l'automne 195 ; mais ce pouvait une réplique à la prétention romaine de s'occuper des affaires d'Asie.

les réglerait à la satisfaction de ce dernier, car il était décidé, non seulement à nouer avec lui des liens d'amitié, mais aussi à unir leurs deux familles par une alliance.

L. Cornelius et ses collègues estimèrent alors qu'il fallait inviter les gens de Lampsaque et de Smyrne à envoyer des représentants afin de leur donner la parole. Ce qui fut fait. De Lampsaque arrivèrent Parménion et Pythodôros et, de Smyrne, Koiranos. Ces hommes ayant commencé à exposer leur point de vue avec franchise, le roi, fort mécontent à l'idée qu'il paraissait ainsi appelé à rendre des comptes devant des Romains à des gens avec lesquels il était en contestation, interrompit Parménion : « Arrête ces discours, dit-il, ce ne sont pas les Romains mais les Rhodiens que j'entends faire juges de nos différends. »

Là-dessus on mit fin à cette conférence, au cours de laquelle les négociateurs n'avaient trouvé aucune raison d'être satisfaits les uns des autres.

Source : Polybe, XVIII, 49-52.

On peut laisser de côté les développements de l'aventure européenne d'Antiochos pour en retenir seulement que son échec poussa le roi à se réfugier en Asie, où une armée romaine le suivit. Il y subit une écrasante défaite à Magnésie du Sipyle en 189, qui l'obligea à signer les préliminaires de Sardes (189), repris pour l'essentiel dans le traité de paix définitif, signé à Apamée de Phrygie (188). Pour les Séleucides, c'en était fini de leur présence en Asie Mineure : les cols des Portes Ciliciennes marquaient la limite nord-ouest de leur royaume et il ne leur restait rien au-delà du Taurus.

Naissance et essor de l'État pergaménien[41]

La forteresse de Pergame, dans la basse vallée du Caïque, n'était au tout début du IIIe siècle ni une cité grecque, ni même une ville. Sur cette acropole bien défendue, Lysimaque avait déposé une partie de son trésor confié à un certain Philétairos. La tradition historiographique, qui lui est hostile, en fait un eunuque paphlagonien. En réalité, seule sa mère est sans doute paphlagonienne, mais son père est macédonien ; sa réputation d'eunuque repose à la fois sur son absence de descendance et le fait que la tradition perse voulait qu'on confiât la garde des trésors aux eunuques.

Dès 281, Philétairos rallie le camp de Séleucos Ier (pour des raisons personnelles, notamment la haine de la reine Arsinoè, femme de Lysimaque, à son égard). Après l'assassinat de Séleucos, il adopte une attitude de prudente réserve. Mais il mène une politique très active d'évergétisme envers les cités grecques d'Asie Mineure et de Grèce (Thespies, Delphes, Délos), politique qui le pose en roi potentiel : il aide la cité de Pitanè à acheter des terres à Antiochos Ier dans le golfe d'Adramyttion, il finance les concours et achète des chevaux de guerre pour Cyzique, il fait construire le sanctuaire d'Apollon Chrestèrios pour Aigai, il

41. Bibliographie de base dans R. B. McShane, *The Foreign Policy of the Attalids of Pergamum*, Urbana, 1964 ; E. V. Hansen, *The Attalids of Pergamon*, Ithaca (NY), 1971 ; R. E. Allen, *The Attalid Kingdom. A Constitutional History*, Oxford, 1983 ; B. Virgilio, *Gli Attalidi di Pergamo : fama, eredità, memoria*, Pise, 1993 (*Studi Ellenistici*, 5).

protège les cités voisines contre les premiers raids galates, etc.[42]. En revanche, on ne le vit jamais ni aux côtés ni contre Antiochos Ier. Il se contente de protéger son petit domaine pergaménien et de cultiver son image de *Sôter* et d'évergète. À sa mort en 263, son domaine occupe la vallée du Caïque mais n'atteint ni la mer (Pitanè lui échappe), ni la haute vallée où Nacrason est une forteresse séleucide. Sa principauté est minuscule, mais s'appuie sur une citadelle imprenable, une armée expérimentée et un solide trésor de guerre.

Son neveu Eumène Ier (262-241) dut, dès 262, affronter Antiochos Ier qui voulait récupérer la principauté. Sa victoire à Sardes le conduisit à afficher sa pleine indépendance : le monnayage de Pergame abandonne alors l'effigie de Séleucos pour celle de Philétairos. C'est aussi le début de l'expansion pergaménienne vers le nord jusqu'à l'Ida, vers la mer (bases navales de Gryneion et d'Elaia) et vers les sources du Caïque.

Le détail du règne est obscur mais il semble qu'Eumène eut à résister à la fois aux assauts d'Antiochos II, très offensif, et à ceux des Galates, toujours dangereux. Ses succès contre le premier lui permirent d'arrondir son domaine. En revanche, il ne put se débarrasser des seconds qu'en leur payant tribut. C'est sans doute là la faiblesse principale de l'État pergaménien à la mort d'Eumène Ier en 241. Par ailleurs, comme tous les autres États hellénistiques, mais peut-être plus que tout autre, le pouvoir des dynastes de Pergame repose exclusivement sur la fidélité des troupes ; or celle-ci n'est pas sans faille et Eumène Ier en fit l'expérience lorsqu'il dut faire face à la révolte de deux garnisons. C'était souligner la fragilité d'un État cerné de toutes parts.

Accord entre Eumène Ier et les soldats révoltés de Philétaireia et d'Attaleia

Demandes octroyées par Eumène, fils de Philétairos, aux soldats de Philetaireia et à ceux d'Attaleia : pour les grains, les vendre au prix de quatre drachmes le médimne, le vin à quatre drachmes le métrète ; pour l'année de service, qu'elle soit fixée à dix mois et ne jamais y introduire de mois intercalaire. Quant à ceux qui ont accompli leur temps et, du coup, se trouvent inoccupés, qu'ils reçoivent la même solde que pendant leur service. Pour ce qui est de la tutelle des orphelins, qu'elle incombe aux plus proches parents ou à celui à qui le défunt l'aura léguée ; pour les droits fiscaux, que soit maintenue l'atélie accordée en l'an 44, à savoir : que quiconque a terminé son temps ou démissionne soit libre de partir et emporte ses biens en franchise ; pour la solde dont il a été convenu pour les quatre mois, que la somme convenue soit payée et qu'elle ne soit pas déduite de la solde (à venir) ; pour ceux qui ont la couronne de peuplier, qu'ils reçoivent les rations correspondant au temps pour la durée duquel avait été octroyée la couronne. Le serment et la convention, Eumène les fera graver sur quatre stèles de pierre et déposer une à Pergame dans le sanctuaire d'Athéna, une à Gryneion, une à Délos, une à Mitylène dans le sanctuaire d'Asklépios.

Serment qu'ont juré Paramonos et les officiers et les soldats sous leurs ordres qui sont cantonnés à Philétaireia-sous-l'Ida et Polylaos et les officiers sous ses ordres et les soldats qui sont cantonnés à Attaleia et Attinas l'hipparque et les cavaliers sous ses ordres et Oloichos et ses Trales : « J'atteste Zeus, Gê, Hélios, Poséidon, Démèter, Arès, Athéna Areia et la

42. Cf. H.-J. Schalles, *Untersuchungen zur Kulturpolitik der pergamenischen Herrscher im dritten Jahrhundert vor Christus*, Tübingen, 1985, (*Istanbuler Forschungen*, 36), p. 33-43 ; B. Virgilio, *Gli Attalidi di Pergamo : fama, eredità, memoria*, Pise, 1993 (*Studi Ellenistici*, 5).

Tauropole et tous les autres dieux et déesses ! C'est de mon mieux que je me réconcilie avec Eumène fils de Philétairos et ne porterai pas les armes contre lui et ne l'abandonnerai pas, mais je combattrai pour lui et pour ses intérêts à la vie à la mort ; à toute demande de service, je répondrai de bonne grâce et sans détour, avec tout mon zèle, dans la mesure de mes forces. Si j'ai connaissance de quelque complot dirigé contre Eumène fils de Philétairos ou de quelque entreprise qui soit nuisible à sa personne ou à ses intérêts, j'y résisterai dans la mesure de mes forces et je dénoncerai sur le champ, ou aussi vite qu'il me sera possible, celui qui agit ainsi à Eumène fils de Philetairos ou à celui que je croirai susceptible de lui en faire rapport au plus vite. S'il me confie une cité, un fort, un vaisseau, des richesses ou toute autre chose qu'il pourra me remettre, je les défendrai et je les remettrai en toute rectitude et équité à Eumène fils de Philétairos ou à celui auquel il aura donné commission, du moment que pour sa part il exécutera la présente convention. Je n'accepterai de ses adversaires aucune lettre ni ne recevrai aucun envoyé et je n'en députerai jamais près d'eux. Si l'on vient m'apporter des lettres, je les livrerai toutes scellées et j'en traînerai le porteur le plus vite que je pourrai devant Eumène fils de Philétairos ; ou bien, devant celui que je croirai susceptible de lui en faire rapport au plus vite, devant lui je les traînerai et les livrerai. Je ne me laisserai pas non plus aller à aucune machination perfide contre ce serment par nul artifice et sous aucun prétexte. De plus, pour Eumène fils d'Attalos, je le délie de son serment des conventions qui ont été conclues. Si je demeure fidèle à mon serment et je reste dans les bonnes grâces d'Eumène fils de Philétairos, puissé-je prospérer, moi et les miens ; infidèle à mon serment et violateur des conventions jurées, que je périsse, moi et ma postérité. »

Serment d'Eumène : « J'atteste Zeus, Gê, Hélios, Poséidon, Apollon, Déméter, Arès, Athéna Areia et la Tauropole et tous les autres dieux et déesses ! Je me montrerai animé des meilleurs sentiments à l'égard de Paramonos et des officiers et de tous les autres mercenaires du commandement de Philétaireia-sous-l'Ida placés sous Paramonos, et d'Arkès et des troupes de garnison sous ses ordres, et de Philonidès et des militaires non soldés qui se sont liés par le même serment, de ceux-ci et de tous leurs hommes, et de Polylaos et des officiers et de tout le reste des soldats cantonnés sous ses ordres à Attaleia, tous, qu'ils soient fantassins, cavaliers, Trales, tant qu'ils feront la guerre à notre service. Nulle trame ne sera ourdie contre eux ni par moi ni sur mes ordres et je ne livrerai à nul adversaire ni eux ni rien de ce qui peut leur appartenir, ni aucun de ceux qui ont été élus par leur communauté, par aucune machination et sous aucun prétexte ; je ne porterai pas les armes contre eux ni [...]. »

Sources : M. Fränkel, *Die Inschriften von Pergamon*, 13 ; *OGIS*, 266.
Bibliographie : A. J. Reinach, *RA*, 1908, II, p. 174-218 ; M. Launey, *Recherches sur les armées hellénistiques*, p. 738-746 ; H. H. Schmitt, *Die Staatsverträge des Altertums*, III, 481.

Son petit-cousin Attale Ier (241-197) devait mener une politique beaucoup plus vigoureuse grâce à des circonstances favorables. D'une part, il rompit avec l'habitude de payer les Galates et, en 240 ou 239, il les écrasa dans la haute vallée du Caïque, victoire qui eut un énorme retentissement en Asie Mineure[43]. Désormais bien établi, Attale Ier prit le titre royal et l'épithète *Sôter*. Pourtant les Galates étaient loin d'être définitivement réduits.

D'autre part, il mit à profit les conflits internes des Séleucides pour grignoter leur domaine. Si sa politique diplomatique n'est pas limpide, on voit qu'il attendit l'échec de Séleucos II à Ancyre (240/239) pour s'en prendre à Hiérax qui ruinait sa propre popularité en s'alliant aux Gaulois. Guerre

43. Victoire qui eut d'autant plus de retentissement qu'Attale Ier sut lui donner une traduction monumentale à Pergame et à Délos : H.-J. Schalles, *Untersuchungen zur Kulturpolitik der pergamenischen Herrscher im dritten Jahrhundert vor Christus*, Tübingen, 1985, p. 51-104.

longue, indécise – il y eut bataille sous les murs même de Pergame, à l'Aphrodiseion –, mais finalement victorieuse (succès d'Attale au lac Koloé, printemps 228, puis sur les rives de l'Harpasos, dans la vallée du Méandre). Attale Ier s'emparait ainsi de fait de toute l'Asie Mineure séleucide.

La contre-offensive de Séleucos III (226), mais surtout celle d'Achaios (223) mit en péril le nouveau royaume pergaménien : Achaios récupéra non seulement le domaine séleucide de 246, mais aussi le gros du royaume de Pergame. En 220, Attale ne contrôlait plus que Pergame, quelques cités de Troade et Smyrne. Seule la trahison d'Achaios permit un nouveau retournement spectaculaire.

Dès 218, Attale allié aux Galates libéra peu à peu son royaume et récupéra des places en Éolide (Kymè, Myrina, Phocée) et en Ionie (Téos et Kolophon). Il était en campagne dans l'intérieur lors de l'éclipse du 1er septembre 218. Fin 218, il dominait à nouveau tout le nord-ouest de l'Asie Mineure. La victoire d'Antiochos III sur Achaios en 213 ne le mit pas en péril car Antiochos III projetait alors une grande expédition orientale qui l'éloigna de l'Anatolie pour dix ans.

C'est dans cette période qu'Attale Ier commence à conduire une politique active en Europe qui le fit se retrouver *de facto* dans le même camp que les Romains contre Philippe V de Macédoine avant qu'il ne devienne leur allié formel. Le détail importe peu ici, mais on doit retenir que le royaume de Pergame et l'Asie Mineure n'échappent pas à la guerre : Bithyniens, Macédoniens, Séleucides portent la guerre contre Pergame. On verra plus bas comment Philippe V, à défaut de pouvoir s'emparer de Pergame, en ravage le territoire[44]. Lorsque Attale Ier meurt à l'automne 197, son royaume est à nouveau menacé car l'invasion d'Antiochos III vise clairement à reconstituer le royaume de Séleucos Ier, ce qui passe nécessairement par l'élimination des rois de Pergame.

Éloge d'Attale Ier en 197

Cet homme ne disposait à l'origine, pour atteindre à la royauté, d'aucun autre moyen matériel que ses grandes richesses. C'est là, dans toutes entreprises, un instrument de réussite fort efficace, à condition qu'on sache en user avec intelligence et hardiesse, mais quand ces qualités sont absentes, cette même richesse n'apporte à la plupart des gens que des maux ou, pour tout dire, de véritables désastres. Elle engendre les jalousies et les complots ; elle contribue plus que tout autre chose à la dégradation du corps et de l'esprit. Rares sont les âmes capables d'utiliser la puissance qu'elle donne, tout en parant à de tels risques. Il faut donc admirer l'élévation d'esprit d'Attale, qui ne se servit de ses vastes ressources que pour acquérir l'autorité royale, c'est-à-dire le bien le plus grand et le plus glorieux qui se puisse trouver. Il jeta les fondements de sa puissance, non seulement en répandant largesses et faveurs sur ses amis, mais aussi en faisant la guerre. La victoire qu'il remporta sur les Galates, qui étaient alors le peuple le plus redoutable et le plus belliqueux de toute l'Asie, marqua le début de son ascension, et ce fut à ce moment-là qu'il prit le titre de roi, qu'il porta pendant quarante-quatre des soixante-douze années que dura sa vie. Durant son règne, il mena, avec sa femme et ses enfants, une existence d'une retenue et d'une dignité extrêmes. Il fut toujours d'une loyauté parfaite envers tous ses amis et ses alliés. Il mourut alors que, engagé dans la plus noble des entreprises, il luttait pour la liberté des Grecs. Le plus remarquable, c'est que,

44. Ci-dessous p. 63-64.

laissant après lui quatre fils d'âge adulte, il avait si bien réglé la question du pouvoir, que son trône se transmit sans aucune contestation jusqu'à ses petits-enfants.

Source : Polybe, XVIII, 41 (trad. D. Roussel, Pléiade).

De fait, Eumène II dut au moins voir passer les armées séleucides[45], à l'ouest lors de leur remontée vers les Détroits, au sud-est où elles s'emparèrent de Thyatire[46]. Seuls l'échec de l'expédition européenne d'Antiochos III et sa défaite à Magnésie du Sipyle sauvèrent Eumène et son royaume. En s'étant montré allié fidèle de Rome, Eumène se trouvait le principal bénéficiaire de la paix : il recevait toute l'Asie Mineure séleucide au nord du Taurus, y compris les grandes cités de Tralles et d'Éphèse, mais ni la Lycie, ni la Carie au sud du Méandre (confiées aux Rhodiens). Seule Telmessos lui était accordée à titre de *dôréa*[47] et s'y ajoutait une partie de la rive européenne de l'Hellespont (Chersonnèse et Lysimacheia). Comme il y avait contestation entre Eumène II et Antiochos III sur la position de la Pamphylie par rapport au Taurus, on en référa au Sénat, qui finit par donner raison à Eumène, ce qui lui permettait d'atteindre la Méditerranée au sud. Les cités qui avaient appartenu autrefois à Attale, ainsi que celles qui avaient aidé Antiochos III devenaient les tributaires d'Eumène[48], celles qui avaient soutenu activement les Romains étaient exemptées de tout tribut. Le royaume de Pergame semblait enfin consolidé.

États grecs périphériques

Pergame constitue le seul rival réel des Séleucides, d'autant plus sourcilleux que l'existence même de l'État dépend de sa capacité à résister aux entreprises de reconquête séleucide. Mais des cités-États comme Héraclée du Pont et surtout Rhodes parviennent à préserver leur autorité sur une partie de l'Anatolie, et, pour la seconde, à se doter du statut de puissance régionale. Enfin, d'autres royaumes grecs – Lagides et Antigonides – dont l'essentiel se situe hors de l'Anatolie parviennent, plus ou moins durablement, à s'y implanter : par épisodes assez brefs pour les rois de Macédoine, durant tout le siècle pour les souverains d'Alexandrie.

Héraclée et la ligue du Nord

Aux mains de tyrans depuis le début du IVe siècle[49], la riche cité d'Héraclée du Pont est au pouvoir du tyran Dionysios depuis 338. Celui-ci entra

45. Les passages de Polybe qui pourraient concerner la traversée du territoire attalide par Antiochos III sont perdus, et Tite-Live est bien loin de le remplacer.
46. Elle est séleucide en 190 : Tite-Live, 37, 8, 7.
47. Polybe, XXI, 46.
48. Polybe, XXI, 46.
49. Sur Héraclée du Pont entre 337 et 281, cf. S. M. Burstein, *A Political History of Heraclea Pontica to 281 B.C.*, PhD University of California Los Angeles, 1972, p. 174-211 ; bref résumé dans W. Hoepfner, *Herakleia Pontike-Eregli*, Vienne, 1966, p. 10-12.

dans le concert des Diadoques en épousant Amastris, princesse perse répudiée par Cratère[50]. À la mort de Dionysios en 306-305, Amastris épousa Lysimaque qui faillit ainsi mettre la main sur la cité. Mais il répudia rapidement Amastris qui cessa de régner en 301. Le pouvoir revint alors aux deux fils de Dionysios, Cléarque II et son frère Oxathrès, qui se conduisirent en alliés de Lysimaque en envoyant un contingent héracléote durant la guerre gète de 294[51]. Après que Lysimaque les ait fait assassiner (289-288), la cité connut peut-être un bref rétablissement de la démocratie[52] avant d'être offerte par Lysimaque, avec les cités de Tios et d'Amastris, à sa nouvelle épouse Arsinoè qui y établit comme tyran Hérakleidès de Kymé[53]. Après l'élimination de Lysimaque, Héraclée retrouva un régime démocratique[54] et eut à résister aux assauts de Zipoitès d'abord[55], des Séleucides ensuite[56]. Grâce à l'aide fournie à Nicomède Ier dans sa lutte contre les Séleucides, Héraclée parvint à arrondir son territoire en récupérant Kiéros et Tiéion (ou Tios) vers 280-270. La stratégie diplomatique héracléote apparaît désormais comme une politique de bascule entre les différents souverains de la région et l'alliance avec des cités (Byzance, Chalcédoine) et des États (le Pont) voisins, seul moyen d'échapper aux assauts des plus puissants. Ainsi elle parvint à préserver son indépendance au sein d'une « ligue du Nord » peu contraignante mais efficace[57]. Malgré des menaces sporadiques les Bithyniens, ces cités parvinrent à survivre indépendantes jusqu'à la paix d'Apamée où elles apparurent comme des États à part entière : Héraclée fut associée aux négociations de 188 et signa peu après un traité d'alliance avec Rome[58].

Rhodes

Bien qu'elle se soit déclarée en faveur d'Alexandre dès 333, Rhodes s'était débarrassée d'une garnison macédonienne à la mort du conquérant, puis avait victorieusement résisté à un long siège de Démétrios (305/304). Grâce à sa puissance maritime et malgré une alliance à peu près constante avec les Lagides, Rhodes parvint elle aussi à préserver son indépendance[59]. Mais cette alliance privilégiée ne l'empêcha pas d'entretenir d'étroites relations avec les

50. Memnon F 4.4.
51. A. Bittner, *Gesellschaft und Wirtschaft in Herakleia Pontike. Eine Polis zwischen Tyrannis und Selbverwaltung*, Bonn, 1998, p. 48.
52. Memnon F 5.3, mais F. Jacoby, *Commentary*, p. 274, estime qu'il intervint plus tard ; cf. A. Bittner, *Herakleia Pontike*, p. 49.
53. A. Bittner, *Herakleia Pontike*, p. 50-51.
54. A. Bittner, *Herakleia Pontike*, p. 51-55.
55. Memnon F 6.3.
56. A. Bittner, *Herakleia Pontike*, p. 63-69 ; sur la ligue du Nord, observations de S. J. Saprykin, *Heracleia Pontica and Tauric Chersonesis before Roman domination*, Amsterdam, 1997, p. 161-178, qui en montre le caractère inconsistant.
57. Memnon F 6.3 ; A. Bittner, *Herakleia Pontike*, p. 57-63, sur les efforts de Séleucos Ier.
58. Memnon F 18.10 ; A. Bittner, *Herakleia Pontike*, p. 94-96.
59. Cf. R. M. Berthold, *Rhodes in the hellenistic age*, Berkeley, 1984.

principaux États proches ou lointains. On le vit bien lors du tremblement de terre qui ravagea l'île en 227 et à la suite duquel les Rhodiens demandèrent des secours. Ils en reçurent aussi bien des Lagides que des Séleucides, des Antigonides, de Syracuse, de dynastes locaux et de nombreuses cités grecques. Ils conservaient de bonnes relations avec les rois de Bithynie qui contrôlaient les Détroits et pouvaient ainsi entraver leur commerce. Rhodes entretint également des relations suivies avec les cités pontiques, notamment Sinope[60] et Amisos, relais indispensables à son propre commerce.

Mais, en dehors de son rôle économique majeur et qui s'étend à toute la Méditerranée orientale, Rhodes cherche aussi à s'ériger en une puissance régionale, capable d'arbitrer les conflits locaux et, sans doute, avec l'espoir de maîtriser sur le continent les ressources qui lui font défaut sur son île. Ainsi, à une date imprécise entre 220 environ et 214, le représentant du dynaste Olympichos d'Alinda, Podilos, fut accusé par la cité de Iasos de lui faire subir des exactions injustifiées. Comme Olympichos était l'allié de Philippe V de Macédoine, Iasos intervint auprès des Rhodiens pour qu'ils pèsent sur Philippe V afin qu'il agisse à son tour sur Olympichos. Un peu plus tard, lorsque Iasos, occupée par les troupes séleucides, fut assiégée par les Romains, les exilés iasiens pro-romains firent intervenir encore une fois les Rhodiens auprès du général romain L. Aemilius Regillus pour obtenir la clémence envers leur cité[61].

Après l'effacement lagide dans la région, Rhodes apparut comme une alliée de Rome dans le conflit contre Antiochos III. Ce sont les Rhodiens qui ont tenté les premiers, par la voie diplomatique, d'empêcher Antiochos de s'avancer le long de la côte sud de l'Anatolie, au motif de protéger la liberté des Grecs : c'était faire semblant de croire que la domination lagide dans la région respectait la liberté des Grecs. Mais il est vrai que Rhodes entretenait depuis longtemps d'étroites relations avec la cour d'Alexandrie. On a vu aussi qu'il suffit qu'Antiochos III rende aux Rhodiens la cité de Stratonicée de Carie, que déjà Séleucos II leur avait donnée mais dont Philippe V les avait privés, pour que les Rhodiens fassent taire leurs revendications en 197. Néanmoins, ils ne furent pas les derniers à aider les Romains, notamment par des opérations navales après l'échec d'Antiochos III en Europe[62], et, lors de la bataille décisive, ils étaient clairement des alliés de Rome.

Aussi, lors de la paix d'Apamée, Rhodes se vit attribuer de vastes territoires sur le continent, toute la Carie au sud du Méandre et la Lycie entière, à l'exception de Telmessos, confiée à Eumène II. Elle devenait ainsi le second état terri-

60. Les Rhodiens envoient trois commissaires avec une somme de 140 000 drachmes pour fournir les équipements nécessaires aux Sinopiens menacés par Mithridate II en 220 : Polybe, IV, 56.

61. Cf. A. Meadows, « Four Rhodian Decrees. Rhodes, Iasos and Philip V », *Chiron*, 26, 1996, p. 251-266.

62. Malgré une défaite devant Samos, les Rhodiens empêchèrent une flotte de secours conduite par Hannibal de rejoindre les troupes d'Antiochos III depuis la Syrie (bataille de Sidè, en août 190), puis participèrent à la défaite navale séleucide de Myonnèsos : E. Will, *HP*, II, p. 211-212.

torial le plus puissant en Asie Mineure grecque. Mais cette « pérée » comportait deux éléments bien distincts : d'une part une pérée intégrée, faisant partie sans restriction de la *chôra* civique rhodienne, d'autre part des possessions non intégrées à l'État rhodien, dont Rhodes assurait l'exploitation et l'administration, mais qui jouissaient d'une relative autonomie. Le cadeau des Romains n'était pas sans ambiguïté comme les Rhodiens ne tardèrent pas à s'en apercevoir[63].

Cette puissance nouvelle de Rhodes se traduit par le recours de plus en plus fréquent des cités d'Asie Mineure à son arbitrage : elle intervient ainsi dans des conflits entre Priène et Samos v. 197-190[64], entre Magnésie du Méandre et Milet dans les années 180[65], entre Amphissa et Delphes en 179[66], entre Euromos et Mylasa à une date imprécise[67]. Pour Rhodes, 188 marque donc incontestablement l'apogée de l'État territorial et de la puissance politique : le lointain protecteur et ami lagide se trouvait remplacé par Rome, plus lointaine encore, mais alliée autrement plus exigeante et plus redoutable.

Les possessions lagides

Ptolémée Ier était le seul Diadoque à ne pas posséder un royaume au moins partiellement égéen au moment d'Ipsos. Lui et ses successeurs tentèrent de combler cette lacune en se taillant un domaine en Asie Mineure et le long de la côte Sud. L'intérêt n'était pas seulement d'avoir accès à la mer autour de laquelle se trouvait le cœur du monde grec, mais aussi de se procurer certaines richesses qui manquaient à l'Égypte, comme le bois[68].

Ptolémée Ier avait peut-être pris pied en Carie (Iasos) et en Lycie (Limyra) vers 295[69]. Une active diplomatie le conduisit à nouer des alliances temporaires

63. Cf. principalement A. Bresson, « Rhodes, Cnide et les Lyciens au début du IIe siècle av. J.-C. », *REA*, 100, 1998, p. 65-88 ; Id., « Rhodes and Lycia in Hellenistic Times », dans V. Gabrielsen *et alii* éd., *Hellenistic Rhodes : Politics, Culture, and Society*, Aarhus, 1999, p. 98-131 ; ci-dessous p. 204-205.
64. Sh. L. Ager, *Interstate Arbitrations in the Greek World 337-90 B.C.*, Berkeley, 1996, p. 194, n° 74.
65. Sh. L. Ager, *Interstate Arbitrations*, p. 292, n° 109.
66. *Ibid.*, p. 314, n° 117.
67. *Ibid.*, p. 343, n° 124.
68. Cf. les découvertes de Gülnar, dans l'intérieur de la Cilicie : G. Le Rider et A. Davesne, *Gülnar* II : *le trésor de Meydancikkale*, Paris, 1989 : découverte d'un trésor de 5 215 monnaies d'argent dont 2 158 lagides, enfouies vers 240-235 ; cf. le compte rendu de F. Planet, *Topoi*, 1, 1991, p. 108-121.
69. M. Wörrle, « Epigraphische Forschungen zur Geschichte Lykiens I. », *Chiron*, 7, 1977, p. 43-66 (= *SEG* 27, 929), comprend l'an 36 de Ptolémée comme se rapportant à Ptolémée Ier ; mais A. Meadows, cité par J. Ma, *Antiochos III and the cities*, p. 39, n. 47, estime que ce peut aussi bien être Ptolémée II, ce qui en descend la date à 247 ; comme le même savant récuse aussi la datation sous Ptolémée Ier d'un décret amyzonien (J. et L. Robert, *Fouilles d'Amyzon de Carie*, I. *Exploration, histoire, monnaies et inscriptions*, Paris, 1983, n° 6), le plus ancien document attestant une présence lagide en Lycie ou Carie serait le décret de Telmessos daté de 282 (M. Wörrle, « Epigraphische Forschungen zur Geschichte Lykiens II. Ptolemaios II. und Telmessos », *Chiron*, 8, 1978, p. 201-246).

avec Milet (v. 294), mais c'est sans doute la guerre entre Lysimaque et Séleucos Ier, puis l'assassinat de ce dernier suivi de la difficile accession au trône d'Antiochos Ier en 281 qui permirent à Ptolémée II d'installer des troupes lagides à Samos (qui est passée directement de l'autorité de Lysimaque à celle de Ptolémée II), Halicarnasse, Myndos, Kaunos, et – si ce n'est pas acquis dès 295 – en Pamphylie en 278 au plus tard[70], en Lycie, et en Cilicie occidentale[71]. En 261-260, on trouve un Ptolémée, le fils héritier de Ptolémée II et son vice-roi en Asie Mineure, installé à Éphèse[72] et à Milet, ce qui témoigne d'un nouvel accroissement du domaine lagide. Tout ceci justifie que, dans son éloge de Ptolémée II, Théocrite proclame qu'il « commande à tous les Pamphyliens, aux Ciliciens guerriers, aux Lyciens, aux Cariens épris de combats et aux îles Cyclades »[73]. Car la domination lagide ne se borne pas à un chapelet discontinu de places fortes côtières ravitaillées par la mer. Nombre de villes situées dans l'intérieur, comme Euromos, Mylasa ou Amyzon en Carie, Tlos, Xanthos ou Arykanda en Lycie, Termessos en Pamphylie, obéissent aux gouverneurs lagides. Il faut donc bien envisager un domaine lagide étendu, sans doute appuyé sur un réseau de ports mais englobant un large espace continental[74].

Un repli lagide, sensible en Cilicie Trachée, en Pamphylie et en Ionie[75] à l'occasion de la « seconde guerre de Syrie » (260-253) et de la révolte de Ptolémée d'Éphèse[76], fut de courte durée car dès les années 246-241, à l'occasion de la Troisième Guerre de Syrie, la présence lagide est à nouveau bien affirmée tout le long des côtes[77], non seulement dans des cités autrefois lagides comme Éphèse (où les Lagides se maintiennent jusqu'en 197), Samos ou Milet, mais aussi dans des cités qui avaient été constamment

70. Il est question d'un Pamphyliarque à cette date : L. Robert, « Décret hellénistique de Telmessos », dans *Documents d'Asie Mineure méridionale*, Paris, 1966, p. 53-58 ; sur la fonction, cf. R. Bagnall, *The Administration of the Ptolemaic Possessions outside Egypt*, Leyde, 1976, p. 110-114.
71. La fondation d'une Arsinoè prise sur le territoire de Nagidos en Cilicie intervint au temps de Ptolémée II, probablement dans les années 260 (ci-dessous p. 89). Les Nagidiens avaient auparavant été sollicités par Séleucos Ier ou Antiochos Ier pour participer, avec les gens de Mallos, à la fondation d'une Antioche : C. P. Jones et J. Russell, « Two New Inscription from Nagidos in Cilicia », *Phoenix*, 47, 1993, p. 293-304, mais celle-ci peut se trouver aussi bien en Cilicie que n'importe où ailleurs.
72. C. B. Welles, *RC*, 14, ligne 9.
73. Théocrite, *Idylles*, XVII, 88-90.
74. J. Ma, *Antiochos III and the Cities*, p. 39-43.
75. C'est à cette occasion que Milet « libérée » par Antiochos II décréta des honneurs divins pour celui-ci. Les Séleucides s'emparèrent aussi de la base navale lagide de Samos : *SEG* 1, 366.
76. État de la question par W. Huss, « Ptolemaios der Sohn », *ZPE*, 121, 1998, p. 229-250.
77. C'est ce que confirme l'inscription d'Adoulis, récit des expéditions de Ptolémée III en 246, où celui-ci déclare avoir reçu de son père Lycie, Carie et Cyclades et s'être rendu maître de la Cilicie, de la Pamphylie, de l'Ionie et de l'Hellespont : *OGIS*, 54 ; cf. E. Bernand, *Recueil des inscriptions de l'Éthiopie des périodes pré-axoumites et axoumites*, 1, Paris, 1991, p. 375, n° 276.

séleucides comme Magnésie du Méandre, Priène, Kolophon, Lébédos (refondée comme une Ptolémais), peut-être Téos. Les Lagides sont de même présents à Lesbos. En Lycie, tout entière soumise à l'influence lagide, Ptolémée III installa comme dynaste Ptolémée fils de Lysimaque, un fils du Diadoque en lui donnant Telmessos malgré la promesse faite aux Telmessiens par Ptolémée II de ne jamais les donner en *dôrea*[78]. En revanche, la reconquête séleucide fut durable en Carie, avec la reconquête d'Alabanda (refondée comme une Antioche par Antiochos II), et l'action vigoureuse du gouverneur séleucide de la région, Olympichos, qui s'empare notamment d'Alinda et de Mylasa[79] ; Ptolémée III ne semble avoir obtenu aucun résultat dans cette région, pour autant qu'il y ait tenté une action. Durant tout le règne de Ptolémée IV (221-204), les Lagides conservent le contrôle de larges secteurs côtiers depuis la Pamphylie jusqu'à l'Hellespont, y compris Ainos et Maronée en Thrace[80].

Cependant, à la suite d'une alliance entre Séleucides et Antigonides (v. 203/202)[81], des entreprises séparées des deux alliés contre les possessions lagides aboutirent à l'élimination rapide des Lagides de la région. Si la campagne de Philippe V de Macédoine en Asie Mineure en 201 se termine par un échec[82], en revanche, Antiochos III réussit une reconquête systématique à partir de 197[83]. En tout cas, après la paix d'Apamée, personne ne songea à rendre aux Lagides ce qu'Antiochos III leur avait arraché : leurs dépouilles allèrent à Eumène II et aux Rhodiens.

Décret de Telmessos en l'honneur de Ptolémée II (282)

À la Bonne Fortune. La quatrième année du règne de Ptolémée fils de Ptolémée, au mois de Dios, alors que se tenait l'assemblée plénière et que fut connue la lettre du roi dans laquelle il avait écrit :

« Le roi Ptolémée à la cité des Telmessiens et aux magistrats, salut. Les ambassadeurs que vous nous avez envoyés m'ont remis la couronne et votre lettre, et ils ont expliqué ce dont ils disaient avoir été chargés par vous. À ce que vous ne soyez pas enregistrés comme *dôrea*, nous y avons consenti et j'ai écrit à ce sujet aux services de Philoklès et d'Aristotélès. Portez-vous bien. »

Attendu que le roi Ptolémée fils de Ptolémée, nous a accordé de ne pas être une *dôrea*, plaise à la cité des Telmessiens et aux périèques de louer le roi Ptolémée fils de Ptolémée, de faire des imprécations à ce sujet de sorte que personne ne demande en *dôrea* ni la cité des Telmessiens, ni les villages, ni rien du pays des Telmessiens, de la part de n'importe

78. Sur Ptolémée de Telmessos, M. Holleaux, *Études*, III, p. 365 *sq.* ; sur le décret des Telmessiens remerciant Ptolémée II, M. Wörrle, « Ptolemaios II. und Telmessos », *Chiron*, 8, 1978, p. 201-246.
79. Olympichos connaît une longue carrière : J. Crampa, *Labraunda*, III, 1, n° 1, 3, 4 ; J. et L. Robert, *Amyzon*, p. 149-150.
80. Polybe, V, 34, 7-8.
81. E. Will, *HP*, II, p. 114-118.
82. E. Will, *HP*, II, p. 124-128.
83. Cf. ci-dessus p. 50.

quel roi, reine ou dynaste, sous aucun prétexte, à jamais. Celui qui ourdirait de faire quoi que ce soit de ceci, pour celui-ci donc, que la terre ne porte pas de fruit pour lui, que les femmes n'enfantent pas selon la nature, qu'il soit ruiné de fond en comble, lui et toute sa famille, qu'il soit coupable devant Létô, tous les autres dieux et déesses, que tout ce qu'il cueille ou reçoit du pays soit consacré à Létô. Que ce décret soit inscrit sur des stèles de pierre placées devant le sanctuaire d'Apollon, dans celui d'Artémis et dans celui de Létô, dans les emplacements les plus en vue.

Source : M. Wörrle, « Epigraphische Forschungen zur Geschichte Lykiens II. Ptolemaios II. und Telmessos », *Chiron*, 8, 1978, p. 201-246 ; cf. J. et L. Robert, *Bull. épigr.*, 1979, 475.

Décret de Telmessos en l'honneur de Ptolémée fils de Lysimaque (février 240)

À la Bonne Fortune ! Sous le règne de Ptolémée (III) fils de Ptolémée (II) et d'Arsinoé, les Dieux Adelphes, la septième année, au mois de Dystros, dans la seconde année de la prêtrise de Théodotos fils d'Héracleidès, à la réunion plénière de l'assemblée, il a été décidé par la cité des Telmessiens :

Attendu que Ptolémée, fils de Lysimaque, a reçu la cité du roi Ptolémée fils de Ptolémée en mauvais état du fait des guerres et qu'en bien d'autres matières il ne cesse de manifester son souci à titre public pour l'ensemble des citoyens et à titre individuel pour chacun d'entre eux, attendu que voyant que les citoyens étaient durement frappés de toutes les manières, il leur a accordé l'exemption de taxes sur les arbres fruitiers et sur les pâturages ; tandis qu'auparavant ils étaient écrasés sous les taxes sur le blé, toutes les légumineuses, le millet, le sésame, le lupin, il leur fit payer une dîme conforme à la loi, mesurant [...] (lacune) [...] au fermier et au collecteur de la dîme, et il les exempta de toutes les autres taxes attachées à la taxe sur le blé ;

plaise au peuple des Telmessiens de louer Ptolémée le descendant pour la bonne volonté qu'il ne cesse de manifester envers la cité des Telmessiens et de dresser pour lui un autel à Zeus Sauveur dans l'endroit le plus en vue de l'agora, et d'y offrir en sacrifice chaque année le 11 Dystros un bœuf de trois ans. Tous les citoyens et les *paroikoi* se rassembleront pour le sacrifice. Si le magistrat et les citoyens n'accomplissent pas le sacrifice chaque année, ils seront coupables aux yeux des dieux, et le magistrat sera condamné à une amende de 1 000 drachmes qui sera consacrée à Zeus Sauveur, sauf s'il est empêché par la guerre d'accomplir le sacrifice. Le magistrat fera graver ce décret sur une stèle de pierre et la placera dans le sanctuaire d'Artémis, dans le lieu le plus en vue, et la dépense sera aux frais de la cité.

Source : *OGIS* 55 ; *TAM*, II, 1 ; M. Austin, *The Hellenistic World*, p. 451, n° 271.

Les entreprises antigonides

La Macédoine se tient le plus souvent à l'écart des affaires micro-asiatiques, sauf dans la région des Détroits. Cependant, à deux reprises, des expéditions furent conduites en direction de la Carie par des rois de Macédoine. Entre 227 et 225 (la date traditionnelle de 227 n'est pas assurée), Antigone Dosôn conduit une expédition dont on ignore aussi bien le déroulement que les objectifs et les motifs[84]. Peut-être ne veut-il que profiter des désordres

84. Deux allusions de Polybe, XX, 5, 7 et Trogue Pompée, *Prologue*, 28, confirmées par les inscriptions. Cf. E. Will, *HP*, I, p. 366-371 ; S. Le Bohec, *Antigone Doson*, Paris, 1993, p. 327-349 ; J. Ma, *Antiochos III*, p. 47.

survenus dans la région à la suite de la « guerre fratricide » et l'occasion aurait pu lui en être donnée par un appel à l'aide de dynastes locaux ou de cités craignant la toute puissance d'Attale Ier. La campagne d'Antigone, qui fut brève et apparemment couronnée de succès, le conduisit à nouer des relations durables avec des dynastes locaux, comme Olympichos d'Alinda. Celui-ci, qui apparaît vers 240 comme un stratège de Séleucos II[85], est cité par Polybe comme un dynaste indépendant lors du tremblement de terre de Rhodes[86]. Or, peu après, il est clair qu'il agit comme représentant d'Antigone Dosôn puis, un peu plus tard, de Philippe V : lorsqu'il porte tort aux Iasiens, ceux-ci se plaignent auprès des Rhodiens et leur demandent d'intervenir auprès de Philippe V pour faire cesser les exactions (*I. Iasos*, 150). Et c'est Philippe V qui donne instruction à Olympichos de rendre à Mylasa ses droits sur le sanctuaire de Zeus de Labraunda[87]. La suzeraineté antigonide sur une partie de la Carie fut donc moins éphémère qu'il n'y paraissait à première vue[88].

L'expédition de Philippe V, s'appuyant sur cette première souveraineté antigonide, vise à s'emparer des places lagides que les Séleucides lui abandonnaient, de l'Ionie à la Lycie. On a beaucoup discuté pour savoir s'il y avait traité d'alliance et d'amitié entre Antiochos III et Philippe V, et, si c'est le cas, quels en étaient les termes. Polybe considérait qu'il n'y avait rien eu de moins, à la mort de Ptolémée IV, qu'un partage virtuel du royaume lagide (Polybe, III, 2, 8). Mais Appien (*Mak.*, 4) n'y voit qu'une rumeur véhiculée par des ambassadeurs rhodiens, quitte à envisager pour sa part un accord encore plus improbable[89]. On ne saura peut-être jamais ce qu'il en fut réellement, mais il est sûr que les autorités séleucides en Asie Mineure laissèrent les mains libres à Philippe V, alors qu'Antiochos III se préparait à attaquer la Syrie lagide sans se soucier de ce qui se passait en Égée orientale[90].

Dès 202, Philippe menait campagne en Propontide (prise de Chalcédoine et de Lysimacheia, sac de Kios). Couronnée d'abord de quelques succès dans les Cyclades (garnisons à Andros, Kythnos, Paros), la flotte antigonide réussit à s'emparer de la base navale lagide de Samos (la cité se révolta peu après), mais elle se révéla incapable de prendre Chios, où elle subit une défaite navale face à des renforts rhodiens et attalides. Philippe débarqua alors et tenta de s'emparer sans succès de Pergame. Parcourant le pays avec ses troupes pour

85. J. Crampa, *Labraunda* III : *The Greek inscriptions*, Lund, 1963, n° 1, n° 3.
86. Polybe, V, 90, 1.
87. Cf. P. Debord, « Sur quelques Zeus Cariens : religion et politique », *Studi Ellenistici*, XIII, Pise, 2001, p. 27-29.
88. Cf. A. Mastrocinque, *La Caria e la Iona meridionale in epoca ellenistica*, Rome, 1979, p. 143-173, et J. et L. Robert, *Fouilles d'Amyzon en Carie*, Paris, 1983, p. 147-151.
89. Antiochos aurait aidé Philippe V à s'emparer de Cyrène, des Cyclades et de l'Ionie, alors que Philippe l'aurait soutenu dans la conquête de l'Égypte et de Chypre !
90. Point de la bibliographie, J. Ma, *Antiochos III*, p. 74-75.

trouver des approvisionnements, il finit par demander secours à Zeuxis, « conformément aux accords », dit Polybe (XVI, 1, 9). Une victoire sur la flotte rhodienne près de Milet (bataille de Ladè) lui redonna confiance et autorisa la suite des opérations.

Philippe débarqua en Carie où il rencontra de réels succès, occupant le plus gros de la pérée rhodienne, mais aussi Iasos, Bargylia, Kildara, Stratonicée de Carie, Héraclée du Latmos, Euromos, Pédasa, qui formèrent ainsi une véritable province antigonide. Mais il laissa bloquer sa flotte dans Bargylia, et se trouva bientôt (fin 201-début 200) dans une situation dramatique, sans approvisionnement ; c'est à cette occasion qu'il accorda le territoire de Myonte (arraché à Milet) à Magnésie du Méandre pour remercier ses habitants d'avoir fourni des figues à ses troupes affamées[91]. Malgré les succès initiaux[92], l'expédition se terminait lamentablement : Philippe V s'échappa par miracle au printemps 200 du piège de Bargylia et regagna le nord de l'Égée en laissant sur place des troupes et des gouverneurs locaux. Cependant, les Rhodiens avaient commencé la reconquête de leur pérée dès 201 et, surtout, des ambassades des Rhodiens et d'Attale Ier avaient porté l'affaire devant le Sénat de Rome. Une ambassade romaine rencontra Philippe V à Abydos, le sommant de cesser de faire la guerre aux Grecs et à Ptolémée V, et d'accepter l'arbitrage de Rome pour évaluer les compensations dues à Attale et aux Rhodiens (ce qui signifie qu'ils avaient récupéré l'essentiel de ce que Philippe leur avait pris, bien que des garnisons macédoniennes tiennent Stratonicée de Carie jusqu'en 197, Bargylia jusqu'en 196). Philippe V refusa : la IIe guerre de Macédoine débuta dans l'été 200.

Dynastes indigènes

L'effondrement simultané des dominations lagides et antigonides, bientôt suivi par celui des Séleucides, laissait pleine autonomie aux dynastes qui avaient surgi auparavant. Car il existe une véritable tradition des dynastes, grecs ou indigènes, en Asie Mineure, depuis l'époque où Pleistarchos avait constitué un État autour d'Héraclée du Latmos[93]. La difficulté réside dans la définition de « dynaste », et cela explique sans doute les divergences entre les auteurs modernes. On qualifie ici de dynastes des individus qui, sans prendre le titre royal, exercent une autorité personnelle, de type monarchique, sur une ville ou un groupe de villes. Cela n'implique pas la pleine indépendance et ils peuvent jouir de ce pouvoir avec l'accord d'un souverain. Le phénomène n'est pas propre à l'époque hellénistique puisqu'on pourrait mentionner à l'époque achéménide les syennésis de Cilicie ou les Hécatomnides de Carie dont on a vu plus haut comment ils avaient été à la fois des princes cariens et des satrapes perses.

91. Polybe XVI, 24, 9.
92. H. H. Schmitt, *Untersuchungen zur Geschichte Antiochos'der Grosse*, Wiesbaden, 1964, p. 243-245.
93. Ci-dessus p. 34.

La difficulté tient à apprécier le statut de chacun. Richard Billows en a une conception extensive, qui aboutit à considérer comme dynastes des représentants des diadoques ou des rois, pour peu qu'ils aient une conduite tant soit peu indépendante[94]. Il considère ainsi comme dynaste Asandros fils d'Agathon, satrape de Carie de 323 à 320, puis à nouveau à partir de 319[95], qui ne peut être qualifié de dynaste sous le seul prétexte qu'il a obligé les habitants d'Amyzon à établir une famille perse dans une fonction du culte d'Artémis, seul argument réel de Billows ; mais la découverte récente d'un traité de *sympoliteia* imposé, avant 313, par Asandros à Latmos (devenue plus tard Héraclée du Latmos après déplacement de son centre civique) et à Pidasa, avec création d'une tribu à son nom, formée de citoyens des deux communautés et de toutes les tribus antérieures, milite davantage en faveur d'un statut de type « dynaste » pour Asandros[96]. En revanche, Eupolémos, loin d'être un dynaste, n'est qu'un agent de Cassandre en Carie et Lycie[97]. Je ne crois pas davantage que l'on puisse considérer comme un « dynaste », Achaios l'Ancien, en Lydie, dans les années 260 : ce « maître du lieu », comme le désigne une inscription en faveur de ses agents locaux, ne mérite ce titre que comme propriétaire foncier (texte p. 177). Malgré son rang élevé – il est proche parent du roi[98] – rien n'indique qu'il exerce une autorité indépendante de celle du roi ; ses deux fils restent constamment au service des Séleucides, tout comme son petit-fils Achaios (II), avant qu'il ne se proclame lui-même roi.

On est en terrain plus sûr avec Pleistarchos, dont on a vu qu'il lui avait été donné un État en Carie après la perte de son domaine cilicien[99]. Les limites de cette principauté ne sont pas connues avec précision, mais Pleistarchos est

94. R. A. Billows, *Kings and Colonists. Aspects of Macedonian Imperialism*, Leyde, 1995 ; cf. aussi J. Kobes, *Untersuchungen zu den Lokaldynasten im Hellenistischen Kleinasien (323-188 v. Chr.)*, St Katharinen, 1996 (*non vidi*).
95. R. A. Billows, *Kings and Colonists*, p. 90-92 ; chassé un temps par Alkétas, il reprend sa satrapie en 319, est soumis par Polémaios puis, ayant rompu le traité conclu, est tué quelque temps après : cf. R. A. Billows, *Antigonos the One-Eyed*, p. 116-121.
96. Cf. W. Blümel, « Vertrag zwischen Latmos und Pidasa », *EA*, 29, 1997, p. 135-142 ; cf. C. P. Jones, *EA*, 31, 1999, p. 1-7.
97. R.A. Billows, « Anatolian Dynasts : the case of the Macedonian Eupolemos in Karia », *Classical Antiquity*, 8, 1989, p. 173-205, et *Kings and Colonists*, p. 92-93 ; *contra* : R. Descat, « La carrière d'Eupolémos, stratège macédonien en Asie Mineure », *REA*, 100, 1998, p. 167-190, qui défend avec raison la datation haute de sa carrière, fidèle en cela à L. Robert, *Collection Froehner* I : *Inscriptions grecques*, Paris, 1936, p. 69-86, qui le plaçait avant 313 ; cf. en dernier lieu P. Debord et E. Varinloğliu éd., *Les hautes terres de Carie*, Bordeaux, 2001, p. 159-171, n° 48, reprenant J. Crampa, *Labraunda*, III, 2, 42, qui invalident l'article de R. A. Billows cité en tête.
98. Il est le père de Laodice, l'épouse répudiée d'Antiochos II, et K. J. Beloch le considérait comme un fils cadet de Séleucos Ier : sur tout ceci, R. A Billows, *Kings and Colonists*, p. 96-99.
99. Ci-dessus p. 34.

attesté à Héraclée du Latmos, Euromos, Mylasa, Hyllarima et Tralles, alors qu'Amyzon semble lagide v. 280 et peut-être dès 295-294[100].

Olympichos d'Alinda qui, au gré des circonstances, se retrouve au service des Séleucides puis des Antigonides, tout en se conduisant en souverain indépendant lorsque la situation le permet, donne en revanche un bon exemple de ces dynastes d'Asie Mineure. Polybe cite à la même époque, celle du séisme de Rhodes de 227, Lysanias et Limnaios[101]. On ne sait rien du second, mais le premier peut être Lysias, fils de Philomélos, connu par ailleurs[102], et membre d'une famille de dynastes installée en Phrygie, où alternent les noms Lysias et Philomélos ; ils descendent peut-être d'un Lysias, général de Séleucos Ier, actif en Asie Mineure en 286. Leur caractère souverain se marque par la fondation de deux cités, Lysias et Philomélion[103]. Il faut sans doute considérer comme dynaste Ptolémée fils de Lysimaque – à qui succèdent son fils et son petit-fils – qui a reçu Telmessos comme *dôrea* de la part de Ptolémée III, et qui y exerce le pouvoir, mais on voit par cet exemple combien il est difficile de démêler les droits d'un grand propriétaire foncier de ceux d'un dynaste. L'apparition de son monogramme ΠΤ sur le monnayage de Telmessos au type de Lysimaque souligne cependant la nature politique de son autorité sur la ville, tout comme le fait que son petit-fils apparaisse comme indépendant dans le règlement des affaires d'Asie en 189-188[104].

Au début du IIe siècle, on connaît la puissance de Moagétès de Kibyra (ou Boubôn) et les ravages qu'il occasionne dans les cités de Lycie, Carie et Pisidie, ce qui provoqua l'intervention de Manlius Vulso[105]. L'effacement des grands royaumes risquait de laisser la place à un émiettement des pouvoirs, entre les mains d'aventuriers audacieux, constituant autant de sources de troubles et de conflits avec les cités voisines. Rome eut sans doute conscience de cette conséquence de la défaite d'Antiochos III et de l'élimination des Lagides en tentant de renforcer les États de Rhodes et de Pergame.

---

100. C. Franco, *Lisimaco*, p. 54-55 ; cf. A. Mastrocinque, « La guerre di successione siriaca. Realtà storica o invenzione moderna », *AISS*, 10, 1987-1988 [1991], p. 90-91 ; R. A. Billows, *Kings and Colonists*, p. 92-93.
101. Polybe, V, 90, 1.
102. M. Holleaux, *Études*, III, p. 357 *sq.*
103. A. Wilhelm, « Neue Beiträge, I : Kleinasiatische Dynasten », *Sitzungberichte Wien*, 166, 1911, p. 48-63 ; Id., « Kleinasiatische Dynasten », *Akademieschriften zur griechischen Inschriftenkunde* I, Leipzig, 1914, p. 66-81 ; L. Robert, *Villes, p.* 156-157 ; cf. R. A. Billows, *Kings and Colonists*, p. 99-100.
104. Dossier épigraphique chez M. Segre, « Iscrizioni di Licia. I : Tolomeo di Telmesso », *Clara Rhodos*, 9, 1938, p. 181-208, et M. Wörrle, « Epigraphische Forschungen zur Geschichte Lykiens II. Ptolemaios II. und Telmessos », *Chiron*, 8, 1978, p. 201-246 ; cf. R. A. Billows, *Kings and Colonists*, p. 100-104.
105. Polybe, XXI, 34.

La mise en place des États indigènes

On a rappelé plus haut les limites de la conquête d'Alexandre et des Diadoques. Parmi les peuples semi-autonomes de l'intérieur, seuls les Paphlagoniens avaient fait acte d'allégeance. Les autres ignorèrent Alexandre et ses successeurs, ou les considérèrent de loin. C'est à partir de ces principautés indigènes que naquirent de nouveaux États.

La Bithynie

Alexandre avait décidé de franchir l'Hellespont plutôt que le Bosphore. Outre l'aspect symbolique (suivre l'itinéraire de Xerxès à l'envers et débarquer en Troade tels les héros d'Homère), il y avait sans doute un choix stratégique : ne pas avoir à traverser une région peu hellénisée en dehors de quelques cités assez faibles (Chalcédoine, Kios d'ailleurs tenue par une dynastie perse depuis plusieurs décennies[106]), et où stationnaient des forces perses importantes. De même, après la bataille du Granique, Alexandre ne marcha pas vers la Bithynie mais vers le Sud, vers les Grecs.

La Bithynie intérieure était alors entre les mains d'un dynaste indigène, Bas[107]. C'est sans doute lui qui repoussa l'offensive de Kalas qu'Alexandre avait envoyé contre la Bithynie[108]. Dès 329 ou 327, il fut remplacé par Zipoitès qui, profitant des conflits entre les Diadoques, tenta surtout de préserver son autonomie et, le cas échéant, d'étendre son domaine, sans grand succès[109]. Celui-ci était en effet des plus réduits si l'on en juge par les interventions de ces voisins : le lac Askania au Sud lui échappe puisque Antigone fonde sur ses rives une Antigoneia (que Lysimaque rebaptisa Nicée). Quant à la côte nord, elle était contrôlée par Héraclée du Pont ce qui réduisait le domaine de Zipoitès aux cantons de l'intérieur à l'extrême nord-ouest de la péninsule anatolienne.

Si Bas avait été vassal des Perses, au moins nominalement, son fils Zipoitès se trouvait libéré de cette tutelle[110]. L'effondrement des Achéménides créait l'occasion de transformer l'autonomie de fait dont jouissaient les Bithyniens en une réelle indépendance. Joignant ses forces à celles des cités grecques voisines, il parvint à écarter les menaces d'Antigone, puis

106. Sur cette principauté perse, cf. en particulier Th. Corsten, *Die Inschriften von Kios*, Bonn, 1985, p. 23-30 ; P. Debord, *L'Asie Mineure au IVe siècle*, Bordeaux, 1999, p. 97-103.
107. Memnon d'Héraclée, F 12.4 ; cf. G. Vitucci, *Il regno di Bitinia*, Rome, 1953, p. 13.
108. Memnon, F 12.4.
109. En 315, il attaqua ainsi les cités d'Astakos et de Chalcédoine, pour se donner une ouverture sur la mer, mais il dut renoncer devant l'opposition d'Antigone le Borgne : Diodore, 19, 60 ; cf. G. Vitucci, *Il regno di Bitinia*, p. 16-17.
110. Cf. Chr. Habicht, *RE*, s.v. Zipoites I.

celles de Lysimaque (il fut l'allié de Séleucos à Kouroupédion)[111]. C'est sans doute à la suite d'une victoire (contre Lysimaque ?) en 297-296 qu'il prit le titre royal puisque c'est à cette date que l'on fit débuter rétrospectivement l'ère royale bithynienne[112]. À sa mort en 280, le pouvoir passa à son fils Nicomède Ier (280-255) qui eut aussitôt à repousser une attaque séleucide contre laquelle il noua alliance avec Héraclée du Pont[113]. Une dynastie de type hellénistique s'enracinait malgré les crises de succession qui secouèrent le royaume aussi bien à la mort de Zipoitès qu'à celle de Nicomède Ier, remplacé par Ziaèlas (255-230)[114].

On connaît mal la politique bithynienne et de l'organisation du royaume au IIIe siècle, en dehors de quelques faits isolés, mais il s'en dégage quelques grandes lignes de force. D'une part, le royaume s'arrondit peu à peu : Nicée est annexée (sans doute par Nicomède Ier) et un débouché maritime est trouvé au fond du golfe d'Astakos là où Nicomède fonde en 264 sa nouvelle capitale, Nicomédie, remplaçant une Zipoition[115] située dans l'intérieur des terres. Cette politique d'extension se poursuit notamment sous le règne de Prusias Ier, le long de la côte de la Propontide (Kios, Myrléia), vers l'est (Kiéros) et le nord-est (Tiéion) jusqu'aux abords d'Héraclée du Pont, que les rois échouèrent néanmoins à prendre[116].

D'autre part, le royaume est bordé de cités grecques (Byzance, Chalcédoine, Héraclée du Pont, Kios, Myrléia) avec lesquelles les rois préfèrent composer que rivaliser, du moins aussi longtemps qu'existe une menace séleucide au Sud. Ainsi s'expliquent sans doute l'alliance de Nicomède avec la ligue du Nord (qui le prive cependant de débouchés maritimes) et les bonnes relations qu'il entretient avec les Lagides par l'intermédiaire de Cos. Cependant, leur politique se fait plus agressive lorsque le royaume semble mieux consolidé. Ainsi, sous le règne de Prusias Ier (230-182)[117] la frontière occidentale est portée sur le Rhyndakos. À l'est, tandis qu'échouait un siège

111. G. Vitucci, p. 18.
112. Cf. G. Perl, « Zur Chronologie der Königreiche Bithynia, Pontos und Bosporos », dans J. Harmatta éd., *Studien zur Geschichte und Philosophie des Altertums*, Amsterdam, 1968, p. 299-300, et surtout W. Leschhorn, *Antike Ären*, Stuttgart, 1993, p. 178-191, qui fait le point sur les débats qui opposent partisans de 297/6 et ceux de 298/7. Les premières monnaies datées de cette ère royale bithynienne sont de 149-148, c'est-à-dire de la première année du règne de Nicomède II ; L. Hannestad, « The Bithynian Kings and Greek Culture », dans P. Bilde, T. Engberg-Pedersen, L. Hannestad et J. Zahle éd., *Aspects of Hellenistic Kingship*, Aarhus, 1996, p. 87, affirme que la première édition datée de l'ère bithynienne date de 150, soit 147 av. J.-C.
113. Memnon, F 9.3.
114. Memnon, F 14 ; G. Vitucci, p. 29-30 ; Ziaèlas, enfant d'un premier lit, parvint à évincer les enfants mineurs du second mariage de Nicomède Ier : Chr. Habicht, *RE*, X A, s.v. Ziaelas, col. 387-397.
115. Stéphane de Byzance, s.v. Ζιποίτιον ; cf. G. Vitucci, p. 27 ; Chr. Habicht, *RE*, s.v. Zipoition.
116. Polybe, 21, 11 ; Appien, *Syriakè*, 23.
117. Chr. Habicht, *RE*, s.v. Prusias I.

d'Héraclée, le royaume s'étendait au-delà du Sangarios qui avait longtemps marqué la frontière. Le royaume trouvait aussi l'occasion de s'étendre en direction de la Phrygie et de la Paphlagonie[118].

Enfin, on a longtemps prétendu que la monarchie bithynienne différait des autres monarchies hellénistiques par son aspect « national » (le roi porterait le titre de « roi des Bithyniens ») ; or, cette assertion, fondée sur un unique texte[119], doit être abandonnée et la monarchie bithynienne ne diffère en rien des autres monarchies hellénistiques[120]. À dire vrai, il semble qu'il y ait des différences entre les rois successifs. Ainsi, Lise Hannestad a montré que Zipoitès restait largement un dynaste barbare, malgré son titre grec, et ce n'est qu'avec Nicomède Ier que la monarchie bithynienne s'affiche du côté des souverains grecs. Celui-ci offre ainsi une image de lui-même en ivoire au sanctuaire panhellénique d'Olympie[121], crée un monnayage imité de celui d'Antiochos Ier[122] et fonde une cité à son nom, Nicomédie[123]. Ziaèlas revient à une politique moins philhellène, se contentant de poursuivre sans innover la politique de son père ; dans la lettre qu'il envoie vers 240 à la cité de Cos (ci-dessous texte p. 157), il use d'une formule qui montre qu'il ne se sent pas Grec tout en percevant bien l'importance pour un roi d'entretenir avec eux de bonnes relations : « Nous nous soucions en fait de tous les Grecs qui viennent à nous, car nous sommes convaincus que ceci ne contribue pas peu à une réputation ». Il se contente d'un monnayage de bronze, preuve qu'il ne se soucie guère d'utiliser la monnaie comme instrument de propagande en dehors du royaume[124]. Ce n'est qu'avec Prusias Ier que la monarchie bithynienne entre définitivement dans le cercle des rois grecs : il reconstruit et refonde Kios et Myrleia, que lui a cédées son allié Philippe V après les avoir détruites[125], s'empare de Kiéros et la refonde sous le nom de Prousias de l'Hypios. À sa suite, les rois de Bithynie multiplient les offrandes dans les sanctuaires grecs et les villes, Délos, Aptère (Crète), Argos, Delphes, Didymes[126].

118. G. Vitucci, p. 53.
119. Il s'agit de la lettre du roi Ziaèlas à la cité de Cos, vers 240 : C.B. Welles, *Royal Correspondence*, n° 25.
120. Sur un aspect particulier, cf. L. Hannestad, « The Bithynian Kings and Greek Culture », dans P. Bilde, T. Engberg-Pedersen, L. Hannestad et J. Zahle éd., *Aspects of Hellenistic Kingship*, Aarhus, 1996, p. 67-98.
121. Pausanias, V, 12, 7.
122. Ce monnayage, qui porte souvent la déesse thrace Bendis au revers, parfois Arès, sort d'un atelier situé à Nicomédie, peut-être aussi d'un second atelier installé à Nicée, et, à la fin de l'époque hellénistique, d'un troisième atelier pour lequel on hésite entre Prousias et Prousa ; cf. D. G. Glew, « The Cappadocian Expedition of Nicomede III Euergetes, King of Bithynia », *ANS. MN*, 32, 1987, p. 23-55, notamment p. 32.
123. Cf. L. Hannestad, « The Bithynian Kings », p. 74-76.
124. L. Hannestad, p. 86-87.
125. Polybe, 18, 5, 5.
126. L. Hannestad, p. 77-78.

Le roi semble propriétaire éminent du sol[127] et peut ainsi lotir ses amis et fonder des villes[128]. La fondation de cités fut surtout l'œuvre de Prusias Ier à la fin du IIIe et au début du IIe siècle, mais une politique d'évergétisme royal envers les grands sanctuaires et les cités de Grèce propre et d'Asie Mineure, inaugurée dès l'époque de Nicomède Ier, confirme, très tôt, la volonté de la dynastie d'apparaître comme une lignée de souverains grecs.

Le Pont

L'appellation « Pont » désigne en principe toute la bande côtière depuis la Bithynie orientale (Amastris) jusqu'aux abords du Caucase (Trapézonte)[129], bien que le terme se soit spécialisé, comme désignation d'un État, pour désigner la Cappadoce Pontique, c'est-à-dire les régions situées principalement à l'est de l'Halys. Cette côte, qui abrite les cités grecques de Sinope, Amisos, Kérasos, Trapézonte, communique difficilement avec l'intérieur.

C'est d'abord à Kimiata, en Paphlagonie, que s'installa un Perse en fuite, Mithridate, neveu du tyran perse de Kios mis à mort par Antigone le Borgne en 302[130]. De là, il s'agrandit assez rapidement vers l'est, au point de pouvoir s'installer un peu plus tard à Amaseia. On ignore les circonstances exactes dans lesquelles fut fondé le royaume, mais la mort de Lysimaque et surtout une victoire remportée par Mithridate Ier sur une armée séleucide en marche sur Amaseia en 281 durent être l'occasion d'affirmer la pleine indépendance du nouveau maître[131].

---

127. On connaît par Cicéron, *Sur la loi agraire*. II, 40.50, des *agri Bithyniae regii*. Sur l'organisation du royaume, G. Vitucci, p. 121-131.
128. Cf. ci-dessous p. 93.
129. Ceci explique que la province de Bithynie porte, sous l'Empire, le nom officiel de Bithynie-Pont. Sur le Pont hellénistique, aucune étude récente : cf. Ed. Meyer, *Geschichte des Königsreichs Pontos*, Leipzig, 1879 ; Th. Reinach, *Trois Royaumes de l'Asie Mineure : Cappadoce, Bithynie, Pont*, Paris, 1888 ; Id., *Mithridate Eupator, roi de Pont*, Paris, 1890, qui fournit un tableau dépassant de loin l'époque de Mithridate VI ; Er. Meyer, *Die Grenzen der hellenistischen Staaten in Kleinasien*, Zurich, 1925 ; un résumé commode des origines du royaume dans B. C. McGing, *The Foreign Policy of Mithridates VI Eupator, King of Pontus*, Leyde, 1986, p. 13-24. Cf. aussi E. Olshausen et J. Biller, *Historisch-geographische Aspekte der Geschichte des Pontischen und Armenischen Reiches. I : Untersuchungen zur historischen Geographie von Pontos unter den Mithradatiden*, Wiesbaden, 1984, qui fournit d'utiles mises au point sur quelques sites importants du royaume comme Eupatoria, Kabéira-Néokaisareia, Taulara et d'autres fortins de Mithridate VI ; F. de Callataÿ, *Histoire des guerres mithridatiques par les monnaies*, Louvain-la-Neuve, 1997, fournit un récit assez détaillé de l'histoire du Pont avant Mithridate VI, avec une chronologie appuyée sur une étude sérieuse des monnaies.
130. Diodore, XVI, 90, 2 et XX, 111, 4 ; cf. P. Debord, *L'Asie Mineure*, p. 97-102. Mais le lien avec Kios a été mis en doute par A. B. Bosworth et P. V. Wheatley, « The Origins of the Pontic House », *JHS*, 118, 1998, p. 155-164, qui estiment que la famille a gouverné en réalité la Mariandynie, c'est-à-dire une région aux confins de la Paphlagonie et du territoire d'Héraclée du Pont ; ce sera la base du pouvoir des Mithridatides.
131. Trogue-Pompée, *Prologue*, 17.

Tantôt alliés, tantôt adversaires des Galates[132], les dynastes du Pont s'imposent à une aristocratie perse ou iranisée : ils cultivent à cette fin une légendaire parenté avec l'un des sept nobles Perses assassins du faux Smerdis et déclarent tenir leur autorité de Darius[133]. Le pays semble en effet partagé entre les grands propriétaires de maisons fortifiées et de nombreux villages. Ces seigneurs locaux sont parfois les grands-prêtres de sanctuaires indigènes (Mâ de Comana) ou iraniens (Anahita et les dieux persiques de Zéla). La masse rurale englobe de nombreuses tribus très diverses culturellement et ethniquement[134].

À la différence des Bithyniens, les rois du Pont tentèrent rapidement et avec persévérance d'arrondir leur domaine au détriment des Grecs de la côte : conquête d'Amastris en 279 par Mithridate Ier, puis d'Amisos avant 255. Mais la résistance de Sinope se prolongea jusqu'en 183. C'est seulement à cette époque que le royaume sort vraiment de l'obscurité grâce à la politique agressive de Pharnace Ier. On connaît mal l'organisation du royaume avant l'époque de Mithridate VI, mais on décèle d'une part la mise en place d'une hiérarchie de cour de type hellénistique et la subdivision du pays en éparchies[135]. La description de Strabon, si elle se fonde sur cette organisation royale antérieure à la conquête romaine, montrerait un partage du royaume en quatre grandes régions elles-mêmes subdivisées en districts plus petits, vingt-cinq au total[136]. De plus, tandis que l'usage de la monnaie se répand dans l'intérieur durant le IIIe siècle, sous Mithridate III (ca. 210-185) est inauguré un monnayage royal de type hellénistique[137] dont la diffusion, d'abord limitée au royaume, s'étend notablement sous Pharnace Ier, parallèlement à l'influence politique des rois du Pont.

La Paphlagonie

Cette région étendue entre le Billaios et l'Halys avait entendu les échos de la marche d'Alexandre puisque des princes paphlagoniens étaient venus le rencontrer à Ancyre et lui avaient offert « la soumission de leur nation [...] mais (ils) lui demandèrent de ne pas envahir leur pays avec son armée »

---

132. Sur les débuts du royaume du Pont, cf. A. Davesne, « À propos du monnayage des premiers rois du Pont », *Ier Congrès international sur la mer Noire*, Samsun, 1990, p. 505-506.
133. Polybe, V, 43, 2.
134. On raconte que Mithridate VI parlait plus d'une vingtaine de langues en usage dans son royaume : cf. Th. Reinach, *Mithridate,* p. 279 ; St. Mitchell, *Anatolia*, I, p. 86.
135. E. Olshausen, « Zum Hellenisierungsprozess am pontischen Königshof », *AncSoc,* 5, 1974, p. 153-170, qui donne en annexe la liste des membres de l'entourage royal connus (surtout au temps de Mithridate VI) dont beaucoup sont originaires du monde grec égéen et des colonies grecques de la mer Noire ; les indigènes sont plus nombreux chez les agents subalternes.
136. Th. Reinach, *Mithridate*, p. 256-257.
137. A. Davesne, « A propos du monnayage des premiers rois du Pont », *Ier Congrès international sur la mer Noire*, Samsun, 1990, p. 505-515.

(Arrien II, 4, 1). Alexandre n'en avait sans doute aucune intention, mais il marqua clairement sa prétention à succéder au Grand Roi comme maître de la Paphlagonie en demandant aux ambassadeurs d'obéir désormais au satrape de Phrygie hellespontique nouvellement nommé, Kalas. Hormis l'établissement temporaire de Mithridate du Pont à Kimiata de Paphlagonie, à peu près rien ne transpire de l'histoire de cette région, si ce n'est que Kalas y fit campagne avant la mort d'Alexandre, et qu'Eumène de Kardia s'en empara en 322. La seule certitude est que des princes autonomes, dont quelques-uns sont Galates après les années 270, parviennent à subsister entre la Bithynie, le Pont et les Galates malgré la pression de tous ces voisins[138].

La Cappadoce

Comme la Paphlagonie, la Cappadoce avait été brièvement conquise par Perdiccas et Eumène de Cardia en 322. Le satrape perse, Ariarathe, s'était néanmoins réinstallé rapidement, avant même la mort d'Eumène.

Le pays, essentiellement situé à l'est de l'Halys, est très montagneux et difficile à contrôler. Son histoire est presque entièrement obscure même si l'on devine des tentatives séleucides de conquête (peut-être ne s'agit-il que des secteurs méridionaux) sous Séleucos Ier. Vers 255, Ariarathe III se proclama roi, affirmant ainsi son indépendance et son appartenance au monde des *basileis* grecs. Est-ce le résultat d'une victoire ? En tout cas, Antiochos II lui accorda à la même époque sa fille et la Cataonie, c'est-à-dire une région située entre Cilicie et Cappadoce. Là encore, il faut attendre le IIe siècle pour que le pays sorte de l'obscurité.

Irruption et installation des Galates

Avant de constituer à l'époque d'Antoine un ultime état anatolien, les Galates furent un élément perturbateur dont la présence est sans doute l'une des causes de l'instabilité qui règne en Anatolie au IIIe siècle. On doit évoquer dans leurs grandes lignes les traits essentiels, tout en gardant en mémoire que notre connaissance des Galates repose encore pour l'essentiel sur les sources classiques qui leur sont très défavorables ; les découvertes archéologiques commencent à peine à modifier ce tableau[139].

---

138. Description du pays et situation politique de la région côtière par Chr. Marek, *Stadt, Ära und Territorium in Pontus-Bithynia und Nord-Galatia*, Tübingen, 1993, p. 7-13 (description) et surtout p. 63-125, mais concerne surtout la fin de la période hellénistique et l'époque impériale.

139. Les ouvrages essentiels sont maintenant ceux de St. Mitchell, *Anatolia*, I, p. 11-58, et de K. Strobel, *Die Galater : Geschichte und Eigenart der keltischen Staatenbildung auf dem Boden des hellenistischen Kleinasien*, Berlin, 1996 ; cf. aussi un bilan récent de G. Darbyshire, St. Mitchell et L. Vardar, « The Galatian Settlement in Asia Minor », *AS*, 50, 2000, p. 75-97.

Les Galates ne sont que l'un des rameaux celtes qui déferlèrent sur l'Europe méridionale au début du IIIe siècle. L'une des tribus, les Tectosages, semble étroitement apparentée au groupe du même nom que l'on trouve dans la région de Toulouse. Ces Celtes sont présents en Macédoine en 281-280, en Grèce en 279. C'est à la faveur de la guerre de succession entre Nicomède Ier et son frère Zipoitès, tous deux candidats à la succession de leur père Zipoitès, que le premier fit passer en Asie Mineure 20 000 mercenaires gaulois. Il embaucha deux bandes, celle de Léonnorios (qui franchit le Bosphore) et celle de Loutourios (qui passa par l'Hellespont). Dès 277, la guerre civile bithynienne était terminée et Nicomède essaya, en vain, de se débarrasser des Galates en les poussant vers le sud et l'est.

Désœuvrés et à cours de ressources, les Galates se jetèrent sur les cités grecques au moment où Antiochos Ier était occupé à renforcer son autorité en Syrie même. Cyzique, Ilion, Didymes, Priène, Thyatire, Laodicée du Lycos furent razziées, Érythrées acheta son salut[140]. Les Galates atteignirent même la Lycie (Limyra v. 270, Tlos v. 250) qu'ils ravagèrent de concert avec les montagnards pisidiens.

La riposte d'Antiochos Ier se fit attendre jusqu'en 275 et peut-être même 269 : il remporta alors dans la plaine de Sardes une victoire dont les récits confus et tardifs ne permettent guère de mesurer l'importance réelle[141]. En tout cas, vers la fin des années 260, les Galates semblent bien s'installer dans le nord de la Grande Phrygie, ce qui devint plus tard la Galatie. Le pays n'est sûrement pas aussi vide qu'on l'a cru, mais il offre de vastes territoires à l'installation de ces semi-nomades[142]. Les Séleucides établissent alors un cordon de postes fortifiés (Thyatire[143], Nacrason, Akrasos) et de cités (Apamée de Phrygie, Séleucia Sidera, Antioche de Pisidie, Peltos, Blaundos, Hiérapolis, Laodicée du Lycos) destinés à contenir les Galates dans ce réduit que personne ne leur conteste. Dans des conditions que nous ignorons, ils parviennent à contrôler un vaste espace entre le Sangarios à l'ouest et l'Halys à l'est, y compris des villes qui possédaient une certaine importance avant leur arrivée, comme Gordion, Pessinonte, Ankyra, Tavium.

Mais l'installation des Galates ne signifiait pas la fin des dangers. D'une part ils lancèrent des attaques vers le nord (la Bithynie, le Pont, Héraclée vers 255,

140. *I. Erythrai*, 24, lignes 9-15.

141. Lucien, *Zeuxis*, 8-11.

142. Sur le pays et ses dénominations, K. Strobel, « Galatien und seine Grenzregionen. Zu Fragen der historischen Geographie Galatiens », dans E. Schwertheim éd., *Forschungen in Galatien*, Bonn, 1994, p. 29-65 ; cf. en particulier p. 41-64 sur le domaine du galate Gaizatorix en Paphlagonie vers 180, et p. 54-58, sur la frontière sud de la Galatie vers 189.

143. *TAM* V, 2, p. 309 : fondée par Séleucos Ier peu après la bataille de Kouroupédion, peut-être grâce à des soldats ; cf. Étienne de Byzance, s.v. Θυάτειρα ; A. Mehl, *Seleukos I. und sein Reich*, Louvain, 1986, p. 301.

puis v. 250)[144] ; d'autre part, ils profitèrent des crises dynastiques séleucides en Asie Mineure pour razzier le pays (alliance avec Hiérax). Attale Ier put bien remporter une victoire éclatante sur le haut Caïque en 241-240 (ou seulement v. 230 ?), cela n'empêcha pas de nouvelles menaces : Prusias Ier de Bithynie intervint pour libérer les cités de l'Hellespont de cette menace en 216[145]. Mais de nouveaux assauts furent lancés contre Lampsaque et Héraclée du Pont dans les années 190, sans doute pour trouver un accès à la mer si l'on en croit Memnon[146]. D'où les campagnes de Manlius Vulso en 189 : à l'évidence, la menace galate n'était pas écartée. Elle changea seulement de nature après 188.

On connaît très mal l'organisation des Galates au IIIe siècle. Le tableau tiré de Strabon ne vaut guère avant le Ier siècle. Il semble y avoir une foule de petits groupes nouant des alliances de circonstances mais chacun dirigé par un chef de guerre indépendant. Ce n'est pas avant le IIe siècle, peut-être sous l'influence des royaumes hellénisés voisins, que se met en place une organisation collective assez lâche, autour des trois tribus majeures (Tolistoboges, Trocmes, Tectosages) auxquelles les autres sont soumises. Un conseil des Anciens, réuni dans le *Drynemetos* (« bois de chênes sacrés »), doit donner une confirmation religieuse à l'autorité politique et judiciaire des chefs tribaux. Ces chefs semblent avoir été longtemps choisis, selon la tradition celtique, parmi les guerriers les plus courageux. Et de fait, on ne décèle aucune relation familiale entre les chefs successifs d'une même tribu jusque vers la fin du IIe siècle, au moment où se crée enfin une dynastie autour du Tolistoboge Sinurix et de son fils Deiotaros le Grand.

On ne sait pas grand-chose de leur organisation sociale ni de leur cohabitation avec les populations indigènes ; on peut cependant estimer que les notables durent essayer d'entretenir de bons rapports avec les nouveaux venus dans le but de conserver leurs biens et leur autorité. On observe que l'onomastique, qui paraît un refuge durable de la langue gauloise, privilégie les noms évoquant le courage, la force, la puissance ou la richesse foncière, reflet sans doute assez fidèle d'un système aristocratique de valeurs. Par ailleurs, des cultes celtiques se maintiennent longtemps (Zeus Souolibrogenos, Zeus Bussurigios)[147], avec des rites dont on trouve des parallèles en Occident (sacrifices des prisonniers, sacrifices humains et animaux mélangés). Cela n'empêche pas les Galates de respecter les dieux indigènes, non seulement en laissant fonctionner leurs sanctuaires comme celui d'Attis et de Cybèle à Pessinonte, mais on voit même au Ier siècle le Galate Dyteutos occuper la grande prêtrise de Ma de Comana du Pont. Leur culture matérielle révèle de la même manière un mélange d'apports celtiques (objets métalliques de tradition latènique jusqu'au Ier siècle av. J.-C.) et d'emprunts indi-

144. Memnon F 14.3 et 16.2 ; cf. A. Bittner, *Herakleia Pontike*, p. 89-94.
145. Polybe V, 111, 6-7 ; cf. Chr. Habicht, *RE* s.v. Prusias I, col. 1091.
146. Memnon F 20.1 ; A. Bittner, *Herakleia Pontike*, p. 93.
147. St. Mitchell, D. French et J. Greenhalgh, *Regional Epigraphic Catalogues of Asia Minor*, II. *The Inscriptions of North Galatia*, Oxford, 1982, n° 191 et 203-204.

gènes en matière de céramique ; les découvertes archéologiques confirment ainsi la représentation donnée des Gaulois sur le grand autel de Pergame.

Il ne faut pas imaginer la Galatie comme un vaste espace parcouru par des bandes de pillards moustachus comme le laisseraient croire les auteurs classiques. En fait, les Galates possèdent tout un réseau de villes actives, des marchés de première importance comme Gordion ou Tavium, et ont construit des établissements fortifiés d'où ils contrôlent et exploitent le pays, associés à leurs tombeaux familiaux. Assez tôt l'élevage a dû fournir davantage de ressources que le pillage, mais il faudra attendre que soit fouillés en nombre significatifs des établissements galates pour avoir une idée plus précise de l'économie régionale à l'époque hellénistique. Tombeaux monumentaux et techniques de constructions témoignent d'une hellénisation progressive des élites, mais les effets ne s'en font guère sentir avant le Ier siècle av. J.-C., lorsque les Galates forment un État de type hellénistique dans l'alliance des Romains.

Pour l'Asie entière, 188 marque un tournant décisif. Après les campagnes de Manlius Vulso et la paix d'Apamée, l'Anatolie occidentale, et, par contrecoup orientale, change complètement d'aspect : les Séleucides qui avaient été la puissance dominante autour de laquelle s'organisaient les autres, se trouvent confinés en Cilicie Plane et partiellement privés des moyens militaires et financiers qui avaient fondé leur puissance[148]. Dans le même temps, les Lagides ont pratiquement disparu des côtes qu'ils occupaient. Quant aux Antigonides, dont la présence n'avait été que sporadique, la menace de leur intervention paraissait bien improbable après la catastrophe subie par Philippe V à Kynoscéphales. L'Anatolie restait le domaine d'États proprement anatoliens, au premier rang desquels le royaume de Pergame et Rhodes : la région n'avait pas connu une telle situation depuis 546 ! Mais n'était-ce pas un faux semblant ? Car la puissance nouvelle de Pergame et de Rhodes reposait tout entière sur le désistement en leur faveur du vainqueur de Magnésie, Rome. Qu'on le veuille ou non, les territoires qui venaient de leur être remis l'étaient au titre de *dôrea*, et nul n'ignorait qu'il appartenait au donateur que le don soit ou non révoqué. Le refus de Rome de s'engager dans une occupation militaire de l'Asie l'obligeait à trouver des substituts ; mais pour combien de temps ?

148. G. Le Rider, « Les ressources financières de Séleucos IV (187-175) et le paiement de l'indemnité aux Romains », dans M. Price, A. Burnett et R. Bland éd., *Essays in Honor of R. Carson and K. Jenkins*, Londres, 1993, p. 49-67, a sérieusement nuancé les opinions pessimistes admises jusque là sur l'état des finances séleucides ; les indemnités de guerre exigées par Rome – qui ne furent d'ailleurs payées qu'avec beaucoup de retard – étaient bien loin d'épuiser les ressources du royaume.

Chapitre 3

Vie civique et sociétés urbaines (IIIe-IIe siècles)

L'attention des historiens de l'époque hellénistique s'est longtemps portée sur les problèmes de la cité. Tant il est vrai que la documentation disponible – et qui ne cesse de s'accroître rapidement – fournit un tableau d'une exceptionnelle richesse ; comme le faisait remarquer Ph. Gauthier[1], on passe d'une époque pour laquelle toute la documentation était centrée sur deux ou trois cités (Athènes, Sparte, Thèbes), atypiques à bien des égards par leur taille et leur puissance, à une situation qui met en lumière des centaines de cités de toutes tailles, bien différentes les unes des autres, et réparties sur un vaste espace. La tentation est grande d'oublier les campagnes et le poids du monde rural indigène dans les royaumes comme l'ont fait des ouvrages pourtant classiques et de grand mérite comme ceux de W. W. Tarn ou de F. Chamoux[2]. Sans aller jusqu'à ces excès, il n'est cependant pas anormal d'attacher une importance de premier plan au monde de la cité, tant il est vrai que celle-ci est à la fois le témoin et l'instrument de l'hellénisation. Dans le monde composite que constitue l'Anatolie, il n'est donc pas inutile de se pencher en premier lieu sur cette structure si caractéristique de la culture des maîtres pour en apprécier la diffusion, le fonctionnement, les transformations ou les crises. Pour peu que l'on garde présent à l'esprit le fait que la cité, même à l'ouest, ne regroupe à l'époque hellénistique qu'une partie (minoritaire ?) de la population, on aura déjà une première impression sur les sociétés anatoliennes.

1. Ph. Gauthier, « Les cités hellénistiques », dans M. H. Hansen éd., *The Ancient Greek City State. Symposium on the occasion of the 250th Anniversary of the Royal Danish Academy of Sciences and Letters* (= *Historisk-filosofiske Meddelelser*, 67), Copenhague, 1993, p. 211.
2. W. W. Tarn, *Hellenistic Civilization*, 3e éd. (révisée par G. T. Griffith), Londres, 1952 ; F. Chamoux, *La Civilisation hellénistique*, Paris, 1981.

En premier lieu, il faut tenter de mesurer quelle fut la diffusion du modèle civique. On examinera où, comment et pourquoi les rois grecs et hellénisés fondèrent des cités, par quel processus des communautés politiques indigènes acquirent le statut d'une *polis*, à quel rythme et jusqu'où se diffusa ce modèle politique caractéristique du monde grec. Il serait sans doute excessif d'imaginer que la conquête d'Alexandre introduit une rupture complète dans le processus d'urbanisation de l'Asie Mineure, mais on ne peut nier l'importance du phénomène dans la mesure où il se prolonge jusqu'à l'époque impériale[3].

Fondations royales récentes ou anciennes cités, aucune communauté d'Asie Mineure et d'Anatolie n'échappe à la présence, proche ou lointaine, des rois. La gestion des relations avec les pouvoirs hégémoniques (la question se pose aussi bien pour les relations avec Rhodes, et, plus tard, avec Rome) constitue l'un des enjeux majeurs de la politique civique, durant toute la période, et jusque sous l'Empire[4]. Dans un monde où le royaume est devenu le modèle de l'organisation de l'État, la cité doit trouver sa place et son statut : l'autonomie, la liberté, mais aussi les exemptions fiscales ou l'asylie des sanctuaires importent au premier chef pour chaque communauté, et chacune s'efforce d'obtenir ces privilèges par une négociation permanente.

En troisième lieu se pose le problème du fonctionnement de la cité. Les cités se piquent de vivre toutes sous le régime de la démocratie, ce qui ne désigne peut-être que le fait d'être régi par ses propres lois. Il est vrai que les débats des deux siècles précédents autour des notions d'oligarchie, de démocratie ou de tyrannie ne semblent plus avoir cours. Pourtant, il n'est pas sans intérêt d'analyser la nature des régimes imposés aux villes, ou choisis par elles : quelle place pour le peuple, quel rôle pour les riches ? Peut-on, au fil du temps, observer un changement dans le fonctionnement des institutions ? L'étude des mécanismes de contrôle financier au sein de la cité oblige à réviser sérieusement toute idée préconçue sur le déclin des pouvoirs de l'assemblée et l'autonomie des riches. Par ailleurs, les champs du politique paraissent à première vue évoluer, en plaçant au premier rang l'approvisionnement, l'éducation, l'organisation des fêtes, l'embellissement du cadre urbain. Or, tous dépendent pour une part des relations nouées à la fois avec les voisins et avec les autorités royales : la diplomatie et, parfois, la guerre, restent donc l'objet de débats que l'on peut supposer animés au cœur des cités. Les différences avec les cités de l'époque classique existent à coup sûr, mais mieux vaut ne pas les exagérer *a priori*.

---

3. Cf. *L'Asie Mineure et l'Anatolie*, p. 212-216.
4. F. Millar, *The emperor in the Roman world (31 B.C.-A.D. 337)*, Londres, 1977, en avait apporté l'illustration pour l'époque impériale ; J. Ma, *Antiochos III and the Cities of the Western Asia Minor*, Oxford, 2000, en a fourni une éblouissante démonstration pour l'ensemble du IIIe siècle av. J.-C., car son propos dépasse de beaucoup le cadre chronologique annoncé.

Tout ceci ne peut être séparé de l'examen des finances de la cité. Quelle que soit l'importance du trésor public et des ressources civiques, souscriptions et emprunts, le recours à l'évergétisme apparaît comme de plus en plus nécessaire. Mais là encore, il importe de préciser la chronologie et d'être attentif aux évolutions. Car, les textes montrent que l'évergétisme change au cours de l'époque hellénistique. Déjà Polybe en dressait le constat pour les rois, en opposant la générosité des rois du IIIe siècle à la pingrerie (c'est le mot qu'il emploie) de ceux de son temps[5].

Enfin, on tentera une esquisse d'un tableau de la situation économique et sociale des cités. Si l'histoire sociale nous échappe en grande partie, du moins devine-t-on certains problèmes comme celui de l'oliganthropie et de l'affaiblissement démographique des corps civiques. Le rôle croissant des riches risquait de leur donner un poids politique qui se fonde sur leur statut économique. Des femmes et des étrangers dont la richesse fait oublier l'incapacité légale à gérer la cité apparaissent désormais au premier plan. On s'interrogera sur les bases de cette richesse et on tentera de savoir si l'on peut dégager des tendances dans l'histoire économique des cités d'Anatolie.

La diffusion de la *polis*

On affirme généralement que les Grecs ne concevaient pas la possibilité de s'installer en dehors de chez eux sans exporter en même temps le modèle d'organisation qu'est la cité, la *polis*. C'est oublier que bien des Grecs de Grèce propre ne vécurent jamais dans ce cadre avant une époque tardive et que l'époque hellénistique fournit des exemples de Grecs installés dans les nouveaux royaumes en dehors des cités, dans le plat pays égyptien, en Mésopotamie, probablement d'autres en Iran ou en Asie Centrale. De plus, nombre de ces « Grecs » expatriés sont en fait des Macédoniens ou autres peuples du Nord, vétérans et colons, qui ne viennent pas eux-mêmes de cités, ou qui n'en ont qu'une habitude récente[6]. Il est donc imprudent d'affirmer que la création des cités est indispensable à l'installation des Grecs et au processus de colonisation. Il n'en reste pas moins qu'Alexandre lui-même a donné l'exemple en créant jusqu'au fin fond de l'Asie Centrale et dans la vallée de l'Indus des villes nouvelles dans l'espoir d'y attirer et d'y stabiliser les Grecs et les Macédoniens qu'il y abandonnait. La reprise d'un mouvement de fondations de cités d'une ampleur que l'on n'avait pas

5. Polybe, V, 90.
6. C'est le cas des Macédoniens, dont le pays a connu un fort développement des structures civiques dans le courant du IVe siècle : M. Hatzopoulos, « L'État macédonien antique : un nouveau visage », *CRAI*, 1997, p. 7-25.

connue depuis la fin de la colonisation archaïque trouve son origine dans cette politique délibérée d'Alexandre le Grand[7].

Ses premiers successeurs – et plus tard, les empereurs romains jusqu'au Bas-Empire – furent sur ce point ses fidèles héritiers : tous, y compris les Lagides, créèrent des cités nouvelles en Asie Mineure et en Anatolie et contribuèrent ainsi à renforcer un réseau poliade encore assez lâche dans la plupart des régions. L'effort fut le plus soutenu à l'ouest et au sud de la péninsule, c'est-à-dire là où les cités étaient déjà nombreuses, il fut bien moindre, et parfois inexistant, à l'est.

Cette disparité ne tient pas au fait que les rois sont Macédoniens à l'ouest, indigènes à l'est : l'exemple de la Bithynie suffirait à le démentir. Mieux vaut constater qu'il ne suffit pas qu'il y ait volonté royale pour qu'il y ait cité. Encore faut-il qu'il se trouve suffisamment de Grecs (d'origine ou de culture) pour faire fonctionner les institutions civiques. La création de cités se trouve donc être la conjonction de deux volontés, celle du roi qui tend à renforcer les pôles grecs dans son royaume, celle des Grecs ou indigènes hellénisés qui souhaitent (re)trouver un cadre de vie conforme à leurs aspirations. Si désormais seul le roi fonde la cité, il ne peut rien sans la présence effective d'une population grecque prête à en assumer la survie.

Les bases culturelles à la fin du IVe siècle

On ne peut étudier la diffusion de la cité aux IIIe-IIe siècles sans jeter un regard vers le passé récent, car le IVe siècle a joué un rôle fondamental dans ce domaine, en posant les fondements indispensables au mouvement ultérieur. En effet, la colonisation grecque de l'époque archaïque s'était limitée à une étroite bande côtière, assez densément occupée sur la façade égéenne, très discontinue ailleurs. Cette situation resta inchangée jusqu'à la fin du IVe siècle. En revanche, la réunification de l'Anatolie sous la domination achéménide a coïncidé (mais en est-elle la cause ?) avec un élargissement rapide des bases géographiques de l'hellénisme. Le phénomène paraît bien attesté en Carie, en Lycie et en Cilicie. Ce dynamisme nouveau s'explique sans doute par un regain très net de prospérité des cités grecques de la région, dont témoignent à la fois l'activité des ateliers monétaires (73 ateliers au IVe siècle contre 31 – dont beaucoup épisodiques – aux VIe-Ve siècles) et de grands programmes architecturaux dans les

7. Ce n'est pas le lieu de développer ici les considérations sur les fondations d'Alexandre, mais on notera que rien ne prouve qu'il s'agisse de cités au sens propre, c'est-à-dire de structures politiques organisées selon le modèle classique ; beaucoup n'étaient peut-être que des colonies militaires, avec installations de vétérans. Par ailleurs, les « colons » laissés dans les satrapies supérieures regrettaient vivement leur éloignement du monde grec et de sa culture et ne rêvaient que de rentrer chez eux. Naturellement, les conditions étaient tout autres en Asie Mineure.

cités (certaines changent même de site comme Rhodes, Cos et peut-être Cnide[8]). Il est probable que cette rénovation du cadre urbain a pu jouer un effet d'entraînement pour les villes indigènes non-grecques. En fait, le phénomène se limite aux régions en contact depuis longtemps avec les Grecs et les plus ouvertes aux influences extérieures. Ainsi, en Carie, la dynastie des Hécatomnides, qui transfère sa capitale de Mylasa à Halicarnasse sous Mausole (377-353), tout en puisant largement dans les traditions iraniennes d'aménagement urbain (terrasses étagées), a recours aux meilleurs artistes grecs pour décorer le Mausolée (Bryaxis, Léocharès, Scopas et Timothéos) et emprunte à l'hellénisme ses types de monuments (portiques, théâtres, temples à colonnes)[9]. De même en Lycie, une riche aristocratie fortement iranisée, fait largement appel aux artistes grecs pour embellir le cadre urbain et ses tombeaux. La tradition en remonte au VIe siècle mais s'accentue au IVe siècle. Ainsi, les tombeaux empruntent de plus en plus un décor architectural d'origine grecque : fronton, façade à colonnes, frises.

Certes, en Carie comme en Lycie, on ne peut parler de « cités grecques ». Mais on observe dans les deux cas que la vie urbaine, dans les cités de tradition indigène (c'est-à-dire sans constitution (*politeia*) à la grecque), est dominée par des notables partiellement hellénisés. Surtout, nul ne peut douter de l'existence d'une forme d'organisation politique des communautés indigènes. En témoignent aussi bien la version grecque de la stèle trilingue du Létôon de Xanthos, en 337[10], que l'inscription carogrecque de Kaunos récemment découverte[11] ou les conditions de la reddition de Sardes en 334. Les bases existent donc en de nombreuses régions, au moins à l'ouest de la péninsule, d'une rapide transformation du cadre institutionnel.

---

8. Le changement de site de Cnide a été déduit par G. E. Bean et J. M. Cook, *ABSA*, 47, 1952, p. 173-185 et 202-212, qui furent largement suivis ; cependant, l'hypothèse n'est toujours pas vérifiée : N. Demand, « Did Knidos really move ? », *CA*, 8, 1989, p. 224-237. A. Bresson, « Cnide à l'époque classique : la cité et ses villes », *REA*, 101, 1999, p. 83-114, donne raison aux premiers quant au transfert de la capitale de l'État cnidien du site de Datça vers l'ancienne cité de Triopion, à l'extrémité de la péninsule, vers la fin de l'époque classique ou au début de l'époque hellénistique.
9. S. Hornblower, *Mausolus*, Oxford, 1982.
10. Le document a suscité une abondante littérature ; cf. P. Briant, « Cités et satrapes dans l'Empire achéménide : Pixôdaros et Xanthos », *CRAI*, 1998, p. 305-340.
11. Publication première par P. Frei et Chr. Marek, « Die karisch-griechische Bilingue von Kaunos. Eine zweischrachige Staatsurkunde des 4. Jhdt v. Chr. », *Kadmos*, 36, 1997, p. 1-89, complété par W. Blümel, P. Frei et Chr. Marek éd., *Colloqium Caricum. Akten der Internationalen Tagung über die karisch-griechische Bilingue von Kaunos*, Berlin-New York, 1998 (= *Kadmos*, 37, 1998) ; la date est discutée : cf. R. Descat, « La carrière d'Eupolémos, stratège macédonien en Asie Mineure. Appendice : Note sur une inscription caro-grecque de Caunos », *REA*, 100, 1998, p. 187-190, propose de la dater autour de 314. Il s'agit de la désignation d'Athéniens comme proxènes des Cauniens.

Il en va de même dans les régions côtières de la Pamphylie à la Cilicie[12]. En Pamphylie, parmi les villes indigènes, quelques-unes se réclament d'une origine grecque quelle que soit l'importance de la population indigène ; ainsi Sidè qui aurait été fondée par des Grecs de Kymè d'Éolide[13], ou Aspendos qui se réclame d'une origine argienne[14]. D'autres, disposant d'institutions politiques, restent néanmoins des villes indigènes, comme probablement Pergé. Dans la Pisidie voisine, à Selgé[15], on parle un grec fortement teinté de langue indigène, et Arrien juge la ville peuplée de barbares pisidiens[16] au même titre que Termessos et Sagalassos[17]. En Cilicie, plusieurs villes (Nagidos, Kélenderis, Holmi, Mallos, Issos, Soloi) ont pris l'habitude grecque de battre monnaie dès la fin du Ve siècle. Ce monnayage civique témoigne à lui seul de l'influence de l'hellénisme. Les types monétaires comme les légendes sont purement grecs, sauf à Soloi qui use à l'occasion des légendes bilingues[18]. Les rares cités grecques proprement dites (Nagidos qui se dit colonie de Samos, Holmi) ne se distinguent guère de leurs voisines[19]. Mais on trouve aussi un monnayage satrapique émis à Tarse[20], qui use, à côté de motifs indigènes (dieu Sandan, Baal Tarz et légendes monétaires en araméen) et perses (roi chassant), des légendes et des motifs grecs (Héraklès[21]). En revanche, toute la région montagneuse qui s'étend de la Lycie orientale à la plaine cilicienne, dont le cœur est constitué par l'Isaurie, la Lycaonie méridionale et la Cilicie Trachée, est restée très à l'écart des échanges culturels et linguistiques. Elle abrite jusqu'à l'époque impériale une population indigène composée en partie de populations indo-européennes apparentées aux Hittites, les Louvites, identifiables grâce à l'onomastique et aux cultes[22].

---

12. Cf. P. Desideri et A. M. Jesink, *Cilicia. Dell'età di Kizzuwatna alla conquista macedone*, Florence, 1990, pour un aperçu de la situation au IVe siècle.
13. Arrien, I, 26, 4 : Arrien précise que la population s'est largement barbarisée, mais parle une langue barbare différente de celle des cités voisines ; cf. Cl. Brixhe, *Le dialecte grec de Pamphylie*, Paris, 1976 ; P. Debord, *L'Asie Mineure*, p. 452-454 ; corpus des inscriptions en langue sidétique dans J. Nollé, *Side im Altertum. Geschichte und Zeugnisse*, t. 2, Bonn, 2001.
14. Cf. R. S. Stroud, « An Argive Decree from Nemea concerning Aspendos », *Hesperia*, 53, 1984, p. 191-216.
15. A. Machatchek et M. Schwarz, *Bauforschungen aus Selge*, Vienne, 1981, p. 13, n. 15, notent que si le nom indigène de la ville, *Stlega*, figure sur les monnaies jusqu'au milieu du IIIe siècle, la forme hellénisée, Σέλγη, apparaît dès le deuxième quart du IVe siècle.
16. Arrien, I, 28, 1.
17. Arrien, I, 27, 5 (Termessos) et 28, 2 (Sagalassos).
18. G. Capecchi, « Grecità linguistica e grecità figurativa nella più antica monetazione di Cilicia », *Quaderni Storici*, 76, 1991, p. 73.
19. Ph. H. J. Houwink Ten Cate, *The Luwian population groups*, p. 32.
20. G. Capecchi, p. 72.
21. G. Capecchi, p. 83-85. Sur tout ceci, étude importante de Ch. G. Starr, « Greeks and Persians in the Fourth century B.C., a study in cultural contacts before Alexander », *Iranica Antiqua*, 11, 1976, p. 39-99, et 12, 1977, p. 49-115.
22. Étude fondamentale de Ph. H. J. Houwink Ten Cate, *The Luwian population groups of Lycia and Cilicia Aspera during the hellenistic period*, Leyde, 1965 ; cf. la carte face p. 236, qui fait apparaître la répartition des témoignages louvites.

Ainsi, en plusieurs régions, il existe un terrain culturel hellénisant que le passage sous la domination des Grecs ne peut que développer. Cela seul explique sans doute la rapide transformation en cités grecques des cités indigènes de ces régions. Il n'y eut sans doute aucun besoin de « fondation » formelle. Comme en Phénicie, les rois durent se contenter d'observer que les cités de Carie, Lycie et Cilicie fonctionnaient comme des cités grecques. On ignore le détail du processus, mais on observe qu'aucune source antique ne fait état de fondations royales à ce propos et que dès la fin du IVe siècle ou le début du IIIe siècle, beaucoup de ces villes indigènes apparaissent comme des cités grecques, sans changement de nom le plus souvent, c'est-à-dire sans intervention royale majeure. C'est donc ailleurs que s'exerça l'activité des rois.

Les fondations royales

Suivant l'exemple d'Alexandre, ses successeurs immédiats ou lointains, eurent tous à cœur de fonder des cités nouvelles. En ce qui concerne l'Anatolie dans son ensemble, on peut établir une chronologie et une géographie des fondations, en même temps qu'une typologie[23].

En ce qui concerne la chronologie, le mouvement commença dès la mort d'Alexandre. Les Diadoques furent en effet actifs très tôt : Antigone le Borgne fonda deux Antigoneia, l'une en pays grec, Antigoneia de Troade, sur le site de l'antique Sigée, par regroupement de diverses petites cités de la région[24], l'autre déjà en pays barbare, Antigoneia de Bithynie (rebaptisée ensuite Nicée par Lysimaque)[25]. Même Néarque le Crétois semble être l'auteur d'une fondation isolée en Pisidie, une Crétopolis qui fut plus tard absorbée par Comama[26]. Mais le mouvement se développa surtout avec les premiers Séleucides, puis les Attalides au IIIe siècle. En réalité, les fondations de cités ne cessèrent jamais et se poursuivirent durant toute l'époque hellénistique. Commencées tôt à l'Ouest, elles se produisirent un peu plus tard dans les royaumes indigènes de l'Est (Pont, Cappadoce) où rien n'apparaît avant le IIe siècle.

23. Pour les détails, les débats et les références complètes des fondations nouvelles, on renverra à G. M. Cohen, *The Hellenistic Settlements in Europe, the Islands and Asia Minor*, Berkeley, 1995 (ici abrégé Cohen), indispensable instrument de travail.
24. Strabon, XIII, 1, 26, 33, 47, 52 ; cf. Cohen, p. 145-148.
25. Elle aurait été fondée sur l'emplacement d'une Hélicorè ou Ancôrè : Strabon, XII, 4, 7 ; V. Tcherikover, *Philologus*, 1927, p. 46 ; G. Vitucci, *Il regno di Bitinia*, Rome, 1953, p. 123 ; W. Ruge, *RE*, s.v. Nikaia, col. 229 ; cf. Cohen, p. 398-400.
26. Cf. N. V. Sekunda, « Nearchus the Cretan and the Foundation of Cretopolis », *AS*, 47, 1997, p. 217-223 ; il se fonde sur le fait que Polyen, *Stratagèmes*, 5, 35, mentionne Néarque le Crétois, l'amiral d'Alexandre, comme auteur d'un stratagème pour s'emparer de Telmessos, ce qui expliquerait sa présence dans la région. La fondation aurait été effectuée entre 333 et 319 ; cf. St. Mitchell, « Three Cities of Pisidia », *AS*, 44, 1994, p. 129-148.

En ce qui concerne la géographie des fondations, c'est l'Ouest déjà largement hellénisé et urbanisé qui réunit le plus grand nombre de fondations. Non pas dans la zone côtière, mais dans l'intérieur au contact de l'Ionie, depuis la Bithynie jusqu'à la Lycie, et le long de la côte sud jusqu'à la Cilicie. Partout ailleurs à l'est, les créations sont isolées, rares et, parfois, peu assurées. Les fondations de la haute époque hellénistique renforcent donc l'urbanisation des zones les plus urbanisées.

Dès que l'on aborde les fondations prises individuellement, la documentation devient difficile à interpréter. On ne peut ici faire l'inventaire complet des fondations hellénistiques[27] et l'on essaiera plutôt de dégager de grands types de fondations, nourris d'exemples.

Il est extrêmement rare en Asie Mineure qu'une fondation civique soit faite *ex nihilo*. On pourrait peut-être citer Pergame, au début du IIIe siècle, et Attaleia en 158, même s'il a pu exister auparavant une modeste agglomération indigène. Dans presque tous les cas, la cité nouvelle s'appuie sur un établissement préexistant, ville indigène ou colonie militaire.

Il faut d'abord signaler le cas des fondations obtenues par regroupement de cités existantes. Nombre de fondations, en effet, résultent d'un synoikisme entre de petites cités anciennes dont la population, rassemblée en un même lieu, forme le *dèmos* de la nouvelle cité. Antigoneia de Troade rassemble ainsi sept petites cités, Kébren, Skepsis, Larissa, Kélonai, Hamaxitos, Khrysa et Néandria[28]. De même Séleucie du Kalykadnos semble avoir rassemblé les habitants de Holmi et d'Aphrodisias et peut-être d'autres[29]. Lysimaque avait même voulu faire fusionner dans une nouvelle Arsinoeia, Éphèse, Kolophon, Lébédos et Phygéla. Les auteurs anciens, souvent suivis par les modernes, y voient le type même d'action tyrannique, ce qui ne semble pas être l'analyse des Éphésiens qui créditent volontiers le roi d'être à l'origine de la splendeur de la ville en l'obligeant à se déplacer dans un site moins exposé aux inondations[30]. Il est vrai que certains de ces synoikismes ne relèvent pas du simple caprice du prince, mais de la nécessité. Ainsi, après un séisme qui détruisit de fond en

27. Le livre de A. H. M. Jones, *The Cities of the Eastern Roman Provinces*, Oxford, 1957 (édition révisée) reste utile, mais mériterait de très nombreuses corrections de détail. On peut y remédier en partie grâce à St. Mitchell, *Anatolia*, 2 vol., Oxford, 1993, et surtout à G. M. Cohen, *The Hellenistic Settlements in Europe, the Islands and Asia Minor*, Berkeley, 1995.

28. Cohen, p. 145-148 ; histoire de la ville dans l'introduction de M. Ricl, *The Inscriptions of Alexandreia Troas*, Bonn, 1997.

29. Strabon XIV, 5, 4 ; cf. P. Desideri, « Cilicia ellenistica », *Quaderni Storici*, 76, 1991, p. 143-144 ; Cohen, p. 369-371.

30. Sur la Nouvelle Éphèse de Lysimaque, Strabon, XIV, 1, 21 ; Pausanias, I, 9, 7 et VII, 3, 5. Cf. L. et J. Robert, *Claros* I : *Décrets hellénistiques*, Paris, 1989, p. 80-83 ; H. S. Lund, *Lysimachus*, Londres, 1992, p. 92 ; C. Franco, *Lisimaco,* Pise, 1993, p. 93-98 ; S. Karwiese, *Grosse ist die Artemis von Ephesos. Die Geschichte einer der grossen Städte der Antike*, Vienne, 1995, p. 63-67 ; G. Cohen, p. 177-180 ; étude détaillée de G. M. Rogers, « The foundation of Arsinoeia », *Med. Ant.*, 4, 2001, p. 587-630.

comble la ville de Lébédos, Antigone le Borgne eut l'idée de regrouper les survivants avec les gens de Téos, moins durement affectée, dans une nouvelle cité nommée Euridykeia[31]. Une série de dispositions complexes devaient inciter les Lébédiens à quitter leur champ de ruines sans craindre d'être placés dans une situation de dépendance (texte ci-dessous). Smyrne offre le cas, assez exceptionnel, d'une cité grecque ancienne quasi abandonnée et refondée : en 288, Lysimaque fonde une nouvelle Smyrne à 8 km du site abandonné depuis 627, poursuivant peut-être une initiative d'Antigone le Borgne.

Lettres d'Antigone le Borgne à Téos au sujet du synoikisme avec Lébédos (303-302)

1. [...] quiconque est envoyé au Panionion, nous pensons qu'il faut qu'il accomplisse toutes les cérémonies communes en un temps égal, qu'il campe là et assiste à la panégyrie avec vos envoyés et qu'il soit appelé Téien.

2. Nous pensons qu'il faut donner une habitation à chaque Lébédien dans votre cité équivalente à ce qu'il laisse à Lébédos. Jusqu'à la construction de nouvelles maisons, des maisons seront fournies à tous les Lébédiens gratuitement : si la ville actuelle subsiste, un tiers des maisons existantes ; s'il est nécessaire d'abattre la ville actuelle, que la moitié des habitations actuelles soit mise de côté, et, de celles-ci, un tiers sera donné aux Lébédiens et que les deux autres tiers vous reviennent. Si une partie de la cité est abattue et qu'il reste assez de maisons pour vous recevoir vous et les Lébédiens, le tiers de celles-ci seront affectées aux Lébédiens ; si les maisons qui subsistent ne suffisent pas à vous abriter vous et les Lébédiens, il faudra conserver suffisamment des maisons vouées à la destruction, et quand vous aurez construit assez de maisons dans la nouvelle cité, alors les maisons conservées pourront être démolies, pour autant qu'elles se situent à l'extérieur des murs de la cité. Tous les Lébédiens auront à construire leurs maisons sur leur lot dans un délai de trois ans ; sinon, les lots deviendront propriété de la cité. Nous pensons qu'il faut donner aux Lébédiens le toit de leur maison, le quart du total chaque année pendant quatre ans, afin que les maisons soient achevées aussi tôt que possible.

3. Nous pensons qu'il faut assigner aux Lébédiens un emplacement où ils puissent enterrer leurs morts.

4. Nous pensons qu'il faut que tout ce que les Lébédiens doivent à titre d'intérêt soit pris sur les revenus communs chaque année, que ces dettes soient assumées par votre cité aux conditions sous lesquelles les Lébédiens les ont contractées.

5. En ce qui concerne les proxènes de la cité de Lébédos ou ces bienfaiteurs qui ont reçu la citoyenneté ou quelque autre avantage ou honneur de la part des Lébédiens, nous pensons qu'il faut qu'ils aient les mêmes avantages chez vous, et que leurs noms soient inscrits dans le délai d'un an au même endroit où vos proxènes et bienfaiteurs sont inscrits.

6. En ce qui concerne les procès pour dommage ou pour rupture de contrat dans l'une ou l'autre cité, nous pensons qu'il faut que les plaideurs se réconcilient ou que les procès soient jugés selon les lois des deux parties et conformément à notre décret, dans un délai de deux ans à partir du moment où ce décret sera publié. En ce qui concerne les procès que vous avez contre des Lébédiens ou les Lébédiens contre vous, que les deux cités concluent un accord, et porte l'accord devant le peuple pour ratification (?), et si une objection s'élève contre l'accord, que l'arbitre rende sa décision dans un délai de six mois ; que l'arbitre soit la cité de Mitylène, comme il a été convenu d'un commun accord. Que le comité chargé de rédiger cette convention la rédige dans les termes qu'il juge convenable, mais comme on nous dit qu'il y a tellement de procès relatifs à des contrats ou des dommages que si on les juge confor-

31. Cohen, p. 180-183.

mément aux lois, même en rendant la justice de façon ininterrompue, personne ne sera capable d'en attendre la fin – en effet, jusqu'à maintenant, il n'apparaît pas que l'on ait progressé en quelque manière, ni que les contrats aient été exécutés parce que les procès sont restés longtemps sans jugement – et que si les intérêts s'accumulent d'année en année, personne ne pourra plus les payer, nous pensons qu'il faut que le comité prévoie, si les débiteurs paient de leur propre mouvement, qu'ils ne paient pas plus que le double du montant de la dette, et s'ils vont en justice et sont condamnés, qu'ils paient trois fois la valeur de la dette.

7. Quand l'accord sera ratifié, nous pensons qu'il faut que les causes soient enregistrées et jugées dans le délai d'un an. Quiconque ne fait pas enregistrer sa cause ou ne la fait pas juger dans ce délai, si les tribunaux siègent, n'aura plus le droit de la faire inscrire ni juger. Si l'un de vos concitoyens ou l'un des Lébédiens est absent de la cité durant la période prescrite, il sera possible de lui signifier une convocation en son absence devant le bureau des magistrats (*archeion*) et chez lui en lui notifiant [...] en présence de deux témoins sûrs.

8. Nous pensons qu'il faut qu'à l'avenir les amendes soient payées et encaissées conformément aux lois que vous jugerez bonnes d'établir pour les deux cités. Que chaque cité désigne un comité de trois hommes pour rédiger les lois, pas de moins de quarante ans, et que ces hommes prêtent serment de rédiger les lois qu'ils jugeront les meilleures et les plus profitables pour la cité. Après qu'ils auront prêté serment, qu'ils rédigent les lois qu'ils jugeront bonnes pour les deux cités et qu'ils les soumettent (au vote) dans un délai de six mois. Nous pensons qu'il faut que n'importe qui puisse rédiger et soumettre une loi. Que les lois acceptées par le comité et ratifiées par le peuple soient mises en pratique ; que celles qui sont refusées nous soient envoyées afin que nous puissions en juger par nous-mêmes ou désigner une cité pour le faire. Que soient aussi envoyées les lois sur lesquelles il y a accord et qu'il soit indiqué lesquelles ont été soumises par le comité et celles qui l'ont été par d'autres, de sorte que si quelqu'un a proposé une loi qui n'est pas bonne mais se trouve inappropriée, nous puissions l'accuser et le punir. Que ceci soit accompli dans le délai d'un an. Jusqu'à ce que ce code de lois soit rédigé, vos envoyés pensaient qu'il fallait que restent en usage les lois de votre cité, mais ceux de Lébédos ont demandé la permission d'envoyer chercher et d'utiliser celles d'une autre cité. Attendu que nous pensons qu'il vaut mieux envoyer chercher les lois d'une autre cité, nous avons demandé aux deux cités de désigner le nom de la cité dont elles souhaitaient utiliser les lois, et les deux cités sont tombées d'accord d'utiliser les lois de Cos ; nous avons décidé qu'il en soit ainsi et nous avons demandé aux gens de Cos d'envoyer une copie de leurs lois. Nous pensons qu'il faut désigner trois hommes aussitôt que vous lirez cette lettre pour les envoyer dans un délai de trois jours à Cos faire une copie des lois. Ceux qui seront envoyés reviendront avec les lois scellées du sceau de Cos dans les trente jours. Quand les lois seront rapportées, vous et les Lébédiens élirez les nouveaux magistrats dans les dix jours.

9. En ce qui concerne les hommes qui ont été chorèges ou triérarques ou ont rempli quelque autre liturgie dans l'une ou l'autre cité, nous pensons qu'il ne faut pas qu'ils soient à nouveau soumis à la même liturgie. Les envoyés des Lébédiens ont demandé qu'ils soient déchargés des liturgies aussi longtemps que le synoikisme est en cours. Nous pensons qu'il faut, si vous tous restez dans l'ancienne ville, que les Lébédiens soient exempts de liturgies pour trois ans. Si l'un d'entre vous va s'installer dans la péninsule, qu'il soit aussi exempt pour la même durée, et que ceux dont les maisons n'ont pas été (abattues ?) assument les liturgies.

10. Les envoyés des Lébédiens disent qu'il faut mettre de côté, sur les revenus, la somme de 1 400 statères d'or pour la fourniture de blé, de sorte que quiconque, en prenant cet argent comme garantie, puisse importer du blé dans la cité et le vendre dans le courant de l'année, quand il le veut, et qu'à la fin de l'année, il rende l'argent à la cité, à la fois le capital et les intérêts au taux qu'il aura accepté. Quand ils ont fait cette demande particulière d'ordonner que ceci soit fait dès maintenant de manière à ce que vous ne manquiez pas de blé dans la cité – car vous ne pouvez en produire assez –, vos envoyés ont exprimé leur approbation, mais ont demandé que davantage d'argent soit affecté afin que le synoikisme soit achevé et que la population devienne plus importante que si vous vous déplaciez tous dans une même cité. Autrefois, nous ne voulions pas qu'une cité se charge d'importer du blé ou de maintenir un fond d'achat de blé car nous ne voulions pas que les

cités dépensent à ce sujet de grandes sommes d'argent sans raison ; nous ne souhaitons toujours pas donner notre autorisation, car la terre royale est riche et si le besoin de blé se fait sentir, nous pensons qu'il vous serait facile d'en faire venir de là quand on le souhaitera. Notre souci sur ce point est dû au désir de rendre service aux cités puisque vous et n'importe qui d'autre sait qu'il n'y a pas de profit particulier pour nous dans cette affaire, mais que nous maintenons le règlement dans l'espoir que les cités restent libres de dettes. Voyant qu'autant qu'il est en notre pouvoir nous vous avons rendus libres et autonomes dans les autres domaines, nous pensons nous soucier aussi de celles-ci de sorte qu'elles soient remboursées aussitôt que possible. Comme, cependant, ce plan pour la fourniture de blé semble être avantageux, nous pensons qu'il faut, de manière à ce que nous n'omettions rien de ce qui est juste et avantageux pour votre peuple, que l'approvisionnement en blé se fasse conformément à ce que souhaitent les envoyés de Lébédos, estimant que devrait être fournie contre garantie au plus la somme de 1 400 statères d'or.

11. Que l'importation ou l'exportation de tout grain soit déclarée sous le portique de l'agora de sorte que s'il ne paraît pas utile à quelqu'un de l'apporter à l'agora pour le ré-exporter depuis là, il ait le droit d'exporter en payant le montant dû pour ce qu'il a déclaré. Pour tous les villages et toutes les fermes situés hors de votre cité, nous pensons qu'il faut que chacun vienne enregistrer le montant de blé qu'il veut exporter directement de ses domaines, de manière à ce qu'il puisse ainsi faire sa déclaration à l'agoranome et paie les taxes.

12. Vos envoyés et ceux des Lébédiens ont demandé que trois hommes soient désignés par chaque cité pour définir tout règlement nécessaire au synoikisme qui pourrait avoir été omis. Il nous semble souhaitable que les hommes soient désignés dans les trente jours après la lecture de cette lettre et que le comité rédige toute mesure qui aurait été oubliée par nous. De leurs propositions seront valides toutes celles qui auront reçu l'accord des deux cités ; les points disputés nous seront soumis dans les deux mois, afin que nous puissions entendre les deux parties et décider ce qui est le meilleur pour les deux.

Source : *Syll.*[3], 344 ; C. B. Welles, *Royal Correspondence*, p. 15-23, n° 3 ; M. Austin, n° 40.

Plus fréquentes sont les fondations civiques qui s'appuient sur une ville indigène, plus ou moins hellénisée, où l'on renforce l'élément grec ou hellénisé par des colons qui peuvent être aussi bien des soldats vétérans que des hommes envoyés par des cités sollicitées par le roi-fondateur[32]. Mais il faut bien avouer que dans la plupart des cas on ignore l'importance de l'établissement antérieur. Ainsi Antiochos Ier refonde Kélainai sous le nom d'Apamée, désignée tantôt comme Apamée du Méandre, tantôt comme Apamée Kibôtos[33] ; il s'agissait là d'une ville d'une certaine importance, qui avait joué un rôle de capitale régionale de Phrygie auparavant, notamment au temps d'Antigone le Borgne. Antiochos II crée à Rhoas une Laodicée du Lycos[34],

32. Un exemple de sollicitation royale est fourni par une inscription de Magnésie du Méandre relative à la fondation d'Antioche de Perside (*OGIS* 233) ; on peut supposer qu'il en alla de même pour l'envoi de colons de la même Magnésie à Antioche de Pisidie.

33. Le choix du nom de la mère du roi pour cette cité n'est sans doute pas le fruit du hasard : Apamè était d'origine perse ; or, Kélainai abritait une assez forte communauté iranienne : L. Robert, *Noms indigènes dans l'Asie Mineure gréco-romaine*, Paris, 1963, p. 348-349 ; Id., *BCH*, 108, 1984, p. 467-472 ; cf. Cohen, p. 281-285.

34. Fondée après 267 (M. Wörrle, *Chiron*, 5, 1975, p. 59-89, a publié une inscription de la ville datée de 267 et antérieure à sa fondation comme cité) et avant 253 : cf. St. Mitchell, *AS*, 44, 1994, p. 132 ; Cohen, p. 308-311.

Antiochos Ier une Séleucie à Tralles[35] et une Antioche des Chrysarhoéens à Alabanda[36]. D'autres exemples proviennent de Cilicie : Tarse devient une Antioche sur le Kydnos au plus tard en 243-24[37], Magarsos une Antioche sur le Pyramos dans le courant du IIIe siècle[38], Adana une Antioche sur le Saros et Mopsueste une Séleucie sur le Pyramos au IIe siècle seulement[39]. Ce phénomène, sans doute le plus fréquent, nous échappe largement dans le détail. Nous voyons seulement des cités indigènes adopter (sûrement avec l'accord du roi) des institutions « à la grecque » et se faire reconnaître comme cité grecque par les autres, y compris les garants plus ou moins officiels de l'hellénisme. Ainsi vers 226-225, après avoir été promue au rang de cité par Attale Ier, Sardes envoie une ambassade à Delphes pour s'y faire reconnaître comme cité grecque et sans doute interroger le dieu sur l'organisation de la nouvelle cité[40]. De même, de nombreuses agglomérations de Pisidie durent acquérir le statut de cité assez tôt sans que l'on sache dans quelles conditions précises[41]. On a longtemps eu tendance à repousser jusqu'à l'époque impériale la création des cités pisidiennes, alors que Johannes Nollé puis Stephen Mitchell ont montré qu'il n'en était rien[42]. Ainsi on découvre au hasard des épitaphes de soldats des ethniques qui renvoient à des cités existantes comme Etenna ou Adada en Pisidie. Etenna paraît donc une cité avant la fin du IIIe siècle. Olbasa abrite un épistate royal et est qualifiée de cité par une lettre d'Attale II en 159[43]. D'autres possèdent ce statut au plus tard à la fin du IIe siècle si l'on juge que le fait qu'elles battent monnaie et qu'elles possèdent des monuments publics suffit à caractériser la *polis* : Ariassos, Cremna, Pednelissos, Sagalassos ou Termessos. Etenna fait explicitement référence, sous l'Empire, à « Séleucos le fondateur », ce qui renvoie nécessairement à l'un des trois premiers rois de ce nom. D'une manière générale, les Pisidiens, grâce à leur dynamisme démographique (qui explique la présence de noms pisidiens dans la Carie voisine, à Tabai et à Kidrama), firent preuve de leur capacité à organiser leur espace de façon autonome. Ainsi, Termessos fonda une colonie à Oinoanda et Balboura semble bien être une fondation propre aux Pisidiens,

35. Mais le fondateur pourrait n'être qu'Antiochos III : Cohen, p. 265-268.
36. Cohen, p. 248-249.
37. D. Magie, *RR*, II, 1146-1147, n. 2.
38. D. Magie, *RR*, II, 1150, n. 32.
39. St. Mitchell et M. Waelkens, *Pisidian Antioch*, Londres, 1998, p. 16, n. 22.
40. Sur les conditions de cette promotion, le contexte politique et la chronologie : Ph. Gauthier, *Nouvelles inscriptions de Sardes* II, Genève, 1989, p. 165-170 ; cf. Cohen, p. 230-231.
41. Cf. E. Kosmetatou, « Pisidia and the Hellenistic Kings from 323 to 133 BC », *AncSoc*, 28, 1997, p. 5-37.
42. St. Mitchell, « Hellenismus in Pisidien », dans E. Schwertheim, *Forschungen in Pisidien*, Bonn, 1992 (*Asia Minor Studien*, 6), p. 1-27.
43. R. A. Kearsley, « The Mylias and the Attalids : a decree of the city of Olbasa and a new royal letter of the second century B.C. », *EA*, 44, 1994, p. 47-57.

organisée sur le modèle des colonies militaires royales, mais avec une population indigène transplantée (puisqu'on lui donne des terres), créée vers le milieu du IIe siècle ou un peu plus tard[44]. On ne peut donc exclure des autopromotions au rang de cité, sans intervention royale, ce qui expliquerait la totale absence de noms dynastiques dans la région.

La promotion de communautés indigènes a dû aussi se produire en Lydie, et en Phrygie (Dokimeion, Synnada, Thémisonion, Philomélion) sans que nous en voyions clairement le processus, mais plusieurs de ces cités furent d'abord des colonies militaires macédoniennes : Dokimeion fut fondée par Dokimos, un général d'Antigone le Borgne qui le trahit en livrant Synnada à Lysimaque en 302[45] ; Philomélion, comme sa voisine Lysias, tire son nom de dynastes macédoniens attestés en ce secteur de Phrygie aux IIIe-IIe siècles[46] ; enfin Thémisonion rappelle le souvenir d'un Thémison, mais trois hauts personnages de ce nom peuvent y prétendre, sous Antigone le Borgne, Antiochos II et Antiochos III[47]. Seule Synnada fut d'abord une communauté indigène de quelque importance : elle émet des décrets honorifiques dès le IIe siècle et procède à des émissions de cistophores aux IIe et Ier siècles, ce qui indique la date possible de sa promotion au rang de *polis*[48]. Mais le phénomène n'affecte là qu'un nombre limité d'agglomérations car il apparaît que des secteurs entiers (comme la Lydie orientale) ne comptent encore aucune cité à la fin de l'époque hellénistique. Quant aux régions placées sous l'autorité de dynasties non-grecques, on y reviendra plus loin.

Ces créations par promotion n'excluent pas que l'on procédât à de vraies fondations entraînant un apport extérieur plus ou moins important. On l'observe en particulier dans les cités créées par Séleucos Ier dans les régions montagneuses ou proches du plateau central. Antioche de Pisidie reçut ainsi des colons de Magnésie du Méandre[49] à une date inconnue dans le courant du IIIe siècle[50]. Apollonia de Phrygie, fondée à l'emplacement de

44. A. S. Hall et J. J. Coulton, « A hellenistic allotment list from Balboura in Kibyratis », *Chiron*, 20, 1990, p. 109-155.
45. Cf. Cohen, p. 295-299.
46. Cf. Cohen, p. 319-321 (Philomélion) et 311-312 (Lysias) ; sur les dynastes éponymes, cf. ci-dessus p. 66.
47. Cf. Cohen, p. 325-326.
48. Cf. Cohen, p. 322-325.
49. Strabon, XII, 8, 14 ; cela explique sans doute les liens de parenté que souligne un décret de Magnésie du Méandre invitant Antioche de Pisidie (?) à participer aux nouveaux concours fondés en l'honneur d'Artémis Leucophryènè entre 221 et 207 : *I. Magnesia*, 79 et 80 (L. Robert, *OMS*, II, 1071-1072, a montré qu'il s'agissait de fragments d'un même décret) ; cf. O. Curty, *Les parentés légendaires entre cités grecques*, Genève-Paris, 1995, p. 110-111 ; G. M. Cohen, p. 278-281.
50. Cf. désormais la monographie que lui consacrent St. Mitchell et M. Waelkens, *Pisidian Antioch. The Site and its Monuments*, Londres, 1998, mais la part hellénistique est des plus réduites puisqu'il n'y a aucun texte de cette époque, et à peu près aucun vestige, tout ayant été recouvert par la fondation coloniale augustéenne.

Mordiaion peut-être par Séleucos Ier ou seulement par Eumène II[51] fut sans doute renforcée par des soldats thraces et lyciens[52]. Antiochos Ier établit également une colonie de Macédoniens pour fonder Stratonicée de Carie[53]. En Cilicie, Tarse reçut des colons grecs lors de sa refondation comme une Antioche sur le Kydnos au IIIe siècle[54]. Dans la même région, la fondation lagide d'Arsinoè, si elle ampute le territoire de Nagidos, fait appel à des colons extérieurs et constitue une cité réellement nouvelle[55]. Bien d'autres fondations se font sur des sites dont on ignore s'ils sont occupés de façon dense ou non : on ne sait ce qui existait à l'emplacement de Hiérapolis, fondée probablement par Antiochos Ier[56] ou sur celui d'Antioche du Méandre[57], fondation d'Antiochos II.

Une fondation lagide : Arsinoè de Cilicie

Thraséas à la cité et aux magistrats d'Arsinoè, salut. Nous avons reçu votre lettre et écouté vos ambassadeurs Androménès et Philothéos au sujet du territoire. Puisque les Nagidéens, se pliant à notre requête, l'ont délimité de telle sorte qu'il soit vôtre et qu'aucune dispute ne subsiste, vous ferez bien de vous mettre au travail et de le cultiver tout entier, afin que vous jouissiez vous-mêmes de la prospérité et que les revenus grâce auxquels vous fournissez votre contribution au roi s'accroissent par rapport à ce qu'ils étaient précédemment. Vraiment, je suis plein de zèle à votre égard et souhaite rendre la cité digne de son nom, en apportant tout ce qui peut être avantageux et utile aussi bien à la communauté qu'à chacun des citoyens individuellement. En conséquence, vous ferez bien de conduire les affaires publiques de façon correcte et d'accomplir les sacrifices habituels pour le roi et la reine aux temps appropriés. Nous vous avons aussi envoyé une copie du décret que nous ont envoyé les Nagidéens sur ces sujets, afin que vous puissiez vous conformer à ce qu'ils ont écrit. Les

---

51. Cf. Cohen, p. 285-290. On y connaît un culte de Séleucos Ier Nicator (*SEG* VI, 592), ce qui milite en faveur d'une fondation par ce roi (ainsi St. Mitchell et M. Waelkens, *Pisidian Antioch*, p. 5), mais pas nécessairement comme cité ; le premier décret civique est daté de 242 (*MAMA* VI, 154), ce qui incite M. Wörrle, « Ein Weihaltar aus Kilepe/Yeşilköy », *Fremden Zeiten. Festschrift Borchhardt*, Vienne, 1996, p. 160, n. 52, à ne pas exclure une fondation attalide.
52. Les décrets honorifiques d'époque impériale d'Apollonia émanent du « démos des colons Apolloniates Lyciens et Thraces » (W. M. Ramsay, *Phrygia*, II, p. 480, n° 352), ce qui ne paraît pas très différent des Nacraseitai Macédoniens (ci-dessous n. 66 et 67). Cf. L. Robert, *Noms indigènes*, p. 356-360.
53. Cf. Cohen, p. 268-273 ; plus complet, P. Debord, « Essai sur la géographie historique de la région de Stratonicée », *Mélanges Pierre Lévêque*, t. 8, Paris, 1997, p. 107-121, qui estime que la ville fut fondée vers 268-261.
54. *FD* III, 2, 208 ; le nom est encore attestée en 166 av. J.-C. : *IG* II^2, 2316, ligne 48 ; Cohen, p. 358-360, qui suggère que la fondation peut remonter à Séleucos Ier lui-même.
55. Cf. C.P. Jones et Chr. Habicht, « A Hellenistic inscription from Arsinoe in Cilicia », *Phoenix*, 43, 1989, p. 317-346 (texte ci-contre) ; Cohen, p. 363-364.
56. Ce sont les noms de tribus qui invitent à y voir une fondation séleucide, sans doute d'Antiochos Ier : F. Kolb, *ZPE*, 15, 1976, p. 255-270 ; cf. aussi L. Robert, *BCH*, 107, 1983, p. 514-515 ; T. Ritti, *Hierapolis. Scavi e ricerche*, I, Rome, 1985, p. 118-122.
57. D. Magie, *RR*, II, p. 988-989, n. 26.

autres détails, nous en avons parlé avec vos ambassadeurs Androménès et Philothéos, en leur ordonnant de vous en faire part. Au revoir.

Léosthénès étant épistate, sur proposition des *prostatai* : attendu qu'Aètos fils d'Apollonios, citoyen d'Aspendos et notre concitoyen, stratège préposé à la Cilicie, après avoir choisi l'endroit convenable, a fondé une cité nommée Arsinoè d'après la mère du roi, a établi des colons en cet endroit et a réparti en lots un territoire qui avait été nôtre, expulsant les barbares qui y avaient empiété ; que maintenant Thraséas son fils, envoyé par le roi comme stratège de Cilicie, est impatient de rendre la cité plus magnifique et nous a demandé de céder la terre publique à ceux qui y sont établis pour qu'eux-mêmes et leur postérité la détiennent à perpétuité, et qu'il souhaite que des magistrats y soient mis en place, que leurs propres lois leur soient données et que la terre soit enregistrée pour eux en lots (?),

il a plu au conseil et au peuple de leur céder la terre publique, à la fois aux colons installés maintenant et à ceux que Thraséas installerait ultérieurement, de louer Thraséas, et qu'ils soient désormais considérés comme des colons des Nagidéens. Ils rendront les honneurs dus au roi, à Arsinoè et à Bérénice, et ils enverront aussi un tribut sur leurs propres ressources. Ils seront citoyens et useront des lois qu'ils se seront eux-mêmes données. Ils jouiront aussi de l'isopolitie avec les Nagidéens, et, lorsqu'ils seront présents, ils pourront participer aux cérémonies sacrées. Chacun d'entre eux sera inscrit dans une tribu par tirage au sort, payant la somme prévue. Ils seront aussi invités lorsque la cité sacrifie à la Concorde et ils apporteront la contribution prescrite. De même, lorsque les Arsinoéens sacrifieront aux Dieux Adelphes, les Nagidéens seront présents et apporteront la même contribution. Il ne sera pas permis aux Nagidéens, sous aucun prétexte, d'élever une contestation au sujet de la terre qu'ils leur ont donnée par ce décret. Si un magistrat inscrit à l'ordre du jour une telle proposition ou si un orateur intervient à ce sujet, le magistrat paiera 10 000 drachmes sacrées à Arsinoè sans exception, et l'orateur 1 000 drachmes, et leur proposition sera sans valeur. Pour tous les différends survenant entre particuliers des deux parties, si un Arsinoéen lèse quelqu'un à Nagidos, ou est lésé, il sera poursuivi ou poursuivra conformément aux lois des Nagidéens, mais si un Nagidéen lèse quelqu'un à Arsinoè ou est lésé, il sera poursuivi ou poursuivra selon les lois des Arsinoéens. Pour toute affaire, la limite du temps à partir du moment où le tort a été causé sera d'une année ; lorsque ce temps sera écoulé, si quelqu'un porte en justice une affaire publique ou privée, sa requête sera sans valeur.

Ce décret sera inscrit sur deux stèles de pierre, l'une sera dressée dans le sanctuaire d'Aphrodite, l'autre à Arsinoè dans l'enclos sacré d'Arsinoè. Les fonds pour la stèle à Nagidos seront fournis par le trésorier des Nagidéens, et pour celle à Arsinoè par le trésorier des Arsinoéens.

Source : E. Kirsten et I. Opelt, « Eine Urkunde der Gründung von Arsinoe in Kilikien », *ZPE*, 77, 1989, p. 55-66 ; C. P. Jones et Chr. Habicht, « A Hellenistic Inscription from Arsinoe in Cilicia », *Phoenix*, 43, 1989, p. 317-346.

Mais on ne fonde pas que des cités, du moins à l'origine. On peut commencer par l'installation de colonies militaires, processus qui semble avoir été utilisé aussi bien par les Séleucides que par les Attalides. On a parfois exagéré le phénomène assimilant à des colonies militaires tous les établissements que les sources ultérieures désignent comme une *katoikia*. En réalité le terme est banal et peut désigner n'importe quel type d'établissement humain en dehors d'une cité. Il vaut mieux se fonder sur la présence de Macédoniens, même s'il est vrai que « Macédonien » n'équivaut pas toujours à « soldats ». Si l'on s'en tient aux sources les mieux établies, Thyatire apparaît comme la seule colonie séleucide assurée, fondée avant

274[58], mais il faut peut-être ajouter Stratonicée de Carie[59]. Cependant, des « Macédoniens » sont mentionnés dans treize autres localités d'Asie Mineure, dont neuf au IIe siècle seulement. Dans ces conditions, il est très difficile de faire le partage entre les fondations séleucides et les fondations attalides : quelques colonies militaires attalides peuvent être un héritage séleucide[60]. La plupart du temps il s'agit de petits villages, comme Dechteira, Doidyé, Kobydelè, Lasnedda[61]. De plus, en Phrygie, les mentions de Macédoniens n'apparaissent qu'aux IIe-IIIe siècles ap. J.-C. (ainsi à Blaundos, Peltai, Dokimeion, Hiérapolis) au point qu'on peut se demander s'il s'agit d'un véritable héritage historique ou s'il convient seulement pour ces communautés de se pourvoir d'ancêtres glorieux[62]. On ne peut trancher, mais il est sûr que plusieurs de ces fondations militaires remontent effectivement à l'époque hellénistique et sans doute au IIIe siècle av. J.-C. Ainsi, les Attalides fondèrent avant 250 Philétaireia de l'Ida[63], Attaleia de Lydie[64] et Apollonis[65] ; les deux dernières au moins devinrent ultérieurement des cités. De même, dans la haute vallée du Caïque, les colonies voisines de Nacrason et d'Akrasos, fondations précoces du début du IIIe siècle, conservèrent le souvenir de leur origine macédonienne même lorsqu'elles furent devenues des cités : sous Hadrien, on mentionne encore le dèmos des Macédoniens *Nacraseitai*[66] et une inscription honorifique de Pergame est l'œuvre

58. Cf. Cohen, p. 238-242.
59. Cf. R. van Bremen, « The demes and phulai of Stratonikeia in Karia », *Chiron*, 30, 2000, p. 389-400, qui conclut à une fondation comme colonie dans les années 260.
60. Article fondamental de G. M. Cohen, «Κατοικίαι, κάτοικοι and Macedonians in Asia Minor », *AncSoc*, 22, 1991, p. 41-50 ; *Bull. épigr.*, 1992, 486 ; cf. G. M. Cohen, *Hellenistic Settlements*, sous le nom de chacune.
61. G. M. Cohen, *AncSoc*, 1991, p. 46, n. 17.
62. G. M. Cohen, *AncSoc*, 1991, p. 48-49 ; cette suggestion de Cohen ne peut être écartée, mais on peut objecter que la recherche d'ancêtres glorieux qui saisit les Grecs d'Asie Mineure après la création du Panhellénion par Hadrien ne se satisfait guère d'une parenté avec les Macédoniens, car cela ne constitue pas un brevet d'hellénisme suffisant pour être admis dans le glorieux cénacle.
63. Cohen, p. 171-172.
64. *TAM* V, 2, p. 295-305 ; fondée comme colonie militaire par les Attalides tout près de la colonie séleucide de Thyatire ; elle existe déjà entre 261 et 241 puisque sa garnison fait partie de celles qui se sont révoltées contre Eumène Ier (*OGIS* 266) ; la fondation peut remonter à Philétairos lui-même, comme celle de Philétaireia où la présence d'un *Eumeneion* ne renvoie pas nécessairement à Eumène Ier comme *ktistès*, mais peut-être à Eumène II divinisé après sa mort : H.-J. Schalles, *Untersuchungen zur Kulturpolitik der pergamenischen Herrscher im Dritten Jahrhundert vor Christus*, Tübingen, 1985, p. 32 ; cf. Cohen, p. 205-206.
65. Sur Apollonis de Lydie, cf. sources et corpus des inscriptions *TAM*, V, 2, p. 419-436 ; fondation comme colonie militaire (mention de Macédoniens), puis cité, peut-être à mettre en rapport avec le « synoikisme de la cité » réalisé par l'un des frères d'Eumène II (*TAM* V, 2, 1187) ; cf. Cohen, p. 201-204.
66. *IGR* IV, 1160. Le nom a souvent été écrit Nacrasa, mais ce ne peut être que Nacrason ou Nacrasos : Cohen, p. 222-225.

des « Macédoniens des environs d'Akrasos »[67]. On pourrait citer bien d'autres exemples[68] comme les Macédoniens d'Hyrkanis[69]. Cependant, à partir du IIe siècle, il semble bien qu'Attale II fonda directement des cités sans passer par l'étape de la colonie macédonienne : Philadelphie de Lydie[70], Eumeneia de Phrygie[71] et surtout Attaleia de Pamphylie[72] en sont les plus beaux exemples.

Une découverte récente a conservé la trace du processus qui conduisit la colonie de Toriaion (ou Tyriaion dans d'autres textes) du statut de colonie militaire à celui de cité au temps du roi Eumène II, témoignage irremplaçable des conditions culturelles et politiques qu'une communauté doit remplir pour parvenir à cette promotion.

La promotion de Toriaion (Tyriaion) en Phrygie Parorée

À la Bonne Fortune !

Le roi Eumène aux *katoikoi* de Toriaion, salut ! Les hommes venus de chez vous, Antigénès, Brennos et Héliadès, que vous nous avez envoyés pour me féliciter d'avoir accompli toute chose et d'être revenu en bonne santé en ce lieu – au récit de quoi vous avez offert des sacrifices tout en donnant ce qu'il fallait pour faire des offrandes aux dieux – et pour demander, en raison des bonnes dispositions que vous manifestez à notre égard, de vous accorder une *politeia*, le droit d'utiliser vos propres lois et de fonder un gymnase et de vous accorder d'autres avantages qui vont avec, ces hommes ont parlé avec beaucoup d'enthousiasme et après avoir déclaré que vous étiez sincèrement décidés à faire tout ce qui était le plus avantageux pour nous, ils nous ont demandé notre accord. Car ils ont dit que les termes de gratitude qui conviennent à mon égard demeureront éternellement de la part de votre peuple et que vous ne vous séparerez jamais de ce qui est avantageux et nécessaire pour moi. De mon côté, j'ai observé vraiment que ce n'est pas une mince affaire de vous accorder ce que vous me demandez, compte tenu que cela touche directement à des affaires de grande importance. En réalité, toute faveur que je vous accorderai maintenant sera durable, puisque j'ai pleine autorité sur ce territoire en vertu du fait que je l'ai reçu des Romains qui l'ont emporté à la fois à la guerre et lors de la conclusion du traité. Cela ne serait pas le cas d'une faveur décidée par quelqu'un qui n'aurait pas pleine autorité, et une telle faveur serait condamnée à être dépourvue de réalité et illusoire.

Cependant, compte tenu de la bonne volonté que vous manifestez envers nous, comme vous l'avez montré au moment opportun, je vous accorde à la fois à vous et à ceux qui vivent avec vous dans des villages (*chôrioi*) de vous organiser en un corps de citoyen (*politeuma*) et de faire usage de vos propres lois. Si vous en êtes vous-mêmes satisfaits, soumettez-les moi afin que je vérifie qu'elles ne sont pas contraires à vos intérêts. Sinon, faites-le nous savoir et nous vous enverrons les hommes capables de mettre en place à la

67. M. Fränkel, *I. von Pergamon*, 176 a, corrigé par L. Robert, *Villes*, p. 75-76 ; cf. Cohen, p. 196-197.
68. D. Magie, *Roman Rule*, p. 972-973 ; St. Mitchell, *Anatolia*, I, p. 180.
69. *TAM* V, 2, 1308 « la cité des Macédoniens Hyrcaniens » dans une inscription de l'époque d'Antonin le Pieux ; cf. Cohen, p. 209-212 ; la ville se situe entre Magnésie du Sipyle et Sardes.
70. Cohen, p. 227-230.
71. Cohen, p. 301-305.
72. Cohen, p. 301-308 ; la date traditionnelle est 158, mais Cohen n'exclut pas complètement une fondation d'Eumène II dès 181.

fois le conseil et les magistrats, de répartir le peuple et de l'assigner aux tribus, de faire construire un gymnase et de fournir l'huile pour les jeunes gens.

De plus, que votre cité est officiellement reconnue, je l'ai moi-même déclaré au début de la seconde lettre. Après avoir reçu de si grands honneurs de moi, montrez par vos actes votre bonne volonté dans toutes les situations.

Le Roi Eumène au conseil et au peuple de Toriaion, salut ! Étant donné que nous vous avons accordé une *politeia* et un gymnase, nous désirons rendre manifeste notre bonne volonté en augmentant encore notre faveur, et nous vous donnons pour l'achat d'huile maintenant l'excédent de revenu procuré par l'agoranome, jusqu'à ce qu'Hérodès Un-et-Demi examine l'affaire et y affecte d'autres revenus, que ce soit ceux d'un domaine ou d'un morceau de terre, ou de quelque autre origine qu'il choisisse, de sorte que le dixième du produit en soit collecté. En tout, soyez assurés que si vous conservez votre bienveillance envers nous, vous recevrez souvent de nombreux privilèges.

Le Roi Eumène au conseil et au peuple de Toriaion, salut ! Brennos et Orestes, que vous m'avez envoyé comme ambassadeurs [...] (*la suite est perdue*).

Source : Lloyd Jonnes et Marijana Ricl, *EA*, 29, 1997, p. 2-29.

Les processus de fondation n'apparaissent pas différents dans les royaumes anatoliens hellénisés ; tout au plus peut-on y relever une moindre densité de cités. En Bithynie, on eut recours au synoikisme pour Nicomédie fondée par la réunion des anciennes cités grecques d'Olbia et Astakos[73], et pour Amastris, portant le nom de sa fondatrice, veuve de Denys d'Héraclée et femme de Lysimaque, qui réunit ainsi les populations de Sesamos, Kytôros, Kromna et Tiéion[74]. On réalisa comme fondation *ex nihilo* Prousa ad Olympum[75] ; en revanche, il est douteux que Créteia, un établissement indigène paphlagonien[76] et la colonie militaire de Bithynion[77] soient devenues des cités dès cette époque. Dans le Pont, l'unique fondation, Pharnakeia réunit deux anciennes colonies grecques, Kérasos et Kotyora[78]. Quant à la Cappadoce, qui ne comptait aucune cité grecque, elle en abrite quelques-unes à la fin de l'époque hellénistique : une Ariaramneia fondée par Ariaramnès au milieu du IIIe siècle et qui n'est connue que par l'inscription bilingue gréco-araméenne de Farasa[79], une Ariaratheia

73. L. Robert, *RPh*, 1939, p. 168-169 (= *OMS* II, p. 1321-1322) ; G. Vitucci, *Il regno di Bitinia*, Rome, 1953, p. 27 ; Cohen, p. 400-402.
74. Cohen, p. 383-384.
75. Fondée par Prusias Ier (et Hannibal réfugié chez lui) : Cohen, p. 403-404.
76. G. Vitucci, p. 33 ; W. Ruge, *RE*, s.v. Krat(e)ia, col. 1609.
77. G. Vitucci, p. 34, n. 2 ; fondée comme colonie militaire par Prusias Ier entre 196 et 183 puisque ensuite elle passa sous la domination attalide ; elle ne bat pas monnaie avant le Ier siècle av. J.-C. ; cf. Cohen, p. 395-397.
78. Strabon, XII, 3, 17. La cité fut en fait fondée à proximité de Kotyora et d'une Kérasos qui n'est pas celle de Xénophon ; cf. P. Counillon, « Arrien et Kérasous : un cas de toponymie rétroactive », *Ier Congrès international sur la mer Noire*, Samsun, 1990, p. 493-499 ; la ville reprit le nom de Kérasos, chargé d'histoire grâce aux Dix-Mille, à l'époque impériale, au plus tard à l'époque d'Hadrien. Cf. Cohen, p. 387-388.
79. Cohen, p. 375.

fondée par Ariarathe IV[80], les deux Eusebeia du Taurus (Tyane) et de l'Argée (Mazaka) fondées par le très philhellène Ariarathe V Eusébès, dont la première abrite un gymnase avant la fin du IIe siècle[81], Hanisa enfin qui fonctionne comme cité dès le IIe siècle bien qu'aucune source littéraire ultérieure n'en fasse mention[82]. L'hellénisation reste donc limitée malgré les relations nouées par les rois avec les cités grecques (Athènes où Ariarathe VII fut agonothète, Priène, Magnésie du Méandre), les efforts pour attirer les artistes (les technites dionysiaques d'Athènes reçoivent l'inviolabilité en Cappadoce) et la création de concours à la grecque[83].

Un décret de la cité de Hanisa de Cappadoce (IIe-Ier s. av. J.-C.)

L'an 7 du mois de Dios, étant démiurge Papès fils de Balasôpès, il a plu au conseil et à l'assemblée des Haniséniens, sur proposition des prytanes : attendu qu'Apollonios, fils d'Abbas, ne manque pas de se conduire en homme de bien à l'égard de notre cité, qu'il a été, en l'an 4, magistrat et qu'il a notamment revendiqué en son nom la fortune de Sindènos fils d'Apollonios qui était mort sans héritier, assumant pour ce faire dépenses et fatigues ; attendu que, cité devant le tribunal de la ville d'Eusebeia présidé par Ménophilos fils de Maidatès, chef de l'administration des finances, et Alexandre fils de Sasas, préfet de la ville, par Anopténès fils de Teirès qui revendiquait l'héritage ainsi que d'autres citoyens, il n'a pas abandonné la cause du peuple, mais déployant beaucoup de zèle et d'ardeur, il a obtenu pour le peuple l'héritage par décision judiciaire ;

donc, plaise au conseil et à l'assemblée du peuple de ne pas laisser sans les distinguer les qualités de cet homme, et que, conformément au vote du conseil et de l'assemblée, il soit couronné d'une couronne d'or dans les fêtes de Zeus Sauveur et d'Héraklès ; de même, dans les rassemblements publics mensuels et annuels, le héraut sacré fera la proclamation suivante : « Le Peuple couronne Apollonios, fils d'Abbas, bienfaiteur, d'une couronne d'or, à la Bonne Fortune. » Que l'on transcrive ce décret sur une tablette de bronze qui sera consacrée dans le sanctuaire d'Astarté, afin que chacun, voyant ce qu'est la reconnaissance du peuple, s'efforce toujours de rendre quelque service à la cité.

Source : L. Robert, *Noms indigènes*, p. 457-523 ; (trad. J.-M. Bertrand, *L'Hellénisme (323-31 av. J.-C.)*, Paris, Armand Colin, 1992, p. 61-62).

Beaucoup de cités, même anciennes, portent un nom dynastique. Même si nous ne connaissons que rarement les circonstances exactes de ces changements de noms, la prise d'un nom dynastique correspond en général à une fondation ou à une refondation effective, ou à l'octroi d'avantages tels qu'ils constituent, aux yeux des citoyens, les conditions d'une nouvelle ère

80. Mention d'un *Ariaratheus* dans un décret athénien du milieu du IIe siècle av. J.-C. : *IG* II-III^2, 980 ; Stéphane de Byzance, s.v. Un sculpteur originaire de cette ville est attesté à Samos vers 100 av. J.-C. : W. R. Paton, *CR*, 1899, p. 78-79 ; cf. Cohen, 375-376.
81. Gymnase de Tyane en fonction sous Ariarathe VI, entre 130 et 112 : L. Robert, *Noms indigènes*, p. 492-497 ; cf. Cohen, p. 378-379 ; sur Mazaka : Cohen, p. 377-378.
82. L. Robert, *Noms indigènes*, p. 457-523.
83. L. Robert, *Noms indigènes*, p. 494-497 ; un vainqueur aux concours de Cappadoce est mentionné à Délos : L. Moretti, *Iscrizioni agonistiche greche*, Rome, 1953, n° 51.

pour la cité. Lorsqu'il s'agit d'une ville indigène promue, le phénomène s'explique : la nouvelle cité honore son fondateur. Mais dans bien des cas, il s'agit d'une cité grecque qui change de nom : Héraclée du Latmos devint une Pleistarcheia lorsque Pleistarchos en fit sa capitale après la perte de son état cilicien[84]. Mais pourquoi transformer Tarse et Lébédos en Ptolémais, Patara en Arsinoè ? Cela cache sans doute une refondation de quelque ampleur, mais que nous n'avons aucun moyen d'apprécier. Il serait dangereux de n'y voir qu'une flagornerie des habitants soucieux d'arracher au roi quelques privilèges supplémentaires. Il arrive en effet que l'on connaisse les raisons de ce changement de nom : ainsi Prusias Ier de Bithynie fonde une Apamée à Myrléia et une Prousias sur mer à Kios, deux anciennes cités détruites par Philippe V[85]. On comprend la reconnaissance des habitants qui peuvent, à juste titre, considérer le roi comme un nouveau fondateur (*oikistès*). Il peut s'agir parfois d'une politique générale visant à renforcer les liens existant entre le roi et les cités : ainsi les cités ciliciennes adoptent de nouveaux noms dynastiques sous Antiochos IV, lequel tient à renforcer son autorité dans la province devenue la nouvelle frontière de son royaume après la paix d'Apamée. Ainsi Adana devient une Antioche sur le Saros[86], Magarsos une Antioche sur le Pyramos[87], Mopsueste une Séleucie sur le Pyramos[88], Oiniandos une Epiphaneia[89]. Simple manifestation sans frais de loyalisme politique ? On ne peut préjuger qu'il n'y eut pas en même temps de réels avantages dont la nature nous échappe. Il serait plus facile d'en juger si des règles uniformes se dégageaient de nos données éparses. Or, des cités qui doivent à coup sûr leur statut civique à un roi, comme Sardes ou Toriaion, n'en prennent pas pour autant un nom dynastique commémorant ce bienfait[90]. La variété des situations interdit de dégager une règle unique.

La création de nouvelles cités aboutit non seulement à la diffusion du modèle dans des régions qui lui étaient étrangères, mais à des reclassements, voire à des disparitions. Ainsi certaines cités disparaissent, soit absorbées dans un synoikisme constitutif d'une nouvelle cité (comme Olbia et Astakos se fondant dans Nicomédie), soit purement et simplement absorbées par une voisine plus puissante[91] : Kaunos absorbe Kalynda, Bargylia en fait de même

84. L. Robert, *Le sanctuaire de Sinuri*, Paris, 1945, p. 57-62.
85. G. Vitucci, *Il regno di Bitinia*, p. 48 ; Th. Corsten, *I. Kios*, Bonn, 1985, p. 39-40 ; cf. Cohen, p. 392-393 (Apamée) et 405-406 (Prousias).
86. Cohen, p. 362-363.
87. Cohen, p. 360-361.
88. Cohen, p. 371-372.
89. P. Desideri, « Cilicia ellenistica », *Quaderni storici*, 76, 1991, p. 145 ; Cohen, p. 365-366.
90. Sur la promotion de Sardes au statut de *polis* en 226 par Attale Ier, cf. Ph. Gauthier, *Nouvelles inscriptions de Sardes II*, Genève, 1989, p. 165-170.
91. Cf. Chr. Habicht, *Gnomon*, 31, 1959, p. 708-709.

de Cindye, Cyzique de Zéleia, Milet de Myonte[92], Téos de Kyrbissos[93], Éphèse de Phygéla, Stratonicée de Carie de Koranza, Hiérakômè et Koliorga[94]. Le synoikisme peut se camoufler derrière un traité de sympolitie comme on l'observe pour Milet absorbant Pidasa[95]. Mais la volonté d'indépendance des cités, même affaiblies, parvient parfois à faire échouer les entreprises royales. Ainsi, le synoikisme entre Téos et Lébédos, voulu par Antigone le Borgne, entraîna de telles résistances que le projet fut abandonné à la mort du roi[96]. Lébédos, englobée dans la nouvelle Éphèse-Arsinoeia en 294 et détruite, fut restaurée en 281 comme une Ptolémais, au moins pour un temps[97], tout comme Kolophon qui retrouva une pleine indépendance[98]. Il s'agit parfois de péripéties multiples comme celles que connut la petite cité de Kébren en Troade : d'abord absorbée par le synoikisme d'Antigoneia-Alexandrie de Troade, puis de nouveau indépendante, unie ensuite par sympolitie à sa voisine Birytis sous le nom d'Antioche, elle retrouva sa pleine indépendance, en solitaire, sous son nom traditionnel de Kébren[99]. Ces épisodes minuscules en eux-mêmes témoignent mieux qu'un long discours de la volonté et, souvent, de la capacité des cités à maintenir une autonomie assez réelle pour être enviable. En sens inverse, en refondant des cités déchues à la suite d'une guerre (comme Prousias de l'Hypios remplaçant Kiéros) ou en les réunissant (synoikisme de Téos et Lébédos), les rois affirment leur volonté de maintenir en des points choisis par eux ces institutions caractéristiques de la vie hellénique.

---

92. P. Herrmann, *Ist. Mitt.*, 15, 1965, p. 94-96 et 102-103 ; mais le territoire de Myonte fut plus tard arraché à Milet et donné à Magnésie du Méandre par Philippe V en 201, en remerciement pour l'envoi de figues alors que les troupes antigonides étaient à cours de vivres : Polybe, XVI, 24, 9 chez Athénée III, 78 c. Les Milésiens récupérèrent ce territoire au lendemain de la paix d'Apamée : Polybe, XXI, 46, 5 : « aux Milésiens on rendit le territoire sacré d'où il s'étaient retirés à cause des guerres » ; le territoire sacré doit être celui d'Apollon Terbintheus, dieu principal de Magnésie ; cf. P. Herrmann, « Milet au IIe siècle », dans A. Bresson et R. Descat éd., *Les cités d'Asie Mineure occidentale au IIe siècle a. C.*, Bordeaux, 2001, p. 110-111.
93. J. et L. Robert, *JSavants*, 1976, p. 153-235.
94. P. Debord, « Essai sur la géographie historique de la région de Stratonicée », *Mélanges Pierre Lévêque*, t. 8, Paris, 1997, p. 107-121.
95. A. Rehm, *I. Delphinion*, 149 ; traduction allemande et bibliographie de P. Herrmann, *Inschriften von Milet*, Berlin-New York, 1997, p. 184-185, n° 149 ; cf. aussi Ph. Gauthier, « Les Pidaséens entrent en sympolitie avec les Milésiens : la procédure et les modalités institutionnelles », dans A. Bresson et R. Descat éd., *Les cités d'Asie Mineure occidentale au IIe siècle a. C.*, Bordeaux, 2001, p. 117-127 ; L. Migeotte, « Le traité entre Milet et Pidasa (*Delphinion* 149). Les clauses financières », *ibid.*, p. 129-135. Cf. Cohen, p. 188-191 et texte ci-dessous p. 185.
96. C.B. Welles, *Royal Correspondence*, n° 3-4.
97. L. Robert, *OMS* I, p. 337-340 ; *Documents d'Asïe Mineure*, Paris, 1987, p. 283-284.
98. Cohen, p. 183-187.
99. L. Robert, *Documents d'Asie Mineure*, Paris, 1987, p. 284-285 ; Ph. Gauthier, « Grandes et petites cités, hégémonie et autarcie », *Opus*, 6-8, 1987-1989 [1991], p. 96 ; cf. Cohen, 148-151.

Rois et cités : une relation inégale

Anciennes ou récentes, les cités grecques coexistent avec une structure politique nouvelle, le royaume. Il est vrai qu'en Asie, toutes en ont l'habitude puisqu'elles furent auparavant une partie de l'Empire achéménide ou des principautés indigènes constituées en son sein ; la seule nouveauté réside dans le fait que ces royaumes sont grecs ou se veulent tels. Quelques cités comme Rhodes ou Héraclée du Pont parvinrent pendant toute l'époque hellénistique à échapper à l'emprise des grands États territoriaux, mais presque toutes, du moins parmi les anciennes cités, s'y essayèrent et, parfois, y réussirent. Quoi qu'il en soit, anciennes cités grecques ou fondations nouvelles, toutes durent désormais négocier leur statut et leur place dans le royaume ou à sa lisière et entretinrent des relations inégales avec les rois et avec quelques États restés pleinement indépendants, au sens moderne du terme, dont Rhodes fournit le meilleur exemple.

Pratiquement toutes les cités d'Anatolie furent donc à un moment ou à un autre à l'intérieur d'un royaume. En dépit des proclamations de liberté qui se succèdent depuis celle d'Antigone le Borgne (Tyr, 315), la cité n'échappe guère à la tutelle, plus ou moins pesante des royaumes. La première raison en est évidemment son incapacité à rivaliser militairement avec ceux-ci : seules Rhodes et Héraclée, vainqueurs respectivement de Démétrios Poliorcète et d'Antiochos Ier, purent ainsi faire jeu égal avec les États hellénistiques.

Ailleurs, la situation paraît à première vue complexe et un siècle d'historiographie a parfois contribué à la rendre confuse[100]. On a beaucoup débattu du statut juridique des cités, mais la question n'a guère d'intérêt avant comme après 188 et je crois qu'il faut s'en tenir à quelques principes simples, clairement énoncés par les rois, et acceptés, quoi qu'il advienne, par les cités. D'une manière ou d'une autre, qu'elles aient été vaincues militairement, qu'elles se soient rendues volontairement, qu'elles aient conclu avec le roi un accord établi sur un apparent pied d'égalité, toutes les cités appartiennent au roi. Lorsque Antiochos III revendique la totalité de l'héritage de Séleucos Ier, il ne s'embarrasse pas de savoir quelle cité lui était effectivement soumise, laquelle ne l'était pas. Et, de fait, il s'en prend indifféremment, lors de la campagne de 197-196, à toutes les cités.

---

100. On trouvera dans le livre de J. Ma, *Antiochos III and the Cities of Western Asia Minor*, Oxford, 2000, un traitement magistral de cette question, ce qui me permettra d'alléger la bibliographie, et l'ensemble des notes. Le développement qui suit doit beaucoup à ce livre. Avant lui, il faut signaler l'étude de W. Orth, *Königlicher Machtanspruch und städtische Freiheit*, Munich, 1977, pour le IIIe siècle. Pour l'exposé et la critique des positions d'A. Heuss, *Stadt und Herrscher des Hellenismus in ihren staats- und völkerrechtlichen Heiligtümern Beziehungen*, Leipzig, 1937 (suivi assez largement par Tarn et Magie), cf. J. Ma, *Antiochos III*, p. 152-154 ; critique des thèses de W. Orth par J. Ma, *ibid.*, p. 167-168. Enfin, une nouvelle édition revue et augmentée de B. Virgilio, *Lancia, Diadema e Porpora. Il re e la Regalità ellenistica*, Pise, 2003, fournit un riche appendice documentaire d'inscriptions (texte grec et traduction italienne).

Pour rejoindre le groupe restreint des cités indépendantes, une cité n'a qu'une issue : résister militairement à une armée royale. Smyrne et Lampsaque, vers 200, en ont une interprétation différente et estiment que la liberté, même octroyée par le roi, doit les mettre à l'abri de toute intervention de celui-ci. Peut-être était-ce déjà un combat d'arrière-garde et mal comprendre ce qu'était devenue l'*eleutheria* des cités, mais, comme le dit excellemment John Ma, « leur résistance était idéologique autant que militaire. Ces cités refusaient de se donner contre l'offre de l'octroi de la liberté [...]. Leur résistance faisait se souvenir que la provincialisation de la *polis* à la période hellénistique n'était pas une conclusion décidée à l'avance, mais faisait jeu égal avec la rapide déprovincialisation, à la fois avant et après Antiochos III, spécialement en Judée et en Phénicie ; la cité libre originelle (*genuine free city*) resterait longtemps une réalité »[101].

Cela revient à dire qu'il n'y a pas d'exception durable, en dehors de Rhodes et d'Héraclée. Pour autant, bien que toutes soumises au roi, certaines cités peuvent se prévaloir d'un statut plus favorable. On doit en effet distinguer deux groupes, quel que soit le royaume : d'une part des cités sujettes, où le roi peut intervenir à sa guise et sur tous les sujets, mais dont la sujétion se marque principalement par le paiement du tribut, d'autre part des cités « autonomes »[102], auxquelles le roi a reconnu une pleine liberté (*eleutheria*), au nom d'un principe maintes fois proclamé par les souverains depuis Antigone le Borgne[103]. En théorie, une cité libre devrait être considérée comme l'égale de Rhodes, ou du roi, mais libre par la volonté du roi, elle peut naturellement cesser de l'être à l'initiative du roi. Liberté octroyée, qui peut donc être reprise, et qui trouve les limites que le roi veut bien lui donner.

La liberté (*eleutheria*) n'est donc que l'un des privilèges que la cité négocie, au même titre que l'exemption du tribut (*phoros*), l'absence de garnison (*stathmos*) ou d'épistate (gouverneur) royal ou tout autre avantage qu'elle juge utile. Libres ou non, les cités appartiennent au roi, qui en fait ce qu'il veut. S'il existe des marques indiscutables de la sujétion, il n'est rien qui ne puisse être imposé même à une cité libre : Iasos, déclarée libre par Antiochos III, se voit imposer une garnison par le même roi lors de sa guerre contre Rome[104], tout comme Pergé en Pamphylie[105]. Pour les cités sujettes, le tribut et, d'une manière générale, la fiscalité royale symbolisent la soumission : lors de la paix d'Apamée, les Romains mentionnent les cités qui « payaient au roi Attale Ier » et celles qui « paieront au roi Eumène »[106] ; le

101. J. Ma, *Antiochos III*, p. 173.
102. Le titre apparaît dans le décret d'Amyzon pour Ménéstratos de Phocée (novembre-décembre 201), ce qui lui confère incontestablement un caractère institutionnel comme l'a bien vu J. Ma, *Antiochos III*, p. 160 ; texte, *ibid.*, p. 298-300, n° 10.
103. Sur ces deux catégories, cf. J. Ma, *Antiochos III*, p. 158-161.
104. Tite-Live, 37, 17, 3.
105. Polybe, XXI, 41, 1-5.
106. Polybe, XXI, 46.

vocabulaire marque de façon nette le caractère personnel de la propriété royale, faisant de chaque cité le bien propre du roi, qui en tire personnellement bénéfice. Cela explique que le roi puisse, à sa guise, ajouter un impôt pour son propre compte[107] ou détourner à son profit une taxe existante, comme le fit Antiochos III pour la taxe portuaire d'Héraclée du Latmos : comme jusque-là les fermiers de cette taxe se chargeaient de payer l'huile pour le gymnase, les Héracléotes demandèrent au roi de prendre en charge cette dépense, ce qu'il accepta[108]. Le roi peut aussi saisir des terres pour y installer des colons (les Kardaques à Telmessos par Antiochos III), voire faire don de la cité entière à l'un de ses amis : en dépit des promesses faites par Ptolémée II, Ptolémée III accorde Telmessos comme *dôrea* à Ptolémée, fils de Lysimaque (textes p. 61-62)[109], tout comme Antiochos IV accorde Tarse (Antioche sur le Kydnos) et Mallos à sa maîtresse Antiochis, ce qui suscite d'ailleurs leur révolte[110]. Rome n'agit pas autrement lorsqu'elle accorde la Lycie tout entière comme *dôrea* aux Rhodiens en 188 ; mais, de la même manière qu'elle peut donner, elle peut aussi reprendre, ou modifier la nature du don : en 178-177, elle décide de modifier le don fait aux Rhodiens en transformant le statut des Lyciens et des Cariens en alliés plutôt qu'en tributaires soumis[111]. Le bénéficiaire de la *dôrea* peut de son côté exercer son droit quasi régalien sur ses domaines : Rhodes, maîtresse de la Carie, y impose partout son système de datation par le prêtre d'Hélios, signe visible de sa toute puissance. D'une certaine manière, il n'y a pas de différence essentielle quant à la nature des droits du souverain sur les cités qui lui appartiennent et ceux qu'ils possèdent sur le reste du royaume, notamment sur les villages de la terre royale (*gè basilikè*).

Toutes les interventions royales ne sont pas aussi pesantes et lourdes de conséquences que ces transferts d'un propriétaire à un autre. Lorsque Attale III demande que le culte de Zeus Sabazios soit installé dans le temple d'Athéna Nikèphoros de la cité de Pergame et qu'on institue pour

107. Ce sont les *basilika telè*, les « impôts royaux » d'un texte de Labraunda : J. Crampa, *Labraunda* III, n° 42, lignes 16-17, texte auquel fait écho une inscription honorifique d'Apollonia de la Salbakè, dont le bénéficiaire est déclaré par la cité exempt de toute taxe dont la cité est maîtresse (cf. le texte dans J. Ma, *Antiochos III*, p. 364-366, n° 44, lignes 30-31).

108. Cf. le dossier dans J. Ma, *Antiochos III*, p. 169, et p. 340-345, n° 31.

109. Tout en laissant Ptolémée de Telmessos maître de ses domaines, Antiochos III lui retira semble-t-il la jouissance de la cité entière : cf. J. Ma, *Antiochos III*, p. 94, n. 131. Les textes ont été publiés par M. Segre, « Iscrizioni di Licia. I : Tolomeo di Telmesso », *Clara Rhodos*, 9, 1938, p. 181-208, puis par M. Wörrle, « Epigraphische Forschungen zur Geschichte Lykiens II. Ptolemaios II. und Telmessos », *Chiron*, 8, 1978, p. 201-246. Cf. aussi I. Savalli, « Les pouvoirs de Ptolémée de Telmessos », *ASNSP*, 17, 1987, p. 129-137.

110. *2Macc.*, 4, 30-31.

111. Polybe, XXII, 5 ; cf. A. Bresson, « Rhodes, Cnide et les Lyciens au début du IIe siècle av. J.-C. », *REA*, 100, 1998, p. 65-88.

lui un prêtre héréditaire dont il choisit le titulaire, il intervient dans un domaine qui relève des lois de la cité, et on se doute que la cité n'a guère les moyens de s'y opposer ; mais du moins y met-il les formes[112]. Il arrive aussi que le roi se montre directif dans des domaines plus sensibles, comme celui de la fiscalité : à Kolophon, l'affermage des taxes civiques se fait « conformément au *diagramma* du roi »[113], et l'on a vu plus haut que le grand-prêtre chargé par Antiochos III des sanctuaires au-delà du Taurus avait des compétences étendues en matière de gestion et de contrôle des fonds sacrés.

Cette sujétion plus ou moins grande des cités n'entraîne pas la négation du statut civique proprement dit, et c'est bien ce qui les distingue des communautés non civiques. Quel que soit leur degré de subordination au roi, les cités conservent leurs lois et leurs compétences juridiques, le droit de battre monnaie sans que l'on voie de différence avec le monnayage des États pleinement indépendants[114], de voter des décrets, de gérer un trésor public, d'envoyer des ambassades, d'organiser la défense du territoire et, en conséquence, d'entretenir une armée[115] : c'est en principe le sens même de l'*autonomia*. Le roi, qui règne en raison de sa force et, d'une certaine manière, de la violence qu'il est capable d'exercer sur les cités, sait aussi récompenser celles-ci en fonction de l'attitude qu'elles ont adoptée face à la puissance royale : soumission, aide, résistance. Par ailleurs, la contrepartie à la toute-puissance du roi, c'est son obligation à dispenser ses bienfaits, à manifester sa bonne volonté par des *philanthrôpa* qui lui vaudront la reconnaissance et la bienveillance (*eunoia*) des cités. Aucun aspect de la vie des cités n'est exclu de la bienveillance royale. Ainsi on loue un roi attalide, sans doute Eumène II, d'avoir rendu ses lois à une cité inconnue (plutôt Apollonia du Rhyndakos qu'Abydos ?) sans doute parce qu'un autre roi les avait supprimées (texte p. 101). De même, le roi peut accroître le territoire d'une cité en prévoyant le rattachement des *dôreai* qu'il constitue pour ses proches (ainsi les Séleucides pour Aristodikidès d'Assos et la reine Laodice). Mais les cités recherchent par-dessus tout les exemptions fiscales, que le roi accorde en assez grand nombre, la dispense de loger les soldats de passage ou d'abriter une garnison. Ainsi, les Téiens se félicitent que le roi Antiochos III les ait délivrés des contributions (*syntaxeis*) très lourdes qu'exigeait Attale Ier (texte p. 106). À défaut de payer des impôts au roi, une cité libre peut toujours verser des contributions volontaires, comme les cités insulaires au temps de Ptolémée II[116], mais il s'agit là d'un libre choix, donc d'une manifestation

112. C. B. Welles, *Royal Correspondence*, n° 67.
113. J. Ma, *Antiochos III*, p. 156, citant une inscription inédite.
114. Cf. J. Ma. *Antiochos III*, p. 162-163.
115. Cf. ci-dessous p. 116-117.
116. *Syll.*^{3}, 390, ligne 16.

de la liberté civique. L'octroi de privilèges plus ou moins étendus – le rôle des ambassades civiques sera de convaincre le roi d'en accorder le plus possible – constitue en soi un outil de gouvernement efficace, abondamment utilisé par les rois[117].

Les relations des rois de Pergame avec Apollonia du Rhyndakos (?)

Il a plu au conseil et au peuple. Ménémachos, fils d'Archélaos, a fait cette proposition : attendu que Korragos, fils d'Aristomachos, Macédonien, préposé comme stratège aux territoires de l'Hellespont, ne cesse d'appliquer ses soins et sa bonne volonté à accroître la prospérité du peuple, et sait se rendre utile, soit en général (à tous), soit en particulier à ceux des citoyens auxquels il se trouve avoir affaire et qu'aussitôt après avoir pris possession de la ville, il a prié le roi de lui rendre ses lois propres et son gouvernement traditionnel ainsi que les domaines sacrés et les fonds destinés aux frais du culte et aux dépenses de l'administration publique et l'huile destinée aux jeunes gens, et tout le reste de ce qui, anciennement, s'était trouvé appartenir au peuple, et que, les citoyens se trouvant, par l'effet de la guerre, dans le dénuement, il a fait, de sa personne, don (à la cité) de bœufs et d'autres victimes pour les sacrifices publics, puis, qu'ayant appelé là-dessus l'attention du roi, il s'est fait accorder (par lui) du blé pour les semailles et pour l'alimentation (des citoyens) et qu'il s'est appliqué à faire conserver à chacun des citoyens la propriété de ses biens-fonds personnels et à en faire allouer par le Trésor royal à ceux qui en étaient dénués et qu'une exemption de toutes les redevances ayant été accordée par le roi pour une durée de trois ans, il a fait en sorte qu'elle fût étendue à deux années supplémentaires, désirant mettre les citoyens dans un état de prospérité et de progrès et se conformant en cela aux dispositions du roi ; afin que le peuple lui rende avec éclat des grâces dignes de ses bienfaits, plaise au peuple de louer le stratège Korragos et de le couronner d'une couronne d'or[...] (*la suite est cassée*).

Source : M. Holleaux, *Études* II, Paris, de Boccard, 1938, p. 73-125 (éd., trad. et commentaire). Bibliographie : E. Bikerman, « Notes et discussions. La cité grecque dans les monarchies hellénistiques », *RPh*, 1939, p. 335-349 ; D. Magie, *Roman Rule*, p. 137 et 1012-1013 ; A. Abmeier, « Zur Geschichte von Apollonia von Rhyndakos », *AMS*, 1, Bonn, 1990, p. 1-16.

Le sort de Sardes au IIIe siècle donne une bonne illustration des relations qu'une cité peut entretenir avec les rois, quoique son cas soit exceptionnel dans la mesure où, d'abord ville indigène sans statut de *polis*, elle est aussi la capitale royale séleucide de toute l'Asie Mineure[118] et possède déjà des institutions politiques propres lors de la conquête d'Alexandre. Devenue cité en 226-225 par la grâce d'Attale Ier[119], Sardes manifeste aussitôt une forte activité civique à la grecque et bénéficie à l'évidence des institutions sociales et culturelles grecques, comme un gymnase, un théâtre, des temples sur le modèle grec, bien qu'elle n'émette pas de monnaies avant 133. Antiochos III, qui l'a reconquise en 213, entretient avec elle des relations ambiguës. D'une part, il lui impose une garnison importante, qui occupe la moitié, puis le tiers des maisons de la ville en 213, dans le

117. J. Ma. *Antiochos* III, p. 113.
118. Ph. Gauthier, *Nouvelles inscriptions de Sardes*, II, Genève, 1989, p. 150-178.
119. Ph. Gauthier, p. 165-170.

contexte très particulier de la fin de la guerre contre Achaios (vaincu lors du siège de Sardes). Cité tributaire, elle doit s'acquitter d'une taxe d'un vingtième, et le roi possède en outre des édifices publics (portiques ou autres) qu'il loue à la cité. Sardes constitue donc le « modèle achevé de la cité sujette »[120]. Mais cela ne l'empêche pas de négocier avec le roi l'allégement de sa garnison, de bénéficier de cadeaux en bois des forêts royales proches pour aider à sa reconstruction, de se voir accorder une fondation royale pour l'huile du gymnase des *néoi*[121], moyen pour le roi de marquer son engagement personnel dans le soutien aux institutions helléniques d'une cité où résident de nombreux fonctionnaires et soldats grecs ou hellénisés, qui profitent donc du gymnase et des autres éléments du confort grec, mais où subsistent par ailleurs de fortes traditions lydiennes, ne serait-ce que la langue[122].

On pourrait donner d'autres exemples de ces relations complexes entre le roi et les cités de son royaume. Des cités comme Amyzon, Téos, Iasos ont fourni des dossiers épigraphiques copieux qui laissent entrevoir la succession des ambassades auprès du roi ou de son vice-roi, les interventions de la reine, dans l'espoir d'obtenir soit un allégement des charges, soit une récompense pour la bienveillance de la cité envers le roi. Et les rois accordent volontiers des dons que ne modifient ni les structures politiques, ni les obligations fiscales : dons de grains, dons d'argent, huile pour le gymnase, financement d'une adduction d'eau ou, plus généralement, aide à la reconstruction après un séisme (ainsi à Iasos), instauration d'un sacrifice ou d'une fête, etc. Dans ces conditions, il est difficile de démêler ce qui relève, du point de vue du roi, de la bonne gestion politique du royaume et de l'évergétisme. J'aurais tendance à considérer que les bienfaits du roi envers les cités de son royaume, quelles qu'ils soient, relèvent tous de la gestion bien comprise de ses intérêts, puisque même les plus modestes finissent par créer entre le roi et la cité un lien de dépendance supplémentaire – le moins paradoxal n'étant pas qu'il le fait le plus souvent à la demande de la cité elle-même. Lorsqu'il s'agit d'une construction ou d'un bien durable, c'est l'image même du roi qui s'installe au cœur de la cité. Seules les évergésies accomplies en faveur de cités extérieures au royaume entrent dans le cadre précis de l'évergétisme gratuit, même si le roi en attend naturellement des retombées politiques en terme d'image et de réputation. Pour ce qui est du royaume, le devoir royal d'*epimeleia*, de « prendre soin » des cités – et l'on ajoute souvent qu'il se soucie à la fois de la collectivité entière (*koinè*), et de chaque individu en particulier (*idia*), pour créer un lien supplémentaire, de caractère personnel entre le roi et chacun de ses sujets – se transforme, par la grâce d'une rhéto-

120. Ph. Gauthier, p. 159.
121. Ph. Gauthier, p. 85-96 (été 213).
122. Ph. Gauthier, p. 164.

rique de l'éloge parfaitement maîtrisée[123], en un bienfait gratuit (*eucharisteria*) dont le roi demeure seul maître.

Lettre de la reine Laodice III à la cité de Iasos (Carie) et décret des Iasiens pour le roi Antiochos III et la reine Laodice (v. 196-195)

Sous le stéphanéphore Kydias, fils d'Hiéroklès. Lettre du [...] Elaphébolión.

La reine Laodice au conseil et aux peuples des Iasiens, salut. J'ai souvent entendu parler du soutien que mon frère ne cesse d'apporter à ses amis et alliés ; il a notamment redressé votre cité qui avait subi des malheurs imprévus[124] et vous a rendu votre liberté et vos lois, tandis que, pour le reste, il a l'intention d'augmenter le corps des citoyens et d'améliorer sa condition. Quant à moi, désireuse d'agir en accord avec son zèle et sa persévérance et, à cet effet, de prodiguer mes bienfaits aux citoyens indigents et de procurer une commune abondance à tout le peuple, j'ai écris à Strouthiôn, le responsable des finances (*dioikètès*)[125], de faire acheminer dans votre cité chaque année pendant dix ans mille médimnes attiques de blé et de le remettre aux délégués du peuple. Vous ferez donc bien d'ordonner en premier lieu à vos trésoriers de recevoir ce blé et d'en prélever une certaine quantité qu'ils mettront en vente, ensuite d'ordonner à vos présidents (*prostatai*) et à ceux que vous désignerez de réserver l'argent produit par cette vente pour les dots des filles des citoyens indigents ; ils ne donneront pas plus que trois cents drachmes antiochiques à chacune des filles données en mariage. Si vous demeurez dans les dispositions qui conviennent envers mon frère et en général envers notre maison et si vous conservez le souvenir reconnaissant de tous nos bienfaits, je m'efforcerai alors de vous procurer tous les autres bienfaits que j'envisage, désirant agir en complet accord avec la volonté de mon frère ; je me rends compte en effet que le redressement de votre cité lui tient tout particulièrement à cœur.

Portez-vous bien.

Sous le stéphanéphore Kydias, fils de Hiéroklès, au mois d'Elaphébolión. Les prytanes ayant réuni l'assemblée le 13e jour, il a semblé bon au peuple, Ménoitios, fils de Hiéroklès, étant président des prytanes, proposition des prytanes Hermokratès, fils de Théodotos, Astiadès fils de Hékatonymos, Hermias fils d'Artémidôros, Hékataios fils de Diopeithès, Ménoitios fils de Hiéroklès, Ménoitios fils de Ménédèmos, Pindaros fils de Sôpatros par l'intermédiaire de son tuteur Dionysios fils de Ménéklès : attendu que le Grand Roi Antiochos, conservant ses dispositions ancestrales envers tous les Grecs, apportant la paix à quelques-uns, aidant individuellement et collectivement beaucoup d'autres qui ont eu à affronter des troubles, rendant certains libres d'esclaves qu'ils étaient, croyant que tout l'exercice de la royauté est [...] en faveur des hommes [...]., auparavant il secourut notre cité tombée en esclavage et la rendit libre [...] [...] les soldats en garnison [...] [...] il nous rendit maîtres [...] [...].

Aristoloch [...] de parler au roi [...] en ce qui concerne la cité [...] [...] il semble bon de louer le Grand Roi Antiochos [...] parce qu'il a prouvé [...] et le gardien [...] et [...] que les stratèges qui seront en charge chaque année passent les clefs [...] aux stratèges qui vien-

123. On ne peut en aucun cas souscrire au jugement de M. Holleaux, de W. Orth et de bien d'autres qui dénigrent la langue des décrets comme un verbiage répétitif, un tissu de platitudes et de flagorneries ; cf. les citations données par J. Ma, *Antiochos III*, p. 193-194, et son propre jugement, évidemment bien différent, p. 182-194.

124. Un séisme a ravagé la cité en 199-198.

125. Un officier royal et non pas un intendant des biens de Laodice comme le pensait W. Blümel.

dront après eux [...] proche de l'autel que le peuple a édifié pour le Grand Roi Antiochos, et que ceux qui entrent en charge sacrifient sur l'autel pour le Roi et pour [...] les dieux habituels de la cité [...] les clefs ; et que soit louée la reine Laodice,

de sorte que la cité, étant pleine de gratitude, n'omette rien en ce qui concerne les honneurs de ceux qui nous ont accordé des bienfaits à une grande échelle, que le peuple élise chaque année une jeune fille comme prêtresse de la reine Aphrodite Laodice ; dans les processions, qu'elle porte un bandeau de tête tressé de blanc ; qu'il ne soit pas possible pour la même d'être prêtresse deux fois [...] de faire procession [...] le [...] jour d'Aphrodidion, jour où est née la reine Laodice, et que tous [...] soient présents et que les hommes qui vont se marier et que les femmes qui vont se marier, après qu'ait été accompli le sacrifice de mariage à la reine Aphrodite Laodice [...] selon leurs moyens [...] chacun un [...] de la reine ; que toutes les prêtresses et les jeunes filles à marier prennent part à la procession [...] offrant les premiers fruits [...] couronne [...] (*la suite est dans un état désespéré*).

Source : G. Pugliese Carratelli, *ASAA*, 45-46, 1969, p. 445-453, n° 2 ; *SEG*, 26, 1226 ; W. Blümel, *I. Iasos*, 4 ; M. Austin, *The Hellenistic World*, n° 156 ; J. Ma, *Antiochos III and the cities of Western Asia Minor*, Oxford, 2000, n° 26 ; A. Bielman, *Femmes en public dans le monde hellénistique*, Paris, Sedes, 2002, p. 161-165, n° 30 (lettre de Laodice seule, trad. reprise ici avec de légères modifications), avec commentaire et bibliographie.

En réalité, les bienfaits royaux ne restent pas sans contrepartie de la part des cités. Les rois ont besoin des cités, comme on le voit en Asie Mineure lors de la campagne d'Antiochos III : leur bienveillance, *eunoia*, fut célébrée à l'envi dans les décrets de remerciements comme dans les lettres royales. En échange des multiples avantages de cette politique, les cités manifestent leur gratitude. Dans deux décrets (ci-dessous p. 106-108) votés par la petite cité de Téos sans doute en 203 en l'honneur d'Antiochos III et de son épouse Laodice, la cité tient à souligner à plusieurs reprises le devoir de gratitude qui s'impose à elle, pour l'instant et pour l'avenir, et elle vote des honneurs divins qui font des deux souverains les dieux *synnaoi* du grand dieu de la ville, Dionysos. Il n'est pas sans intérêt de faire l'inventaire des dispositions prises par les Téiens en faveur de leurs nouveaux dieux Évergètes et Sauveurs : nom donné à des tribus (appelées *symmoriai* à Téos), sacrifices, libations lors de l'entrée en charge des magistrats, célébration par les éphèbes, construction d'une fontaine d'eau lustrale nommée d'après la reine, statues et portraits que l'on couronne à l'occasion, etc. À l'évidence, la gratitude de la cité s'exprime par la création d'un culte royal associant le roi et la reine[126]. Ailleurs, on peut associer la famille royale tout entière dans un même hommage. Les Héracléotes du Latmos eurent l'habileté de procéder ainsi avant de présenter une foule de requêtes (*hypomnemata*) par l'intermédiaire de vingt-deux ambassadeurs[127] : ils décernent des honneurs non seulement au roi Antiochos III, à la reine Laodice, au prince héritier Antiochos, mais aussi aux autres fils,

126. L'ouvrage de référence pour le culte des souverains à l'époque hellénistique reste Chr. Habicht, *Gottmenschentum und griechische Städte*, Munich, 1970, 2e éd. ; on y ajoutera la lecture stimulante de P. van Nuffelen, « Le culte des souverains hellénistiques, le gui de la religion grecque », *AncSoc*, 29, 1998-1999, p. 175-189.

127. Cf. le dossier complet dans J. Ma, *Antiochos III*, p. 340-345, n° 31.

Séleucos et Mithridate. Sage mesure, qui aurait pu se révéler féconde si la Paix d'Apamée n'avait pas modifié de fond en comble la situation politique et si l'héritier Antiochos n'était pas mort avant son père de sorte que ce fut le second fils, Séleucos, qui devint roi.

Décret de Milet en l'honneur d'Antiochos, fils de Séleucos Ier

Il a plu au peuple, sur avis des synèdres, et sur la proposition de Démodamas fils d'Aristeidès : attendu qu'Antiochos, le fils aîné du roi Séleucos, n'a pas cessé jusqu'à présent de témoigner beaucoup de bienveillance et d'empressement au peuple de Milet, et que maintenant voyant tout le zèle déployé par son père en faveur du sanctuaire de Didymes et jugeant convenable de suivre, là encore, les bonnes dispositions de son père, il s'offre à édifier [...] dans la ville un portique producteur de revenus [...]. Les revenus devront être, selon son intention, dépensés dans les travaux entrepris au sanctuaire de Didymes, et les édifices construits sur ces fonds seront considérés comme offrandes d'Antiochos. Plaise aux Milésiens : on décernera un éloge à Antiochos, en reconnaissance de sa piété envers le dieu et de sa bienveillance envers les citoyens ; on lui donnera pour le portique l'emplacement qu'aura marqué, d'accord avec ceux qui ont reçu les ordres d'Antiochos, l'architecte qui sera élu ; les trésoriers [...] et les prytanes qui seront successivement en charge mettront à part les revenus provenant du portique, en formeront un fonds spécial et procéderont à l'adjudication des travaux selon ce qui aura été décrété par le peuple ; et quand l'ouvrage décrété par le peuple aura été achevé, ils y feront graver l'inscription suivante : offert par Antiochos fils aîné du roi Séleucos ; et afin que d'autres aussi, voyant les honneurs décernés par le peuple aux bienfaiteurs du temple, prennent l'initiative de témoigner leur zèle au temple de Didymes et au peuple de Milet, plaise aux Milésiens : on élèvera une statue équestre d'Antiochos, en bronze, à l'endroit qu'il plaira au Conseil d'assigner, et l'argent pour la statue sera prélevé par les répartiteurs en charge sous le stéphanéphorat de [...], après qu'ils auront fait la répartition des revenus ; on l'invitera à siéger au premier rang, à Milet aux *Dionysia*, à Didymes aux *Didymeia* et aux concours cycliques ; il aura la nourriture au prytanée, l'immunité complète et la sécurité en temps de paix et en temps de guerre, sans qu'il puisse être victime d'aucune représaille, qu'il bénéficie de la priorité pour consulter l'oracle (*promanteia*) dans le temple de Didymes ; ces privilèges appartiendront également aux descendants d'Antiochos ; et pour que la statue soit achevée au plus tôt, le peuple élira séance tenante trois citoyens qui veilleront à l'exécution. Ont été élus [...]. (*la suite est cassée*).

Source : *OGIS*, 213 ; A. Rehm, *Didyma II. Die Inschriften*, 479.
Bibliographie : B. Haussoulier, *Études sur Milet et le Didymeion*, Paris, 1902.

Décret de Téos en l'honneur de la reine Apollonis (entre 175 et 168)

[...] (*le début manque*) [...] le jour ; (au banquet commun) participeront l'ensemble des magistrats et que l'on suspende toute occupation dans la cité et dans la chôra, et l'on proclamera une trêve judiciaire générale pour tous en ce jour. Que s'occupent des sacrifices le prêtre d'Aphrodite et de la divine Apollonis Pieuse, la prêtresse de celle-ci et de la reine Stratonikè, le prytane, les hiéropes et les autres magistrats. Après l'accomplissement des prières, des libations et des sacrifices, que les enfants libres chantent un hymne près de l'autel (*parabômion*) ; que les jeunes filles désignées par le pédonome forment un chœur et chantent un hymne. Afin que dans l'avenir aussi le *parabômion* soit chanté par les enfants, et l'hymne par les jeunes filles, et que soit accomplie la danse chantée, que chaque année les timouques et les stratèges le prévoient. En plus de tous les autres honneurs votés pour la divine Apollonis, qu'un autel de la divine Apollonis Pieuse et Protectrice du Débarquement soit érigé sur l'agora (?) dans le lieu le plus en vue et que soit accompli sur lui un sacrifice [...].

Source : *OGIS* 309, corrigé par L. Robert, *Études Anatoliennes*, Paris, 1937, p. 9-20 ; B. Virgilio, *Lancia, Diadema, Porpora*, Pise, 2003, p. 243-245, n° 12.

Antiochos III et Téos

1. Premier décret de Téos (203)

« Proposition des timouques et des stratèges. Attendu que le roi Antiochos [...] intention et, conservant [...] la bienveillance héritée de ses ancêtres [...] et choisissant [...] à de multiples reprises [...], il a décidé de devenir le bienfaiteur commun des autres cités grecques et de la nôtre en particulier, et, tandis qu'il séjournait encore de l'autre côté du Taurus, il a été la cause de nombreux bienfaits en notre faveur, puis, étant venu dans notre région, il a restauré les affaires jusqu'à une conclusion avantageuse ; séjournant dans notre cité et voyant notre faiblesse aussi bien à titre collectif qu'à titre privé, à cause des guerres incessantes et du poids des contributions que nous supportions, et voulant se montrer pieux envers le dieu auquel il a consacré notre cité et notre territoire, voulant favoriser le peuple et l'association (*koinon*) des artistes autour de Dionysos, il est allé à l'assemblée et, personnellement, il a déclaré la cité et le territoire sacrés, inviolables et exempts de tribut, et, en ce qui concerne les autres contributions que nous payions au roi Attale, il a promis que nous pourrions en être libérés par son action, de sorte qu'au vu de l'amélioration de la situation de la cité, il pourrait non seulement recevoir le titre de Bienfaiteur du peuple, mais aussi celui de Sauveur.

Il a séjourné dans notre cité avec ses amis et les troupes qui l'accompagnaient, justifiant de façon éclatante la confiance dont il était digne auparavant de la part de tous les hommes, mais depuis lors, ne cessant de se rendre responsable de nombreux bienfaits en notre faveur, il donne un exemple à tous les Grecs du comportement qu'il adopte envers ceux qui sont ses bienfaiteurs et montrent de la bienveillance envers lui. Certaines des faveurs grâce auxquelles notre cité est parvenue à une heureuse situation, il les réalise maintenant, les autres, il les réalisera ; dans sa lettre au peuple, il était d'avis qu'il était nécessaire de lui envoyer une ambassade pour discuter des affaires qu'il estimait être à l'avantage du peuple, et quand le peuple eut envoyé comme ambassadeurs Dionysios fils d'Apollon [...], Hermagoras fils d'Epiménès, Théodôros fils de Zopyros, il leur signifia clairement qu'il avait rendu la cité libre pour toujours, comme il l'avait annoncé, des taxes que nous payions au roi Attale ; dans sa lettre, il dit qu'il a donné instruction aux ambassadeurs de nous faire rapport sur ces sujets, et les ambassadeurs agirent ainsi. De la même manière, sa sœur, la reine Laodice, ne cesse d'adopter la même attitude que le roi et [...] se montre impatiente et zélée dans ses bienfaits envers la cité, et le peuple a reçu les plus grands bienfaits des deux.

Afin donc qu'il soit visible que nous manifestons les sentiments de gratitude appropriés, en toute occasion, envers le roi et la reine, et que nous nous surpassons dans les honneurs qu'ils méritent pour leurs bienfaits, et afin que le peuple puisse montrer à tous qu'il est généreusement disposé en ce qui concerne l'octroi de remerciements,

À la Bonne Fortune ! il semble bon de dresser, à l'imitation de la statue de culte (*agalma*) de Dionysos, des statues de marbre, aussi belles qu'il convient pour des sujets sacrés, du roi Antiochos et de la reine Laodice, sa sœur, de sorte que, pour avoir accordé que la cité et le territoire seraient sacrés et inviolables et nous avoir délivrés du tribut et d'avoir accompli tout ceci en faveur du peuple et de l'association des artistes autour de Dionysos, ils reçoivent de chacun les honneurs, autant que possible, et qu'ils partagent son temple et les autres rituels de Dionysos, et qu'ils soient ensemble Sauveurs de la cité et qu'ensemble ils répandent leurs bienfaits sur nous ; afin que le contenu de ce décret soit exécuté, que l'on choisisse deux commissaires (*épistatai*) parmi tous les citoyens, qui surveilleront la fabrication des statues et de la dédicace ; que l'on fournisse l'argent pour cela [...] (*la suite est cassée*).

2. Second décret de Téos (203)

[...] partageant [...]. Conservant [...] de sacrifices et de libations [...] pourrait accroître à son égard grâce à [...] avec gratitude de conduire [...] Antiocheia et Laodikeia [...] que ce jour-là tous les magistrats de la cité et les artistes dionysiaques s'assemblent pour [...] ; que chacune des *symmoriai* construise sur son emplacement près de l'autel de la *symmoria* un autel du roi Antiochos et de sa sœur la reine Laodice, et y accomplisse le sacrifice, et que le prêtre du roi inaugure les rites et qu'il préside cette fête en accomplissant les libations et tous les autres rites qui sont accomplis par les *symmoriai* juste avant que le prêtre de Poséidon préside aux *Leukathéa*. Que le peuple détermine une fois pour toutes, lors des prochaines élections, ce que sera le montant de la dépense par tête, que les trésoriers successifs donnent le montant fixé aux présidents (*prostatai*) des *symmoriai*, sur le budget, au plus tard le quatrième jour du mois *Leukathéon*, après avoir reçu des présidents en retour le nombre de ceux qui sont [...], ceux qui sont dans les classes d'âge et ceux qui sont enregistrés avec eux [...] que tous les autres qui vivent dans notre cité sacrifient et célèbrent la fête dans leurs propres maisons, chacun selon ses moyens. Que tous portent des couronnes dans la cité pendant cette journée. Que l'on suspende toutes les activités dans la cité et dans la campagne, et que ce jour-là les tribunaux fassent relâche en tout ; que l'on inscrive la fête sur le livre sacré. Afin que soit consacré au roi Antiochos Mégas l'emplacement où il a accompli certains de ses bienfaits et a promis les autres qu'il a accomplis plus tard, que l'on dédie dans le bouleutérion une statue de bronze du roi, aussi belle que possible, et que les collègues des stratèges, des timouques, des trésoriers [...], ensemble avec le prêtre et le prytane accomplisse dans le bouleutérion un sacrifice sur le foyer commun de la cité pour le roi, les Grâces et Mémoire, comme rituel d'entrée (*eisitétéria*) chaque année lorsque le collège entrera en fonction, au mieux, le premier de Leukathéon, et qu'ils offrent une victime adulte. Que ceux qui dirigent les éphèbes offrent un sacrifice avec le gymnasiarque le même jour, comme il est écrit, de manière à ce qu'ils ne commencent pas à s'occuper de quoi que ce soit des affaires communes avant d'avoir manifesté en retour leur gratitude envers les bienfaiteurs, et que nous habituions ainsi notre descendance à accorder à toute chose moins de valeur qu'au devoir de gratitude, et qu'ainsi nous rendions leur première entrée sur l'agora aussi belle que possible, dans le même esprit (?). Que ceux qui, dans l'année qui précède, ont acheté le droit de fournir les victimes des sacrifices rendent disponibles les victimes pour les sacrifices, et que les trésoriers fournissent les victimes aux magistrats entrant en charge et à ceux qui dirigent les éphèbes. Que ceux qui, après avoir remporté la victoire dans un concours stéphanite, font une entrée solennelle dans la cité, aillent depuis la porte jusqu'au bouleutérion d'abord, et couronnent la statue du roi et offrent un sacrifice comme il est écrit ci-dessus. Puisque le roi nous a apporté non seulement la paix, mais aussi un allégement des lourdes et dures taxes pour le futur, en nous délivrant des *syntaxeis*, et a fait en sorte que le travail et les récoltes de notre terre nous soient profitables et assurés, il a semblé bon que soient placées devant la statue du roi les prémices des fruits des arbres du territoire, chaque année, comme offrande des premières récoltes. Que le prêtre s'assure que la statue du roi sera bien couronnée en tout temps de la couronne qui convient à la saison. Que les trésoriers successifs ajoutent le droit de fournir ces couronnes aux termes du contrat de la fourniture de couronnes, et désignent deux préposés (*épistatai*) choisis parmi tous les citoyens qui veilleront à la fabrication de la statue et à la dédicace, conformément aux instructions des timouques et des stratèges. Que les trésoriers donnent l'argent pour cela, pris sur (le montant prévu pour) les honneurs dus au roi, ou sur le budget.

Afin que la reine Laodice reçoive, en plus des honneurs qui lui ont été accordés, d'autres honneurs qui non seulement exprimeront notre gratitude pour le temps présent mais en conserveront la mémoire pour toujours, et de sorte que les étrangers qui arrivent en ville voient, en plein milieu, un exemple de la gratitude du peuple et que chacun et tous voient que nous avons décrété les honneurs qui conviennent, que l'on aménage la fontaine sur l'agora, que l'on veille à y conduire l'eau et que l'on dédie la fontaine à la sœur du roi, la reine Laodice, et qu'on lui donne le nom de Laodice.

Attendu que la reine est pieusement disposée envers les dieux et pleine de reconnaissance envers les hommes, et puisqu'il est bon, pour les raisons exposées au-dessus, que tous ceux qui honorent les dieux et sont purs offrent des libations avec cette eau nommée d'après elle, à la Bonne Fortune ! il a semblé bon que tous les prêtres et les prêtresses qui offrent des sacrifices en faveur de la cité puisent de l'eau de cette fontaine pour les sacrifices quand c'est nécessaire, et que ceux qui offrent de l'eau, la prennent là, et que l'on puise le bain des jeunes mariées à cette fontaine ; que tous ceux qui prennent de l'eau pour les besoins ci-dessus aillent à la fontaine et en puisent de l'eau en vêtements blancs et portant des couronnes, et que les femmes qui tirent des hydries d'eau pour les jeunes mariées [...] ; afin que la fontaine soit construite comme il est écrit, que l'on désigne deux *épistatai* choisis parmi tous les citoyens, qui auront à surveiller la construction de la fontaine et la dédicace [...] de l'eau [...] et que les trésoriers couvrent la future dépense sur le budget, conformément aux instructions de ceux qui auront été désignés pour les travaux, et, en ce qui concerne l'exécution des travaux, qu'on suive la loi écrite au sujet des travaux relatifs aux honneurs.

Attendu que, en plus des honneurs accordés au roi par la cité, c'est une belle chose et bien appropriée à la bienveillance du roi et de ses amis envers le peuple et à notre ardente disposition envers le roi et ses amis, que l'on place ensemble avec les cités éponymes des ancêtres du roi les bienfaits qui ont été accordés et ceux qui seront accordés par le roi au peuple, de sorte que, après qu'on leur ait accordé notre citoyenneté, ils puissent lire les bienfaits et se montrent zélés en toute chose comme il est beau de faire avec quelqu'un de son ancestrale patrie, de sorte que nous puissions renouveler notre amitié préexistante avec eux,

à la Bonne Fortune, il a semblé bon que les stratèges et les timouques proposent aux prochaines élections que la citoyenneté soit accordée aux citoyens d'Antioche près Daphné, à ceux de Séleucie de Piérie et à ceux de Laodicée sur mer ; que l'on grave ce décret sur le montant (*parastas*) du temple de Dionysos et qu'on le consacre, et que les trésoriers prennent soin de la gravure du décret. Et afin que le roi Antiochos et sa sœur la reine Laodice prennent connaissance de la gratitude du peuple, que l'on désigne trois ambassadeurs qui iront auprès d'eux et leur remettent ce décret, et, après avoir apporté les salutations du peuple et s'être réjouis qu'ils soient en bonne santé et dans la situation qu'ils souhaitent, et (leur avoir dit que) nous prions les dieux pour eux qu'il en soit ainsi, et après les avoir informés des honneurs votés et après leur avoir dit [...] *(la suite est cassée).*

3. Lettre d'Antiochos III à Téos (entre 203 et 190)

Le roi Antiochos au conseil et au peuple de Téos, salut. Vos ambassadeurs, Pythodotos, Polythrous et [...] m'ont remis le décret dans lequel vous avez dit de m'exprimer votre gratitude pour les bienfaits que nous vous avons accordés et de dire que dans votre souhait de rendre manifeste vos dispositions à notre égard vous nous avez couronné d'une couronne d'or annuelle et d'un portrait doré. Les ambassadeurs ont aussi parlé avec zèle du caractère empressé du peuple. Voyant ainsi que vous êtes pleins de gratitude et honnêtement disposés envers notre maison, nous vous rendons grâce autant que possible. Nous avons accepté la couronne et les honneurs avec plaisir [...] de faire que nous-même et notre royaume soyons plus prompts à vous aider par tout moyen favorable à votre cité et non seulement à préserver les avantages actuels, mais aussi à accroître toute chose qui se rapporte à votre honneur et à votre rang, et de prêter l'attention qui convient à toute chose, en votre faveur collectivement et à titre individuel. Après que vos ambassadeurs vous aient fait rapport de ce que nous leur avons dit [...] voyant que vous êtes bien disposés en toute chose et [...] démonstration [...] nous pensons qu'il est nécessaire que votre cité [...] les ambassadeurs vous feront aussi rapport sur ces sujets. Salut.

(il existe trois autres fragments de lettres trop incomplets pour donner lieu à une traduction suivie).

Source : P. Herrmann, « Antiochos der Grosse und Teos », *Anadolu*, 9, 1965, p. 29-129 ; *SEG*, 41, 1003 ; J. et L. Robert, *Bull. épigr.*, 1968, 496 ; J. Ma, *Antiochos III*, p. 308-321, n° 17-19 ; B. Le Guen, *Les associations de technites dionysiaques à l'époque hellénistique*, Paris, 2001, p. 220-225, n° 42 (décret 1).
Bibliographie : A. Giovannini, « Téos, Antiochos III et Attale Ier », *MH*, 40, 1983, p. 178-184 ; F. Piejko, « Antiochos III and Teos reconsidered », *Belleten Türk Tarih Kurumu*, 1991, p. 13-69.

Le roi et sa famille ne sont pas seuls l'objet de la sollicitude des cités. Celles-ci ont abondamment couvert d'honneurs les officiers royaux, depuis les plus prestigieux (Zeuxis) jusqu'aux simples chefs de garnisons, en englobant à l'occasion les soldats en résidence[128]. Il est absurde de n'y voir qu'une allégeance de circonstance, car il importait aux cités de pouvoir compter, dans la négociation permanente qu'elles conduisent avec le roi, sur l'aide ou du moins la bienveillance de ceux qui ont l'oreille du roi. Accorder la citoyenneté à un proche du roi, c'est non seulement acquérir comme concitoyen un évergète de plus – ce qui n'est nullement négligeable –, mais c'est aussi placer un concitoyen dans les sphères élevées du pouvoir. Les cités qui possédaient parmi leurs concitoyens de naissance un proche du roi[129], ou simplement quelqu'un qui avait accès au roi, pouvait en tirer profit : les Téiens n'hésitèrent pas à accorder la citoyenneté de leur ville, en bloc, à tous les citoyens d'Antioche de Syrie, de Séleucie de Piérie et de Laodicée sur mer, trois des quatre cités de la tétrapole syrienne où, sans doute, nombre de proches de la maison royale possédaient la citoyenneté (ci-dessus p. 108, fin du deuxième décret de Téos). Ils pouvaient d'un seul coup compter plusieurs concitoyens proches du roi, et résidant auprès de lui. C'était aussi le moyen de créer de nouvelles solidarités, de réinsérer dans le cadre civique des individus qui pouvaient y avoir échappé : il est frappant que, dans les documents officiels, ces « hauts fonctionnaires » ne portent ni patronyme, ni ethnique, sauf exception. Par ailleurs, les agents du roi qui résident assez longtemps dans une cité peuvent nouer des liens étroits avec la cité, et finir par constituer l'un des éléments de la communauté ; comme l'observe J. Ma[130], lors de la reddition de la cité de Sardes en 190-189, la garnison séleucide se joignit aux citoyens pour envoyer des ambassadeurs communs à L. Scipio.

Le dossier épigraphique, en constant accroissement, permet aujourd'hui de se faire une idée plus nette des relations qui se nouent entre les pouvoirs hégémoniques (ou ayant vocation à l'être), c'est-à-dire les rois et Rhodes d'une part, et les cités de la partie occidentale de l'Asie Mineure d'autre part. Rien n'autorise à extrapoler aux royaumes hellénisés de la partie centrale et orientale de l'Anatolie, pas plus qu'à la Syrie, mais les indica-

128. J. Ma, *Antiochos III*, p. 206-214.
129. Cf. I. Savalli-Lestrade, « Courtisans et citoyens : le cas des *philoi* attalides », *Chiron*, 26, 1996, p. 149-181 ; Ead., *Les Philoi dans l'Asie hellénistique*, Genève, 1998 ; en revanche, Ch. Carsana, *Le dirigente cittadine nello stato seleucidico*, Côme, 1996, me semble reposer sur le sable.
130. J. Ma, *Antiochos III*, p. 211.

tions fournies par ces textes, pour peu qu'on les examine avec soin et que l'on comprenne que la phraséologie codée qu'ils véhiculent n'est que l'un des éléments d'une vaste stratégie de négociation, montrent à l'évidence la vigueur de l'institution civique, la capacité remarquable des cités, y compris les plus petites – que représentent, en population et en richesses, des cités comme Kildara, Amyzon, Tabai, Euromos ? –, à poursuivre une activité politique dont l'horizon dépasse de très loin les soucis de la gestion quotidienne, à conduire ce qu'en d'autres temps on nomme simplement une activité diplomatique. Certes, celle-ci ne peut s'appuyer, sauf exception, sur une puissance militaire qui lui donne du poids, mais les cités ont désormais d'autres moyens de peser sur les choix du roi, de le convaincre de rechercher leur *eunoia* en échange de ses bienfaits. C'est prouver, en d'autres termes, combien Louis Robert avait raison de dire et redire que décidément non, la cité grecque n'est pas morte à Chéronée[131].

Décret de Pergame à l'occasion du retour d'Attale III dans sa ville

[...] de décréter les honneurs qui lui conviennent de sorte que les citoyens manifestent de l'empressement envers le roi pour toutes les bonnes choses advenues et lui rendent les grâces divines de ses succès et des marques de bienveillance qu'il a montrées envers eux.

À la bonne fortune. Plaise au Conseil et au peuple, de couronner le roi d'une couronne d'or d'excellence, de consacrer une statue de lui de cinq coudées, en cuirasse et monté sur des dépouilles, dans le sanctuaire d'Asklépios Sôter afin qu'il soit *synnaos* du dieu, de placer aussi un portrait en or de lui à cheval sur une colonne de marbre près de l'autel de Zeus Sôter de manière à ce que le portrait soit dans l'endroit le plus en vue de l'agora. Chaque jour, le stéphanèphore, le prêtre du roi et l'agonothète feront brûler de l'encens sur l'autel de Zeus Sôter pour le roi. Que le huitième jour, jour où il revint à Pergame soit sacré pour toujours et qu'à cette date soit exécutée chaque année par le prêtre d'Asklépios une procession aussi belle que possible depuis le Prytanée jusqu'au téménos d'Asklépios et du roi ; les mêmes gens que d'habitude défileront ensemble. Après un sacrifice offert en leur nom et sous d'heureux auspices, que les magistrats se réunissent dans le sanctuaire. Il sera donné pour le sacrifice et leur réunion par le trésorier des revenus inaliénables, cinquante drachmes prises sur les ressources de l'Asklépeion ; que les hiéronomes s'occupent du sacrifice et de la réception (ou du banquet). Cette inscription sera gravée sur la statue : « Le peuple (a fait ériger cette statue représentant) le roi Attale Philomètor et Évergète, fils du divin roi Eumène Sôter, en raison de son mérite et de son humanité pendant la guerre, lui qui s'est rendu maître de l'ennemi », et sur le portrait : « Le peuple (a fait ce portrait représentant) le roi Attale Philomètor et Évergète, fils du divin roi Eumène Sôter, en raison de son mérite, de sa sagesse à accroire le royaume et de sa munificence (*megalomereia*) à son égard. »

Lorsqu'il viendra dans notre ville, chaque stéphanéphore des Douze Dieux et du divin roi Eumène se couronnera complètement ; après avoir ouvert les temples des dieux et offert de l'encens, les prêtres et les prêtresses prieront que soient donnés maintenant et pour toujours au roi Attale Philométor et Évergète la santé, le salut, la victoire, le pouvoir sur terre et sur mer de commander et de châtier, de conserver son royaume pour toujours tranquille, et en

131. Sur l'apport capital de Louis Robert, cf. M. Sartre, dans V. Sales éd., *Les Historiens*, Paris, 2003, p. 161-177.

toute sécurité. Iront à sa rencontre les prêtres susmentionnés, les prêtresses, les stratèges, les magistrats, les vainqueurs sacrés détenteurs des couronnes depuis les concours, le gymnasiarque avec les éphèbes et les *néoi*, le pédonomes avec les enfants, les citoyens, les femmes et les jeunes filles, et tous les habitants couronnés et en habits de fête. Ce sera un jour sacré le jour où il arrivera dans notre ville et les citoyens en masse feront des sacrifices par tribu, les phylarques ayant la charge de fournir de quoi sacrifier. On donnera à chaque tribu pour cela 20 drachmes des revenus civiques et sacrés. Après un sacrifice aussi beau que possible offert par le peuple sur l'autel de Zeus Sôter pour le roi, le héraut sacré fera l'annonce suivante : « Le peuple a honoré le roi Attale Philomètor et Évergète fils du divin roi Eumène Sôter d'une couronne d'or d'excellence, d'une statue de cinq coudées et d'un portrait, à cause de son mérite, et de sa munificence envers lui » ; tous l'acclameront. D'autres sacrifices en son honneur auront lieu aussi sous le Portique Royal, l'autel de Hestia Boulaia et Zeus Boulaios. Que les stratèges le convient au Prytanée pour le repas commun et lui distribuent des parts prélevées sur les victimes sacrées (offertes) en action de grâce par nous au nom du roi. Afin en outre que le roi soit informé des décisions prises par le peuple, que les magistrats lui envoient le décret et l'exhortent à être bienveillant et à protéger le peuple, préservant la générosité manifestée par ses ancêtres envers la ville, à être toujours cause de quelque bienfait pour le peuple de manière à ce qu'il assiste les communautés de notre corps civique à garder une condition meilleure et plus heureuse. Afin que les succès advenus au roi dans les combats pendant la guerre soient manifestes pour tous et pour toujours et que sa grandeur soit contemplée à loisir par tous, ce décret sera inscrit sur une stèle de marbre et placé dans le sanctuaire d'Asklépios devant le temple, aux bons soins des stratèges. Ce décret aura force de loi pour l'éternité et sera rangé parmi les lois sacrées.

Source : *OGIS* 332 ; L. Robert, *Études Anatoliennes*, Paris 1937, p. 17, n. 1.

La vie civique

En raison des évolutions politiques que l'on vient de rappeler et des transformations économiques et sociales que l'on étudiera plus loin, les enjeux de la vie municipale se modifient peu à peu. Mais autant dire tout de suite que la cité est loin d'être une coquille vide sans utilité et qu'elle continue à exercer des responsabilités essentielles, ne serait-ce que de gérer les intérêts matériels quotidiens de ses membres[132]. Bien mieux, pour la grande majorité des cités, enfin délivrées de l'hégémonie des plus grandes, l'époque hellénistique put apparaître comme un « siècle d'or » pour reprendre une expression de Philippe Gauthier[133].

132. Synthèse récente et éclairante de Ph. Gauthier, « Les cités hellénistiques », dans M. H. Hansen éd., *The Ancient Greek City State. Symposium on the occasion of the 250th Anniversary of the Royal Danish Academy of Sciences and Letters* (= *Historisk-filosofiske Meddelelser*, 67), Copenhague, 1993, p. 211-231.

133. Ph. Gauthier, « Grandes et petites cités, hégémonie et autarcie », *Opus*, 6-8, 1987-1989 [1991], p. 194 : l'époque hellénistique apporta « d'heureux changements ».

Les institutions

Toutes les cités fonctionnent, à quelques nuances près, selon le modèle classique. Les nouvelles fondations adoptèrent des institutions copiées soit sur Athènes ou quelque grande cité d'Asie Mineure, soit sur des cités existantes du voisinage. Une étude systématique des noms de magistrats permettrait sans doute de mettre en relief des filiations entre cités, ou des nuances régionales (comme les *damiourgoi* de Cilicie)[134]. Mais ceci est de peu d'importance et l'on peut se contenter ici de quelques remarques[135].

Le *dèmos*, communauté des citoyens, regroupe dans les anciennes cités les descendants des fondateurs et ceux qui ont reçu la citoyenneté par privilège. On ignore en revanche comment fut constitué le *dèmos* des nouvelles fondations. Il fallut bien établir une liste des citoyens[136], mais qui y fit-on figurer : tous les hommes libres ? Seulement ceux qui parlaient grec ? Les plus riches ? Le seul texte qui en fasse état ne lance aucune exclusive : lors de la fondation de Toriaion, le roi Eumène II accorde le droit de former un corps civique (*politeuma*) à l'ensemble des habitants de Toriaion et à ceux qui vivent dans les villages alentours (texte p. 92). Mais il existe sur le territoire de plusieurs cités (Pergame, Apamée-Myrléia, Apamée de Phrygie, Sagalassos) des groupes ruraux dépendants qui paient tribut, d'où l'on déduit que tous les libres habitant le territoire ne furent pas toujours intégrés au *dèmos*[137]. Un décret de Smyrne précise d'ailleurs que les droits civiques seront accordés à tous les habitants de Magnésie du Sipyle, à condition qu'ils soient libres et grecs[138].

---

134. Cf. L. Robert, *Noms indigènes*, p. 478-479 : les démiurges se trouvent sur toute la côte sud de l'Anatolie, ainsi qu'à Hanisa, qui l'a emprunté aux cités les plus proches, en Cilicie.
135. Il existe peu d'études des institutions ou de l'organisation civique à l'époque hellénistique ; cf. cependant N. F. Jones, *Public Organisation in Ancient Greece*, Philadelphie, 1987 (avec les remarques et compléments de P. J. Rhodes, *Phoenix*, 45, 1991, p. 71-76). Quelques ouvrages sont cependant consacrés à une cité, comme ceux de H. Müller, *Milesische Volksbeschlüsse. Eine Untersuchung zur Verfassungsgeschichte der Stadt Milet in hellenistischer Zeit*, Göttingen, 1976, et surtout de K. Nawotka, *Boule and Demos in Miletus and its Pontic Colonies from Classical Age until Third Century A.D.*, Wroclaw-Varsovie-Cracovie, Ossolineum, 1999 ; sinon, on trouve des renseignements dispersés dans les monographies civiques (Shipley sur Samos, Sherwin-White sur Cos). Malgré son titre, K. Buraselis, *Kos between Hellenism and Rome. Studies on the Political, Institutionnal and Social History of Kos from ca. the Middle Second Century B.C. until Late Antiquity*, Philadelphie, 2000, concerne peu les institutions. Sur la *boulè*, cf. ci-dessous p. 113-114.
136. La seule description que nous possédions d'un tel phénomène est la fondation d'Antioche de Jérusalem par le Grand-prêtre Jason vers 175-172 : il établit la liste des habitants de Jérusalem qui constitueraient désormais le corps civique de la nouvelle cité, preuve que tous ne devenaient pas automatiquement citoyens.
137. Cf. plus bas p. 186-187, sur le statut des ruraux.
138. *OGIS*, 229, ligne 45.

Les institutions habituelles des cités – *ecclésia*, *boulè*, magistrats – fonctionnent régulièrement. Rien ne permet de déceler une quelconque dérive vers des systèmes oligarchiques qui priveraient le peuple de son pouvoir. Il faut cependant noter que les *misthoi* sont rarement attestés (ils existent en quelques cités, comme à Rhodes), ce qui ne favorise sans doute pas la participation des plus pauvres aux charges publiques. Mais les principes fondamentaux de la cité classique semblent toujours en vigueur dans la plupart des cas : élection populaire des magistrats, annualité des conseils (sauf à Rhodes, peut-être à Cos et à Stratonicée de Carie, où les conseils sont semestriels) et des magistrats, reddition des comptes. On procède même ici ou là au tirage au sort des bouleutes (Milet au début du IIe siècle) ou des juges populaires (Rhodes). Les citoyens assistent en grand nombre aux assemblées, preuve qu'ils y portent de l'intérêt : des inscriptions de Magnésie du Méandre donnent les chiffres de 2 113, 3 580 et 4 678 présents[139], un texte de Kolophon indique 1 342 votants[140] ; il y a 4 000 citoyens à Halicarnasse[141] et on pourrait donner quelques autres exemples[142]. Mais, comme l'assemblée populaire se réunit désormais le plus souvent au théâtre, le nombre de présents doit se trouver limité par le nombre de places ; dans la plupart des cas, c'était sans doute largement suffisant[143]. Enfin, à la différence de ce que l'on observe dans la démocratie athénienne de l'époque classique, l'initiative des décrets semble revenir pour l'essentiel non aux simples citoyens, mais aux collèges de magistrats, prytanes, stratèges, synèdres, selon les cités[144].

Cependant, l'examen d'une institution peut révéler des évolutions. Patrice Hamon s'est ainsi intéressé à la *boulè* dont on a dit peut-être un peu rapidement qu'elle était désormais aux mains d'une caste de notables. D'abord, il observe que le conseil n'existe pas partout dès le début de l'époque hellénistique : ainsi, en Lycie, la fonction probouleutique, c'est-à-dire la préparation des textes soumis à la décision du *dèmos*, est tenue par un conseil de trois archontes au IIIe siècle ; ce n'est qu'au milieu du IIe siècle que l'on voit apparaître des *boulai* à Xanthos et à Myra, par exemple, ce qui place l'examen des décrets entre les mains d'une assemblée plus large

139. O. Kern, *I. Magnesia*, 92 et 94.
140. Cf. ci-dessous p. 244.
141. W. R. Paton et E. L. Hicks, *The inscriptions of Cos*, Londres, 1891, n° 13 (lignes 20-22).
142. Cf. L. Robert, « Nouvelles inscriptions d'Iasos », *REA*, 65, 1963, p. 304-307 ; cf. F. Quass, *Honoratiorenschicht*, p. 360-362, pour une liste des attestations chiffrées.
143. Ainsi, le théâtre hellénistique de Milet ne semble pas dépasser les 5300 places : K. Nawotka, *Boule and Demos in Miletus*, p. 134 ; on ignore le nombre de citoyens milésiens, mais on se souviendra qu'à Athènes, la Pnyx ne contenait pas beaucoup plus de 6 000 citoyens quand on estime qu'il en existait entre 30 et 50 000.
144. Cf. le tableau dressé pour Milet par K. Nawotka, *Boule and Demos in Miletus*, Wroclaw, 1999, p. 108-109, qui souligne que l'objet du décret est indifférent à l'identité du collège qui le propose, et que c'est plutôt une affaire de chronologie.

qu'auparavant. Le chiffre des bouleutes varie mais tourne souvent autour de la centaine pour une ville moyenne (Iasos, Halicarnasse) ; il peut atteindre des chiffres beaucoup plus élevés pour une ville d'importance, 450 à Éphèse (mais le chiffre n'est attesté que sous l'Empire), quelques centaines à Milet[145]. Surtout, la *boulè* reste un conseil représentatif, soit que les tribus en élisent les membres (Cyzique, Samos, Magnésie du Méandre, Kolophon, Ilion, Sinope, Halicarnasse, Mylasa), soit, plus rarement, qu'ils soient tirés au sort (Milet)[146]. Le nombre des bouleutes exclut qu'il s'agisse uniquement de grands notables, et, d'ailleurs, la fonction reste peu prestigieuse pendant longtemps : on n'en fait pas état dans les décrets honorifiques pour les grands évergètes. Ce n'est qu'à la fin de l'époque hellénistique, après le milieu du IIe siècle, que les bouleutes commencent à être pris en compte de façon spécifique lors des distributions des évergètes alors qu'ils n'étaient pas distingués du reste du peuple auparavant. De même, le fait d'être admis aux séances du conseil en permanence constitue désormais une récompense de choix pour les évergètes. Ainsi, la transformation de l'institution ne se fait que tardivement puisque ce n'est pas avant le Ier siècle que l'appartenance au conseil qualifie l'individu comme un notable, amorçant ainsi l'évolution qui conduira aux *boulai* viagères de l'époque impériale[147].

L'étude des décrets du IIIe siècle montre combien la cité continue à exercer un contrôle rigoureux sur ceux qui sont désignés pour accomplir magistratures et liturgies. Dans le grand décret de Samos sur l'approvisionnement en blé (vers 275)[148], on observe que la cité organise elle-même le fonds spécial-destiné à l'achat de blé, fixe la contribution des citoyens aisés, établit contrôles et vérifications diverses en démultipliant les responsabilités pour éviter les malversations. Même lorsque la cité se trouve dépendre d'un évergète pour l'accomplissement d'une tâche qui lui revient (Boulagoras pour le blé de Samos en 243-242[149], Eudémos pour le financement d'une école de Milet au début du IIe siècle[150] ou Orthagoras pour la défense d'Araxa de Lycie

145. Le *bouleutérion*, construit au nom d'Antiochos IV entre 175 et 164, peut contenir entre 800 et 1 200 personnes (K. Nawotka, p. 153-157), mais il serait dangereux d'en déduire le nombre des bouleutes car ces édifices peuvent avoir plusieurs fonctions, à la fois lieu de réunion de la *boulè*, et odéon réservé aux récitations poétiques et autres spectacles d'élite.

146. Sur Milet, étude indispensable de K. Nawotka, *Boule and Demos in Miletus*, Wroclaw, 1999 ; sur les tirages au sort, qui concernent à la fois les bouleutes et certaines autres fonctions (comme les prophètes du sanctuaire d'Apollon de Didymes), cf. p. 140-141 ; sur la *boulè* en général, cf. p. 152-157.

147. P. Hamon, « À propos de l'institution du Conseil dans les cités grecques de l'époque hellénistique », *REG*, 2001, p. XVI-XXI, qui présente les résultats principaux de sa thèse.

148. J. Pouilloux, *Choix*, p. 126-135, n° 34, et ci-dessous p. 181.

149. J. Pouilloux, *Choix*, p. 27-32, n° 3, et ci-dessous p. 183.

150. *Syll.*[3], 577, et ci-dessous p. 130.

vers 130-120)[151], elle établit des contrôles minutieux qui confinent le bienfaiteur dans son rôle de bailleur de fonds ou d'ambassadeur désigné par la cité pour défendre une cause qui lui importe. On est donc loin de voir la cité abandonner les affaires à une minorité riche qui échapperait à la reddition des comptes devant les instances populaires. Du moins cela apparaît-il clairement dans les textes du IIIe siècle et encore assez largement au IIe siècle.

Les enjeux de la vie politique

Il subsiste une vraie vie politique, avec des débats pouvant conduire jusqu'à la *stasis*, la révolution. La vieille revendication populaire d'abolition des dettes et de partage des terres n'a pas disparu, même si la question des dettes apparaît beaucoup moins grave en Asie Mineure qu'en Grèce propre[152]. On la trouve cependant au cœur des difficultés civiques à Téos et à Lébédos en 303[153], à Éphèse en 299-297 dans un contexte de guerre[154], à Priène dans les années 290[155], à Samos vers 280[156], à Arykanda de Lycie vers 197[157]. Mais, pour éviter la *stasis*, on a recours à l'arbitrage de juges étrangers chargés de trancher les différends opposant les particuliers à la cité ou les particuliers entre eux. Cette procédure arbitrale connaît à l'époque hellénistique un succès croissant, sans doute sous la pression des rois qui souhaitent voir régler pacifiquement les conflits internes et externes[158]. Rome ne fit ensuite qu'accentuer le recours à l'arbitrage, soit par elle-même, soit par des arbitres choisis avec son accord.

Décret de Samos en l'honneur de juges de Myndos (v. 280 av. J.-C.)

Il a plu au conseil et au peuple ; proposition des prytanes à propos de la motion de décret du conseil, afin que les juges venus de Milet, de Myndos et d'Halicarnasse pour régler les contrats en litige soient honorés : attendu que, devant le désaccord entre nos concitoyens sur les contrats en litige, voulant que la concorde règne dans la cité, Philoklès, roi de Sidon, a envoyé une lettre demandant que le peuple de Myndos envoie un tribunal pour régler les contrats en litige ; (attendu) que les gens de Myndos, montrant un zèle et un dévouement

151. J. Pouilloux, *Choix*, p. 32-37 ; sur la date, longtemps placée au début du IIe siècle, M. Errington, *Chiron*, 17, 1987, p. 97-118 et en particulier p. 114-118 ; la carrière d'Orthagoras se déroule plutôt durant la seconde moitié du IIe siècle (cf. ci-dessous p. 203).
152. D. Asheri, « Leggi greche sul problema dei debiti », *SCO*, 18, 1969.
153. C.B. Welles, *Royal Correspondence*, n° 3 ; D. Asheri, p. 41-42.
154. *Syll.*³, 364 ; D. Asheri, p. 42-45 et 108-114.
155. *I. Priene*, 8 ; D. Asheri, p. 37-38 ; la date traditionnelle de 329-328 a été abaissée par C. V. Crowther, « *I. Priene* 8 and the History of Priene in the Early Hellenistic Period », *Chiron*, 26, 1996, p. 195-250.
156. *SEG* I, 363 = J. Pouilloux, *Choix*, n° 21 ; D. Asheri, p. 49.
157. Agatharchide, dans *FGrHist*, 86 F 16 ; D. Asheri, p. 59-61.
158. Cf. les décrets de Iasos à la fin du IIIe ou au début du IIe siècle : G. Pugliese Carratelli, *RAL*, 44, 1989 [1991], p. 44-55 (et *Bull. épigr.*, 1992, p. 442-447 ; *SEG* 41, 1991, 929-933).

total pour la réconciliation de nos concitoyens, ont désigné des hommes de bien et envoyé dans notre cité Théoklès, fils de Théogénès, et Hérophantos, fils d'Artémidôros ; (attendu) que ceux-ci ont réglé correctement et en toute justice les litiges qui leur étaient soumis, soit par un jugement soit par la conciliation, désirant que les citoyens en désaccord une fois réconciliés vivent dans la concorde, débarrassés de leurs griefs réciproques : plaise au conseil et au peuple, que l'éloge soit accordé au peuple de Myndos pour l'envoi des citoyens ; que l'éloge soit également accordé aux citoyens venus ici, Théoklès, fils de Théogénès, et Hérophantos, fils d'Artémidôros, parce qu'ils ont réglé les litiges correctement et avantageusement, soit par la conciliation, soit par des jugements ; qu'on leur décerne une couronne d'or et qu'on proclame la couronne au concours des tragédies des Dionysies ; qu'ils soient aussi proxènes de la cité et bienfaiteurs ; que leur soit donné de plus le droit de cité avec égalité complète des droits, et qu'on les répartisse par tirage au sort dans une tribu, une *chiliastys*, une *hékatostys* et une famille comme tous les Samiens ; qu'ils aient aussi un siège réservé à tout concours que la cité organisera ; qu'on leur donne le droit d'accès devant le conseil et le peuple immédiatement après les affaires sacrées et royales ; qu'ils aient le droit d'entrer et de sortir du port, en temps de guerre comme en temps de paix, sans être soumis au droit de représailles et sans avoir besoin de conventions ; que les autorités en fonction s'occupent d'eux s'ils ont besoin de quoi que ce soit ; afin que le peuple de Myndos connaisse les mesures décrétées, que l'on désigne un délégué qui se rendra à Myndos pour remettre le décret au conseil et au peuple ; en outre qu'on le transcrive sur une stèle de pierre et l'érige dans le sanctuaire d'Héra ; que le secrétaire du conseil se charge de la transcription ; que l'on donne au délégué comme indemnité de déplacement une somme que le peuple fixera. A été désigné comme délégué Aischylos, fils d'Ampélidès.

Source : *MDAI (A)*, 44, 1919, p. 21, n° 9 ; (*SEG* I, 363 ; J. Pouilloux, *Choix*, Paris, Les Belles Lettres, 1960, p. 81-84, n° 21) (trad. J. Pouilloux).

La cité et ses magistrats continuent de se préoccuper, comme auparavant, des affaires sacrées, des questions politiques, diplomatiques et militaires. Mais désormais les relations avec les rois deviennent des préoccupations de première importance. Il ne faut pas négliger non plus les relations à l'échelle régionale, voire de simple voisinage. Tout ceci justifie que les questions de défense se trouvent très présentes dans les débats, telles que la construction ou l'entretien des fortins et des remparts, l'embauche de mercenaires ou la constitution d'une garde territoriale. Non seulement la guerre menace les cités par la volonté des rois, mais les cités elles-mêmes provoquent plus d'un conflit[159], en dépit de la tutelle royale. Ainsi, on assiste à la guerre d'Éphèse et des démocrates priéniens contre Hiéron de Priène entre 299 et 297[160] ; Milet entre en guerre contre Priène dans le courant du IIIe siècle[161], mais aussi contre Héraclée du Latmos à la suite de l'annexion, déguisée en sympolitie, de Pidasa (185-184)[162], puis contre une coalition regroupant Magnésie du Méandre (dans la seconde

159. Article fondamental de J. Ma, « Fighting *Poleis* in the Hellenistic World », dans H. van Wees éd., *War and Violence in Ancient Greece*, Londres, 2000, p. 337-376.

160. *Syll.*³, 363-364.

161. *I. Priene*, 26.

162. *Syll.*³, 633. La chronologie a été révisée par M. Wörrle, « Inschriften von Herakleia am Latmos I. Antiochos III., Zeuxis und Herakleia », *Chiron*, 18, 1988, p. 421-476.

moitié des années 180) et Priène[163]. Lorsque Cn. Manlius Vulso fait campagne aux confins de la Lycie, de la Pamphylie et de la Pisidie, il trouve la petite cité d'Isinda en guerre avec sa voisine Termessos, qui a reçu l'aide de Philomélos, dynaste en Phrygie : les attaquants « avaient dévasté leur territoire et saccagé leur ville, et [qu']ils assiégeaient en ce moment leur citadelle, dans laquelle tous leurs concitoyens s'étaient réfugiés avec leurs femmes et leurs enfants » (Polybe, 21, 35). Peut-être cette guerre implique-t-elle d'autres cités de la région car, après avoir délivré Isinda, Vulso taxe de la même amende (50 talents), non seulement Termessos, mais aussi Aspendos et Sagalassos. L'impression est bien celle d'une région où chaque cité entretient son armée. Il est vrai qu'il faut se défendre aussi contre les Galates, les brigands (Lycie) ou les pirates. D'où une intense activité diplomatique, d'autant plus que la disparition des alliances hégémoniques place chaque cité en face de ses responsabilités et la laisse libre d'agir à sa guise : chaque cité se doit donc de défendre seule et à chaque instant son statut et ses intérêts dans le concert des royaumes. Tout ce qui a toujours fait l'ordinaire du débat politique dans les cités continue donc d'être au cœur des délibérations des conseils et assemblées, d'autant plus que les citoyens participent activement aux combats : on est bien loin de n'utiliser que des mercenaires et l'on trouve des citoyens aussi bien comme fantassins, cavaliers ou marins[164]. On ne peut en aucun cas négliger cette activité des cités et des peuples, qui se développe en marge des initiatives royales, mais doit tenir compte de l'équilibre des forces et du poids éventuel des puissances régionales[165] ; ainsi, on peut se demander si la guerre où manque de périr Isinda n'a pas été rendue possible par l'effondrement de la puissance séleucide dans la région.

Les guerres obligent à réparer, à reconstruire, la menace des guerres contraint à se fortifier. Sans doute de nombreuses cités côtières possédaient-elles des remparts depuis l'époque classique. Mais les progrès de la poliorcétique[166] et le manque d'entretien après le retour des Perses conduisirent beaucoup d'entre elles à restaurer les remparts et à en revoir l'agencement à partir

163. A. Rehm, *I. Delphinion*, 148 = *Syll.*[3], 588 (le traité de paix date des années 185-180) ; sur la chronologie, cf. R. M. Errington, « The Peace Treaty between Miletus and Magnesia (*I. Milet* 148) », *Chiron*, 19, 1989, p. 279-288.

164. Cf. J. Ma, « Fighting *Poleis* », p. 343-349.

165. Tout ceci apparaît bien dans la monographie consacrée à Priène par C. V. Crowther, « *I. Priene* 8 and the History of Priene in the Early Hellenistic Period », *Chiron*, 26, 1996, p. 195-250.

166. Pour les antécédants, jusqu'à Démétrios Poliorcète, cf. Y. Garlan, *Recherches de poliorcétique grecque*, Paris, 1974 ; pour l'époque hellénistique A. W. McNicoll, « Some Developments in Hellenistic Siege Warfare with Special Reference to Asia Minor », dans E. Akurgal éd., *The Proceedings of the Tenth International Congress of Classical Archaeology*, Ankara, 1978, p. 405-420 ; Id., « Developments in Techniques of Siegecraft and Fortification in the Greek World ca. 400-100 BC », dans P. Leriche et H. Tréziny éd., *La fortification dans l'histoire du monde grec*, Paris, 1986.

de 334[167]. Ainsi, les enceintes larges (*Geländemauer*), englobant de vastes zones non bâties, et qui nécessitaient des effectifs nombreux, furent ici ou là abandonnées au profit d'une enceinte plus resserrée, moins dévoreuse d'hommes en cas de siège. On l'observe ainsi à Héraclée du Latmos, où la première enceinte de 6,5 km qui n'est peut-être pas antérieure au tout début de l'époque hellénistique[168] est réduite à 4,5 km par un mur de refend au tout début du IIIe siècle[169]. Milet ne procède pas autrement, mais à une époque beaucoup plus tardive, sans doute au temps de Mithridate VI Eupator[170]. D'une manière générale, il semble y avoir eu peu de villes non fortifiées, surtout dans les régions proches de la mer. Celles pour lesquelles on ne dispose pas de preuves d'une enceinte dès la fin du IVe siècle en construisent une à la fin du IIIe ou dans le courant du IIe siècle au plus tard, sans que cela exclue des remaniements successifs jusqu'à l'extrême fin de la période. Ainsi, Cnide se dote d'une enceinte protégeant le port au IIIe siècle, enceinte renforcée au milieu ou à la fin de l'époque hellénistique, alors qu'un système de protection se dresse le long de la route reliant ses deux centres urbains[171]. Des remparts sont construits ou reconstruits à Hyllarima à la fin du IVe ou au début du IIIe siècle[172], à Samos entre 310 et 290[173], à Téos entre 294 et 193[174], à Euromos de Carie au début du IIIe siècle ou peut-être seulement au temps de l'expédition de Philippe V v. 201-200[175], à Pergé et Sidè dans la seconde moitié du IIIe siècle[176], à Isaura à la fin du IIIe siècle[177], à Termessos au milieu du IIe siècle[178], à Kéramos dans le courant du même siècle[179], à Sillyon à la fin du IIe siècle[180], alors que Iasos se contente d'un mur la protégeant du côté de la terre à la fin du IIIe siècle ou dans la première moitié du IIe[181].

167. A. W. McNicoll, *Hellenistic Fortifications from the Aegean to the Euphrates*, Oxford, 1997 ; pour une région particulière, I. Pimouguet-Pédarros, *Archéologie de la défense. Histoire des fortifications antiques de Carie, époques classique et hellénistique*, Besançon, 2000.
168. Elle peut être due à Asandros, satrape de Carie après la mort d'Alexandre.
169. Le responsable en fut peut-être Pleistarchos, qui avait fait de la ville sa capitale après 301 : cf. I. Pimouguet-Pédarros, *Archéologie de la défense*, p. 357-368.
170. I. Pimouguet-Pédarros, *Archéologie de la défense*, p. 354-357.
171. I. Pimouguet-Pédarros, *Archéologie de la défense*, p. 330-331.
172. I. Pimouguet-Pédarros, *Archéologie de la défense*, p. 368-370.
173. D. Kienast, *Die Stadtmauer von Samos*, Bonn, 1978, p. 85-95.
174. F. G. Maier, *Griechische Mauerbauinschriften*, Heidelberg, 1959, t. I, p. 216-223, n° 62-68, pour le dossier épigraphique ; cf. A. W. McNicoll, *Hellenistic Fortifications*, p. 159 et 169.
175. I. Pimouguet-Pédarros, *Archéologie de la défense*, p. 374-375.
176. A. W. McNicoll, *Hellenistic Fortifications*, p. 156.
177. J. Keil, F. Knoll, L. Patsch et H. Swoboda, *Denkmäler aus Lykaonien, Pamphylia und Isaurien*, Brno-Vienne, 1935, p. 119 et 121.
178. F. E. Winter, «, Notes on Military Architecture in the Termessos Region », *AJA*, 75, 1966, p. 126-137.
179. I. Pimouguet-Pédarros, *Archéologie de la défense*, p. 333-341.
180. A. W. McNicoll, *Hellenistic Fortifications*, p. 156.
181. A. W. McNicoll, *Hellenistic Fortifications*, p. 116 (Philippe V) ; I. Pimouguet-Pédarros, *Archéologie de la défense*, p. 351-352 (Antiochos III).

Tous ces travaux, qui représentent dans tous les cas, un investissement considérable, ne pèsent sans doute pas de la même manière sur les cités. Il est bien difficile, à défaut de datations précises, de savoir quand l'initiative de la construction revient aux cités, quand elle revient au roi ou au maître du moment. McNicoll a envisagé que les troupes désœuvrées de Philippe V de Macédoine aient pu construire le « mur continental » d'Iasos. Peut-être, mais cela reste impossible à prouver. Seule une ville libre pouvait décider d'elle-même de se protéger par une enceinte, et dans ce cas on peut imaginer qu'elle en supportait seule la charge. Lorsqu'elle est sous la coupe d'un roi, il est exclu qu'elle puisse construire des fortifications sans l'accord de celui-ci, et l'on peut même supposer que c'est le souverain qui trouve son intérêt à cette construction. Aide-t-il alors la ville financièrement ? Fournit-il de la main-d'œuvre ? Les Lagides envoyèrent cent maîtres maçons et des ouvriers à Rhodes après le séisme, mais il s'agit de circonstances exceptionnelles, où il convenait pour les rois de rivaliser de générosité. On ne peut douter que les villes soient le plus souvent mises à contribution d'une manière ou d'une autre.

Mais les constructions à caractère militaire ne constituent qu'une faible partie de l'activité de construction des cités. La relative pauvreté archéologique de l'Asie Mineure hellénistique ne doit en aucun cas laisser croire à une période de régression ou de rétrécissement de l'espace urbain. Bien au contraire, on peut être sûr que la fondation ou la refondation de nombreuses cités s'est traduite par un fort mouvement de construction, à la fois dans les nouvelles cités et dans les anciennes qui avaient à maintenir leur rang[182]. De plus, l'introduction de nouveaux dieux se solde par l'érection de sanctuaires au cœur des villes. Des pratiques nouvelles se développent, entraînant ainsi la construction d'édifices qui étaient alors peu répandus ou peu développés.

Les destructions des guerres, les séismes, la volonté royale de déplacer un centre urbain pour des raisons de prestige, autant d'occasion de remodeler, parfois de fond en comble, l'aspect des villes d'Asie Mineure. On est un peu embarrassé pour en donner un tableau crédible car les reconstructions romaines ont largement occulté les niveaux hellénistiques. On ne peut donc donner que quelques indications et renvoyer aux publications essentielles.

Les historiens de l'art ont souligné depuis longtemps l'opposition entre deux types d'urbanisme que l'on rencontre dans les nouvelles fondations ou reconstructions hellénistiques : d'une part, un urbanisme colonial hérité de Rhodes et de Priène[183], qui privilégie la régularité du quadrillage urbain,

182. On trouvera plans et indications pour de nombreuses villes dans D. Parrish éd., *Urbanism in Western Asia Minor*, Portsmouth, 2001 (*JRA* Suppl. 45).

183. Je préfère ne pas le nommer hippodamien afin de ne pas réduire les conceptions urbanistiques du grand architecte Hippodamos de Milet à un simple quadrillage orthogonal.

et présente l'avantage de permettre un développement indéfini du même plan. C'est celui que l'on trouve à Alexandrie comme dans les fondations nouvelles de Syrie, avec leurs îlots réguliers, alignés sur le cadastre de l'ensemble du territoire[184]. Il est cependant difficile à mettre en œuvre en terrain accidenté, et peut entraîner une relative monotonie. À l'inverse, l'urbanisme dit pergaménien, que l'on retrouve non seulement à Pergame, mais aussi à Alabanda ou à Cos, profite des difficultés du terrain pour mettre en valeur les édifices publics. Mais il ne faut pas trop opposer ces deux urbanismes qui, par ailleurs partagent quelques traits communs ; ainsi, à Pergame comme à Antioche ou à Alexandrie, on a mis en évidence un quartier royal, au sommet de l'acropole à Pergame, sur une île de l'Oronte à Antioche, sur un cap facile à isoler à Alexandrie. De plus, on a appliqué un plan orthogonal à Priène, alors que le terrain est plutôt accidenté (plusieurs rues comportent des escaliers)[185].

Il est plus difficile encore de faire le bilan des travaux d'embellissements. Quelques textes les évoquent, comme les travaux financés à Kymè d'Éolide par Archippè, qui fait reconstruire le bouleutérion de sa ville (texte p. 139-140). Compte tenu du développement des concours, on peut être assuré que les gymnases se multiplient, mais ce n'est sans doute qu'après la conquête romaine que les thermes associés prennent une place de plus en plus importante. Pour les gymnases, il n'en existe sans doute pas dans toutes les cités et les plus petites devaient se contenter d'aménagements sommaires bien que cette institution se développe rapidement à l'époque hellénistique comme centre de formation sportive et militaire des jeunes gens. Ph. Gauthier a bien montré que le gymnase restait avant tout le lieu de l'entraînement sportif, à forte connotation militaire le plus souvent puisque l'on multiplie les épreuves sportives comme le combat en armes, la discipline, l'endurance ou la prestance. Aussi les rares gymnases connus pour l'époque hellénistique (la plupart ayant été entièrement restructurés à l'époque impériale) accordent-ils une place prépondérante à la palestre, alors que les salles destinées au bain ou aux conférences n'occupent qu'une place restreinte[186].

Par ailleurs, toutes les autres préoccupations essentielles des cités mobilisent une part importante de leur énergie et font l'objet des débats des assemblées et conseils. Les sujets abordés par les très nombreux décrets des cités permettent de s'en faire une idée assez précise : l'approvisionnement en blé, la

184. Cf. M. Sartre, *D'Alexandre à Zénobie*, Paris, 2001, p. 132-138.

185. Sur Pergame, cf. H. Koester éd., *Pergamon, Citadel of the Gods*, Harrisburg, 1998, et surtout W. Radt, *Pergamon, Geschichte und Bauten einer antike Metropole*, Darmstadt, 1999.

186. Article synthétique de Ph. Gauthier, « Notes sur le rôle du gymnase à l'époque hellénistique », dans M. Wörrle et P. Zanker éd., *Stadtbild und Bürgerbild im Hellenismus*, Munich, 1995, p. 1-11, à compléter par H. von Hesberg, « Das griechische Gymnasion im 2. Jh. v. Chr. », *ibid.*, p. 13-27, mais on ne connaît que trop peu de gymnases hellénistiques en Asie Mineure (Priène, Assos, Milet, Stratonicée, Pergame).

permanence des fêtes et des concours, l'entretien des gymnases et l'éducation des jeunes, les honneurs à rendre aux rois, à ses représentants, et, d'une manière générale, à tous les bienfaiteurs de la cité. Rien de tout ceci n'est nouveau ni spécifique à l'Anatolie, mais cela apparaît davantage dans les textes. Dans ce monde où la violence est omniprésente, les cités paraissent soucieuses d'assurer à leurs citoyens la vie de loisirs qui fonde leur identité grecque. On cherche donc à attirer les rhéteurs les plus en vue, les athlètes du plus haut niveau ; à l'occasion, on assure aux citoyens l'usage d'un médecin établi à demeure. Des écoles, pour les enfants jusqu'à 14 ans, sont fondées et étroitement contrôlées par la cité, même lorsque le financement est assuré par un évergète[187]. Les jeunes gens reçoivent leur formation au gymnase, dans le cadre de l'éphébie qui prend partout un développement considérable[188]. Or, la formation des jeunes – enfants comme jeunes gens – revêt une telle importance aux yeux des responsables des cités, qu'en Asie Mineure comme ailleurs dans le monde grec, ils prennent le contrôle des gymnases et y imposent de stricts règlements. C'est alors qu'apparaît la fonction de gymnasiarque, qui sans être inconnue auparavant, n'avait qu'un caractère secondaire : Aristote dans la *Politique* (6, 8, 22) la rejette au nombre des fonctions qui n'existent que dans les cités « où il y a plus de loisir et de prospérité et où l'on se soucie plus d'une conduite décente », avec les gynéconomes et les paidonomes. Or, non seulement la gymnasiarchie se multiplie à l'époque hellénistique, mais elle compte à l'évidence parmi les fonctions de premier plan, celles dont les notables civiques sont particulièrement fiers. L'éphébie, comme institution, revêt alors une importance particulière[189], à la fois comme moyen de formation des futurs citoyens et comme lieu de rencontre des fils des élites, quelle que soit leur origine. Car, comme le note Philippe Gauthier, « (le gymnase) n'était fréquenté ni par tous les citoyens, ni par les seuls citoyens [...]. Ce n'était pas la qualité de « citoyen » mais l'adhésion de jeunes « libres » aux valeurs de l'éducation à la grecque qui constituait le sésame ouvrant les portes du gymnase »[190]. Les enfants des riches résidents fréquentent l'institution, comme le prouvent les listes d'éphèbes des cités où l'on rencontre à la fois des Grecs d'autres cités et, après 133, des Romains. Le gymnase est le lieu par excellence où s'accomplit cette hellénisation par la *paideia* que décrivait Isocrate, et où s'exprime le système de valeurs de l'hellénisme.

---

187. Cf. B. Legras, *Éducation et culture dans le monde grec*, 2e éd., Paris, 2002. On possède deux règlements d'école, à Milet (texte p. 130) et à Téos (*Syll.*3, 578). Par ailleurs, Eumène II avait créé une fondation pour payer les maîtres des écoles de Rhodes : Polybe, XXXI, 31.
188. Cf. Ph. Gauthier, « Notes sur le rôle du gymnase à l'époque hellénistique », dans M. Wörrle et P. Zanker éd., *Stadtbild und Bürgerbild im Hellenismus*, Munich, 1995, p. 1-11 ; B. Legras, *Éducation et culture*, p. 99-110.
189. La thèse d'A. Chankowski, *L'éphébie en Asie Mineure à l'époque hellénistique*, soutenue en 1996, est à paraître.
190. Ph. Gauthier, « Notes sur le rôle du gymnase », p. 8.

Tous ceux qui ont la charge de ces institutions se trouvent auréolés d'une gloire nouvelle. Les agoranomes, mais plus encore les gymnasiarques et les agonothètes gagnent en prestige et l'on fait appel aux notables les plus en vue pour remplir ces fonctions. La distinction entre honneurs (*timai*) et charges financières (*leitourgeiai*), toujours valable en droit, s'efface dans la pratique : lorsque l'on veut honorer un citoyen, on rappelle aussi bien les magistratures que les liturgies qu'il a assumées. L'évolution est ancienne et Aristote déjà, au milieu du IVe siècle[191], invitait à lier magistrature et liturgie pour consolider le pouvoir des riches et inciter les pauvres à souhaiter la pérennisation du régime. Faut-il y reconnaître une manœuvre machiavélique des puissants pour écarter le peuple du pouvoir ? C'est l'opinion de certains[192], mais on peut tout aussi bien estimer que c'est là le résultat de la pression populaire.

De fait, on constate dans les textes l'importance des tâches que les notables accomplissent et la dépense élevée que cela entraîne pour eux. Car la cité, bien loin d'avoir résolu le problème de ses finances, le voit au contraire s'aggraver. Le souci de plus en plus pressant de financer la cité conduit dès le IIe siècle à des transformations dans les rapports établis entre les riches et la cité, sans que cela se traduise nécessairement dans les institutions elles-mêmes. C'est plutôt le vocabulaire des inscriptions honorifiques, les honneurs décernés aux bienfaiteurs et l'éloge qui en est fait qui nous instruisent en ce domaine. Il faut attendre l'époque impériale pour que cela s'inscrive dans l'organisation municipale proprement dite.

Financer la vie civilisée

La vie civique coûte cher puisque la cité doit construire et entretenir les bâtiments publics, payer les fêtes et les concours, acheter du blé à bas prix, assurer l'envoi des ambassades et la solde des soldats, notamment des mercenaires, parfois entretenir quelques navires de guerre, acheter ou faire fabriquer des armes[193], sans parler du versement du tribut et des autres

191. Aristote, *Politique*, VI, 7, 6 (1321a 31-42) : « Il convient qu'à leur entrée en fonction les magistrats offrent de magnifiques sacrifices et fassent construire quelque édifice public, afin que le peuple, participant aux banquets et voyant la ville ornée à la fois d'offrandes votives et de monuments, ait de la joie à voir durer le régime ; et les notables auront de surcroît ainsi quelque mémorial de leurs largesses » (trad. J. Aubonnet, Les Belles Lettres, Paris, 1973).

192. G.E.M. De Sainte-Croix, *The Class Struggle*, p. 306.

193. Cf. la cité de Kymè, qui cherche à se procurer des boucliers dans les années 270 ou plus tard (l'éditeur propose 280-278, mais cf. Ph. Gauthier, *Bull. épigr.*, 2001, 373) et s'adresse pour cela à Philétairos de Pergame : G. Manganaro, « Kyme e il dinasta Philetairos », *Chiron*, 30, 2000, p. 403-413 ; Philétairos répond aux ambassadeurs que la fabrique a cessé son activité mais que, sur sa propre réserve de 1 000 boucliers, il leur en offre volontiers 600. On jugera de l'état de pauvreté des citoyens à la clause qui interdit à quiconque de vendre ou d'hypothéquer le bouclier qui lui aura été remis (50 à chacune des 12 tribus).

contributions exigées par le roi, lorsque la cité ne se trouve pas exemptée. Et cette liste n'est évidemment pas exhaustive. Il est impossible de chiffrer ces dépenses, car on ne connaît jamais toutes les dépenses d'une cité pour une année. Ainsi, Léopold Migeotte observe que, pour ce qui est des constructions, la fourchette de prix va de quelques milliers de drachmes pour une tour (Cyzique) à plusieurs centaines de milliers pour les remparts de Kolophon. Mais la durée des entreprises peut étaler la dépense sur plusieurs dizaines d'années, ce qui finit par ne représenter qu'une dépense annuelle modique. Ainsi, les travaux du Didymeion coûtent selon les années entre 14 000 et 40 000 drachmes environ, ce qui représente, même pour une année où la somme culmine, une dépense assez modeste pour une cité aussi importante que Milet[194].

Pour faire face à ces dépenses, la cité doit réunir l'argent nécessaire. On a beaucoup mis en évidence les liturgies, voire l'évergétisme, mais c'est négliger le fait que la cité possède aussi des ressources propres et a recours à des procédures qui lui permettent de financer sans être à la merci d'un seul homme. De plus, la documentation favorise de loin les modes de financement exceptionnels, qui impliquent des remerciements publics pour les évergètes, alors que les dépenses gérées par les magistrats ou les responsables désignés par la cité ne donnent lieu à aucune célébration dans la pierre ; notre appréciation de la part respective des financements publics et des générosités privées a toutes les chances d'en être faussée.

En tout cas, chaque cité possède un trésor public alimenté par une fiscalité envahissante. Certes, les cités ignorent l'impôt régulier sur la fortune ou sur le capital, mais elles multiplient les taxes les plus diverses : droits de douanes (entrée et sortie), droits de marché ou de résidence pour les étrangers. Mais ces taxes peuvent être diverses à l'infini. Ainsi à Téos (vers 300)[195], on relève une taxe sur les bœufs de labour, les animaux de bât, les esclaves, les moutons, les porcs ; taxe spéciale pour l'entretien des médecins, taxe payée par les esclaves vendant du bois ou du charbon, taxe sur le travail de la laine, l'importation de pourpre, les jardins et les ruches ! La matière fiscale est aussi riche que variée et frappe sans doute les principales activités de la population tant rurale qu'urbaine. Or Téos n'a aucune raison d'être une exception. À ces taxes s'ajoutent les produits des amendes, les confiscations, les legs et sans doute d'autres ressources comme la location des terres publiques ou les redevances des villageois dépendants. Ailleurs, on peut vendre au plus offrant les prêtrises publiques, dont le montant peut

194. Exemples de prix chez F. G. Maier, *Griechischen Mauerbauinschriften*, II, p. 66-68 ; cf. L. Migeotte, « Finances et constructions publiques », dans M. Wörrle et P. Zanker éd., *Stadtbild und Bürgerbild im Hellenismus*, Munich, 1995, p. 79-86, notamment p. 79-80.

195. *SEG* II, 79 ; ci-dessous p. 125.

atteindre des sommes élevées[196]. Mais les conditions de la vente ne sont pas sans inconvénient pour la cité : à Priène, la vente de la prêtrise de Dionysos *Phléos* s'accompagne d'exemptions de liturgies proportionnelles au prix payé, ce qui prive la cité d'un liturge potentiel puisqu'il s'agit d'une prêtrise à vie. Et l'on constate que l'acheteur s'est empressé de proposer un prix supérieur de 2 drachmes (sur 12 000 !) au seuil prévu pour une exemption totale (texte p. 125-126) !

Par ailleurs, les cités peuvent aussi compter pour certaines dépenses sur les fonds sacrés, c'est-à-dire les trésors accumulés par les sanctuaires[197]. En effet, chaque sanctuaire dispose de ressources propres qui peuvent varier à l'infini mais dont l'essentiel est constitué d'une part par les offrandes des fidèles, d'autre part des domaines fonciers ou des biens mobiliers. Ces trésors sacrés sont toujours soigneusement séparés des trésors publics, mais je doute que la cité ne possède pas un droit de regard. Quoi qu'il en soit des relations exactes entre la cité et le sanctuaire, le trésor sacré est mis à contribution au moins pour l'entretien du dieu. Une inscription de Cos précise ainsi que chaque année, les *prostatai*, c'est-à-dire des citoyens désignés pour gérer le sanctuaire, détenteurs des clefs des trésors, iront ouvrir le trésor en compagnie de la prêtresse, laisseront la moitié du trésor à la déesse, enverront l'autre moitié à la banque publique sur le compte qu'y possède la déesse, le tout dûment enregistré aux archives. L'argent ainsi rendu disponible sera affecté, par décision de l'assemblée populaire, pour la réparation du sanctuaire et des travaux de construction[198].

Cependant, il est difficile de mesure l'importance de ces trésors. En effet, une partie des ressources n'est pas réellement disponible. Ainsi, une part des offrandes des fidèles est constituée d'objets de valeur (phiales, coupes, statuettes) non négociables ; c'est tout au plus une réserve de métal précieux à utiliser en cas d'extrême urgence. De plus, nous ne sommes pas en mesure de mettre en rapport avec précision le coût de fonctionnement quotidien du sanctuaire, celui de son entretien et celui de ses réparations avec les ressources réelles dont il dispose. On observe que les évergètes – au premier rang desquels se trouvent les rois – se pressent pour offrir de quoi célébrer les sacrifices ou restaurer les temples. Une part des offrandes est donc pré-affectée sans que les gestionnaires du sanctuaire en aient la libre disposition.

---

196. Cf. J. A. Turner, *Hiereiai. Acquisition of Feminine Priesthoods in Ancient Greece*, PhD Ann Arbor, 1985, se limite aux prêtrises féminines ; cf. A. Bielman, *Femmes en public dans le monde hellénistique*, Paris, 2002, p. 32-39, qui donne la traduction de deux textes d'Halicarnasse (*Syll.*^{3}, 1015) et d'Erythrées (*Syll.*^{3}, 1014).
197. Sur tout ceci, cf. B. Dignas, *Economy of the Sacred in Hellenistic and Roman Asia Minor*, Oxford, 2002.
198. Cf. D. Obbink et R. C. T. Parker, « Aus der Arbeit der « Inscriptiones Graecae » VII. Sales of Priesthoods on Cos II », *Chiron*, 31, 2001, p. 229-252, n° 1.

Aussi séparés que soient trésors sacrés et trésor public[199], il me paraît inévitable de prendre les deux catégories en considération dans une appréciation globale des ressources d'une cité, puisque les trésors sacrés couvrent une partie des besoins de la communauté. Sans même parler des cas d'urgence où la cité emprunte au dieu pour couvrir des dépenses sans rapport avec le culte, emprunts qu'elle prévoit généralement de rembourser ultérieurement.

Il ne faut donc sans doute pas minimiser à l'excès les ressources propres des cités, qui pendant au moins tout le IIIe siècle ne semblent pas avoir recours habituellement à l'argent des bienfaiteurs pour combler leurs besoins, même si l'on observe dès cette époque quelques dons et quelques recours à la souscription ou à l'emprunt. Léopold Migeotte a bien montré que des opérations relativement coûteuses étaient prises en charge par le trésor civique seul, sans aucune aide extérieure, ce qui prouve que les responsables financiers de la cité savaient à la fois gérer les fonds et planifier les travaux en fonction des disponibilités. Ce qui revient à dire que, à défaut d'un budget tel qu'on le conçoit aujourd'hui, ils savaient parfaitement prévoir et organiser les finances civiques[200].

Exemption de taxes pour de nouveaux citoyens à Téos (v. 300)

[...] de taxes pour une période quatre ans. Ils seront exemptés de chorégie, de [...], de boégie, de lampadarchie, et de la taxe sur tous les [bœufs] de labour qu'ils possèdent et ceux qui ne forment pas un attelage. Et les bœufs de somme seront exempts de réquisition pour tous les travaux publics que la cité [entreprend ?]. Et il leur sera accordé des exemptions de taxes sur les animaux de bât et les esclaves, s'ils sont paysans salariés ou transporteurs de bois, ou qu'ils fassent ou vendent quoi que ce soit en rapport avec la vente du bois, et de la taxe sur les moutons jusqu'au nombre de [...]. Ceux qui le souhaitent peuvent élever des porcs jusqu'au nombre susdit de moutons et ils seront exempts de taxe. Ils seront exempts des autres taxes à l'exception de la taxe pour l'entretien des médecins. Tous les esclaves qui vendront [du charbon ?] ou quoi que ce soit d'autre en rapport avec la vente du bois, seront exempts de ces taxes aussi. Et tous ceux qui feront des manteaux, des [châles de laine ?] ou quelque autre produit en laine milésienne, qu'elle soit rêche [ou fine ? ou en quelque autre matériau] seront exempts de la taxe sur ces produits s'ils les vendent sur place ou les [exportent]. S'ils importent de quoi faire les manteaux [...] de teinture pourpre, ils seront exempts [de la taxe sur ceci. Et ils seront aussi exempts de] la taxe sur les jardins et les ruches ; ils seront [exempts...] de tout ce qu'ils souhaitent exporter [...] ils seront exempts pour dix ans, et [l'exemption commence à partir] du mois de Leukathéon et la prytanie d'Aristippos.

Source : *SEG* II, 79 ; H.W. Pleket, *Epigraphica* I, Leyde, 1964, n° 28 ; J. et L. Robert, *JSavants*, 1976, p. 175-188 ; M. Austin, *The Hellenistic World*, 99.

Loi de Priène sur la vente de la prêtrise de Dionysos (IIe siècle)

Règles pour la prêtrise de Dionysos Phléos. À la Bonne Fortune ! Nous vendrons la prêtrise de Dionysos Phléos aux conditions suivantes :

199. B. Dignas, *Economy of the sacred*, p. 25.
200. L. Migeotte, « Finances et constructions publiques », dans M. Wörrle et P. Zanker éd., *Stadtbild und Bürgerbild im Hellenismus*, Munich, 1995, p. 84-86.

L'acheteur de la prêtrise sera prêtre à vie, et il sera aussi prêtre de Dionysos Katagogios. Il sera libre d'obligations de sa personne. Il sera nourri gratuitement chaque jour au prytanée et au Panionion. Il recevra des animaux sacrifiés par la cité une jambe, la langue et la peau comme sa part de l'autel.

Il fournira les offrandes à brûler, l'orge, le blé, l'encens, les gâteaux plats, pour un bœuf d'un *tetarteus*, pour un mouton d'un demi-*hekteus*, et pour un cochon de lait de deux *choinikes*. Il aura droit aussi à un siège d'honneur au théâtre et pourra porter tout vêtement de son choix et une couronne de lierre doré.

Il accomplira les sacrifices au théâtre pour Dionysos Melpomenos, placera l'encens sur l'autel, commencera la libation, et offrira les prières au nom de la cité de Priène. Il pourra porter le vêtement de son choix et une couronne dorée durant les mois de Lénaion et d'Anthestérion, et lors des *Katagogia*, il conduira ceux qui accompagnent le retour de Dionysos, et pourra porter le vêtement de son choix et une couronne dorée.

Si la prêtrise atteint plus de 6 000 drachmes, son acheteur sera exempt des liturgies de lampadarque, d'agonothète, d'*hippotrophos*, de l'archithéorie et de la gymnasiarchie. S'il l'achète plus de 12 000 drachmes, il sera exempt de la triérarchie, de l'*oikonomia*, de la néopie et des avances d'argent.

L'acheteur paiera au néope immédiatement le dixième (du prix) et du reste, il donnera la moitié au mois de Métageitnion de la même année, et l'autre moitié au mois d'Anthestérion sous la stéphanéphorie de Kléoménès.

Athénopolis, fils de Kydimos, a acheté la prêtrise pour 12 002 drachmes, et le dixième est de 1 200 drachmes, 1 obole et 3 chalques.

Source : *Syll.*³, 1003 ; F. Sokolowski, *Lois sacrées d'Asie Mineure*, Paris, 1955, n° 37 ; M. Austin, *The Hellenistic World*, p. 224-225, n° 129.

Mais ces ressources propres ne suffisent pas à assurer une avance de trésorerie suffisante dans tous les cas. La cité doit donc avoir recours à des souscriptions publiques dont la destination est toujours précisée avec soin : les plus nombreuses concernent la construction ou la reconstruction d'un édifice public, des remparts[201], un *bouleutérion* ou les édifices les plus divers comme un gymnase, un temple, des portiques[202], mais d'autres souscriptions sont destinées à financer l'achat de blé à Samos v. 260[203] et à Iasos au milieu du IIe siècle[204], ou des travaux coûteux, comme la dorure des

201. Reconstruction des tours des remparts de Rhodes après le séisme de 227 : L. Migeotte, *Les souscriptions publiques dans les cités grecques*, Genève-Québec, 1992, p. 105, n° 37.

202. Aux exemples relevés par L. Migeotte, *Souscriptions*, (portiques et citernes de Camiros vers 250-225 : p. 126, n° 42 ; gymnase d'Halicarnasse, fin du IIIe siècle : p. 242, n° 77 ; restauration du Létôon d'Olymos vers 150-100 : p. 236, n° 75) on ajoutera la réparation du sanctuaire de Létô à Xanthos : J. Bousquet et Ph. Gauthier, « Inscriptions du Létôon de Xanthos », *REG*, 107, 1994, p. 349-350. L'inscription doit dater, comme celle qui est citée à la note suivante, du milieu du IIe siècle, après le retour de la paix ; cf. aussi une souscription des *Pisyètai* et des *Pladaseis* en Carie pour la construction de *néôria*, des cales sèches pour les navires, vers 275-226 : P. Debord et E. Varinlioğlu éd., *Les hautes terres de Carie*, Bordeaux, 2001, p. 95-105, n° 1.

203. Texte dans J. Pouilloux, *Choix*, n° 34 ; G. Thür et C. Koch, *Anz. Akad. Wien*, 118, 1981, p. 61-88, avec un long commentaire et la bibliographie ; L. Migeotte, *Souscriptions*, p. 185, n° 62 ; date : S. V. Tracy, *Chiron*, 20, 1990, p. 62 et 97-100.

204. *I. Iasos*, 244 ; L. Migeotte, *Souscriptions*, p. 232, n° 74.

statues du culte[205]. Les procédures varient, soit qu'il s'agisse de dépenser directement la somme réunie, soit qu'il s'agisse de créer un fonds placé dont seuls les intérêts seront utilisés pour financer l'opération prévue. En tout cas, le montant peut être considérable, comme à Kolophon où la souscription rapporte entre 265 et 300 000 drachmes en 310, ou à Cos où 241 souscripteurs fournissent plus de 110 000 drachmes[206], il est vrai dans une situation d'urgence. De même, tous ceux qui ont de l'argent sont requis : à Cos, les souscriptions varient de 50 à 7 000 drachmes, ce qui donne l'échelle des fortunes (la souscription de 7 000 drachmes provient de l'initiateur du décret) et l'on met à contribution aussi bien les femmes que les étrangers.

Souscription publique à Cos pour la défense de la cité (205-201 av. J.-C.)

Sous le *monarchos* Nicomédès, le premier du mois [...] ; Dioklès fils de Léodamas a proposé : afin qu'en toutes circonstances il soit manifeste que les citoyens prennent ensemble en charge la sécurité commune, il a plu : que les volontaires parmi les citoyens, les citoyennes, les *nothoi*, les *paroikoi* et les étrangers annoncent ce qu'ils promettent ; qu'on proclame immédiatement dans l'assemblée les noms de ceux qui auront promis ; que le peuple vote à main levée sur la valeur du don et, s'il lui plaît, qu'il l'accepte ; et pour qu'il subsiste un souvenir de ceux qui ont donné collectivement pour le salut de la patrie et des alliés, que les pôlètes mettent en adjudication la préparation de trois stèles et consacrent l'une au théâtre, la deuxième dans l'Asklépeion et la troisième à l'agora près de l'autel de Dionysos ; qu'ils fassent graver sur les stèles les noms de ceux qui auront été agréés par le vote ; et qu'ils enregistrent également si la promesse de certains a été refusée par le vote ; si certains arrivent après le jour de la promesse, qu'ils puissent s'engager lors de la prochaine assemblée *(suit la liste des souscripteurs).*

Source : W. R. Paton et E. L. Hicks, *Inscriptions of Cos,* Londres, 1890, n° 10 ; L. Migeotte, *Les souscriptions publiques dans les cités grecques,* Genève-Québec, 1992, p. 147-160, n° 50. Bibliographie : M. Holleaux, « L'expédition de Dikaiarchos dans les Cyclades et sur l'Hellespont », *Études,* IV, Paris, 1952, p. 124-145 ; Id., « Sur la guerre crétoise », *ibid.,* p. 163-203 ; Id., « L'expédition de Philippe V en Asie », *ibid.,* p. 211-335 ; A. N. Sherwin-White, *Ancient Cos,* Göttingen, 1978 ; P. Brulé, *La piraterie crétoise hellénistique,* Paris, 1978.

Les souscriptions apparaissent très caractéristiques de l'époque hellénistique (alors qu'elles disparaissent à peu près sous l'Empire), surtout dans les périodes de paix et de prospérité[207]. Lorsque les souscriptions publiques ne suffisent pas, la cité recourt à l'emprunt[208]. Ainsi, à Halicarnasse au IIIe siècle, la cité a emprunté, sans intérêt, aux citoyens pour construire un portique. Une inscription nous apprend que les créanciers vont être remboursés grâce à une somme prévue pour le *bouleutérion* mais non utilisée, complétée par les

205. Liste de souscripteurs pour dorer les statues d'Apollon, Artémis, Létô et du Parthénôn à Xanthos : J. Bousquet et Ph. Gauthier, « Inscriptions du Létôon de Xanthos », *REG*, 107, 1994, p. 350-352. Inventaire de ces procédures dans L. Migeotte, *Souscriptions.*

206. En raison des lacunes, on peut estimer que la souscription dépassait les 150 000 drachmes : L. Migeotte, *Souscriptions*, p. 155.

207. Cf. les tableaux de L. Migeotte, *Souscriptions*, p. 299.

208. L. Migeotte, *L'emprunt public dans les cités grecques*, Paris-Québec, 1984.

revenus de la taxe sur les serments (droit d'enregistrement)[209]. Mais on aura noté que la cité d'Halicarnasse ne paie pas d'intérêt et que le remboursement se fait à sa convenance, signes probables de difficultés de trésorerie. De même, à Amyzon de Carie, sans doute entre 200 et 188, un décret rappelle que des citoyens ont fait l'avance de sommes d'argent que la cité devait aux Chrysaoriens[210], sans exiger d'intérêt ; cette avance correspond donc à un prêt. Mais la cité n'a pas pu rembourser sur ses ressources ordinaires et elle est obligée d'imposer une contribution uniforme de cinq drachmes à tous les citoyens, à verser avant la fin du mois sous peine d'une amende du décuple. L'incapacité à rembourser l'emprunt, même sans intérêt, aboutit à la création d'un impôt exceptionnel (*eisphora*).

Remboursement d'une dette publique à Halicarnasse (IIIe siècle)

[...] Kalliklès aux trésoriers, et les trésoriers remettront l'argent aux commissaires, et les commissaires le donneront à ceux qui ont signé contrat conformément aux plans. Afin que ceux qui ont avancé l'argent pour la construction du portique que le peuple dédie à Apollon et au roi Ptolémée soient connus de tous, les contrôleurs (*exetastai*) en fonction au moment où le portique sera achevé inscriront sur le mur de côté du portique les noms et patronymes de tous ceux qui ont avancé sans intérêt des sommes d'au moins 500 drachmes, plaçant en exergue à cette liste les mots suivants : « Les hommes dont les noms suivent ont donné au peuple de l'argent sans intérêt pour la construction du portique. » Ils inscriront en tête d'abord celui qui a donné le plus.

Afin que ceux qui ont avancé l'argent soient remboursés, les revenus qui avaient été affectés au *bouleutérion* leur seront assignés une fois que les précédents créanciers auront été remboursés. On leur assignera aussi les revenus affectés aux statues, c'est-à-dire la taxe de 2 % et la taxe pour l'enregistrement des serments, une fois que les anciens créanciers auxquels ces revenus avaient été assignés auront été remboursés. Il leur sera aussi assigné, sur les revenus publics, un talent par an après que les créanciers à qui six talents ont été affectés sur le budget de la cité les aient perçu avec intérêt. Le surplus ira au trésor public. En plus, on leur assignera la somme prélevée sur le portique après la vente des colonnes, du bois, des tuiles et des briques. Que ceux qui ont pris à ferme les travaux de construction vendent les colonnes au tribunal, lors de la même session de l'assemblée, et que l'acheteur paie dans un délai de 30 jours aux trésoriers et que les trésoriers [...].

Source : *OGIS* 46 ; M. Austin, *The Hellenistic World*, 100.

Malgré ces difficultés et ces insuffisances du trésor public, la cité gère donc une caisse publique qui lui permet de faire face aux dépenses courantes, et, à l'occasion, à des dépenses plus exceptionnelles telles que les constructions nécessaires au déroulement de la vie civique ou l'embellissement de la cité.

Mais ces ressources et ces expédients ne suffisent pas à faire face à tous les besoins. De nombreuses dépenses continuent donc d'être couvertes par le système traditionnel de la liturgie : chorégie, gymnasiarchie, triérarchie,

209. *OGIS*, 46.
210. J. et L. Robert, *Fouilles d'Amyzon en Carie*, Paris, 1983, p. 217-227, avec traduction du texte.

lampadarchie, agonothésies. Cette mise en relation directe entre le riche citoyen et la dépense à accomplir est une vieille tradition grecque sur laquelle il est inutile d'insister : c'est la contribution normale et attendue du riche à la vie civique. Cependant, il faut se rappeler que la tradition a toujours été de ne pas fixer de montant à ces contributions, bien qu'il aille de soi que le liturge assume, quoi qu'il arrive, le minimum indispensable. Mais le liturge, s'il le peut, se doit d'en faire plus, de faire mieux, c'est-à-dire de dépenser au-delà du simple minimum attendu. Une certaine émulation peut s'exercer entre des individus qui trouvent ainsi l'occasion de gagner sinon la faveur populaire à des fins politiques, du moins une certaine distance sociale et la confirmation de leur supériorité. Ce goût pour la générosité civique fonde l'évergétisme qui se développe vigoureusement dès le IIIe siècle et prend une place croissante dans le fonctionnement des cités.

Le recours à l'évergétisme ne débute pas à l'époque hellénistique et n'est certes pas le propre de l'Asie Mineure, puisqu'on l'observe dans l'ensemble du monde grec dès le IVe siècle[211]. Durant toute la haute époque hellénistique, jusqu'au début du IIe siècle, parfois un peu plus tard, l'aspect financier de l'évergétisme reste marginal. Il est clair que l'on attend du citoyen évergète bien davantage des interventions politiques auprès des puissants avec lesquels il est en relation que de l'argent pour faire fonctionner la cité. Cependant, il est vrai que la cité compte alors beaucoup sur l'aide financière des rois et des membres de leur entourage, que cette aide se traduise en argent, en matériaux de construction, en blé ou en d'autres produits[212]. Au contraire, les évergètes citoyens (le titre d'évergète ne leur est d'ailleurs pas décerné avant le IIe siècle) se contentent d'avancer de l'argent ou de faire de modestes cadeaux comme la simple remise des sommes dues au titre des frais d'ambassades ou de solde militaire. Ce n'est pas avant le début du IIe siècle que les sommes en jeu commencent à prendre de l'importance.

Cela n'empêche pas la cité de conserver un contrôle rigoureux sur la gestion des sommes délivrées par les évergètes : l'argent qu'Eudémos de Milet promet de consacrer à une école publique de sa cité est constitué en fondation gérée par la cité ; le règlement du gymnase sera établi, les maîtres choisis par la cité. La capacité d'initiative de l'évergète se borne à fixer le montant et la destination du don. En échange, il reçoit des honneurs assez modestes, mais qui suffisent à le distinguer de la foule de ses concitoyens.

---

211. Étude indispensable de Ph. Gauthier, *Les cités grecques et leurs bienfaiteurs*, Paris, 1985.

212. Cf. la diversité des contributions royales lors du tremblement de terre de Rhodes en 228-227 : Polybe, V, 88-90.

Donation pour une école à Milet (206-205 av. J.-C.)

Il a plu au peuple, avis des présidents : attendu qu'Eudémos fils de Thallion désireux de procurer des bienfaits au peuple, pour que reste à jamais le meilleur souvenir de sa réputation, a fait l'annonce en son nom propre et en celui de ses frères Ménandros et Dion de ce qu'il entendait donner pour l'éducation des enfants de condition libre dix talents d'argent, les Milésiens ont décrété que soit accordé l'éloge à Eudémos pour son zèle dans les choses essentielles, qu'il soit recommandé à l'attention du conseil et du peuple.

Pour que l'administration de ce fonds puisse se faire de la façon qui convient, Eudémos comptera la totalité de la somme susdite aux trésoriers des revenus ordinaires au moment prévu lors de la promesse, les trésoriers la verseront aussitôt aux responsables élus de la banque publique, qui la porteront au compte de la cité sous l'intitulé suivant : « argent versé par Eudémos pour l'éducation des enfants de condition libre » ; qu'ils portent en compte cette somme et la conservent, et qu'ils la transmettent aux banquiers élus pour leur succéder, jusqu'à ce que le peuple décide de l'emploi des revenus qui en proviendront ; s'ils ne transmettent pas cet argent comme prévu, qu'ils soient tenus de payer le double au peuple ; les répartiteurs qui administrent les revenus de la cité prendront chaque année lors de la répartition trois cents statères sur les revenus qui proviendront de ce fonds et les partageront pour solder mois par mois les dépenses des trésoriers ; s'ils ne le font pas comme il est prévu, que chacun soit redevable envers Hermès et les Muses de cinq cents statères.

Que ceux qui désirent devenir entraîneurs ou maîtres de lettres se fassent inscrire auprès des magistrats pour l'enfance désignés pour l'année suivante ; cette inscription se fera chaque année au mois d'Artémision, depuis le jour de la pleine lune jusqu'au vingt, que les responsables affichent les noms sous le portique d'Antiochos ; le vingt-huit du même mois, lors de la réunion de l'assemblée, on installera au théâtre une table et un autel à encens ; le prêtre d'Hermès juge des concours affectés à la palestre des enfants, celui des Muses, le héraut sacré, les magistrats pour l'enfance et, tant qu'il vivra, Eudémos, ensuite le plus âgé de ses descendants, feront brûler l'encens pour Hermès, les Muses et Apollon conducteur des Muses ; le héraut demandera aux citoyens assemblés d'élire pour entraîneurs et maîtres de lettres ceux qu'ils considéreront les meilleurs pour s'occuper des enfants et de ne pas laisser la partialité troubler la justice de leur décision ; si tel est le cas le meilleur en adviendra, sinon le contraire les menace ; après cela, les responsables pour l'enfance transmettront au secrétaire du conseil le nom de ceux qui se sont fait inscrire, et introduiront chacun d'eux un par un ; les prêtres et le héraut feront prononcer à chacun de ceux qui se présenteront le serment suivant, pour les entraîneurs : « je jure par Hermès que je n'ai sollicité le vote d'aucun des Milésiens ni demandé à quiconque de le faire pour moi, je prie pour que celui qui respecte son serment en reçoive du bien et que le contraire arrive à celui qui ne le fait pas » ; les maîtres de lettres jureront avec les mêmes formules adressées à Apollon et aux Muses ; que soient désignés par un vote quatre entraîneurs et quatre maîtres de lettres.

Le salaire de chaque entraîneur sera de trente drachmes, celui de chaque maître de lettres de quarante drachmes ; ils accompliront en tout leur tâche selon les stipulations de la loi sur l'enfance ; il sera permis aux entraîneurs élus qui veulent accompagner des athlètes pour un concours doté de couronnes (de le faire), après avoir obtenu l'autorisation des responsables pour l'enfance et avoir laissé quelqu'un pour s'occuper des enfants qui paraisse convenable aux responsables pour l'enfance. Pour que le salaire qui leur revient soit versé correctement, que le trésorier le verse à chacun le premier du mois ; s'il ne le fait pas, qu'il soit redevable de cinq cents statères au profit d'Hermès et des Muses, et les entraîneurs et maîtres de lettres prélèveront leur salaire sur cet argent en accord avec la loi sur les marchés ; l'argent prévu dans la répartition ne sera d'aucune façon utilisé à un autre usage ; si quelqu'un propose, met au vote, évoque la possibilité de le faire, transfère les crédits ou les diminue, qu'il soit mis à l'amende de cinq cents statères aux profits d'Hermès et des Muses.

Quand les salaires auront été prélevés, que le reste des crédits soit pris par les responsables pour l'enfance, et qu'ils envoient à Apollon de Didymes un taureau, le plus beau possible, pour la fête pentétérique des *Didymeia*, et les trois autres années à la fête des *Boégia*, qu'ils participent à la procession avec les enfants qu'ils auront choisis, et leurs surveillants élus, et avec eux Eudémos tant qu'il vivra, et ensuite le plus âgé de ses descendants ; que les responsables pour l'enfance sacrifient la victime envoyée et répartissent les viandes entre les enfants et les personnes désignées pour la procession.

Les enfants n'auront pas cours le cinq du mois, et les responsables pour l'enfance inscriront cette date parmi les jours de vacances prévus par la loi sur l'enfance.

Pour que la politique du peuple et l'amour qu'Eudémos lui porte sur ce point paraisse évidents à tout le monde, que les responsables des murailles s'occupent avec l'architecte de ce que ce décret soit gravé sur deux stèles de pierre, que l'une soit placée dans la palestre des enfants, au lieu qui paraîtra convenable, l'autre dans le sanctuaire d'Apollon Delphinien, dans la pièce construite par Eudémos fils de Thallion. Le peuple délibérera au moment opportun sur la façon d'honorer dignement le zèle d'Eudémos. Il a plu au peuple d'afficher ce décret sur une tablette blanche.

Source : *Syll.*3, 577 ; (trad. J.-M. Bertrand, *L'Hellénisme (323-31 av. J.-C.). Rois, cités et peuples*, Paris, Armand Colin, 1992, p. 209-211).

Bibliographie : Martin P. Nilsson, *La Scuola ellenistica*, Florence, 1973 (trad. éd. allemande, *Die hellenistische Schule*, Munich, 1955) ; Ph. Gauthier, « Notes sur le rôle du gymnase dans les cités hellénistiques », dans M. Wörrle et P. Zanker éd., *Stadtbild und Bürgerbild im Hellenismus*, Munich, 1995, p. 1-11.

Les choses changent non pas avec la création de la province d'Asie, mais déjà avec l'effacement des grands royaumes. Comme le note Polybe en évoquant l'aide que les rois apportèrent à Rhodes dévastée par un séisme en 228-227, désormais, au milieu du IIe siècle, les rois sont devenus pingres[213]. C'est sans doute aussi qu'ils sont devenus pauvres. En tout cas, la part financière de l'évergétisme commence à croître dans le courant du IIe siècle, devenant essentielle dès la seconde moitié du siècle. Mais il conviendra d'en prendre la mesure lorsque les crises du Ie siècle auront bouleversé profondément l'organisation sociale des cités.

Sociétés urbaines

Dépopulation et repeuplement

À la suite de Polybe, qui déplorait la dépopulation de la Grèce de son temps, nombre d'historiens ont accrédité l'idée d'une chute démographique du monde grec égéen à l'époque hellénistique. La réalité, insaisissable d'un point de vue statistique, a pourtant de bonnes chances d'être différente. Polybe ne parle en effet que pour la Grèce d'Europe et ne signale pas un dépeuplement général, mais un comportement « malthusien » des élites urbaines. Il serait donc malencontreux d'appliquer cette remarque à l'ensemble des cités égéennes, ou même à l'ensemble des élites urbaines. De plus, l'impression d'un homme, aussi fin observateur soit-il, ne peut guère fonder seule la théorie

213. Polybe, V, 90.

du dépeuplement de la Grèce égéenne. Il y faudrait des preuves archéologiques qui, pour l'Asie Mineure, font assez largement défaut.

Il est vrai néanmoins que les guerres, les raids galates, la piraterie et le brigandage ne peuvent avoir un effet positif sur la population de l'Anatolie occidentale. Mais il est difficile d'en apprécier exactement les effets, faute de chiffres. Ce n'est qu'au temps d'Aristonicos, puis surtout de Mithridate et des Parthes, que les pertes humaines semblent avoir été importantes. Mais, même les guerres les plus destructrices peuvent n'avoir des effets de dépopulation que très localisés. Ainsi, lors d'opérations militaires, des villes peuvent temporairement être rayées de la carte. Lors de l'invasion de la Carie par Philippe V en 202-201, la petite cité d'Amyzon s'est trouvée pillée, la population s'est dispersée : un décret nous apprend qu'un épistate royal d'Antiochos III a aidé à récupérer le butin abandonné par l'ennemi à Alinda et a permis le repeuplement de la cité en faisant revenir tous les habitants qui avaient fui dans les cités alentour[214]. Bien d'autres cas de *synoikismes* de ce type ont été rassemblés par L. Robert[215] : à Sardes en 213 par Antiochos III[216], à Théangéla de Carie (date imprécise) par un officier royal, à Amisos et Sinope par Lucullus[217].

À ces guerres peut s'ajouter l'attrait exercé par les nouveaux royaumes sur des populations démunies. On ne peut exclure qu'un mouvement d'émigration ait conduit vers le Proche-Orient ou l'Égypte une partie des habitants des cités grecques d'Asie Mineure. Des colons de Magnésie du Méandre seraient installés à Antioche de Pisidie, par exemple, et d'autres cas semblables ont pu se produire. Mais leur importance a dû être marginale et ne toucher que des individus isolés, parmi lesquels les nombreux Cariens employés en Égypte, comme Zénon de Kaunos, le célèbre intendant du dioécète Apollonios vers 260-250.

Certaines pratiques des cités d'Asie Mineure à l'époque hellénistique ont conduit les historiens à envisager qu'il y ait pu avoir une baisse sensible de la population. Ainsi, on a cru que la vente du droit de cité, attestée à Phasélis, Éphèse, Aspendos[218], visait à repeupler ces cités, alors que le seul intérêt de cette mesure, qui ne touche que quelques dizaines d'individus[219], est bien davantage fiscal que démographique. On a interprété de la même façon

214. J. et L. Robert, *Amyzon*, p. 151-154.
215. J. et L. Robert, *Amyzon*, p. 188-191, ont montré que *synoikismos* pouvait désigner non seulement la réunion de plusieurs villes ou villages en une seule cité, mais aussi le rassemblement des anciens habitants dispersés par les malheurs des temps.
216. Cf. Ph. Gauthier, *Nouvelles inscriptions de Sardes* II, Genève, 1989, p. 22-24 ; le roi aide à la reconstruction de la ville en autorisant la coupe et l'importation de bois depuis le Tmôlos (p. 22-33).
217. Appien, *Guerre de Mithridate*, 375 ; Plutarque, *Lucullus*, 19.
218. L. Robert, *Hellenica*, I, 37-42 ; J. et L. Robert, *Bull. épigr.*, 1967, 497 ; 1973, 62 ; 1976, 95.
219. Une dizaine d'individus d'un seul coup à Éphèse : *I. Ephesos*, 2001.

l'octroi de la citoyenneté à des bienfaiteurs étrangers ; or, c'est oublier que l'octroi de ce privilège ne contraint pas le bénéficiaire à résider dans la cité qui l'honore et qu'il reste potentiel aussi longtemps que le nouveau citoyen réside ailleurs. On peut en dire autant de l'isopolitie, échange de citoyenneté entre deux communautés (généralement voisines) : elle ne renforce l'une ou l'autre des cités que si, de fait, de nombreux citoyens de l'une vont résider dans l'autre. Là encore, l'objectif n'est certainement pas de repeupler une cité, mais de faciliter les échanges de toute nature entre deux communautés voisines et parfois imbriquées[220].

On ne connaît en réalité en Asie Mineure que deux cas d'*anaplérôsis* (littéralement « complément ») aboutissant à l'octroi de la citoyenneté en bloc à tout un groupe d'individus[221]. À Milet[222], une série de décrets pris entre 234 et 228 accorde la citoyenneté à plusieurs groupes de soldats, principalement des Crétois. Ces soldats sont au service de Milet au moment des décrets et y résident à titre de mercenaires, comme dans bien d'autres cités d'Asie Mineure. Le nombre de bénéficiaires est élevé, autour d'un millier : il est donc sûr qu'il ne s'agit pas de remercier des bienfaiteurs étrangers. Le moment choisi pour cette série de décrets correspond à la période des menaces d'Antiochos Hiérax, puis d'Antigone Dosôn, voire d'Attale Ier contre Milet. Ce contexte de crise et la qualité des bénéficiaires imposent certaines conclusions. D'une part, il est clair que plutôt que de repeuplement proprement dit, il faut parler de reconstitution ou de renforcement du corps civique : les soldats habitaient déjà le territoire de Milet. Il s'agit donc d'une part de renforcer le *dèmos* conçu comme potentiel de défense, d'autre part de faciliter l'enracinement définitif des mercenaires dans la cité qu'ils ont à défendre, enfin, subsidiairement, d'alléger la charge financière que représente la solde des mercenaires en reconstituant une armée civique, donc partiellement gratuite[223]. On accorde pour cela une terre aux nouveaux citoyens, inaliénable pendant vingt ans, et la totalité des droits civiques, à l'exception du droit d'être élu à certaines magistratures militaires avant vingt ans. Le corps civique milésien en sort incontestablement renforcé, mais la population de l'ensemble du territoire reste identique.

---

220. Beau décret d'isopolitie entre Milet et Mylasa en 209-208 : A. Rehm, *I. Delphinion*, Berlin, 1914, n° 146 (repris dans W. Blümel, *I. Mylasa*, II, p. 21, T 51). Cf. un traité d'isopolitie entre Xanthos et Myra vers 150-120 dans J. Bousquet et Ph. Gauthier, « Inscriptions du Letôon de Xanthos », *REG*, 107, 1994, p. 319-347.

221. Cf. R. Lonis, « L'anaplérôsis ou la reconstitution du corps civique avec des étrangers à l'époque hellénistique », dans R. Lonis éd., *L'étranger dans le monde grec*, II, Nancy, 1992, p. 245-270.

222. A. Rehm, *I. Delphinion*, 33-38.

223. On verse éventuellement une solde aux soldats-citoyens pendant les campagnes alors qu'il faut entretenir les mercenaires à longueur d'année.

Pergame offre le second exemple d'*anaplérôsis*. En 133, la cité qui vient juste d'être libérée par le testament d'Attale III offre la citoyenneté à « ceux qui sont inscrits sur les registres des *paroikoi*, puis, parmi les soldats, ceux qui sont établis dans la ville et sur son territoire, et de même les Macédoniens et les Mysiens[224], ainsi que ceux qui sont mentionnés comme résidant dans la citadelle et dans la vieille ville, et aussi les Masdyéniens et [...], ainsi que les gendarmes, et tous les autres hommes libres qui résident ou qui possèdent des biens dans la ville ou sur son territoire »[225]. Là encore, il s'agit d'une situation de crise politique et militaire : la cité redoute qu'un succès d'Aristonicos-Eumène III ne la prive des avantages qu'elle avait reçus du testament d'Attale III. Comme à Milet, les principaux bénéficiaires sont les soldats et gendarmes non-citoyens résidant sur le territoire de Pergame, même si la mesure est étendue, à la fin de l'énumération, à tous les hommes libres. Quoi qu'il en soit, tous les bénéficiaires potentiels sont déjà des résidents de Pergame et il ne s'agit, comme à Milet, que de renforcer le corps civique[226], non de repeupler une cité dépeuplée. L'objectif militaire et politique sous-tend clairement la volonté d'accroître le corps civique.

L'intérêt de ces deux opérations d'*anaplérôsis* est aussi de montrer qu'il existe sur le territoire des cités une abondante population ne jouissant pas des droits civiques, paysans dépendants, soldats, étrangers, qui constituent un réservoir de citoyens en cas de baisse trop importante du nombre de ceux-ci. Pour autant, il faut des circonstances dramatiques pour que la cité accorde massivement le privilège de citoyenneté à ces résidents.

Car, en règle générale, la citoyenneté de la *polis* reste parcimonieusement accordée à ceux qui lui ont rendu des services exceptionnels, les généreux évergètes étrangers, les officiers royaux, nombreux dans les cités[227], les chefs de garnisons royales ou de troupes mercenaires. Parfois, l'octroi de ce privilège touche un groupe plus large, mais dans des conditions particulières. Ainsi, lorsque Téos absorbe Kyrbissos[228], que Milet annexe Pidasa par le biais d'un traité de sympolitie[229], ou que Smyrne accueille un groupe d'habitants de Magnésie du Sipyle[230]. Souvent le contexte est peu clair, mais on voit bien qu'il s'agit de circonstances exceptionnelles. De même, dans un décret d'Amyzon, on prévoit l'affichage de la liste des nouveaux citoyens, peut-être après le *synoikisme* suscité par

224. Le terme de Mysiens ou de Mysie est très difficile à cerner : cf. P. Debord, « Les Mysiens : du mythe à l'histoire », dans V. Fromentin et S. Gotteland éd., *Origines gentium*, Bordeaux, 2001, p. 135-146.
225. *OGIS* 338.
226. Sur la répartition des nouveaux citoyens dans les dèmes, tribus, etc., cf. N. F. Jones, *ZPE*, 87, 1991, p. 79-109.
227. J. et L. Robert, *Amyzon*, p. 151 et p. 192-194.
228. L. Robert, *JSavants*, 1976, p. 230-231.
229. *I. Delphinion*, 149 ; *Syll.*³, 633 ; cf. ci-dessous p. 185.
230. *OGIS* 219.

Antiochos III à la fin du IIIe siècle[231] : on ne s'est pas contenté de rassembler les anciens citoyens dispersés, mais on a fait appel à des volontaires pour repeupler la cité. Quelquefois il s'agit d'intégrer les citoyens d'une cité déchue comme le fait Priène pour les anciens citoyens de Myonte, qui forment un nouveau dème de la cité[232]. Les bénéficiaires sont plus rarement des dépendants ruraux[233].

Smyrne et les colons de Magnésie du Sipyle au temps de Séleucos II

1. Décret de Smyrne relatif au traité avec Magnésie du Sipyle

Il a plu au peuple, sur proposition des stratèges : attendu que déjà auparavant, lorsque le roi Séleucos se dirigeait vers la Séleucide, et que de nombreux et grands dangers menaçaient notre cité et notre territoire, le peuple avait conservé sa bienveillance et son amitié à son égard, ne se laissant pas intimider par l'invasion des ennemis ni préoccuper par la destruction de ses biens, mais considérant tout ceci comme secondaire par rapport au maintien de sa politique d'amitié et de défense des intérêts du roi au mieux de ses possibilités comme il l'avait promis dès le début ; aussi le roi Séleucos, qui manifeste de la piété envers les dieux et de l'affection envers ses parents, se montrant généreux et sachant faire preuve de gratitude envers ses bienfaiteurs, a honoré notre cité à cause de la bienveillance et du zèle manifestés par le peuple envers ses intérêts, et à cause de l'instauration dans notre cité du culte de son père Antiochos Théos et de la mère de son père, Stratonikè Théa, (culte) à l'occasion duquel il est offert de grands honneurs par le peuple à titre collectif et par chacun des citoyens en particulier, et il a garanti au peuple l'autonomie et la démocratie, et il a écrit aux rois, aux dynastes, aux cités et aux peuples en leur demandant que le sanctuaire d'Aphrodite Stratonikis soit reconnu comme inviolable (*asylos*), et que notre cité soit sacrée et inviolable.

Et maintenant que le roi a franchi (le Taurus) en direction de la Séleucide, les stratèges, soucieux que les intérêts du roi soient sauvegardés, ont envoyé une délégation vers les colons (*katoikoi*) à Magnésie et aux cavaliers et aux soldats du camp, et ont confié à un homme parmi eux, Dionysios, de les presser de conserver pour toujours leur amitié et leur alliance avec le roi Séleucos, et ils ont promis que si [les gens de Magnésie] défendaient les intérêts [du roi], ils auraient mêmes amis et mêmes ennemis [que le roi], ils recevraient du peuple et du roi Séleucos tout privilège et avantage, et qu'une reconnaissance à la mesure de leur amitié leur serait manifestée. Les hommes de Magnésie, y étant ainsi invités et étant eux-mêmes soucieux de maintenir leur amitié et alliance avec le roi et de défendre ses intérêts, acceptèrent bien volontiers les demandes des stratèges et promirent de montrer la même attitude favorable que notre peuple envers les intérêts du roi Séleucos, et ils nous envoyèrent comme ambassadeurs Potamôn et Hiéroklès parmi les colons, et Apollonikétès parmi les soldats du camp, pour négocier avec nous et nous apporter l'accord d'amitié qu'ils souhaitaient conclure. Quand les ambassadeurs eurent été conduits devant le peuple, ils parlèrent sur ces sujets conformément aux termes de l'accord.

231. J. et L. Robert, *Amyzon*, p. 212-215.
232. Myonte comme cité déchue : Strabon, XIV, 1.10 ; autre exemple, Larissa sur le territoire d'Éphèse : XIII, 3.2 ; Zéleia appartient à Cyzique : XII, 8.11 ; cf. T. R. S. Broughton, *Roman Asia*, p. 639.
233. I. S. Svencickaja, « Some problems of agrarian relations in the province of Asia », *Eirene*, 15, 1977, p. 30, argue du silence des sources d'époque impériale sur les *paroikoi* de Stratonicée pour supputer leur intégration au corps civique ; rien n'est moins sûr et les groupes de *paroikoi* sont particulièrement bien attestés en Asie Mineure méridionale ; une trouvaille fortuite peut faire ressurgir ceux de Stratonicée.

À la Bonne Fortune ! Il a été décidé d'instituer l'amitié avec les gens de Magnésie en tout ce qui avantage les affaires du roi Séleucos, et de désigner trois ambassadeurs qui se rendront chez eux, qui leur apporteront l'accord décidé par le peuple, leur en expliqueront les termes et les presseront d'accepter et de se conformer aux termes de l'accord, et si les gens de Magnésie s'y conforment, les ambassadeurs qui auront été envoyés leur feront prêter le serment inscrit dans l'accord. Quand les gens de Magnésie auront accepté ceci et auront en commun scellé l'accord et prêté serment, et que les ambassadeurs seront revenus, que toutes les autres clauses inscrites dans l'accord soient mises à exécution, et que ce décret soit gravé conformément à la loi. Qu'il soit gravé sur la même stèle que l'accord. Que les présidents mensuels du conseil (*épiménioi*) invitent les ambassadeurs qui seront revenus de Magnésie à une réception au prytanée. Que Kallinos le trésorier donnent aux ambassadeurs désignés les frais du voyage sur les revenus de la cité pour un nombre de jours tel qu'il a été décidé par le peuple. Le nombre de jours a été fixé à cinq, et les ambassadeurs désignés furent Phanodèmos fils de Mikiôn, Dionysios fils de Dionytas, Parméniskos fils de Pythéas.

2. Décret de Smyrne relatif aux soldats de la Vieille Magnésie et d'autres non inclus dans le traité.

Alors que Hégésias était prêtre, Pythodôros stéphanéphore, au mois de Lénaion, à la Bonne Fortune ! L'amitié a été conclue aux termes suivants par le peuple de Smyrne et les colons de Magnésie, aux cavaliers et aux fantassins dans la cité et à ceux du camp et aux autres habitants ; les Smyrniens garantissent la citoyenneté aux colons de Magnésie, les cavaliers et les fantassins dans la cité, et ceux du camp et les autres habitants de la cité, à la condition que les colons de Magnésie conservent leur alliance avec le roi Séleucos, et leur bonne volonté envers ses intérêts avec zèle et pour toujours, et ce qu'ils ont reçu du roi Séleucos, ils le garderont du mieux possible en vue de le remettre au roi Séleucos. Ils jouiront des droits de citoyens avec les Smyrniens conformément aux lois de la cité, sans causer aucun trouble, ayant les mêmes ennemis et amis que le peuple de Smyrne. Les gens de Magnésie prêteront aux Smyrniens et les Smyrniens aux gens de Magnésie le serment placé à la suite de cet accord. Quand les serments auront été échangés, les griefs qui se sont élevés entre eux durant la guerre seront effacés, et personne, d'aucun côté, n'aura le droit d'accuser l'autre pour ce qui s'est passé durant la guerre, que ce soit par une action en justice ou par quelque autre moyen. Si cette clause est violée, toute accusation qui sera portée sera invalide. Les colons de Magnésie, les cavaliers et les fantassins dans la cité, et ceux du camp jouiront des droits civiques à Smyrne en pleine égalité avec les autres citoyens. De même, les droits civiques seront accordés aux autres habitants de Magnésie qui sont libres et Grecs. Les secrétaires en fonction des divisions (*tagmata*) apporteront au peuple les feuilles d'appel des cavaliers et des fantassins dans la cité à Magnésie et des hommes du camp, et les hommes désignés par les colons à Magnésie apporteront le registre des autres habitants. Quand les secrétaires présenteront les feuilles d'appel et les hommes désignés le registre des autres habitants, les enquêteurs (*exetastai*) recevront au Métrôon, avec des offrandes fraîchement brûlées, leur serment comme quoi ils ont soumis le mieux possible le registre des cavaliers et des fantassins colons qui sont avec eux, ceux qui sont dans la cité et ceux qui sont dans le camp, et de la part des hommes qui ont présenté le registre des autres habitants comme quoi ils ont présenté du mieux possible le registre des habitants de Magnésie qui sont libres et Grecs. Les enquêteurs remettront au gardien des archives du conseil et du peuple les registres qui ont été soumis, et il les déposera aux archives publiques. Les enquêteurs répartiront entre les tribus tous les noms qui ont été soumis et les inscriront sur les listes de citoyens, et ceux qui auront été inscrits sur les listes partageront en tout les privilèges dont jouissent les autres citoyens. Ceux qui figurent sur les rôles des citoyens à Magnésie utiliseront les lois du peuple de Smyrne dans leurs contrats avec les gens de Smyrne et les accusations contre eux. Ils accepteront à Magnésie les monnaies légales de la cité. Les hommes de Magnésie accueilleront le chef (*archôn*) désigné par le peuple pour prendre en charge les clefs et commander la garnison de la cité, et garder la cité pour le roi Séleucos. Le peuple de Smyrne donnera comme logement à ceux qui déménagent de Magnésie des maisons avec autant de lits que le peuple le décidera, pour une période de six mois à partir du moment où l'accord sera scellé conjointement. Le trésorier des revenus sacrés louera les maisons conjointement avec les stratèges et paiera la dépense sur les revenus de la cité. Les colons de Magnésie, les cavaliers et les fantassins dans la cité, les soldats dans le camp et les autres qui sont entrés dans le corps civique prêteront le serment suivant :

« Je jure par Zeus, la Terre (Gè), le Soleil (Hélios), Arès, Athéna Areia, la Tauropole, la Mère Sipylène, Apollon de Panda, tous les autres dieux et déesses, et la Fortune (Tychè) du roi Séleucos : Je serai lié par le traité conclu avec le peuple de Smyrne pour toujours, et je conserverai l'alliance (*symmachia*) et la bienveillance (*eunoia*) envers le roi Séleucos et la cité des Smyrniens, et ce que j'ai reçu du roi Séleucos, je le garderai du mieux possible et le rendrai au roi Séleucos, et je ne violerai aucun des termes de l'accord, et je ne contournerai aucune de ses clauses en aucune manière et par aucun moyen. Je me comporterai comme citoyen dans un esprit de concorde (*homonoia*), sans provoquer aucun trouble public, en accord avec les lois du peuple des Smyrniens et les décrets du peuple, et j'aiderai à conserver l'autonomie et la démocratie et tous les autres privilèges accordés au peuple des Smyrniens par le roi Séleucos, avec zèle en tout temps et je ne leur porterai pas tort, ni ne souffrirai que quelqu'un d'autre le fasse, autant que je pourrai. Si je remarque que quelqu'un conspire contre la cité ou le territoire de la cité, ou pour mettre à bas la démocratie et son isonomie, j'informerai le peuple des Smyrniens, et je l'aiderai vigoureusement et avec zèle, et je n'abandonnerai pas (le peuple des Smyrniens) autant que je pourrai. Si je respecte mon serment que je sois prospère, si je le viole, puissé-je être détruit, moi-même et mes descendants ! »

Le peuple des Smyrniens prêtera aux gens de Magnésie le serment suivant :

« Je jure par Zeus, la Terre (Gè), le Soleil (Hélios), Arès, Athéna Areia, la Tauropole, la Mère Sipylène, Aphrodite Stratonikis et tous les autres dieux et déesses : Je serai lié par le traité conclu avec les colons à Magnésie, les cavaliers et les fantassins dans la cité et les hommes du camp et les autres incorporés dans le corps civique, pour toujours, sans violer aucun des termes de l'accord, ou contourner aucune de ses clauses en aucune manière et par aucun moyen. Et je me montrerai bien disposé envers le roi Séleucos et les colons de Magnésie, ceux de la cité et ceux du camp, et les autres habitants de Magnésie qui sont libres et Grecs, et je les ferai tous citoyens, et leurs descendants aussi bien, à égalité complète avec les autres citoyens, et je les répartirai par le sort entre les tribus et les ferai entrer dans celle qui leur aura échu, et je ne commettrai aucune injustice à leur égard, et ne permettrai pas à personne d'autre de le faire, autant que je pourrai. Si j'apprends que quelqu'un veut leur porter tort à eux, à leurs descendants ou à leurs biens, je les en informerai aussitôt que possible, et je mettrai un point d'honneur (*philotimia*) à les aider. Je leur donnerai une part des magistratures et des autres responsabilités communes de la cité auxquelles les autres citoyens participent. Si je respecte mon serment, que je sois prospère, si je le viole, puissé-je être détruit, moi-même et mes descendants ! »

Les Smyrniens et les hommes de Magnésie désigneront des hommes en nombre tel qu'ils le jugeront suffisant, pour faire prêter serment à la foule des citoyens à Smyrne et à Magnésie. Ils feront prêter serment après avoir fait annoncer la veille que ceux qui résident dans la cité y restent de manière à ce que le serment soit reçu conformément aux termes de l'accord. Les gens désignés parmi les hommes de Magnésie feront prêter serment aux Smyrniens, et ceux désignés par les Smyrniens de la même manière à ceux de Magnésie. Kallinos le trésorier fournira les victimes des sacrifices pour la prestation de serment à Smyrne sur les fonds que le peuple aura choisis, et de même à Magnésie les trésoriers auxquels le peuple confiera la tâche. Les Smyrniens feront graver l'accord sur des stèles de pierre blanche et les consacreront dans le sanctuaire d'Aphrodite Stratonikis et à Magnésie du Méandre dans le sanctuaire d'Artémis Leucophryènè, et les colons de Magnésie les consacreront sur l'agora près de l'autel de Dionysos et les statues des rois, et à Panda dans le sanctuaire d'Apollon et à Gryneion dans le sanctuaire d'Apollon. Le gardien des archives du conseil et du peuple fera faire des copies de l'accord et les déposera dans les archives publiques. Les (copies des) accords seront scellées conjointement, l'une sera donnée aux Smyrniens par celui qui sera désigné par la communauté (*koinon*) de Magnésie avec leur propre sceau et le sceau de la communauté existante, et l'autre remise à Magnésie par les stratèges et les enquêteurs (*exetastai*) avec le sceau de la cité et les leurs propres. Que ces dispositions soient mises en œuvre par les deux peuples, à la Bonne Fortune.

3. Décret de Smyrne

Il a plu au peuple, sur proposition des stratèges : attendu que le peuple ne cesse de manifester son souci des intérêts du roi Séleucos et l'a, naguère, aidé à accroître son royaume et à préserver ses intérêts autant que possible, et qu'il a souffert la perte et la destruction de nombre de ses biens, et a couru beaucoup de dangers afin de conserver son amitié avec le roi Séleucos, et que maintenant, soucieux d'aider à maintenir et préserver ses intérêts autant que possible, il a rétabli l'amitié avec les colons de Magnésie, les cavaliers et les fantassins dans le camp et les autres habitants de Magnésie, de sorte qu'il conserve son alliance (*symmachia*) et sa bienveillance (*eunoia*) envers le roi Séleucos ; estimant nécessaire pour la cité de prendre possession du fort (*chôrion*) nommé Vieille-Magnésie et d'y établir une garnison, de sorte que quand il aura été pris par la cité tous les intérêts du roi Séleucos dans le voisinage puissent être préservés avec davantage de sûreté, ils ont envoyé une ambassade aux habitants du fort et les ont invités à choisir l'amitié du roi Séleucos, à remettre les clefs au commandant envoyé par le peuple et à laisser entrer une garnison qui les aidera à conserver le fort pour le roi Séleucos, leur promettant, s'ils se comportaient ainsi, qu'ils recevraient de la cité tout privilège et avantage, et les habitants du fort, choisissant l'amitié du roi Séleucos avec empressement, acceptèrent les demandes du peuple et remirent les clefs au commandant envoyé par le peuple et laissèrent entrer la garnison envoyée dans le fort par le peuple ;

À la Bonne Fortune, il a été décidé qu'ils seraient citoyens et qu'ils jouiraient des mêmes droits que les autres citoyens, et que leurs deux lots (*kléroi*), celui que leur a accordé le roi Antiochos Théos Sôter et celui au sujet duquel Alexandros[234] a écrit, soient exempts de la dîme et si le territoire occupé par les anciens colons de Magnésie est ajouté à notre cité, les trois lots resteront libres de toute *dôréa*, et ils continueront à jouir de l'exemption de toute taxation. Ceux d'entre eux qui n'ont pas de lot recevront chacun un lot de cavalier comme libre concession, parmi ceux qui se trouvent près du fort. Timon et les fantassins placés sous ses ordres qui ont été détachés de la phalange pour garder le fort jouiront des droits de citoyens et de la même exemption fiscale que les autres, et ils resteront au fort. Omanès et les Perses sous ses ordres et les hommes envoyés de Smyrne pour garder le fort, Ménéklès et ses hommes, jouiront de la citoyenneté et des autres avantages votés pour les autres hommes originaires de Magnésie, et le peuple veillera à ce qu'il leur soit donné au compte du fonds royal leurs rations et leurs salaires et tout ce qui leur est normalement fourni par le fonds royal.

Le décret sera inscrit sur des stèles qui seront consacrées dans les sanctuaires par les Smyrniens et par les hommes de Magnésie. Il sera aussi inscrit dans les archives publiques.

Source : *OGIS* 229 ; H. H. Schmitt, *Die Staatsverträge des Altertums*, III, 492 ; M. Austin, *The Hellenistic World*, p. 297-303, n° 182.
Bibliographie. : C. J. Cadoux, *Ancient Smyrna*, Oxford, 1938, p. 113-127 ; G. M. Cohen, *The Seleucid Colonies*, Wiesbaden, 1978 ; M. Launey, *Recherches sur les armées hellénistiques*, éd. mise à jour par Yvon Garlan, Philippe Gauthier et Claude Orrieux, Paris, 1987 ; I. Savalli, *Historia*, 34, 1985, p. 387-431.

D'une société d'ordres à une société de classes

Les transformations de la vie civique que l'on a évoquées plus haut ne sont pas sans conséquence sur l'organisation sociale elle-même. On a beaucoup souligné, avec raison, que les sociétés civiques grecques sont fondées sur l'appartenance de chacun à un ordre de la société, c'est-à-dire à un groupe défini en premier lieu par son statut juridique : citoyen ou non-citoyen, libre ou non-libre. Cette situation n'a pour autant jamais masqué qu'il existait aussi des clivages sociaux d'une

234. Fonctionnaire séleucide, peut-être le fils d'Achaios (I), et oncle maternel de Séleucos II.

autre nature, riches et pauvres, propriétaires fonciers et citadins sans terre, rentiers de la terre et petits paysans travaillant seuls, etc. Néanmoins, pendant une grande partie de l'époque classique, on a l'impression, du moins dans les rares cités de Grèce propre pour lesquelles nous disposons d'une documentation (Athènes, Sparte), que l'organisation en ordres prime sur les clivages sociaux.

Le rôle croissant joué par les riches à l'époque hellénistique semble bien inverser le processus et contribuer à placer au premier rang les critères sociaux. Déjà, on peut observer que des femmes, des étrangers – on pourrait dire des barbares lorsqu'il s'agit de Romains – sont amenés à jouer un rôle civique dans la mesure où ils contribuent à financer la cité, voire à intervenir auprès des autorités grâce à leur influence. Brisant les tabous qui pesaient jusque-là sur l'apparition publique des femmes honnêtes ou même sur le seul énoncé de leur nom, on voit des femmes riches participer sous leur propre nom aux souscriptions publiques[235] ou se conduire en évergète comme Archippè de Kymè qui finance la construction du *bouleutérion* de sa cité. De même, les étrangers riches ne craignent pas de se conduire en évergètes, ce qui leur vaut d'ailleurs assez rapidement l'octroi de la citoyenneté[236].

Archippè de Kymè

1. Honneurs pour la fondatrice du bouleutérion

[...] avec l'inscription : « Le peuple honore Archippè, fille de Dikaiogénès, en raison de son mérite et de sa bienveillance à son égard. » On placera à côté d'elle sur la même base aussi une statue colossale de bronze représentant le peuple en train de la couronner. En plus, on placera aussi une statue de son père Dikaiogénès, fils de Lakratès, sur la base de laquelle on gravera l'inscription : « Le peuple honore Dikaiogénès, fils de Lakratès. » couronnera Archippè, fille de Dikaiogénès, d'une couronne d'or aux prochaines Dionysies, lors du concours des enfants, à cause de son mérite et de sa bienveillance envers le peuple. On l'appellera aussi à la présidence (proédrie). Celui qui est actuellement agonothète fera l'annonce publique des mesures ci-dessus et ceux qui viendront après lui, chacun à son tour, feront de même, comme pour les autres évergètes.

Lorsque Archippè mourra, le prytane en fonction à ce moment-là la couronnera d'une couronne d'or, après avoir annoncé publiquement comme il est écrit plus haut. On lui donnera un tombeau au même endroit que les autres évergètes. Afin que la statue et la base soient achevées le plus vite possible, on appellera son frère Olympios fils de Dikaiogénès à verser l'argent qui n'a pas encore été versé et il fera les préparatifs susdits comme Archippè l'avait décidé. Que le décret reste sous la sauvegarde de la cité et des citoyens. Sous Métrophanès, au mois de Terpheios.

2. Fête pour l'inauguration du nouveau bouleutérion

Décret au sujet des sacrifices offerts par les tribus. Il a plu au conseil, sur proposition des stratèges, des phylarques et des synèdres. Attendu qu'Archippè, fille de Dikaiogénès, se conformant à la belle conduite qu'elle a depuis toujours manifestée envers sa patrie, par sa

235. L. Migeotte, *Souscriptions*, p. 371-376.
236. Déjà à Samos au tout début du IIIe siècle : M. Schede, « Aus dem Heraion von Samos », *MDAI (A)*, 44, 1919, p. 15-17 (un importateur de blé originaire de Toroné, un évergète originaire d'Égine).

bienveillance et son amour de la gloire, ne laisse passer aucune occasion parmi celles qui conviennent à son amour du bien et sa persévérance, raison pour laquelle elle reçoit à l'occasion l'approbation soit collectivement du peuple, soit en particulier de chacun des citoyens, et le remerciement par des honneurs manifestes, glorieux et dignes du mérite et de l'amour du bien de ses ancêtres et de sa propre persévérance envers le peuple grâce auxquelles elle a rendu sa patrie plus belle et éclatante ; et maintenant encore, après qu'elle ait choisi la dédicace à graver sur le bouleutérion achevé selon les décrets antérieurs, elle a l'intention d'accomplir une largesse conforme à sa générosité (*philanthrôpia*), et elle a donné pour le sacrifice et le banquet au conseil tout entier 50 statères et pour le bœuf destiné au sacrifice 70 drachmes d'argent attiques, et 50 mesures (*prochoi*) de vin vieux, et la même quantité à chacune des tribus et aux *paroikoi*, et elle a offert un verre de vin sucré dans le bouleutérion achevé par ses soins aux citoyens et aux autres personnes résidant (*katoikoi*) dans la cité.

Il a plu au peuple : qu'Archippè soit louée partout et que soient approuvés avec pleine bienveillance son projet, sa disponibilité envers sa patrie et son amour du bien. Décidé le 12 Terpheios, sous Apollodôros, fils de Dio[--]nès.

3. Fête pour l'inauguration des statues d'Archippè et de Dikaiogénès

Décret au sujet des sacrifices à offrir par les tribus pour ce qu'a donné Archippè, au sujet du vin d'honneur. Il a plu au conseil, sur proposition des stratèges, des phylarques et des synèdres. (même texte que le n° 2 jusqu'à « sa patrie plus belle et plus éclatante »). Et maintenant, puisque les statues votées par le peuple ont été faites, et qu'Archippè a été couronnée par le peuple d'une statue colossale, ainsi que son père Dikaiogénès, après que celles-ci aient été dressées dans le bouleutérion construit par Archippè, elle a l'intention d'accomplir une largesse [...] (comme texte n° 2 jusqu'à la fin sauf *paroikoi* remplacé par « les métèques et les affranchis », et « elle a offert du vin sucré aux citoyens et aux autres personnes résidant dans la cité »).

Tous les stratèges ont fait la proposition, au mois de Terpheios, sous Kallippos.

4-5. Offrande pour la santé d'Archippè.

(Deux décrets identiques du conseil et du peuple).

Décret au sujet du sacrifice pour Archippè. Il a plu au conseil, sur proposition des stratèges, des phylarques et des synèdres. Attendu qu'Archippè, fille de Dikaiogénès, est tombée malade dans une maladie incertaine et périlleuse, le peuple se trouve dans l'angoisse, lui qui lui est très attaché, à elle la fidèle, la sage, digne de sa belle conduite et de celle de ses ancêtres, et qui a donné de nombreuses et grandes preuves de sa bienveillance et de son amour du bien pour sa patrie. Attendu que maintenant elle se trouve grâce à la prévoyance des dieux dans une meilleure disposition, le peuple se réjouit grandement de son salut et il tient pour bon et propre à sa bienveillance envers Archippè de s'acquitter envers les dieux pour tout ceci d'actions de grâces convenables.

C'est pourquoi, à la Bonne Fortune, plaise au peuple : que les stratèges offrent un sacrifice aux dieux pour le salut et la santé d'Archippè.

Date (décret du conseil) : au mois de Zeus, sous Athénaios, fils de Xénon.

Date (décret du peuple) : tous les stratèges ont fait la proposition, le 5 Terpheios, sous Athénaios.

Source : H. Engelmann, *Die Inschriften von Kyme*, Bonn, 1979, n° 13.
Bibliographie : P. Veyne, *Le pain et le cirque*, Paris, 1976 (chap. « L'évergétisme grec ») ; Ph. Gauthier, *Les cités grecques et leurs bienfaiteurs*, Paris, 1985 (*BCH* Suppl. XV) ; M. Sartre, *L'Orient romain*, Paris, 1991, p. 147-166 ; I. Savalli-Lestrade, « Archippé de Kymé », dans N. Loraux éd., *La Grèce au féminin*, Paris, 2003, p. 249-295 (qui donne la traduction du dossier complet, y compris deux autres décrets trouvés ultérieurement).

Dans ces conditions, les riches, citoyens ou non, apparaissent comme un groupe cohérent où la position sociale et le niveau de fortune importent davantage que la citoyenneté proprement dite. Ainsi, l'éphébie est fréquentée partout à la fois par les fils des riches citoyens et ceux des étrangers aisés : cette fréquentation de jeunesse ne peut que contribuer à renforcer la conscience de tous d'appartenir à un même groupe privilégié au sein de la cité[237].

Il n'est pas sûr qu'il en aille de même chez les pauvres. Certes, il est fréquent que citoyens, périèques, métèques et étrangers, parfois même les affranchis et les esclaves, soient associés dans les fêtes religieuses, les banquets, les spectacles. Mais les citoyens restent jaloux de leurs droits afin que n'augmente pas le nombre des bénéficiaires aux distributions publiques par les évergètes. La diversité et l'importance des groupes de non-citoyens qui résident sur les territoires civiques en apportent la confirmation *a contrario*. En réalité, les solidarités des riches n'avaient guère de chance de jouer entre les pauvres : pour des citoyens démunis, le critère de citoyenneté reste le seul signe distinctif qui les hisse au-dessus de la condition de leurs compagnons d'infortune étrangers, affranchis ou dépendants ruraux.

---

237. Cf. C. A. Forbes, *Neoi, a contribution to the Study of greek Associations*, Middletown, 1933.

Chapitre 4

L'économie urbaine (IIIe-Ier siècles)

Si l'économie « royale » hellénistique a fait l'objet d'études plus ou moins développées mais maintenant anciennes, celle de Claire Préaux pour les Lagides, celle de H. Kreissig pour les Séleucides[1], on ne peut en dire autant de l'économie urbaine dont seules quelques phares spectaculaires ont un peu retenu l'attention : Rhodes et Délos, quel que soit leur intérêt, ne peuvent se prévaloir d'être représentatives de l'économie des cités grecques hellénistiques. Bien que le titre choisi ici témoigne d'une ambition démesurée eu égard à la documentation disponible et aux enquêtes réalisées à partir d'elle, il vaut la peine d'essayer de jeter quelques jalons, ou, au moins, de poser quelques questions qui risquent de se montrer fécondes pour peu qu'on s'y intéresse. De trop rares monographies, comme celle d'A. Bittner pour Héraclée du Pont[2], montrent les limites mais aussi l'intérêt de l'entreprise. En effet, une enquête limitée à une cité se fonde nécessairement sur une documentation trop épisodique pour que l'on extrapole ou même que l'on interprète. Ainsi, en deux siècles, il n'est question que deux fois d'approvisionnement de la ville en blé[3] : doit-on en conclure qu'Héraclée ne connaît que rarement des difficultés et que son territoire lui suffit ? Ou n'est-ce pas la conséquence de la faiblesse de la documentation ? De même, l'étude de la circulation monétaire de la ville permet de dresser une carte montrant la dispersion des monnaies héracléotes de l'Ukraine à la Syrie[4] : faut-il réellement en déduire une large extension des relations commerciales de la ville, alors que la plupart de ces trouvailles sont constituées par des monnaies isolées ? En fait, en dehors de deux trésors, l'un de 57 monnaies

1. Cf. les colloques à venir de Lille et d'Orléans sur l'économie séleucide.
2. A. Bittner, *Gesellschaft und Wirtschaft in Herakleia Pontike. Eine Polis zwischen Tyrannis und Selbverwaltung*, Bonn, 1998, p. 117-150, pour l'économie.
3. A. Bittner, p. 119.
4. A. Bittner, p. 129.

en Phrygie (trésor de Mektepini)[5], l'autre de 68 en Bithynie, seule Trapézonte a livré dix monnaies héracléotes : peut-être est-ce à partir de ces seules données significatives qu'il faudrait tenter une interprétation, pour autant que celle-ci ne soit pas prématurée. Mais en même temps, l'enquête apporte son lot d'indications précieuses ; ainsi, il apparaît que le gros de la production d'amphores se situe au IVe siècle, entre 375 et 320 ; si la dispersion des trouvailles à travers toute la mer Noire ne peut surprendre, en revanche, le net ralentissement de la production à l'époque hellénistique mérite explication[6]. Ce n'est que par la comparaison avec d'autres centres de production que l'on peut espérer un peu plus de lumière. Enfin, l'inventaire des productions, même s'il est incomplet et met en évidence davantage l'exceptionnel que le quotidien, contribue à dresser par petites touches un tableau d'ensemble qui, par la multiplication des enquêtes du même type, pourrait conduire à des conclusions plus fermes.

Problèmes de productions

Plus encore que la démographie ou l'histoire sociale, l'histoire économique de l'Asie Mineure et de l'Anatolie hellénistique reste à écrire, malgré l'œuvre pionnière de Mikhail I. Rostovtzeff[7]. En réalité, nous sommes pour l'instant trop largement dépendants des sources littéraires qui privilégient l'exceptionnel au détriment de l'ordinaire, lequel, en termes strictement économiques, risque fort d'avoir plus d'importance : les *vestes attalicae*, brocarts à fil d'or produit à Pergame, masquent toute autre activité textile de la cité ! On doit donc se montrer prudent et bien comprendre que nous ne percevons qu'une infime parcelle de l'activité économique de l'ensemble anatolien. On se contentera ici de quelques remarques générales et de quelques considérations sur des productions particulières.

Il est certain que toutes les cités, même les plus petites, abritent une activité artisanale de base en matière de céramique, textile, métallurgie élémentaire, sans parler des maçons, charpentiers ou autres artisans dont l'activité est liée à la construction. La couverture des besoins quotidiens de la population urbaine et rurale exige cette dispersion des artisans. Mais nous ignorons quelle est la part des besoins couverts par l'économie domestique (par exemple en matière de textile ou de céramique) et, celle qui sort des ateliers, celle qui est produite par la ville ou par les villages. Nous n'avons jusqu'à maintenant aucun moyen d'apprécier ces productions, sauf le cas rarissime où l'on mentionne l'existence d'un artisan ou d'une association professionnelle.

5. *IGCH*, 1410.
6. A. Bittner, p. 123, cartes p. 141-142, tableau p. 147.
7. M. I. Rostovtzeff, *Histoire économique et sociale du monde hellénistique*, Paris, 1989 (trad. fr. de l'édition anglaise, Oxford, 1941).

L'archéologie micro-asiatique ne s'est guère intéressée à la fouille des installations artisanales ou industrielles, ce qui nous prive de bien des renseignements. De même, il faudrait exploiter beaucoup plus systématiquement les renseignements d'ordre fiscal comme la liste des exemptions prévues pour les nouveaux citoyens de Téos vers 300[8] ou la liste des obligations religieuses des responsables de Cos, y compris les collecteurs de taxes, datée de la première moitié du Ier siècle[9] : la composition de la matière taxable dans l'une et l'autre cité donne une image (dépourvue d'indications chiffrées) des activités économiques et l'on peut y glaner beaucoup.

En ce qui concerne la **céramique**, les questions sont multiples et, partiellement insolubles. Une fois réaffirmée l'opinion qu'on fabrique de la céramique commune partout, restent deux problèmes importants sur lesquels portent les discussions : l'origine, la chronologie et la diffusion des céramiques « fines » et la question des amphores. Il faudrait évidemment y ajouter la question des ateliers, grands ou petits, mais la dispersion plaide plutôt en faveur d'un émiettement des centres de fabrication, même si l'on peut mettre parfois en évidence les liens de famille qui unissent les potiers d'une même cité[10].

Pour les céramiques fines, l'Asie Mineure semble avoir été un centre actif de production. Encore ne sommes-nous pas capables d'en dresser un tableau précis car l'évolution des techniques, des formes et des productions complique la recherche. On observe une variété de formes beaucoup plus grande qu'à l'époque classique, sans doute en raison de la multiplication des ateliers et de l'évolution des besoins et des goûts. En revanche, le décor figuré disparaît presque complètement, sous sa forme peinte, en dehors de quelques touches de décor végétal, ce qui nous prive d'un élément stylistique de datation. Il est clair que l'on a affaire à une production de masse, plus économique. C'est ce que confirme le recours à un décor moulé et plaqué sur le vase (reliefs appliqués), qui peut être reproduit indéfiniment de façon quasi industrielle. Cette diminution de la qualité esthétique de la céramique n'est sans doute pas étrangère au relatif dédain avec lequel on l'a longtemps considérée chez les historiens de l'Art et des retards pris dans son étude[11].

Des résultats ont cependant été obtenus depuis quelques dizaines d'années, même s'ils sont parfois remis en cause. Ainsi, on a reconnu depuis longtemps des coupes et plats lisses à fond clair et vernis rouge, très répandus aux IIe-Ier siècles, que l'on nomme « sigillées orientales », divisées en trois groupes

---

8. *SEG* II, 79 ; M. Austin, *Hellenistic World*, n° 99 ; ci-dessus, p. 125.
9. *Syll.*³, 1000 ; M. I. Rostovtzeff, *o. c.*, p. 165-167 ; S. M. Sherwin-White, *Ancient Cos*, Göttingen, 1978, p. 229-235.
10. Cf. Y. Garlan, « Les fouilles des ateliers amphoriques de Sinope de 1994 à 1997 », *CRAI*, 1998, p. 29-32 ; Id., « Les fabricants d'amphores », *Topoi*, 8, 1998, p. 581-590, notamment p. 587-588.
11. Ph. Bruneau, « Aperçu sommaire sur la céramique hellénistique », dans P. Lévêque et J.-P. Morel éd., *Céramiques hellénistiques et romaines*, I, Paris, 1980, p. 9-15.

principaux, A, B et C[12]. On a d'abord attribué à Pergame le groupe A, mais cette origine est sûrement fausse en raison des trouvailles massives de cette céramique en Palestine et en Syrie ; on pense aujourd'hui qu'elle provient plutôt de l'Antiochène du nord-ouest bien que l'on n'ait retrouvé aucun atelier[13]. En revanche, la sigillée B, jadis attribuée à Samos, provient sans doute d'Asie Mineure, d'ateliers qui pourraient être à Tralles et dans la région d'Éphèse. Le groupe C enfin, dont la fabrication ne commence que vers 100, provient probablement de la région de Pergame, notamment les bols rouges à appliques exportés de la Crimée à l'Italie du Sud. De même, plusieurs ateliers d'Asie Mineure (Tarse, Pergé, Mytilène) ont produit entre le Ier av. J.-C. et le Ier apr. J.-C. une vaisselle imitée de la vaisselle d'argent[14], notamment de celle produite à Pergame. De la région de Pergame viennent des céramiques dites « West Slope » qui apparaissent dès le premier quart du IIIe siècle à Athènes, et autour de 250 à Pergame[15]. D'autres ateliers se spécialisent dans les bols dits « bols déliens » en raison du grand nombre retrouvés à Délos[16]. La plupart de ces ateliers ne sont pas identifiés et peuvent se situer en des points éloignés les uns des autres, comme ceux qui fabriquent les lampes dites « d'Éphèse » et qui ne sont pas tous situés en Asie Mineure[17]. Les analyses faites sur les céramiques fines trouvées à Alexandrie confirment que des céramiques autres que des amphores proviennent d'Asie Mineure, sans que l'on puisse être plus précis, sauf en ce qui concerne la région d'Éphèse[18]. Des ateliers fonctionnent plus loin à l'est : Tavium peut avoir été l'un des centres principaux d'un type de céramique dite « galate orientale » largement diffusée sur la rive orientale de l'Halys aux IIe-Ier siècles.

12. Présentation générale des sigillées orientales, qui apparaissent vers 160-150, par J. W. Hayes, *Atlante delle forme ceramiche romane*, II, p. 1-96, puis « Les sigillées orientales », dans P. Lévêque et J.-P. Morel éd., *Les céramiques hellénistiques,* III, Besançon, 2001, p. 145-160. Essai d'étude des diffusions par Daniele Malfitana, « Eastern Terra Sigillata wares in the Eastern Mediterrean », dans F. Blondé, P. Ballet et J.-F. Salles éd., *Céramiques hellénistiques et romaines. Production et diffusion en Méditerranée orientale*, Lyon, 2002, p. 133-157.
13. Cf. M. Sartre, *D'Alexandre à Zénobie*, p. 226-227.
14. A. Hochuli-Gysel, « La céramique à glaçure plombifère d'Asie Mineure et du bassin méditerranéen oriental », dans F. Blondé, P. Ballet et J.-F. Salles éd., *Céramiques hellénistiques et romaines. Production et diffusion en Méditerranée orientale*, Lyon, 2002, p. 303-319.
15. S. I. Rotroff, « West Slope in the East », dans F. Blondé, P. Ballet et J.-F. Salles éd., *Céramiques hellénistiques et romaines. Production et diffusion en Méditerranée orientale*, Lyon, 2002, p. 97-115, qui défend une apparition précoce de cette céramique en Asie Mineure, au lieu de la datation basse adoptée auparavant.
16. G. Siébert, « Les bols à relief : une industrie de l'art de l'époque hellénistique », dans P. Lévêque et J.-P. Morel éd., *Céramiques hellénistiques et romaines*, Paris, 1980, p. 65-66.
17. Ph. Bruneau, « Les lampes et l'histoire économique et sociale de la Grèce », dans P. Lévêque et J.-P. Morel éd., *Céramiques hellénistiques et romaines*, Paris, 1980, p. 34.
18. S. Elaigne, « L'introduction des céramiques fines hellénistiques du bassin oriental de la Méditerranée à Alexandrie », dans F. Blondé, P. Ballet, J.-F. Salles éd., *o. c.*, p. 159-173.

On pourrait inclure dans cette céramique de qualité ce qui relève des terres cuites[19], soit de la petite statuaire, soit des terres cuites architecturales, trouvées partout en abondance mais dont l'origine est rarement assurée. Les premières sont produites en de multiples centres : Myrina reste le principal et sa production progresse notablement entre 130 et 60 puis surtout entre 60 et 30 av. J.-C.[20], mais il faut aussi compter avec les productions de Smyrne où l'on copie les statues célèbres, imite les Tanagra et multiplie les grotesques[21], de Kymè, de Larissa d'Éolide (détruite en 279 par les Gaulois), Priène, Éphèse, Pergame, Ilion, Amisos et Tarse. Quant aux terres cuites architecturales, elles proviennent généralement d'ateliers locaux.

En ce qui concerne les amphores, il faut distinguer le problème de la fabrication de celui de la diffusion[22]. Il s'agit bien entendu d'une céramique assez grossière, susceptible d'être fabriquée partout où l'on a besoin de contenants pour des liquides (vin, huile, grains, poissons en saumure, etc.). Les amphores hellénistiques offrent l'avantage d'être quelquefois estampillées, ce qui facilite leur attribution à une cité, et de présenter des formes originales qui s'associent chacune à une cité particulière. Pour l'instant, l'attention s'est focalisée sur les amphores estampillées, trouvées en très grandes quantités dans toutes les fouilles du monde antique, mais aussi sur les épaves (plus de 50 000 estampilles)[23]. Mais ce n'est sans doute qu'une partie minime de la production, sûrement moins de dix pour cent de la production totale d'amphores. En ne prenant en compte que les amphores estampillées, si l'on s'en tenait aux chiffres bruts disponibles (mais combien de fouilles ont négligé de publier leur matériel ?), Rhodes paraîtrait dominer de façon écrasante cette production : plus de 86 % des estampilles lui sont attribuées contre 5,5 % à Cnide et 1,7 % à Cos ; si l'on ajoute Chios, Sinope[24], la Pamphylie et Héraclée du Pont, on constate que l'Anatolie semble produire la quasi-totalité de ces amphores estampillées, seule Thasos apportant de

19. R. A. Higgins, *Greek Terracottas*, New York, 1967, p. 109-123.
20. Cf. R. A. Higgins, *Greek Terracottas*, p. 112-118 ; D. Kassab, *Statuettes en terre cuite de Myrina. Corpus des signatures, monogrammes, lettres et signes*, Paris, 1988.
21. R. A. Higgins, *Greek Terracottas*, p. 110-112 ; aspect métallique de la céramique smyrniote.
22. Sur les amphores hellénistiques, article fondamental de J.-Y. Empereur et A. Hesnard, « Les amphores hellénistiques », dans P. Lévêque et J.-P. Morel, *Les céramiques hellénistqiues et romaines*, II, Paris, 1987, p. 10-71, en particulier p. 10-23 : exposé des problèmes et des progrès accomplis en ce domaine.
23. Chiffre indiqué par Y. Garlan dans Y. Garlan éd., *Production et commerce des amphores grecques en mer Noire*, Aix-en-Provence, 1999, p. 131.
24. On connaît environ 20 000 exemplaires de timbres de Sinope pour la seule mer Noire : D. Kassab-Tezgör, « Types amphoriques fabriqués à Demerci près de Sinope », dans Y. Garlan éd., *Production et commerce*, p. 117-123, en particulier p. 117, mais le timbrage n'a été en vigueur qu'entre le deuxième quart du IVe siècle et le premier quart du IIe siècle av. J.-C. alors que la production se prolonge jusqu'au IVe siècle apr. J.-C. C'est dire qu'une partie de la production est plus difficile à identifier à partir du milieu du IIe siècle.

son côté un complément notable. Le problème est que ces chiffres sont dépourvus de signification réelle, sauf pour prouver que l'on fabriquait de grandes quantités d'amphores dans ces cités. En effet, les objections que l'on doit élever à la statistique sont multiples. D'une part, seule une trentaine de cités ont l'habitude d'estampiller les amphores (sans que l'on sache pourquoi : raison fiscale ?)[25] et, en conséquence, la production des autres nous échappe largement. Même là où l'on estampille, la pratique est irrégulière : tandis que Rhodes estampille les deux anses d'amphore (il faudrait donc *a priori* diviser tous les chiffres par deux), ce n'est l'usage que pour un cinquième ou un sixième des amphores d'Héraclée et de Sinope[26], encore moins à Cos, et le fait est rarissime à Samos, mais il s'agit dans tous les cas d'appréciations très approximatives[27]. À Thasos, d'après les spécialistes, le taux de timbrage des amphores varie de 42 à 100 % selon les ateliers[28]. On verra plus loin les conséquences de telles habitudes en matière d'analyse des échanges. On peut du moins retenir pour l'instant que les grandes îles d'Asie Mineure ainsi que les deux principaux ports de la mer Noire comptent parmi les grands centres de production d'amphores, estampillées ou non. Resterait à établir une chronologie qui est encore imprécise. Si l'apogée de la production rhodienne se situe autour de 200 et que celle des cités pontiques est déjà très abondante aux IVe-IIIe siècles, en revanche, les amphores de Cnide abondent plus tard, notamment au Ier siècle[29]. Il faudrait ajouter à cela les imitations d'amphores des ateliers les plus célèbres, parfois difficiles à déceler parmi les productions originales (comme les pseudo-rhodiennes). L'imitation peut conduire au développement d'une véritable industrie locale originale. Ainsi, les amphores sinopiennes furent d'abord imitées en Colchide (IVe-IIIe siècles) avant que la copie ne se détache du modèle et ne donne naissance à des types nouveaux, sans doute dans des ateliers où œuvrent d'abord des potiers grecs (Sinopiens), puis indigènes[30].

---

25. Cf. Y. Garlan, « A qui étaient destinés les timbres amphoriques grecs ? », *CRAI*, 1993, p. 181-190, qui récuse en particulier toute intention publicitaire.
26. Sur le classement typologique des amphores de Sinope, S. J. Monachov, « Les amphores de Sinope », *Anatolia Antiqua*, II, Paris, 1993, p. 107-132 ; la proportion d'un sixième d'amphores estampillées a été soutenue par I. B. Brašinskij, *Les méthodes d'analyses du commerce antique*, Moscou, 1984, p. 54-56 et p. 155 (en russe), cité par Y. Garlan dans Y. Garlan, *Production et commerce*, p. 133, qui le conteste très vigoureusement.
27. Y. Garlan dans Y. Garlan éd., *Production et commerce*, p. 133.
28. Y. Garlan, *o. c.*, p. 133-134.
29. J.-Y. Empereur, A. Hesse et N. Tuna, « Les ateliers d'amphores de Datça, péninsule de Cnide », dans Y. Garlan éd., *Production et commerce*, p. 105-115, ont fouillé des ateliers qui produisent aux IIe-Ier siècles av. J.-C., mais plusieurs ont débuté plus tôt, et tous continuent beaucoup plus tard ; par ailleurs, certains produisent des céramiques variées en plus des amphores.
30. G.R. Tsetskhladze, et S. Yu. Vnukov, « Les amphores colchidiennes », *Anatolia Antiqua*, II, Paris, 1993, p. 81-105 ; l'hypothèse d'artisans sinopiens repose sur l'utilisation d'un dégraissant identique à celui utilisé à Sinope. Quelques-unes de ces amphores sont timbrées.

En ce qui concerne le **textile**, la réputation de certaines productions (laines de Milet) remonte à une haute antiquité[31], et Strabon a bien mis en évidence la variété et la qualité des laines produites en Lycaonie, dans le Pont ou à Laodicée[32]. On travaille aussi le lin et le chanvre. Mais en ce domaine plus encore que pour la céramique nous sommes tributaires des sources littéraires. On a rappelé plus haut les *vestes attalicae* produites à Pergame, mais on connaît aussi des tapis et tentures de la même ville, la soie sauvage de Cos (teinte en pourpre ou non). Ces appellations cachent parfois davantage un type de produit qu'une origine précise. Ainsi, les artisans de Téos importent de la laine milésienne qu'ils travaillent sur place, teignent parfois en pourpre, et qu'ils vendent soit sur place soit au dehors. Ces indications restent rares et il faut attendre l'époque impériale pour disposer de davantage de renseignements[33], tout en sachant que bien des productions attestées sous l'Empire peuvent remonter à une époque antérieure.

Enfin, il est évident que l'économie urbaine est au premier chef une économie fondée sur la transformation des productions agricoles. Déjà, les fabricants d'amphores sont directement liés à l'agriculture. On voit, à la lecture des taxes évoquées plus haut, que les activités de transformation sont nombreuses : non seulement le textile et la teinturerie (pourpre d'origine animale, colorants minéraux comme les *rubrica* de Sinope et la *sandarakè*), mais encore la fabrication de charbon de bois, les salaisons de poissons (Cos, Byzance, Sinope), la confection de produits cosmétiques ou médicinaux, la fabrication des parchemins (Pergame) et tout ce qui relève de la tannerie. Il existe aussi toute une activité liée au port, chantiers navals (construction et réparation), fabrication de rames (Cos), sans parler de l'activité des marins, pilotes, portefaix ou des maisons closes, reconnues et taxées[34]. Ce n'est que par endroit que l'on relève une activité indépendante de la vie rurale, comme la **métallurgie**. Les ressources métalliques sont faibles en Anatolie, mais il arrive que l'on travaille des métaux importés. Il existe en particulier une tradition métallurgique dans l'Est anatolien, dont Hanisa peut être l'un des pôles actifs à l'époque hellénistique[35]. Cette petite cité est installée sur le site très connu de Kanesh-Kültepe où les Assyriens se procuraient les métaux aux XXe-XVIIe siècles av. J.-C. Or, dès le IIIe siècle, un dynaste local y émet un monnayage (preuve qu'il dispose de métal) et le développement d'une cité active et indépendante alors que la capitale

31. Inventaire et synthèse de M.-Th. Le Dinahet et G. Labarre, « Les métiers du textile en Asie Mineure de l'époque hellénistique à l'époque impériale », dans *Aspects de l'artisanat du textile dans le monde méditerranéen*, Lyon, 1996, p. 49-118.
32. M.-Th. Le Dinahet et G. Labarre, *o. c.*, p. 53.
33. Cf. *L'Asie Mineure et l'Anatolie*, p. 296.
34. Dans Hérondas, *Mimes* II, celle de Cos est tenue par un Phénicien, Battaros de Tyr.
35. Cf. L. Robert, *Noms indigènes*, Paris, 1963, p. 457-523.

royale Mazaka n'est qu'à 20 km s'appuie sans doute sur le maintien de ce rôle économique particulier.

Échanges et monnaies

Ce n'est pas le lieu de développer ici des considérations générales sur les pratiques et les objectifs commerciaux des Grecs à l'époque hellénistique. Des débats opposent depuis longtemps les « modernistes » aux « primitivistes », et l'on n'est sans doute pas près d'en sortir, même si les termes du débat ont évolué. Il faut néanmoins rappeler quelques données qui permettent de replacer le commerce antique dans une perspective réaliste. Le premier point me semble être que la préoccupation des cités n'est pas tant de vendre leurs surplus que de s'approvisionner en produits qui leur manquent, que ceux-ci soient des produits de première nécessité (blé, huile, bois, etc.) ou des produits réservés à une consommation de luxe. Compte tenu des risques des transports, de la faible disponibilité d'excédents (pour le blé notamment), cela signifie que c'est la demande qui doit déterminer les prix, non la concurrence entre vendeurs[36]. C'est aussi le besoin de se procurer tel ou tel produit manquant qui pousse la cité à exporter des biens disponibles comme monnaie d'échange, que ce soit des produits artisanaux, agricoles ou, faute de mieux, de l'argent. Cela implique aussi un large commerce de redistribution : la cité peut acquérir des biens dont elle n'a pas l'usage immédiat, mais qu'elle sait pouvoir revendre sans peine en échange d'autres biens plus utiles pour elle. Les bordereaux de douanes des archives de Zénon le montrent à l'évidence : Zénon se procure dans les ports de Phénicie une foule de produits originaires notamment d'Asie Mineure, et qu'il emportera ensuite à Alexandrie. Sans le bordereau, on n'aurait jamais pensé que le miel de Théangéla, de Rhodes ou de Lycie, des vins et des fromages de Chios ou des noix du Pont – pour autant qu'on ait pu en retrouver la trace à Alexandrie – avaient été exportés en Syrie puis, de là, réexportés vers l'Égypte[37]. Cela doit donc rendre prudent quant aux circuits du commerce. Enfin, on ne doit pas exagérer l'importance de ce commerce. Certes, les dizaines de milliers d'anses d'amphores estampillées impressionnent : plus de 50 000 anses d'amphores en mer Noire, dont près de 20 000 sinopiennes, plus de 80 000 anses rhodiennes à Alexandrie (chiffre déjà ancien, sans doute obsolète). Mais combien cela représente-t-il exactement d'amphores ? Et quel volume ? En utilisant à la fois les anses estampillées et les fragments

36. Cf. sur ce point les observations d'Y. Garlan, « Réflexions sur le commerce », dans Y. Garlan éd., *Production et commerce des amphores grecques en mer Noire*, Aix-en-Provence, 1999, p. 139.

37. Cf. X. Durand, *Des Grecs en Palestine au IIIe siècle avant Jésus-Christ*, Paris, 1997, texte n° 12 ; M. Sartre, *D'Alexandre à Zénobie*, Paris, 2001, p. 242-246.

non estampillés, les chercheurs ont estimé que les importations d'amphores à Elizavetovskoe, à l'extrémité nord de la mer d'Azov, l'un des sites les plus importants de la mer Noire, ne dépassaient pas 2 000 par an, ce qui représente la charge d'un navire de tonnage moyen[38]. Et, la capacité des amphores varie de 4 à 40 litres, ce qui signifie que l'évaluation de la quantité de marchandises est susceptible de varier de 1 à 10[39]. Tout ceci doit donc inciter à la prudence : « Faute de pouvoir convertir les timbres ou les fragments non timbrés en amphores, les amphores en volume, les volumes en denrées et les denrées en prix, nous ne pouvons donc espérer obtenir que des données chiffrées très approximatives, et fragiles, qui ne peuvent guère, sans abus de langage, constituer la base statistique d'une véritable histoire quantitative[40]. »

Il faudrait distinguer ici entre deux types d'échanges : ceux qui se pratiquent à l'intérieur du vaste ensemble anatolien d'une part, ceux qui conduisent les marchands et produits d'Asie Mineure et d'Anatolie vers les autres régions du monde habité. Autant dire tout de suite que nous ne savons à peu près rien des premiers pour l'époque hellénistique. P. Debord a rappelé que les grands sanctuaires anatoliens jouaient un rôle primordial comme marchés, mais nous ignorons leur rayonnement exact[41]. S'agit-il de marchés d'audience locale ou régionale, ou vient-on de beaucoup plus loin ? On sait que Comana du Pont était réputée comme marché des Arméniens[42], ce qui implique une audience assez lointaine. De même, le succès de Hanisa ne peut se comprendre sans un rayonnement au-delà même de la Cappadoce. En Galatie, Gordion, Tavium et Pessinonte abritent des marchés de large audience, bien que le premier ait été en partie ruiné par le sac de Manlius Vulso en 189. C'est là que se vendent les moutons et les laines des innombrables troupeaux de Galatie. Il est donc probable que des produits circulent à travers l'Anatolie, mais nous ne pouvons guère le prouver par des traces matérielles. On devine que s'exportent par Sinope les esclaves, les cuirs, les métaux du Pont et de Cappadoce, ainsi que l'ocre rouge qui finit par se nommer « ocre sinopique » alors qu'il provient de Cappadoce. De même, les laines de Galatie doivent alimenter les ateliers d'Asie Mineure, mais nous ne savons pas comment.

En revanche, le commerce entre l'Anatolie et le reste du monde, notamment tout commerce qui se fait par mer, est davantage documenté. La difficulté tient

38. I. B. Brašinskij, *Les méthodes d'analyse du commerce antique*, Moscou, 1984, p. 156 (en russe), cité par Y. Garlan, dans Y. Garlan, *Production et commerce*, p. 134.
39. Y. Garlan, *o. c.*, p. 134.
40. Y. Garlan, *o. c.*, p. 135. Cf. aussi les remarques méthodologiques de G. Finkielsztejn, « Du bon usage des amphores hellénistiques en contextes archéologiques », dans F. Blondé, P. Ballet et J.-F. Salles éd., *Céramiques hellénistiques et romaines. Production et diffusion en Méditerranée orientale*, Lyon, 2002, p. 227-233.
41. P. Debord, *Aspects*, p. 11-15.
42. Strabon, XII, 3, 32 et 36.

principalement aux instruments dont nous disposons pour apprécier l'importance des courants d'échange. Leur interprétation est toujours délicate, et surtout imprécise.

Au premier plan de ces instruments d'analyse devrait se trouver la monnaie dont les émissions plus ou moins abondantes et la circulation relèvent au moins en partie de l'analyse économique, bien qu'on ne puisse en sous-estimer la signification politique[43]. L'Asie Mineure et l'Anatolie usent d'une pluralité de monnayages qui ne fut jamais remise en cause. On doit distinguer entre les monnaies royales d'une part (séleucides, attalides, et celles des nouveaux royaumes anatoliens), celles des cités grecques d'autre part. En réalité, comme l'a souligné récemment Marie-Christine Marcellesi[44], la distinction doit se faire selon d'autres critères, celui de l'étalon et celui de l'émetteur. Du côté des États, deux politiques coexistent. Des royaumes comme Pergame[45] et, plus encore, le royaume lagide, mais aussi Rhodes[46] adoptent une politique fermée, c'est-à-dire qu'ils obligent les individus venus de l'extérieur à changer leurs monnaies, quel qu'en soit l'étalon, contre des monnaies locales ; c'est une simple mesure fiscale, qui permet à l'État de se procurer un bénéfice supplémentaire par le biais de la commission de change. Les règles de change obligatoire imposées à l'Égypte comme à la Phénicie lagide ne semblent pas avoir été aussi strictes dans le domaine micro-asiatique des rois d'Alexandrie[47], et ne s'appliquèrent sans doute guère dans les cités où subsistaient des monnayages civiques. Il se trouve par ailleurs que ces trois États ont adopté un étalon différent de l'étalon le plus courant. Ainsi, Rhodes continua à battre monnaie selon un étalon léger (tétradrachme de 12,6 g)[48], étalon qui fut

---

43. On manque d'un exposé systématique des monnayages d'Asie Mineure, mais on trouve de bonnes indications dans O. Mørkholm, *Early Hellenistic Coinage from the accession of Alexander to the Peace of Apamea (336-188 B. C.)*, Cambridge, 1991, et H. Nicolet-Pierre, *Numismatique grecque*, Paris, 2002, p. 207-250.
44. M.-Chr. Marcellesi, « Commerce, monnaies locales et monnaies communes dans les États hellénistiques », *REG*, 113, 2000, p. 326-358.
45. G. Le Rider, « La politique monétaire du royaume de Pergame après 188 », *JSavants*, 1989, p. 163-189. Pergame a émis au IIIe siècle et encore dans la première moitié du IIe siècle un monnayage royal à la seule effigie de Philétairos (à la seule exception d'une émission tardive au type d'Eumène II : F. Queyrel, « Le portrait monétaire d'Eumène II : problèmes d'interprétation et de datation », dans M. Amandry et S. Hurter éd., *Travaux de numismatique grecque offerts à Georges Le Rider*, Londres, 1999, p. 323-336).
46. A. Bresson, « La circulation monétaire rhodienne jusqu'en 166 », *DHA*, 19, 1993, p. 134-136.
47. Confirmation partielle seulement de la politique de monopole avec la découverte du trésor de 5 125 monnaies, dont 2 158 lagides, dans le trésor de Gülnar, en Cilicie : G. Le Rider et A. Davesne, *Gülnar* II : *le trésor de Meydancikkale*, Paris, 1989 ; mais le trésor contient autant d'alexandres de poids attique et des émissions séleucides en petit nombre.
48. Elle émit aussi, en petite quantité, un monnayage fondé sur un étalon rhodo-chiote plus lourd que le rhodien propre, mais plus léger que l'attique (drachme de 3,9 g, tétradrachme de 15,6 g) jusqu'à la fin du IIIe siècle.

aussi celui d'un nouveau monnayage royal attalide créé à partir des années 175 (ou seulement v. 166), les cistophores[49], et celui des Lagides avec lesquels Rhodes entretient d'étroites relations politiques et commerciales. Les Attalides avaient frappé d'abord, selon l'étalon attique, des monnaies au type de Séleucos Ier, puis des lysimaques, et enfin, après 282, des monnaies à l'effigie de Philétairos, des « philétaires », jusqu'au milieu du IIe siècle ; ces émissions furent peu abondantes à en juger par leur peu de place dans les trésors. Il n'en va pas de même des cistophores, ainsi nommées à cause du panier (*ciste*) dionysiaque qui les orne, et qui furent frappées après 188 par les cités du royaume attalide auxquelles le roi avait accordé ce privilège. On s'est beaucoup interrogé sur les raisons du choix d'un nouvel étalon, différent de celui des Séleucides. Il est absurde d'y voir une volonté de protection économique, d'idéal autarcique, que tout dément. On peut invoquer soit des raisons politiques (se démarquer de l'ancien monnayage royal séleucide), soit des raisons fiscales si l'on pouvait prouver que seuls les cistophores ont pouvoir libératoire des impôts royaux. De fait, un cistophore équivaut à trois drachmes attiques ou à trois deniers, ce qui incite à interpréter sa création comme un moyen de faciliter les équivalences. Bien qu'ils ne voyagent guère en dehors des états pergaméniens et que l'on trouve peu de monnaies étrangères dans les trésors de cistophores, rien ne prouve que les Attalides aient interdit la circulation des autres monnaies. Tout se passe comme si les cistophores jouissaient, surtout à partir des années 160, d'un quasi-monopole de fait dans le royaume de Pergame, sans qu'il y ait obligation légale[50].

De leur côté, les Séleucides ont opté pour une circulation ouverte, qui autorise donc l'usage de toutes les monnaies de même étalon, à savoir l'étalon attique qui avait été aussi celui d'Alexandre (d'où le nom qui lui est donné parfois d'attico-alexandrin, terme ambigu), à savoir une drachme de 4,3 g, un tétradrachme de 17,2 g[51]. Mais c'est du côté des cités que la situation se révèle la plus intéressante. Alexandre avait procédé à des émissions de drachmes d'argent à son type en Asie Mineure à partir de 325-324, c'est-à-dire assez

---

49. Le point dans F. S. Kleiner et S. P. Noe, *The early cistophoric coinage*, New York, 1977, en particulier p. 15-18. La chronologie est discutée par O. Mørkholm, « Some reflections on the Early Cistophoric Coinage », *ANS. MN*, 24, 1979, p. 47-61, qui propose 175 ; F.S. Kleiner, « Further reflections on the Early Cistophoric Coinage », *ANS. MN*, 25, 1980, p. 45-52, s'en tient à 166. Bibliographie récente de la question : R. Bauslaugh, *NC*, 1990, p. 61-62. Une date plus haute, 182-181 au plus tard, est proposée par R. Ashton, « The Attalid Poll-Tax », *ZPE*, 104, 1994, p. 57-60, à partir de la lettre d'Eumène II à Artémidôros, gouverneur attalide de Telmessos, en 181 ; dans ce document, Eumène mentionne la capitation au taux de quatre drachmes rhodiennes et une obole ; la référence à cette monnaie pour la capitation payée dans cette région est normale puisqu'elle est la plus répandue ; mais ce compte bien peu rond correspondrait, selon Ashton, exactement au poids des premiers cistophores.
50. F. S. Kleiner et S. P. Noe, *The early cistophoric coinage*, New York, 1977, p. 124-125
51. Sur les ateliers séleucides, cf. Edward T. Newell, *The coinage of the western Seleucid mints, from Seleucus I to Antiochus III*, New York, 1977, 2e éd. révisée par Otto Mørkholm.

tard, probablement pour ne pas se montrer plus autoritaire que ne l'avait été le Grand Roi ; il aurait pu utiliser l'atelier royal de Sardes, mais y renonça puisqu'il avait libéré la ville (Arrien, I, 17, 2). Il commença néanmoins à émettre à la fin du règne, pour payer aussi près que possible de leur lieu de retour les vétérans démobilisés et renvoyés chez eux : les alexandres frappés à cette occasion étaient donc destinés à voyager plus loin, non à se substituer aux monnaies civiques d'Asie Mineure[52]. Or, on a observé depuis longtemps que les émissions de ces alexandres se poursuivaient jusqu'au IIe siècle et que ces monnaies circulaient sans entrave partout ; les alexandres jouent en quelque sorte le rôle qui avait été celui des chouettes d'Athènes à l'époque classique[53]. Or les cités semblent pour beaucoup avoir utilisé concurremment plusieurs monnayages. Pour ce qui est de leurs émissions propres, c'est-à-dire à leurs types, elles en firent varier les étalons. Après avoir utilisé durant tout le IVe siècle un étalon léger, de type rhodien (drachme de 3,6 g), plusieurs (Milet, Priène, Héraclée du Latmos, Magnésie du Méandre, Samos, peut-être Kolophon) adoptèrent à la fin du IVe siècle et durant la plus grande partie du IIIe siècle un étalon lourd, dit « persique » (drachme de 5,2 g), mais qui est simplement l'étalon indigène propre (à Milet, on l'appelle milésien). Quelques autres cités restèrent fidèles à l'étalon léger rhodien (Rhodes naturellement, mais aussi Cos et Cnide), et Éphèse, qui avait suivi le mouvement général, revint dès 250 à l'étalon léger. Ces émissions, principalement de bronze et comportant de toutes petites dénominations, sont visiblement destinées au paiement des achats locaux de faible importance et, de fait, ces monnaies circulent peu. Il est d'ailleurs probable que nombre de cités exigeaient le change des monnaies étrangères.

Mais, parallèlement, de très nombreuses cités, du nord au sud de l'Asie Mineure[54], émettent des alexandres entre 325 et 275 ; puis le mouvement s'arrête un peu avant 250. Les alexandres continuent de circuler jusqu'à la fin du IIIe siècle, mais l'usure se fait sentir. La frappe reprend alors partout, dans des ateliers plus nombreux que jamais (ainsi toutes les villes d'Ionie en émettent, sauf Héraclée du Latmos). Ces émissions cessent assez rapidement à partir de 180 (les dernières émissions d'Asie Mineure provenant d'Alabanda et de Carie en 168-167)[55], lorsque les cités se mettent à aligner leurs monnayages civiques sur l'étalon attique. Désormais, ce sont ces monnaies

52. G. Le Rider, « Alexander in Asia Minor », dans *Coins of Macedonia and Rome : Essays in honor of Charles Hersh*, Londres, 1998, p. 49-57, revenant sur un trésor d'alexandres trouvé en 1993.
53. Cf. M. J. Price, *The Coinage in the name of Alexander the Great and Philip Arrhidaeus*, 2 vol., Zurich-Londres, 1991, p. 71-80, avec la chronologie des émissions ; G. Le Rider, « Les alexandres d'argent en Asie Mineure et dans l'Orient séleucide au IIIe siècle », *JSavants*, 1986, p. 3-51.
54. Liste dans M.-Chr. Marcellesi, p. 336.
55. M. J. Price, *Alexander*, p. 80.

civiques de poids attique qui circulent au loin, notamment en Syrie durant la plus grande partie du IIe siècle.

En réalité, jusque vers 180, tout se passe comme si les cités avaient deux systèmes monétaires non pas concurrents mais complémentaires. D'un côté des émissions locales de petites dénominations qui servent aux échanges locaux ; de l'autre, une monnaie « internationale », qui peut circuler partout, du moins là où il n'existe pas de monopole, en raison de son étalon identique à celui de la plupart des cités de Grèce propre et à celui du royaume séleucide. Cette pluralité des instruments apparaît tôt, déjà à Kolophon vers 310, dans une liste de souscriptions où interviennent des monnaies de plusieurs provenances[56]. Même là où l'on exige le change des monnaies étrangères, fussent-elles de même poids, la règle ne s'applique pas aux alexandres, reconnus comme monnaie commune.

On devrait pouvoir ainsi établir une histoire de la circulation monétaire, mais cette étude reste largement à faire pour l'Anatolie, et elle ne prendrait en compte que les monnaies d'argent, les seules qui circulent[57]. De plus les monnaies ne prouvent pas à elles seules l'existence de relations commerciales. En effet la monnaie circule pour bien d'autres raisons : soldes des mercenaires, cadeaux (cf. les nombreux cadeaux des Séleucides ou des Attalides à des cités grecques), butins ou tribut (comme le tribut payé par Byzance et Chalcédoine aux Galates dans les années 230-220, pour lequel elles émirent un monnayage léger)[58]. La part des monnaies arrivées en tel ou tel point pour des raisons commerciales n'est donc pas facile à établir. Ainsi, les monnaies de Byzance sont très fréquentes en Asie Mineure : combien attestent de relations commerciales directes entre Byzance et les cités où elles ont été trouvées, et combien y parvinrent par l'intermédiaire des Galates ? À l'inverse, les monnaies civiques d'Asie Mineure se trouvent peu en Asie Mineure même (en dehors de la cité émettrice) alors qu'elles abondent dans les trésors syriens. Faut-il en conclure qu'elles servaient essentiellement au commerce avec la Syrie ? On ne peut l'exclure, mais il est frappant de constater que le phénomène est très sensible après 188, c'est-à-dire à une époque où les émissions royales séleucides chutent notablement en Syrie (pour cause de manque

56. L. Migeotte, *Souscriptions*, p. 214-223, n° 69 ; sur l'origine des fonds, p. 219.

57. Dans son inventaire des coins de droit, F. de Callataÿ, *Recueil quantitatif des émissions monétaires hellénistiques*, Wetteren, 1997, donne (p. 322) la répartition suivante entre les métaux : or : 4,9 % ; electrum : 0,6 % ; argent : 38,1 % ; bronze : 56,4 % (mais il le juge sous-estimé). En fait cela masque des différences régionales. L'or est surtout frappé par les rois et les États périphériques, l'argent atteint plus de 40 % dans les régions égéennes, alors qu'il varie de 20 à 30 % dans l'intérieur. Quant au bronze, il représente environ 75 % des émissions partout, sauf en Ionie et Carie.

58. H. Seyrig, « Monnaies hellénistiques de Byzance et de Chalcédoine », *Essays Robinson*, 1968, p. 183-200 (en particulier p. 191-192). Nombreux exemples d'achat du départ des Galates : ainsi Héraclée vers 255 versa 5 000 statères, plus 200 statères à chacun des chefs galates (Memnon fr. 24).

d'argent), mais aussi époque où les cistophores jouissent d'un quasi-monopole de fait dans le royaume pergaménien. Sans que l'on puisse établir de liens assurés entre ces diverses observations, il est clair que les monnaies civiques d'Asie Mineure vinrent donc combler la pénurie monétaire créée en Syrie par la baisse des émissions séleucides. Mais comment ces monnaies parvinrent sur le marché syrien, nous l'ignorons ; cela implique nécessairement des échanges, mais rien ne prouve qu'ils furent directs entre les cités d'Anatolie et la Syrie.

Les courants d'échanges suggérés par les amphores estampillées ne peuvent guère être contestés, mais ils sont moins précis qu'on ne pourrait le croire. Ainsi, Alexandrie a livré plus de 80 000 anses rhodiennes contre 6 860 de Cnide, 1 480 de Cos, 650 pamphyliennes, 160 de Chios et 25 de Samos[59]. Faut-il en déduire une écrasante domination des échanges rhodo-alexandrins ? Compte tenu de ce qui a été dit plus haut sur les habitudes d'estampiller ou non, Y. Garlan se demandait[60] si en réalité les 1 480 timbres de Cos ne représentaient pas un trafic aussi important que les 80 000 rhodiens. Propos peut-être excessif, destiné à mettre en garde contre les interprétations abusives de chiffres dépourvus de signification statistique, mais qui illustre bien la difficulté d'une histoire économique chiffrée. Des trouvailles d'amphores, on peut déduire des courants d'échanges, non des niveaux quantitatifs. Encore faut-il que les trouvailles ne soient pas isolées car il existe toujours la possibilité de remplois de céramiques venues d'ailleurs. On peut donc certifier qu'il existe entre les grandes îles d'Asie Mineure et Alexandrie un intense courant d'échanges, où Rhodes, Cnide et Cos semblent bien jouer un rôle dominant, mais sans que l'on sache exactement ni quels sont les produits échangés, ni dans quel sens. L'exportation de vin et d'huile d'Asie Mineure vers l'Égypte est probable, d'ailleurs attestée dès le milieu du IIIe siècle[61], alors qu'au retour on rapporte du blé. De même, la dispersion des amphores de Cos vers la Crimée et le Pont Gauche, vers Alexandrie, vers la Syrie et la Palestine, plus rarement vers Délos, Athènes ou Argos, donne une image du réseau de relations des marchands de Cos, et, relativement, l'importance de ces courants les uns par rapport aux autres, mais pas davantage. En mer Noire, les trouvailles importantes d'amphores héracléotes[62] et

59. P. Fraser, *Ptolemaic Alexandria*, Oxford, 1970, p. 165.
60. Y. Garlan dans P. Garnsey éd., *Trade and Famine*, Cambridge, 1983, p. 38.
61. Huile de Samos exportée vers 259-258 : *PCZ* 59015 r.
62. Sur leur classification, cf. A. Bittner, *Gesellschaft und Wirtschaft in Herakleia Pontike. Eine Polis zwischen Tyrannis und Selbverwaltung*, Bonn, 1998, p. 110 (qui note une forte baisse au IIIe siècle et signale que l'on connaît 187 noms de potiers), et surtout N. Pavlitchenko, « Les timbres amphoriques d'Héraclée du Pont : bilan et perspectives de recherches », dans Y. Garlan, *Production et commerce*, p. 13-19, qui fait l'historique de l'identification et des modes de classement, et insiste sur les incertitudes de la chronologie, relative et absolue.

surtout sinopiennes[63] qui forment plus du tiers des trouvailles dans la basse vallée du Don (Elizavetovskoe), en Crimée et dans les cités du Pont Gauche illustrent sûrement la vitalité des courants d'échanges entre toutes les rives de la mer Noire[64] : les sinopiennes représentent à elles seules plus du tiers des trouvailles faites autour du Pont-Euxin, même si les rhodiennes, cnidiennes et coéennes ne sont pas absentes aux IIe et Ier siècles[65]. Le phénomène est particulièrement marqué en Colchide et en Ibérie[66] où les fouilles récentes mettent en évidence à la fois les importations d'amphores et la diffusion des modes et habitudes de vie grecques, comme à Vani (Colchide), situé à une centaine de kilomètres dans l'intérieur des terres[67], ou à Sarkinè et à Nastakisi (Ibérie) où s'importent des terres cuites et des céramiques hellénistiques[68]. Polybe souligne d'ailleurs que les peuples situés autour du Pont importent de l'huile et du vin, exportent du bétail, des esclaves[69], de la cire, du miel et du poisson en saumure ; quant au blé, tantôt ils en exportent, tantôt ils en importent[70]. Cela se traduit aussi par l'imitation sur place des produits grecs dont on a pris l'habitude, comme les amphores[71].

Restent les indices moins matériels, ceux que constituent les listes de proxènes ou les lettres royales garantissant aux cités divers avantages. Celles que Cos échange avec Ziaèlas de Bithynie, Séleucos II (?) et Ptolémée III vers 240, outre la reconnaissance de l'asylie du sanctuaire que réclamaient les habitants de Cos – ce qui n'est pas un mince avantage pour assurer la sécurité des pèlerins –, témoignent du souci de la cité d'assurer la protection de ses marchands et navigateurs lors de leurs déplacements lointains : Ziaèlas leur promet la sécurité et les met à l'abri des pillards.

---

63. On possède 256 noms de potiers ; cf. N. F. Fedoseev, « Classification des timbres astynomiques de Sinope », dans Y. Garlan éd., *Production et commerce*, p. 27-48, qui relève que 164 magistrats sont connus entre 365 et 203 ; ensuite, le timbrage se fait avec la seule date, de 203 à 190 ; tout timbrage cesse en 183.
64. Y. Garlan dans P. Garnsey éd., *Trade and Famine*, Cambridge, 1983, p. 39 ; Id., « Quelques réflexions sur les timbres amphoriques de Sinope », *Ier Congrès international sur la mer Noire*, Samsun, 1990, p. 549-554.
65. G.R. Tsetskhladze, « Griecher in der Kolchis : Ökonomische Aspekte », *MBAH*, 12, 1993, en particulier p. 59.
66. La Colchide correspond à la partie occidentale de la Géorgie actuelle, l'Ibérie à sa partie orientale.
67. O. D. Lordkipanidze, « La Géorgie et le monde grec », *BCH*, 98, 1974, p. 921-929 : fragments d'inscriptions grecques, portes de ville de type hellénistique, statue d'une Nikè, appliques de bronze de style pergaménien, chapiteau corinthien.
68. O. D. Lordkipanidze, *BCH*, 1974, p. 943-944
69. Sur les esclaves de Colchide, D. C. Braund et G. R. Tsetskhladze, « The Export of slaves from Colchis », *CQ*, 39, 1989, p. 114-125.
70. Polybe, IV, 38, 4-6.
71. G. R. Tsetskhladze, « Organization of ceramic production in Colchis during the hellenistic Period », *Eirene*, 27, 1990, p. 93-102, dont les conclusions quant à une organisation étatique des ateliers céramiques me paraissent contestables.

Lettres royales à la cité de Cos (v. 240 av. J.-C.)

1. Lettre du roi de Bithynie Ziaèlas.

Le roi des Bithyniens Ziaèlas au peuple et au conseil de Cos, salut. Diogeitos, Aristolochos et Theudotos, vos envoyés, sont venus et nous ont demandé de reconnaître comme inviolable le sanctuaire d'Asklépios situé dans votre cité, et de faire preuve de bienveillance (*philantrôpein*) envers la cité sur les autres sujets, comme notre père Nicomède fit preuve de bienveillance envers notre peuple. Nous nous soucions en fait de tous les Grecs qui viennent à nous, car nous sommes convaincus que ceci ne contribue pas peu à une réputation ; en particulier, nous continuons à faire grand cas des amis de notre père et de vous à cause de son accord personnel avec vous, parce que le roi Ptolémée, notre ami et allié, est votre ami, et surtout parce que vos envoyés ont exprimé avec enthousiasme la bonne volonté que vous avez à notre égard. Dans le futur, selon ce que vous pourrez demander, nous essaierons, chacun individuellement et tous ensemble, de vous favoriser comme il sera en notre pouvoir ; pour vos concitoyens navigateurs, ceux à qui il arrive d'entrer sur le territoire que nous contrôlons, nous veillerons à ce que leur sécurité soit assurée ; de même, ceux qui sont jetés sur nos côtes par accident au cours de leur voyage, nous essaierons de mettre en œuvre tout ce qu'il faut pour qu'ils ne subissent de dommage de personne. Nous reconnaissons aussi votre sanctuaire comme inviolable (*asulon*), comme vous l'avez demandé ; pour ceci et vos autres souhaits, j'ai ordonné à Diogeitos, Aristolochos et Theudotos de vous faire un rapport. Salut.

2. Lettre de Séleucos II (?)

[...] ils ont accompli les rites habituels et conduit les sacrifices et les concours. Quand ils eurent terminé avec ceci, ils vinrent vers nous ; après avoir parlé longuement du sanctuaire de la cité, ils nous ont demandé de conférer une garantie d'inviolabilité sur ceux qui viendraient à Asklépios et au sanctuaire lui-même. Nous louons votre peuple parce qu'il honore les dieux et rend manifeste ses sentiments à notre égard ; nous approuvons Diogeitos parce que, à la fois en paroles et en actes, il distingue toujours ce qui est le meilleur pour la cité. Nous reconnaissons l'inviolabilité, comme votre peuple l'a demandé ; pour le futur, nous essaierons, tant que nos affaires resteront en paix, de ne pas de vous décevoir dans vos requêtes. Salut.

3. Lettre de Ptolémée III

[...] à jamais [...] ils disaient aussi de favoriser le peuple en l'aidant à établir l'asylie. De notre côté, dans l'intérêt des dieux et de la cité, nous reconnaissons (l'asylie) comme vous le demandez et nous inviterons nos sujets à considérer le sanctuaire comme inviolable à l'intérieur des limites que vous avez établies avec des bornes. Salut.

Source : C.B. Welles, *Royal Correspondence*, p. 118-133, n° 25-27.

De même, les listes de proxènes constituent sans doute un bon témoin des relations entretenues par une cité, sans que l'on doive en déduire que la cité utilise les proxènes comme agents commerciaux ou comme intermédiaires pour favoriser ses produits ou ses marchands[72]. Ainsi à Samos à

72. Mise en garde de Chr. Marek, « Handel und Proxenie », *MBAH*, 4, 1985, p. 67-78 : les étrangers honorés comme proxènes seraient seulement incités de la sorte à poursuivre leurs bienfaits, notamment frumentaires ; c'est sans doute vrai, mais la fonction de proxène implique que ces hommes jouent dans leur propre cité un rôle auprès des citoyens de la cité qui les a honoré de ce titre : on doit admettre qu'ils avaient l'occasion de rendre de tels services parce que des échanges avaient effectivement lieu entre les deux cités.

l'extrême fin du IVe siècle et au début du IIIe siècle, la cité honore du titre de proxène des hommes de Cos, Elaia, Argos, Phasélis, mais aussi un Macédonien, un Thessalien (Magnète), un Arcadien et accorde la citoyenneté à un Éginète et un Toronéen[73], ce qui montre la variété d'origine des étrangers lui rendant service. Une enquête systématique, tenant compte de la chronologie, ferait à coup sûr apparaître des réseaux qui recouperaient ce qu'apprend la diffusion des amphores ou des monnaies. De même, l'étude des étrangers résidant dans les cités, soit par les décrets pour des bienfaiteurs, soit par les épitaphes. On voit ainsi apparaître des échanges parfois lointains, attestés par la présence de Syriens et de Phéniciens à Chios, à Cos (un Gerrhéen au IIe siècle et un Nabatéen au Ier) et surtout à Rhodes, alors qu'en sens inverse on sait que Moschiôn de Priène entretient des relations avec les Nabatéens de Pétra dès la fin du IIIe siècle[74]. P. Debord a pu montrer les variations du nombre des Sinopiens et des Amiséniens à Athènes et dans les îles de la mer Égée entre le IVe et le Ier siècle[75] ; tandis que les Sinopiens culminent au IIe siècle à Athènes (ce que corroborent les trouvailles d'amphores de Sinope à la même époque), les Amiséniens y sont les plus nombreux au Ier siècle. La multiplication de ce type d'enquête pourrait nous éclairer sur les variations des courants d'échange et leur importance relative, sans pour autant permettre une histoire économique quantitative, définitivement impossible.

Même en croisant toutes les informations disponibles, il reste que, même pour les villes pourvues de la documentation la plus fournie, on arrive difficilement à établir une « histoire économique » fiable. Ainsi, personne ne doute de l'importance de Rhodes, à la fois comme centre de production et comme centre d'exportation ou de redistribution. On a souligné plus haut l'abondance des trouvailles de timbres amphoriques dans toute la Méditerranée orientale et en mer Noire. Or, les trouvailles monétaires « transcrivent mal le réseau commercial de Rhodes », contrairement à l'opinion longtemps émises par la plupart des savants[76]. En réalité, les seules trouvailles importantes proviennent de son territoire propre ou de celui qu'elle contrôle sur le continent. Le phénomène s'explique sans doute en partie par le fait qu'il s'agit d'un système moné-

73. M. Schede, *MDAI (A)*, 44, 1919, p. 5-17.
74. *I. Priene*, 108. Du coup, la trouvaille d'anses rhodiennes à Pétra laisse entrevoir aussi bien des relations directes entre l'Asie Mineure et Pétra qu'une importation indirecte depuis Alexandrie ou quelque port syro-phénicien.
75. P. Debord, « Sinopéens et Amiséniens en Grèce et en Égée à l'époque classique et hellénistique », *Ier Congrès international sur la mer Noire*, Samsun, 1990, p. 516-525.
76. Cf. A. Bresson, « La circulation monétaire rhodienne jusqu'en 166 », *DHA*, 19, 1993, p. 119-169 (citation p. 161) : il met en évidence que nombre de monnaies dites « rhodiennes » sont en réalité des imitations ; c'est peut-être pour se démarquer de ces imitations que les Rhodiens auraient entrepris la frappe au début du IIe siècle des drachmes dites plinthophores, légèrement plus lourdes.

taire fermé, mais l'explication reste insuffisante. En effet, Rhodes émet aussi des alexandres de poids attique entre l'extrême fin du IIIe siècle et le milieu du IIe ; or ils circulent selon un axe allant du Levant à la mer Noire qui reflète mal la variété du commerce rhodien, et seulement en petite quantité. Alain Bresson en déduit que ces frappes visent à solder les dépenses d'État de la cité, le bois, les métaux, la poix, le blé, dont on a besoin pour la marine ou les distributions civiques, peut-être aussi les mercenaires, non à faciliter le commerce en général.

Il faut aussi rappeler qu'une part non négligeable du commerce peut se faire par troc direct, par échanges de marchandises, sans qu'il y ait intervention de la monnaie, ce qui relativise encore un peu plus l'importance de celle-ci en matière de commerce. Par ailleurs, en 167, la création par Rome du port franc de Délos[77] visait à détourner de Rhodes une bonne partie du commerce qui s'y pratiquait. D'après Polybe, le but fut atteint sans délai puisque les rentrées douanières de Rhodes auraient chuté de un million à 150 000 drachmes[78]. Or, la diffusion des céramiques rhodiennes ne confirme pas cet effondrement : les céramiques rhodiennes semblent aussi nombreuses à Alexandrie, au Levant, à Chypre et même à Délos, où l'on estime que l'apogée de la diffusion des amphores rhodiennes se situe entre 140 et 100[79]. En mer Noire, elles semblent se maintenir jusque vers 150, et ne diminuent que lentement ensuite jusqu'aux années 80-70, ce qui contredit la chute brutale indiquée par Polybe ; cette chute brutale ne se situe que dans les années 70-60[80]. À Alexandrie, le monopole rhodien pour le vin semble même se renforcer vers la fin du IIe siècle[81], alors que d'autres marchés, en Occident, sont en effet abandonnés. Il faut donc faire intervenir d'autres éléments, dont l'appréciation se révèle délicate et qui peuvent jouer en sens inverse. Ainsi, dans quelle mesure l'appauvrissement des marchés traditionnels de Rhodes a-t-il conduit à une baisse de ses exportations ? De plus, le développement de la piraterie après 130 a sûrement entravé les échanges, en même temps que l'importation (relativement modeste) de vins

---

77. En réalité, à la suite de la guerre de Rome contre la Macédoine, dans laquelle les Romains suspectent les Rhodiens d'une attitude ambiguë, Rome supprima l'indépendance de Délos et la remit aux Athéniens à condition que ceux-ci y établissent un port franc.
78. Polybe XXX, 31 : c'est le chiffre donné par Astymédès, ambassadeur rhodien à Rome en 165-164, venu chercher des adoucissements et conclure un traité d'alliance.
79. Cf. Y. Garlan, « Réflexions sur le commerce des amphores grecques en mer Noire », dans Y. Garlan éd., *Production et commerce des amphores anciennes en mer Noire,* Aix-en-Provence, 1999, p. 138.
80. Cf. Ju. S. Badal'janc, « La Rhodes hellénistique et le nord de la mer Noire », dans Y. Garlan éd., *Production et commerce*, p. 247-253.
81. N. K. Rauh, « Rhodes, Rome, and the Eastern Mediterranean Wine Trade, 166-88 BC », dans V. Gabrielsen *et alii*, éd., *Hellenistic Rhodes. Politics, Culture and Society*, Aarhus, 1999, p. 166-168.

italiens a pu concurrencer les produits dont les Rhodiens tiraient profit[82]. Mais en sens inverse, la nécessité de payer le tribut de Rome a pu obliger les cités à trouver de l'argent frais en accroissant leurs exportations. On le voit, tout ceci n'est guère quantifiable.

On a évoqué chemin faisant les produits échangés, blé, vin, huile, poissons salés, bois. Il faudrait y ajouter les esclaves (marchés importants à Éphèse, Rhodes et Sidè), les étoffes, les produits précieux (encens, myrrhe) que l'on va chercher à Pétra ou qu'apportent les marchands de Gerrha ou de Pétra, les armes, les objets d'orfèvrerie. Même cet inventaire est sujet à caution tant nos sources sont lacunaires et orientées vers le spectaculaire plutôt que vers les produits de base de la vie quotidienne. Du moins ont-elles le mérite d'attirer l'attention sur les relations à très longue distance (l'Arabie, le Golfe Persique, Alexandrie) entretenues par les grands ports d'Asie Mineure. Même si l'information est ponctuelle, et donc non quantifiable, elle confirme que l'unification politique et culturelle du monde méditerranéen et la présence, même passagère, des Grecs dans les régions intérieures de l'Asie Occidentale, ont facilité des contacts qui, sans être inexistants auparavant, demandaient sans doute davantage d'intermédiaires.

Prospérité ou déclin ?

Peut-on évaluer quels effets la conquête d'Alexandre et la mainmise des Grecs sur l'Empire achéménide eurent pour la prospérité de l'Asie Mineure et de l'Anatolie jusqu'au milieu du IIe siècle ? Le problème est celui des moyens d'appréciation. Le volume des émissions monétaires est illusoire car la frappe des monnaies ne correspond pas à des besoins commerciaux mais plutôt à des impératifs politiques ou militaires. De plus, une cité peut parfaitement être très prospère et abandonner tout monnayage propre (Cyzique, Lampsaque). On pourrait essayer de mesurer la prospérité des cités par l'intensité plus ou moins grande des constructions publiques. C'est sûrement un indice pertinent, à condition de ne pas en abuser. En effet, certaines constructions ne traduisent pas le souci de paraître d'une cité prospère, mais des nécessités urgentes. Ainsi, la construction hâtive des remparts d'Érythrées v. 300 ne traduit pas sa richesse mais sa détresse, bien que le recours à une souscription publique puisse s'interpréter dans l'un ou l'autre sens[83]. Peut-être faudrait-il en dire autant de la reconstruction de Kolophon et de la réunion de la ville nouvelle à

82. Cf. N. K. Rauh, « Rhodes, Rome, and the Eastern Mediterranean Wine Trade, 166-88 BC », p. 162-186, qui souligne que les importations de vins italiens ne semblent pas aller au-delà de ce qui est nécessaire pour satisfaire les besoins des immigrés italiens.

83. *I. Erythrai*, 22 ; L. Migeotte, *Souscriptions*, p. 211, n° 68.

la ville ancienne grâce à une souscription entre 311 et 306[84]. De plus, il faut déduire du bilan les édifices payés par des évergètes extérieurs, notamment les rois. À ces nuances près, il semble que la plus ou moins grande activité du bâtiment puisse être un indice. Encore faut-il disposer de ces données sur une assez longue durée pour juger d'un mouvement d'ensemble. Cela arrive parfois, comme à Cos : construction de l'Asclépeion au IIIe siècle, du théâtre v. 240, d'une agora et de nouvelles boutiques au IIe siècle en même temps qu'un agrandissement de l'Asklépeion ; dans la *chôra*, construction du temple d'Apollon à Halasarna au IIIe siècle, et divers travaux de fortifications à Halasarna et Isthmos à la fin du IIIe siècle. Il faudrait y ajouter plusieurs maisons privées richement décorées au IIIe siècle. Mais ces quelques édifices construits sur une période de deux siècles peuvent-ils susciter une interprétation économique ? On pourrait donner des exemples semblables à Magnésie du Méandre (construction du sanctuaire d'Artémis Leukophryénè entre 206 et 130[85]), à Téos (nouveau temple de Dionysos après 189[86]), à Éphèse et dans plusieurs cités d'importance, exemples qui indiquent tous, semble-t-il, un regain de prospérité dans le courant du IIIe siècle et jusqu'au milieu du IIe siècle. En ce sens, on peut sans doute souscrire à l'opinion de L. Migeotte qui voit dans la multiplication des souscriptions pour des travaux de longue haleine la preuve que chacun avait confiance en la paix et la stabilité[87]. Mais l'étalement des travaux sur une très longue durée pourrait aussi s'interpréter comme l'illustration des difficultés financières des cités.

Mais ce n'est pas toujours aussi clair. Ainsi, à Milet, de nombreuses constructions sont édifiées à la fin du IIIe siècle et dans la première moitié du IIe : poursuite des travaux du sanctuaire de Didymes, construction d'un nouveau bouleutérion. De plus, la cité est capable d'entretenir de puissantes troupes mercenaires et de faire la guerre à ses voisines (Priène, Magnésie du Méandre, Héraclée du Latmos). De tout ceci, Rostovtzeff n'hésite pas à conclure à sa prospérité[88]. Or, dans le même temps, on ne trouve aucun volontaire pour assumer la coûteuse fonction de stéphanéphore (on doit nommer Apollon dans cette charge et en faire payer les frais par son trésor) et le bouleutérion est offert par deux membres milésiens de l'entourage d'Antiochos IV, Timarchos et Hérakleidès. On en vient alors à se demander si l'octroi du droit de cité aux mercenaires n'est pas un moyen de ne plus avoir à les

84. B.D. Merritt, *AJPh*, 56, 1935, p. 358-372, n° I ; L. Migeotte, *Souscriptions*, p. 214, n° 69.
85. *I. Magnesia*, 100 a-b ; la date traditionnelle autour de 220 a été remise en cause par U. Schädler, *Ist. Mitt.*, 41, 1991, p. 301-312, qui réexamine l'œuvre de l'architecte Hermogénès de Magnésie.
86. Cf. D.M. Uz, « The temple of Dionysos at Teos », dans W. Hoefpfner et E. L. Schwander, *Hermogenes und die hochhellenistische Architektur*, Mayence, 1990 ; U. Schädler, *Ist. Mitt.*, 41, 1991, p. 301-312.
87. L. Migeotte, *Souscriptions*, p. 348.
88. M. I. Rostovtzeff, *Histoire économique et sociale*, p. 469-472.

payer. Comme au même moment Milet annexe le riche territoire de Pidasa[89], on finit par se poser des questions sur la richesse réelle de la cité.

Le recours aux évergètes est d'interprétation plus délicate. D'une part, il traduit une certaine détresse des finances publiques, ce qui peut résulter d'une perte de ressources ; comme celles-ci sont essentiellement liées aux taxes qui pèsent sur la production et les activités marchandes, on pourrait en déduire un déclin de l'économie urbaine. Le cas de Rhodes est explicite : les ressources douanières tombent d'un million à 100 000 drachmes après le détournement du trafic vers Délos. Mais le déséquilibre des finances publiques est ancien dans les cités grecques et son aggravation peut simplement résulter d'un accroissement des charges dans une société où règne un certain bien-être. Que l'économie générale reste prospère découle d'ailleurs du fait que les souscripteurs des emprunts publics ne manquent pas, tout comme les bienfaiteurs[90]. Le fait que ceux-ci, jusque vers la fin du IIIe siècle, ne donnent guère d'argent, indique sans doute que la cité sait où en trouver en cas de besoin. Cela n'exclut pas que les fortunes considérables dont on entrevoit l'émergence dans les années 150 et au-delà se soient constituées plus tôt, et sans doute en plusieurs générations.

L'ouverture d'un vaste espace aux entreprises et aux produits des Grecs d'Asie Mineure n'a pu qu'entraîner un surcroît de prospérité dans une région qui connaissait déjà un renouveau certain au IVe siècle. L'intensité des relations entre les grandes îles et les principales cités de la côte occidentale comme Milet et Éphèse d'une part, et Alexandrie d'autre part, au IIIe siècle et sans doute au-delà, illustre bien cette intensification des échanges inter-méditerranéens. Le développement de nouvelles cités grecques dans l'intérieur de l'Anatolie suscite des échanges nouveaux pour répondre aux exigences de la vie à la grecque : il faut fournir aux Grecs expatriés au loin, à ceux qui ont choisi de vivre comme eux, en Galatie, en Cappadoce, dans le Pont ou au-delà encore, les produits qu'ils ne peuvent trouver localement (huile d'olive, vins) pour des raisons climatiques ou culturelles.

89. I. *Delphinion*, 149 ; cf. ci-dessous p. 184.
90. L. Migeotte, *Souscriptions*, p. 348.

Chapitre 5

Monde rural et sociétés indigènes

Le monde des campagnes, qui regroupe l'écrasante majorité de la population, même dans les régions occidentales de l'Anatolie, reste mal connu à l'époque hellénistique, malgré des progrès récents très appréciables. On dispose depuis longtemps de quelques longues inscriptions illustrant le phénomène de la grande propriété aristocratique : toutes appartiennent au IIIe siècle et proviennent de l'Ouest (Troade, Mysie hellespontique, Lydie). Passé le milieu du IIIe siècle, ce type de propriété n'est presque plus documenté, malgré les renseignements que fournit Cicéron sur les transferts de propriété au bénéfice des Romains. De même, il faut pratiquement attendre l'époque d'Auguste pour que Strabon décrive les domaines sacrés des grands sanctuaires indigènes d'Anatolie. Cependant, de nombreux documents de Carie et de Phrygie, ainsi que de Rhodes, permettent de compléter le tableau en ce qui concerne les baux, les ventes de terre ou des opérations plus complexes de locations-ventes. En revanche, paysans et villages demeurent encore des fantômes pour l'historien alors que nul ne peut douter de leur existence. Certes, on connaît le nom de nombreux villages, on voit même à l'occasion des villageois se réunir pour voter un décret, on devine, grâce aux dédicaces, la vie religieuse des campagnes, mais l'organisation sociale et économique des campagnes nous échappe encore largement[1]. Cependant, quelques enquêtes archéologiques apportent des informations nouvelles. Ainsi, le *survey* systématique du territoire milésien semble indiquer une forte occupation du territoire aux époques classique et hellénistique, bien que l'on puisse souhaiter une périodisation plus fine entre le début et la fin de la période[2]. Il faudrait sans doute aussi pouvoir étudier les cadastres dont il serait surprenant qu'ils n'aient laissé

1. Le livre essentiel est celui de Chr. Schuler, *Ländliche Siedlungen und Gemeinden im hellenistischen Kleinasien*, Munich, 1998.
2. H. Lohmann, « Survey in der Chora von Milet : Vorbericht über die Kampagnen der Jahre 1994 und 1995 », *AA*, 1997, p. 285-311.

aucune trace dans le paysage actuel. Et on ne connaît toujours aucun village antique par l'archéologie, alors qu'à l'évidence il existe de multiples sites propices pour une exploration.

On peut aborder le monde rural sous plusieurs angles complémentaires pour lesquels, malheureusement, la documentation disponible n'est jamais de même nature pour l'ensemble de la région. Il serait bien entendu dangereux d'extrapoler mais on pourra au moins percevoir plusieurs facettes de la vie des campagnes dans cet ensemble peu uniforme.

L'exploitation des campagnes

La propriété du sol

En plantant sa lance dans le sol de l'Asie, Alexandre avait pris symboliquement possession de l'ensemble du royaume achéménide et affirmé son pouvoir éminent en vertu du « droit de la lance »[3]. Ses successeurs héritent de ce droit et, logiquement, la maîtrise du sol des royaumes leur appartient. Mais ce principe général ne résoud ni le problème de l'exploitation des terres, ni même celui de la propriété, en dépit du succès d'une théorie de Rostovtzeff dont on ne s'est pas complètement débarrassé. En effet, celui-ci, dès 1910, avait formulé l'idée que l'Égypte hellénistique se partageait entre la terre royale d'une part, la terre concédée (*en aphesei*) par le roi à divers bénéficiaires d'autre part[4], ce qui signifiait que rien, en ce domaine, n'échappait à la volonté royale. Malgré les nuances apportées par la suite par le grand historien russe[5], l'idée d'une « propriété éminente » du roi sur tout son royaume fut acceptée assez largement par les historiens et les juristes. C'était confondre la souveraineté royale et le droit de propriété, confusion facilitée par le fait que l'autorité du roi hellénistique possède un caractère personnel marqué, et qu'il est donc difficile de séparer nettement ce qui appartient à l'État souverain et au roi personnellement. Mais, erreur de méthode plus grave, les notions dégagées par Rostovtzeff à partir de la documentation papyrologique égyptienne furent appliquées à d'autres régions du monde hellénistique sans que l'on se soucie de savoir si les termes relevés en Égypte y étaient attestés.

C'est ainsi que H. Kreissig estima que, dans le royaume séleucide, la propriété du roi sur l'ensemble des terres s'accommodait de concessions permanentes ou temporaires plus ou moins étendues. Il concevait donc le partage du royaume en deux ensembles, la terre royale (*ge* ou *chôra basilikè*)

3. Diodore, XVIII, 39, 5, emploie l'expression au sujet de la conquête de l'Égypte par Ptolémée Ier.
4. M. I. Rostovtzeff, *Studien zur Geschichte des römischen Kolonates*, Leipzig-Berlin, 1910, p. 79.
5. M. I. Rostovtzeff, *Histoire économique et sociale du monde hellénistique*, Paris, 1989, p. 187, et p. 1018, n. 84.

d'une part, la terre concédée (*en aphesei*) de l'autre[6]. Dans la seconde catégorie se trouveraient les territoires civiques, les terres vendues (domaine de Laodice près de Cyzique par exemple) ou données (Aristodikidès d'Assos) avec droit de rattachement à une cité voisine, les terres des dynastes ou des sanctuaires dont le roi reconnaîtrait l'autonomie par un geste gracieux. Le roi, sans abandonner ses droits éminents et sa capacité à prélever les impôts sur la terre, leur concéderait la propriété du sol à titre définitif. En revanche, sur la terre royale, ses droits de propriétaire s'appliqueraient pleinement, même s'il lui arrive de céder des portions du domaine à des amis à titre de *dôrea* (cadeau) ou à des clérouques (les Juifs de Phrygie)[7].

En réalité, il faut renoncer à cette description reposante pour l'esprit, mais infondée[8]. En premier lieu, l'expression qui avait paru à Rostovtzeff, puis à Kreissig, justifier son hypothèse, n'a pas le sens qu'ils lui prêtaient. En effet, la terre *en aphesei* n'est en rien une terre concédée, mais une terre abandonnée, qui est en position d'attente avant que l'administration fiscale lui donne un statut[9]. Et rien n'autorise à en exporter l'usage dans le royaume séleucide, où la documentation ne permet en aucun cas d'être aussi précis que l'était Kreissig. Par ailleurs, la *chôra basilikè* semble bien désigner seulement ce qui est le patrimoine personnel du roi, ce dont il peut disposer à tout moment à sa guise, sans que cela lèse qui que ce soit[10].

Il va de soi que le roi, comme souverain en son royaume, peut toujours se livrer à des violences qui privent ses sujets de leurs droits, mais en déduire que le roi possède une « propriété éminente » sur toutes les terres paraît pour le moins abusif. Il existe sans aucun doute un domaine royal, constitué de vastes territoires occupés par des villages où les agents du roi dirigent peut-être l'exploitation, mais surtout veillent à la collecte des revenus dûs au roi. Il doit comporter une part importante des forêts qui couvrent le pays. Ainsi, une inscription de Sardes montre que les Séleucides possèdent des forêts à proximité de la ville, dont le bois servira à la reconstruction de la ville après 213, phénomène sans doute assez général si l'on songe aux nombreux cadeaux en

---

6. H. Kreissig, *Wirtschaft und Gesellschaft im Seleukidenreich*, Berlin, 1978.
7. Flavius Josèphe, *Antiquités Juives*, XII, 148-153.
8. J'avais moi-même imprudemment suivi Kreissig dans *L'Asie Mineure et l'Anatolie*, et je remercie vivement mon collègue Jean-Marie Bertrand d'avoir attiré mon attention sur ce point.
9. Sur tout ceci, bilan indispensable de J. Mélèze-Modrzejewski, « Régime foncier et statut social dans l'Égypte prolémaïque », dans *Terres et dépendants dans les sociétés antiques*, Paris-Lyon, 1979, p. 163-188, en particulier p. 164-167 (repris dans le recueil d'articles du même auteur, *Statut personnel et liens de famille dans les droits de l'Antiquité*, Aldershot, 1993, § IV, et addenda p. 3).
10. Cf. M. Corsaro, « A proposito di *basilike chora* nelle iscrizioni ellenistiche d'Asia Minore », *Serta antiqua et mediaevalia*, 1, Rome, 1997, p. 9-18 ; Chr. Schuler, *Ländliche Siedlungen und Gemeinden im hellenistischen und römischen Kleinasien*, Munich, 1998, p. 160-180.

nature faits par les rois aux cités victimes de séismes ou de destructions violentes[11]. Il devait en aller de même des carrières et des mines, pour lesquelles la documentation fait entièrement défaut. On aimerait également savoir ce que sont devenus les « paradis » des rois achéménides, ces grands domaines, directement exploités par leurs agents et qui avaient, à certains égards, valeur de modèle. Ils ont dû tomber dans le domaine royal, mais nous sommes aujourd'hui incapables de les identifier.

Par ailleurs, le roi contrôle d'une manière ou d'une autre assez de terres pour en donner à ses amis, les *philoi*, qui constituent la haute administration du royaume. On a évoqué plus haut les *dôréai* d'Aristodikidès d'Assos en Troade, de la reine Laodice près de Cyzique et de Zéleia (bien que dans ce cas le don soit camouflé sous la forme d'une vente), auquel on pourrait ajouter celui de l'amiral Athénaios, en Troade également, le domaine d'Achaios l'Ancien, autre membre de la famille royale séleucide ou encore, dans l'Asie Mineure lagide, la *dôréa* de Ptolémée de Telmessos. Il paraît logique d'imaginer que de grands domaines qui avaient appartenu à des membres de la famille royale achéménide, peut-être à des nobles perses qui ont fui, sont revenus au roi, qui les concède, temporairement ou définitivement, à qui il veut. Mais cela ne signifie pas qu'il peut disposer de toutes les terres, quelles qu'elles soient. Et ce qui vaut pour les Séleucides a de bonnes chances de valoir aussi pour les autres maîtres d'une partie de l'Asie Mineure. Rien ne permet de supposer que le roi dispose d'une totale liberté d'usage des terres des cités – celles qui existaient auparavant comme celles qu'il a fondées –, des terres des sanctuaires, ou même de celles des individus privés.

Il n'est d'ailleurs peut-être pas légitime de distinguer entre ces *dôréai* et les propriétés privées. La place éminente des rois comme propriétaires fonciers n'exclut pas l'existence d'autres propriétaires. Quelques inscriptions qui décrivent avec précision de grands domaines privés en Asie Mineure montrent à l'évidence que cette catégorie ne cesse de se renforcer, en vertu des dispositions prises par le roi lui-même. Dès la fin du IVe siècle[12], un officier royal, Mnésimachos, possède un domaine composé de diverses propriétés dans la plaine de Sardes, à titre de *dôrea* accordée sans doute par Antigone le Borgne avant même qu'il ne devienne roi, *dôréa* qui a toute chance de prendre la suite de quelque grand domaine achéménide. Ces

11. Ph. Gauthier, *Nouvelles inscriptions de Sardes*, II, Genève, 1989, p. 24-30.
12. *Sardis*, VII, 1, 1. Il y a désaccord sur la date ; P. Debord, *Aspects économiques et sociaux de la vie religieuse en Asie Mineure*, Leyde, 1982, p. 244-247 (suivant les premiers éditeurs) défend une date haute alors que, sur des critères paléographiques, beaucoup d'auteurs repoussent ce texte aux environs de 200. En réalité, l'inscription a sans doute été regravée à cette époque, mais la situation qu'elle décrit doit se situer à la fin du IVe siècle ; le point dans P. Briant, « Remarques sur « laoi » et esclaves ruraux en Asie Mineure hellénistique », *Actes du Colloque sur l'esclavage 1971,* Besançon, 1972, p. 94 et 120 ; P. Debord, *Ibid.*, p. 258 ; K. M. T. Atkinson, « A Hellenistic Land conveyance », *Historia*, 22, 1972, p. 45-74 (propose 214-190) ; R. Descat, « Mnésimachos, Hérodote et le système tributaire achéménide », *REA*, 87, 1985, p. 1-2 et 97-112 (date haute).

domaines comportent des villages et des lots (*kléroi*), avec des *laoi* pour travailler la terre. Mnésimachos avait engagé ses biens pour emprunter une forte somme d'argent, 1 325 statères d'or[13], au temple d'Artémis de Sardes. N'ayant pu restituer son emprunt à la date prévue, il cède ses domaines, dont il fournit la description afin d'éviter au nouveau propriétaire des difficultés à l'avenir. Par une convention écrite, et affichée sur les murs du temple, il s'engage à se porter garant du transfert de propriété au sanctuaire de la déesse, preuve d'une totale maîtrise de sa propriété. Il en est d'ailleurs propriétaire héréditaire puisque la convention engage aussi ses héritiers. Mais dans le même texte, il est fait allusion à la possibilité de reprise du domaine par le roi : rien n'est donc pleinement garanti, et mieux vaut comprendre que le don est à la fois sans exclusive, y compris la possibilité de transmettre, d'hypothéquer et peut-être de vendre – ce que signifie dans certains textes l'expression « posséder à titre de biens patrimoniaux » – et révocable : le bien reste enregistré dans les archives royales au nom de Mnésimachos, et si, d'aventure le roi décidait de récupérer sa *dôréa*, il le ferait sous le nom de Mnésimachos.

Vers 275, Aristodikidès d'Assos, un membre de l'entourage d'Antiochos Ier, reçut à titre définitif (il doit rattacher son domaine à une cité voisine, Ilion ou Skepsis) 6 000 plèthres, soit plus de 100 ha[14] : le rattachement à une cité diminue définitivement les droits du roi sur la terre[15]. En Lydie, un décret de villageois montre qu'Achaios l'Ancien, parent du roi Antiochos Ier, possède leurs deux villages en entier en janvier 267[16]. En 254-253, la reine Laodice, dont Antiochos II vient de divorcer, achète[17] un domaine entre Zéleia et Cyzique, dont la superficie n'est pas connue, mais qui englobe au moins un village et un manoir[18]. La même Laodice possédait aussi un domaine près de Mylasa (Carie) puisque c'est à elle qu'Olympichos d'Alinda a acheté le domaine qu'il offre au sanctuaire de Zeus Osogo[19] et à la cité de Mylasa[20]. Une autre Laodice, l'épouse d'Antiochos III, possède

13. Somme considérable qui équivaut environ à 5 talents d'argent.
14. C. B. Welles, *Royal Correspondence*, p. 60-71, n° 10-13.
15. L'opinion habituelle est que le droit de rattacher sa terre à une cité constitue une sorte de garantie contre une révocation du don par le roi ; ce n'est sans doute pas faux, mais ce n'est pas le seul procédé pour garantir la permanence du don : la vente fictive dûment enregistrée dans les archives royales consentie à Laodice est sans doute plus efficace.
16. M. Wörrle, « Antiochos I., Achaios der Ältere und die Galater », *Chiron*, 5, 1975, p. 59-87 ; texte ci-dessous p. 178.
17. Il s'agit en réalité d'un cadeau de divorce d'Antiochos II, qui adopte la forme d'une vente afin d'éviter toute remise en cause à l'avenir ; en fait l'achat est réglé avec les premiers revenus du domaine.
18. C. B. Welles, *Royal Correspondence*, p. 98-104, n° 18-20.
19. Les inscriptions le nomment *Osogo* ou *Osogollis*, mais Pausanias VIII, 10, 4, donne *Osogoa* ; cf. P. Debord, « Sur quelques Zeus Cariens : religion et politique », *Studi Ellenistici*, XIII, Pise, 2001, p. 21-24.
20. J. Crampa, *Labraunda* III, 1 : *The Greek Inscriptions*, Lund, 1969, p. 52-67, n° 8.

des domaines en Carie, grâce auxquels elle peut offrir 1 000 médimnes de blé pendant dix ans aux habitants d'Iasos, vers 195[21]. Dans tous les cas, la propriété englobe la terre et les paysans qui l'occupent et la travaillent ; chaque domaine comporte donc des villages, dont les paysans, cessant d'être des *basilikoi laoi*, des paysans royaux, restent des *laoi* au service du nouveau bénéficiaire[22].

Les domaines de Mnésimachos dans la plaine de Sardes (fin IVe siècle)

col. 1 [...]. Chairéas a mené l'enquête au sujet de ces affaires, et, un partage étant intervenu, enfin Antigone m'adjugea le domaine (*oikos*). Mais, maintenant, attendu que les naopes me demandent de rendre l'argent du trésor d'Artémis, et que je n'ai pas les moyens de les rembourser, voici quels sont les éléments constitutifs du domaine. Les villages dont les noms suivent : Tobalmoura, un village dans la plaine de Sardes sur la colline d'Ilos ; à ce village appartiennent aussi d'autres villages, l'un appelé Tandoukômè, et Kombdilipia ; le tribut (*phoros*)[23] des villages payable à la chiliarchie de Pythéas [...] 50 pièces d'or par an. Il y a aussi un *kléros* à Kinaroa près de Tobalmoura, avec un tribut de trois pièces d'or par an. Et il y a un autre village Périasasostra au lac de Morstos, avec un tribut payable à la chiliarchie de [...] arios de 57 pièces d'or. Et il y a aussi un *kléros* au lac de Morstos à Nagrioia, avec un tribut payable à la chiliarchie de Sagarios [...] de Koreis, de trois pièces d'or et quatre oboles d'or par an. Et il y a un autre village à Attouda, appelé Iloukômè, qui rapporte un tribut annuel de trois pièces d'or et trois oboles d'or.
Donc de tous les villages, des *kléroi*, des parcelles (*oikopéda*) y attenant, des paysans (*laoi*) avec leurs maisonnées et tous leurs biens, des jarres à vin, du tribut payé en argent et en hommes, et tout ce qui provient des villages et de tout ce qu'il peut y avoir en plus, Pythéas a reçu lors du partage, et Adrastos avec lui, une part séparée notamment une résidence (*aulè*) à Tobalmoura, hors de laquelle se trouvent les maisons des paysans, les domestiques et deux jardins (*paradeisoi*) nécessitant 15 artabes de semence, et à Periasasostra des parcelles exigeant trois artabes de semences, et des esclaves vivant sur place, à Tobalmoura Ephésos fils d'Adrastos, Kadoas fils d'Adrastos, Héracleidès fils de Beletros, Tuios fils de Manéas Kaikos ; ceux qui habitent à Périasasostra, Kadoas fils d'Armanandès, Adrastos fils de Manéas[24].

col. 2 [...] de tout temps, il ne sera pas permis désormais, ni à moi, ni à mes descendants, ni à [...], ni à quiconque d'autre de se délier de ce contrat. Si quelqu'un dépose une réclamation pour l'un quelconque des villages ou des *kléroi* et de toute autre chose dont la liste a été établie par écrit, moi et mes descendants nous porterons garants de la propriété et rejetterons la réclamation rivale. Si nous ne nous portons pas garants de la propriété ou transgressons ce contrat écrit au sujet des villages, des *kléroi*, des terres et des esclaves, ils feront retour au trésor d'Artémis, et les néopes mettront en œuvre les procédures légales et obtiendront un jugement sur ces points contre les plaignants, comme ils le souhaitent. Moi, Mnésimachos, et mes descendants paierons au trésor d'Artémis 2 650 pièces d'or, et s'ils ne sont pas rassemblés cette année, nous aurons à rendre au trésor d'Artémis en argent une somme équivalente ; pour les constructions et les plantations appartenant à Artémis ou

21. *I. Iasos*, 4.
22. Sur leur statut, cf. ci-dessous p. 176-177.
23. Je comprends qu'il s'agit du tribut payable au roi.
24. Il semble que Pythéas et Adrastos aient reçu, lors du partage mentionné tout au début, une part située dans les mêmes lieux que Mnésimachos ; il fallait donc le préciser afin qu'il n'y ait pas de confusion et que les administrateurs du temple d'Artémis, les naopes, n'aillent pas réclamer plus que leur dû, à savoir ce que possédait Mnésimachos.

pour toute autre amélioration qu'ils puissent faire, nous aurons aussi à payer le prix qu'ils estimeront. Aussi longtemps que nous n'aurons pas payé, le prêt restera pour nous comme un dépôt jusqu'à ce que nous ayons payé complètement. Si le roi reprend, sous le nom de Mnésimachos, les villages, ou les *kléroi*, ou quelque autre garantie offerte à Artémis, moi, Mnésimachos et mes descendants paieront immédiatement au trésor d'Artémis le montant d'origine en or du dépôt, soit 1 325 pièces d'or. Et nous paierons en une fois quelle que soit la valeur des constructions et des plantations d'Artémis, et pour la récolte et pour les fruits, s'ils ne sont pas réunis cette année pour le trésor d'Artémis, nous aurons aussi à payer en or quel qu'en soit le prix qu'ils estimeront ; et aussi longtemps que nous n'aurons pas payé, l'emprunt restera pour moi et mes descendants comme un dépôt jusqu'à ce que nous ayons remboursé complètement le trésor d'Artémis. Le recouvrement du prêt aussi longtemps que le remboursement n'a pas été fait par nous reste en vigueur.

Source : *Sardis* VII, 1, Princeton, 1932, p. 1-7, n° 1 ; R. Bogaert, *Epigraphica*, III, Leyde, 1976, n° 76 ; M. Austin, *The Hellenistic World*, p. 295-296, n° 181.
Bibliographie : K. M. T. Atkinson, « The Estastes of Mnesimachus in the plain of Sardis », *Historia*, 21, 1972, p. 45-74 ; R. Descat, « Mnésimachos, Hérodote et le système tributaire achéménide », *REA*, 87, 1985, p. 97-112 ; R. A Billows, *Kings and Colonists. Aspects of Macedonian Impérialism*, Leyde, 1995, p. 113-145 ; P. Briant, *Histoire de l'Empire perse*, Paris, 1996, p. 724 ; F. Papazoglou, *Laoi et paroikoi*, Belgrade, 1997, p. 41-47 ; B. Dignas, *Economy of the Sacred in Hellenistic and Roman Asia Minor*, Oxford, 2002, p. 70-73 et 279-287.

Donation d'une terre à Aristodikidès d'Assos par Antiochos Ier vers 275 avant J.-C. (?)

1. Le roi Antiochos à Méléagre, salut. Nous avons donné à Aristodikidès d'Assos deux mille plèthres de terre cultivable à joindre à la cité d'Ilion ou celle de Skepsis. Tu ordonneras d'attribuer à Aristodikidès sur la terre voisine de celle de Gergis ou de Skepsis, là ou tu le jugeras bon, les deux mille plèthres de terre et de les ajouter aux limites du territoire d'Ilion ou de Skepsis. Adieu.

2. Le roi Antiochos à Méléagre, salut. Aristodikidès d'Assos est venu nous demander de lui donner dans la satrapie de l'Hellespont Pétra, qui appartenait autrefois à Méléagre, et du territoire de Pétra mille cinq cents plèthres cultivables et deux mille autres plèthres de terre cultivables attenant au lot qui lui a été précédemment donné. Et nous lui avons donné Pétra, s'il n'a pas été donné auparavant à quelqu'un d'autre, et le territoire attenant à Pétra et deux mille autres plèthres de terre cultivable, parce qu'étant notre ami il nous a fourni ses services avec toute bienveillance et avec zèle ; donc après avoir examiné si Pétra n'a pas été donné auparavant à un autre, tu l'attribueras à Aristodikidès ainsi que le territoire attenant et de la terre royale attenante à la terre précédemment donnée à Aristodikidès, tu ordonneras de mesurer et de lui attribuer deux mille plèthres et de le laisser rattacher cette terre à la cité qu'il veut dans notre pays et alliance. Si les *laoi basilikoi* de la région dans laquelle est Pétra veulent habiter Pétra par raison de sécurité, nous avons ordonné à Aristodikidès de les y laisser habiter. Adieu.

3. Le roi Antiochos à Méléagre, salut. Aristodikidès est venu nous dire que la place de Pétra et la terre attenante, que nous lui avions données précédemment par écrit, ne lui ont pas encore été remises parce qu'elles ont été concédées à Athénaios commandant de la base navale, et il a demandé qu'un même nombre de plèthres lui soit attribué à la place du territoire de Pétra, qu'on ajoute aussi deux mille autres plèthres et qu'ils soient rattachés à celle qu'il veut des cités qui sont dans notre alliance (*symmachia*), conformément à ce que nous avions écrit précédemment. Voyant donc qu'il est bienveillant et zélé pour nos intérêts, nous voulons prendre grand soin de cet homme, nous avons donné notre accord sur ces points. Il dit que ce qui lui avait été concédé de la terre de Pétra était de mille cinq cents plèthres. Tu ordonneras donc de mesurer et d'attribuer à Aristodikidès deux mille cinq cents plèthres de terre cultivable et en échange de la terre de Pétra mille cinq cents autres plèthres.

Source : C. B. Welles, *Royal Correspondence*, p. 60-71, n° 10-13.
Bibliographie : P. Briant, « Remarques sur les laoi et esclaves ruraux en Asie Mineure hellénistique », *Colloque de Besançon sur l'esclavage 1971*, Paris 1974, p. 93-134 ; Id., « Communauté de base » et « économie royale » en Asie achéménide et hellénistique », *Recueil de la Société Jean-Bodin*, 41, 1983, p. 315-343 ; M. Corsaro, « Oikonimia del re e oikonomia del satrapo. Sull'amministrazione della chora basilike d'Asia Minore degli Achemenide agli Attalidi », *ASNSP*, 10, 1980, p. 1163-1219 ; Chr. Habicht, « Die herrschende Gesellschaft in den hellenistische Monarchien », *Vierteljahrschrift Sozial- und Wirtschafsgeschichte*, 45, 1958, p. 1-16 ; G. Herman, « The "Friends" of the early hellenistic rulers : servants or officials ? », *Talanta*, 12/13, 1980/1981, p. 103-149 ; H. Kreissig, « Propriété foncière et formes de dépendance dans l'hellénisme oriental », dans *Terre et Paysans dans les Sociétés antiques*, Paris, 1979 ; Id., « Die Dorfgemeinde im Orient in der hellenistische Epoque », *Recueil de la Société Jean Bodin*, 41/2, 1983, p. 301-314.

Vente d'un domaine à la reine Laodice (région de Cyzique)

1. Lettre du roi Antiochos à Métrophanès

Le roi Antiochos à Métrophanès, salut. Nous avons vendu à Laodice le village de Pannos, le manoir et le territoire appartenant au village, limité par le territoire de Zéleia, par celui de Cyzique et par l'ancienne route qui était au-dessus du village de Pannos et qui est maintenant labourée par les paysans voisins pour prendre eux-mêmes cet endroit – le village actuel de Pannos a été constitué ensuite – et les hameaux qui entrent dans ce territoire et les *laoi* qui vivent là avec toute leur maisonnée et tout ce qui leur appartient et avec les revenus de la cinquante-neuvième année, pour trente talents d'argent, pareillement aussi les *laoi* de ce village qui se sont installés dans d'autres lieux, s'il y en a, à condition que Laodice ne paiera pas de tribut au trésor royal et qu'elle aura le droit de rattacher la terre à la cité qu'elle voudra ; de même, ceux qui lui achèteront ou recevront d'elle (une terre) en disposeront souverainement et la rattacheront à la cité qu'ils voudront, à moins que Laodice ne l'ait antérieurement rattachée à quelque cité, auquel cas ils seront propriétaires sur le territoire de la cité à laquelle la terre aura été rattachée par Laodice.

Nous avons ordonné que le paiement soit fait au trésor à [...][25] en trois versements, le premier sera fait au mois Audnaios de la soixantième année, le second au mois Xandicos, le troisième dans le trimestre suivant.

Tu ordonneras qu'on remette à Arrhidaios, qui administre les biens de Laodice, le village, le manoir et le territoire qui en dépend et les *laoi* avec leur maisonnée et tout ce qui leur appartient et qu'on inscrive la vente dans les archives royales à Sardes et sur cinq stèles de pierre, dont l'une sera placée à Ilion dans le temple d'Athéna, l'autre dans le temple à Samothrace, l'autre à Éphèse dans le temple d'Artémis, la quatrième à Didymes dans le temple d'Apollon, la cinquième à Sardes dans le temple d'Artémis. Tu ordonneras aussi qu'il soit aussitôt procédé à la délimitation et au bornage de la terre et que l'acte de délimitation soit aussi gravé sur ces stèles déjà mentionnées. Adieu. La cinquante-neuvième année, le cinquième jour de Dios.

2. Lettre de Métrophanès à Nikomachos l'économe

[...] (la copie de l'édit) écrit par lui [...] et aux autres [...] de placer les stèles dans les cités désignées ; conformément à la lettre du roi, tu feras le contrat et tu ordonneras d'inscrire la vente et l'acte de délimitation sur deux stèles de pierre, dont l'une sera placée à Éphèse

25. La pierre porte ici le mot *strateian* et B. Haussoullier traduisait « au trésor de l'armée » ; C. B. Welles rappelle que A. Wilhelm a écarté cette solution et propose de voir dans ce mot une localité du nom de Strateia, qui n'est pas connue, ou un district ; on peut aussi penser à une faute pour Strat(onik)eian ou Adrasteian, qui est le nom d'une colline avec un sanctuaire au sud de Cyzique.

dans le temple d'Artémis, l'autre à Didymes dans le temple d'Apollon, et de prendre sur le trésor royal la somme nécessaire à cette dépense ; tu auras soin que les stèles soient érigées très rapidement, et quand ce sera fait, tu nous écriras. Nous avons écrit à Timoxénos l'archiviste d'enregistrer la vente et l'acte de délimitation dans les archives royales à Sardes, conformément à la lettre du roi. [La 59e année], Daisios.

3. Acte de délimitation

[La copie de l'acte de délimitation. Là ont été...] Pannos [et le manoir et le territoire qui en dépend et] les *laoi* [qui vivent là et ont été remis] à Arrhidaios, l'administrateur des biens de Laodice, par [--]cratès l'hyparque le village, le manoir et le territoire qui en dépend, conformément à l'ordre de Nikomachos l'économe, auquel étaient jointes la lettre de Métrophanès et la lettre du roi à Métrophanès enjoignant de procéder au bornage.

À partir du levant, depuis l'endroit où le territoire de Zéleia regarde celui de Cyzique, la vieille route royale qui conduisait au village de Pannos, passant au-dessus du village et du manoir, celle qui a été indiquée par Ménékratès fils de Bakkhios du village de Pytthès, par Daos fils d'Azarètos et par Médéios fils de Métrodôros, tous deux du village de Pannos, et qui est barrée par les voisins du lieu.

Depuis cette route, jusqu'à l'autel de Zeus situé au-dessus du manoir et qui est, comme la tombe, sur le côté droit de la route ; depuis la tombe, la route royale même qui traverse l'Eupannèse jusqu'au fleuve Aisépos.

Il a été procédé au bornage de la terre conformément aux limites reconnues.

Source : Inscription provenant du sanctuaire d'Apollon de Didymes, publiée partiellement par B. Haussoullier, *RPh*, 25, 1901, p. 8-39, reprise par le même auteur dans *Histoire de Milet et du Didymeion*, Paris, 1915, p. 76-110, et par T. Wiegand, *Abh. Ak. Berlin*, 1908, I, p. 35-37 ; C. B. Welles, *Royal Correspondence*, p. 98-104, n° 18-20.

Ces grands domaines sont traditionnels dans l'Asie Mineure. Xénophon au début du IVe siècle décrivait déjà dans la région d'Adramyttion des domaines ruraux tenus par des Perses ou des Grecs, englobant de la même façon villages et maisons fortes où les paysans se réfugient en cas de menace[26]. De même, les nobles cappadociens, pontiques ou galates dont Strabon explique qu'ils possèdent des villages entiers et qu'ils vivent dans des châteaux forts disséminés dans la campagne, répondent au même modèle. L'habitude perse d'offrir aux Grands du royaume et aux membres de la famille royale des domaines destinés à assurer leur entretien a d'autant mieux été conservée par Alexandre qu'elle répond exactement à une tradition macédonienne de partage du butin et de dons de terres, bien attestée dans la Macédoine de Philippe II[27]. Cet usage entre dans la politique de dons par laquelle les rois créent entre eux et les Grands du royaume des liens personnels de fidélité mutuelle, indispensables à la cohésion des milieux dirigeants.

Mais rien n'indique que la pratique de ces *dôréai* aient été d'usage général : si elle est bien attestée chez les Lagides comme chez les Séleucides, nous

26. Xénophon, *Anabase*, VII, 7-22.
27. Cf. sur ce point M. Corsaro, « Doni di terra ed esenzioni dai tributi ; una riflessione sulla natura dello stato ellenistico in Asia Minore », *Simblos*, 3, 2001, p. 227-261, en particulier p. 233-235. À la suite de Philippe, Alexandre, Cassandre et Lysimaque procédèrent à de tels dons de terre en Macédoine même, où n'existait évidemment aucune tradition achéménide.

n'avons aucune preuve de son existence chez les Attalides et I. Kertész en fait même un trait caractéristique de la politique des rois de Pergame[28]. Ceci n'empêche que des membres de l'entourage royal ne soient aussi de grands propriétaires, mais on ne sait comment ils ont acquis leurs domaines. Ainsi, Sôtas, gouverneur attalide d'Olbasa sous Attale II, est capable d'accueillir les Olbaséens échappés aux ennemis lors de la guerre pisidienne de 150-145 et de les entretenir, ce qui implique quelques domaines à proximité[29]. De plus, lorsqu'Eumène II eût reçu Telmessos en 189, il rendit à Ptolémée (II) fils de Lysimaque les domaines qu'il tenait en *dôréa*, à l'exception de ce qu'Antiochos III avait donné aux Kardaques.

Ces domaines aristocratiques évoquent d'assez près ce que Strabon décrit pour les domaines des sanctuaires d'Anatolie orientale. Les dieux de Comana du Pont, Zéla, Vénasa, Comana de Cappadoce, la Grande Mère de Pessinonte[30], Zeus d'Olba[31] et la déesse de Castabala de Cilicie, le Men d'Antioche de Pisidie et les dieux des sanctuaires paphlagoniens[32] possèdent tous des terres en grande quantité[33]. D'autre part, il n'existe sans doute pas une grande différence entre l'ouest et l'est de l'Anatolie car les sanctuaires d'Asie Mineure se trouvent eux aussi propriétaires de domaines et de *hiérodouloi*[34], comme ceux de Zeus à Aizanoi, d'Apollon près de Magnésie du Méandre, et de nombreux autres dieux[35]. Ils sont particulièrement nombreux en Carie (Zeus Labraundos, Zeus Osogo, etc.) mais ce déséquilibre géographique peut être dû au hasard des découvertes.

Une longue tradition historiographique considérait au moins une partie de ces domaines possédés par des dieux comme des « États sacerdotaux ». C'est un abus de langage manifeste car quel que soit le degré d'autonomie de ces domaines, on ne leur connaît aucune structure de type étatique. Laura Boffo, qui a fortement nuancé cette notion, a essayé d'établir une typologie des domaines (neufs types principaux), les uns se trouvant proches de l'État (comme les sanctuaires ethno-tribaux de Comana, Olba, Venasa, Pessinonte), d'autres

28. I. Kertész, « Zur Sozialpolitik der Attaliden », *Tyche*, 7, 1992, p. 133-141.
29. Cf. I. Savalli-Lestrade, « Les Attalides et les cités grecques d'Asie Mineure au IIe siècle », dans A. Bresson et R. Descat éd., *Les cités grecques d'Asie Mineure occidentale au IIe siècle a. C.*, Bordeaux, 2001, p. 88-89.
30. Sur la richesse foncière du sanctuaire de Pessinonte et son ancienneté, cf. B. Virgilio, *Il « Tempio Stato » di Pessinunte fra Pergamo e Roma nel II-I secolo a. C.*, Pise, 1981, notamment p. 49-83.
31. Cf. K. Trampedach, « Tempel und Grossmacht : Olba in hellenistischer Zeit », dans dans E. Jean, A.-M. Dinçol et S. Durugönül éd., *La Cilicie : espaces et pouvoirs locaux*, Paris, 2001, p. 269-288.
32. Strabon XII, 3, 40.
33. Cf. P. Debord, *Aspects*, p. 164-165.
34. Cf. la carte de répartition des *hieroi* et des *hierodouloi* dans P. Debord, *Aspects,* p. 79.
35. Cf. inventaire : P. Debord, *Aspects*, p. 178-180. Sur les domaines sacrés, Id., *ibid.*, p.127-180. Maintenant, cf. B. Dignas, *Economy of the Sacred in Hellenistic and Roman Asia Minor*, Oxford, 2002.

à l'opposé n'étant que la propriété d'une cité[36]. Cette typologie inutilement compliquée me paraît surtout refléter la diversité des histoires individuelles des domaines et des modes de gestion. Quelques-uns appartiennent de fait à quelque grand personnage de l'État à qui est conféré le titre de grand-prêtre, avec les bénéfices y afférant, ce qui lui donne un poids politique à la mesure de sa puissance économique. D'autres paraissent au contraire étroitement contrôlés par la cité où ils se trouvent : les terres du sanctuaire de Zeus Labraundos comme ceux de Zeus Osogo rapportent au peuple de Mylasa, même si les rôles respectifs de la cité et du prêtre héréditaire sont suffisamment flous pour que cela entraîne des conflits interminables[37]. Comme l'observe Signe Isager, plutôt que deux régimes juridiques des terres, ce sont deux conceptions de la prêtrise qui s'affrontent : d'un côté la conception du grand-prêtre prébandier dans la tradition anatolienne, de l'autre celle du prêtre-magistrat des cités grecques, renouvelé chaque année et chargé de rendre compte[38]. Dans tous les cas, la notion de « temple-État » devrait être abandonnée, au profit de domaines sacrés. Les dieux sont, en quelque sorte, des propriétaires comme les autres, même s'il peut peser, à l'occasion, certains interdits sur les cultures et les modes d'exploitation ; mais cela, qui justifie que l'on borne soigneusement les terres sacrées, ne suffit pas à une en faire une catégorie radicalement différente.

Ces domaines peuvent remonter à une haute antiquité comme celui de Castabala pour lequel on connaît une borne de délimitation dès la fin du Ve ou le début du IVe siècle[39], mais d'autres peuvent bien être d'origine récente, contemporains de la fondation de la cité proche. Ainsi, à Antioche de Pisidie, le sanctuaire de Men Askaios (ou Askaènos) n'a rien livré d'antérieur à l'époque hellénistique et possède d'étranges ressemblances avec ceux d'Artémis Leucophryènè et de Zeus Sôsipolis de Magnésie du Méandre d'où provient une partie, au moins, des colons[40]. Rien n'empêche que le sanctuaire grec d'un dieu indigène ne possède des terres et des paysans car c'est là un trait aussi bien grec qu'anatolien ou syrien et il est inutile d'imaginer à chaque fois la présence d'un « État sacerdotal », notion des plus contestables. Des théories diverses ont été émises sur l'origine et l'étendue primitive de ces domaines[41], mais l'important est d'observer que, durant l'époque hellénistique, ils croissent ou diminuent comme tout autre type de propriété. Rien ne prouve qu'ils soient les reliquats d'immenses domaines sacrés en partie

36. L. Boffo, *I re ellenistici e i centri religiosi dell'Asia Minore*, Florence, 1985.
37. Cf. B. Dignas, *Economy of the Sacred*, p. 59-69 et 95-106.
38. S. Isager, « Kingship and Gods in the Seleucid Empire. A Question of landed Property in Asia Minor », dans P. Bilde *et alii*, *Religion and Religious Practice in the Seleucid Kingdom*, Aarhus, 1990, p. 79-90, notamment p. 87.
39. A. Dupont-Sommer et L. Robert, *La déesse de Hiérapolis Castabala (Cilicie)*, Paris, 1964, p. 7-15. La déesse est alors Kubaba, c'est-à-dire Cybèle.
40. St. Mitchell et M. Waelkens. *Pisidian Antioch*, Londres, 1998, p. 7 et 66-67.
41. Le point historiographique et critique chez P. Debord. *Aspects*, p. 127-133.

sécularisés, comme on l'a prétendu[42]. Ils sont bien loin de couvrir l'ensemble du territoire et sont quelquefois formés de parcelles éparpillées, ce qui indique à la fois qu'il laissent de la place pour d'autres propriétaires et qu'ils se sont constitués par étape, notamment par les dons royaux d'époque hellénistique[43]. Ainsi, le sanctuaire de Zeus à Aizanoi, en Phrygie, a reçu des accroissements importants par des dons de Prusias Ier de Bithynie et d'Attale Ier de Pergame[44]. À Mylasa, le sanctuaire du dieu Sinuri achète des terres pour le compte du dieu[45], peut-être à des propriétaires endettés comme cela se pratique à Olymos, la cité voisine[46]. Parfois, les dons proviennent de testaments[47]. Mais les tentatives d'appropriation par des particuliers peuvent priver le dieu ou la déesse de ses revenus : on en connaît des exemples à Mylasa pour les domaines d'Aphrodite et du dieu Sinuri, ainsi qu'à Telmissos de Carie[48].

On connaît beaucoup plus mal les petits et moyens propriétaires. Cependant, les rois ont établi des colons militaires, en les dotant de terres pour leur entretien ; or leur *kléros* finit par s'assimiler à une propriété privée. On connaît mal le processus dans le détail mais un document transmis par Flavius Josèphe (*AS*, XII, 148-153) illustre le phénomène à la fin du IIIe siècle en Phrygie.

Antiochos III installa des Juifs babyloniens pour maintenir l'ordre dans cette satrapie qui avait subi des troubles. Des terres leur sont attribuées, sans doute incultes puisqu'elles nécessitent des investissements avant qu'elles ne produisent. L'installation de soldats pour le maintien de l'ordre se double donc d'une véritable opération de colonisation agraire, qui ne peut qu'être profitable au trésor royal. On retrouve un processus semblable dans une autre opération de type colonial, peut-être non militaire, à Balboura : une longue

42. Critique des théories anciennes chez Debord (n. précédente) et B. Virgilio. « Sutture templari e potere politico in Asia Minore », *Athenaeum*, 65, 1987 = *Epigrafia e storiografia*, Pise, 1988, p. 182-190.
43. Cf. W. Ameling. « Et dona ferentes. Königliche Stiftungen an griechische Städte und Heiliglümer im Zeitalter des Hellenismus ». *Quaderni Catanesi di Studi Classici e Mediaevali*, 9, 1987, p. 11-40 ; K. Bringmann et H. von Steuben, *Schenkungen hellenistischer Herrscher an griechische Städte und Heiligtümer*, I. *Zeugnisse und Kommpentare*. Berlin, 1995 (avec le compte rendu d'I. Savalli-Lestrade, *Gnomon*, 71, 1999, p. 550-555).
44. Dossier complet, de l'époque d'Hadrien, dans U. Laffi, « I terreni del tempio di Zeus ad Aizanoi ». *Athenaeum*, 49, 1971, p. 3-53.
45. L. Robert. *Le sanctuaire de Sinuri*, Paris, 1945, p. 42-43 et surtout p. 69-93. Le dossier d'inscriptions a été repris par W. Blümel. *I. Mylasa*, n° 201-232.
46. Dareste, Haussoullier et Reinach. *Recueil des inscriptions juridiques grecques*, I, p. 254 ; tout le dossier figure dans W. Blümel, *I. Mylasa*, II, Bonn, 1988, n° 801-854 ; cf. en particulier n° 801, 806 ; mais sur les causes de ces cessions de terres par des particuliers aux sanctuaires, cf. B. Dignas, *Economy*, p. 99-106 et ci-dessous p. 179.
47. L. Robert. *Le sanctuaire de Sinuri*, Paris, 1945, p. 63-69.
48. Ch. Michel, *Recueil d'inscriptions grecques*, Bruxelles, 1900, n° 459 ; cf. L. Robert. *Le sanctuaire de Sinuri*, Paris, 1945, p. 35-41. Ne pas confondre cette Telmissos, située en Carie près d'Halicarnasse (cf. Pline, *Histoire Naturelle*, V. 107), avec Telmessos de Lycie. Telmissos est le siège d'un sanctuaire oraculaire d'Apollon.

liste de lotissement du milieu du IIe siècle montre qu'on a installé des colons pisidiens sur des terres que l'on a préalablement cadastrées[49]. Ce processus a de bonnes chances de s'être produit dans la plupart des colonies militaires séleucides, attalides ou autres installées aux IIIe et IIe siècles.

Dans les cités, une petite et moyenne propriété subsiste sans que l'on puisse exactement la mesurer. Il est certain que bien des citoyens doivent être propriétaires fonciers puisque les riches accumulent les terres en faisant saisir les biens des débiteurs ; preuve qu'il existait encore nombre de petits ou moyens propriétaires avant que les crises du Ier siècle n'en réduisent le nombre. Tous ces propriétaires ne sont pas citoyens : à Pergame en 133, on offre la citoyenneté à tous les hommes libres propriétaires dans la *chôra* civique[50]. À Cos, on mentionne à côté des citoyens et des Romains, les habitants des dèmes propriétaires fonciers sur l'île[51].

Les crises du Ier siècle entraînent un mouvement de concentration foncière et de transfert. On verra plus bas comment des Romains ont réussi à devenir propriétaires dans les cités en faisant saisir les biens de leurs débiteurs, mais le même phénomène s'est produit au profit des Grecs. On n'en observe guère les effets qu'à l'époque impériale.

Main-d'œuvre et exploitation

On est encore plus mal renseigné sur la main-d'œuvre et les modes d'exploitation que sur la propriété. Il est probable qu'il y eut une classe de petits paysans, citoyens ou non, exploitant eux-mêmes leurs terres avec un ou plusieurs esclaves mais surtout avec leur famille. Ils n'ont pratiquement laissé aucune trace dans les textes, pas davantage que les esclaves. Certes, on ne peut nier l'existence d'une forte population servile : les esclaves de Chios se révoltent au IIIe siècle[52] et la paix d'Apamée prévoit expressément la restitution des esclaves en fuite dont il est probable qu'il s'agit essentiellement d'esclaves ruraux car la guerre ne touche guère que les campagnes. En tout état de cause, on imagine mal que l'Anatolie, qui est l'un des principaux pourvoyeurs d'esclaves de Rome et de l'Italie aux IIe et Ier siècles, n'ait pas absorbé elle-même une partie de la marchandise offerte sur ses marchés[53]. La

49. A. S. Hall et J. J. Coulton, « A hellenistic allotment list from Balboura in Kibyratis », *Chiron,* 20, 1990, p. 109-155.
50. *OGIS* 338.
51. *IGR* IV, 1087, de l'époque augustéenne.
52. A. Fuks, « Slave War and Slave Troubles in Chios in the third century B.C. », *Athenaeum*, 56, 1968, p. 105.
53. Cf. W. H. Harris, « Towards a study of Roman Trade Slave », *MAAR*, 36, 1980, p. 117-140 ; M. Corsaro, « Forme de dipendenza nell'Asia Minore ellenistica » *Modes de contacts et processus de transformation dans les sociétés anciennes. Actes du colloque de Cortone 1981*, Pise-Rome, 1983, p. 536-547 et surtout p. 545-546 ; A. Lozano, *La esclavitud en Asia Menor Helenistica*, Oviedo [s.d.], seule étude détaillée sur le sujet a le tort d'englober les *laoi basilikoi* dans la catégorie des esclaves.

question est de savoir s'il faut mettre cet accroissement de la main-d'œuvre servile en rapport avec la présence romaine ou non ; on manque d'arguments pour trancher[54].

Les textes signalent davantage l'existence des paysans qui peuplent et exploitent les grands domaines. *Basilikoi laoi* et *laoi* sont attachés à des communautés villageoises qui sont chargées de mettre en culture les domaines du roi et de ses amis. De même, les *hiérodouloi*, littéralement « esclaves sacrés », ne sont pas des esclaves au sens propre, mais des dépendants ruraux chargés de cultiver les terres au profit du dieu[55]. Ces groupes peuvent atteindre des chiffres considérables : 3 à 6 000 (peut-être sans compter les femmes et les enfants) à Comana du Pont, peut-être autant à Zéla, 3 000 à Vénasa.

On ne peut parler ni d'esclavage, ni de servage, car il s'agit incontestablement d'hommes libres. Mais, comme l'indiquent les textes relatifs aux domaines d'Aristodikidès et de Laodice, ils sont enregistrés dans un village et restent liés fiscalement, quoi qu'il arrive, à ce village. En réalité on est bien loin de connaître avec exactitude leur statut juridique précis[56]. Dans une étude récente, Fanoula Papazoglou estime que le terme de *laoi* ou *basilikoi laoi* ne désigne rien d'autre que les populations indigènes d'Asie Mineure, organisées en communautés villageoises et soumises au versement du tribut par le roi ; cette contrainte n'entraînerait aucune privation de liberté personnelle et l'appartenance à un village serait en définitive une protection contre l'arbitraire royal[57]. Cette vue a été vivement contestée par Mauro Corsaro[58] qui estime notamment que le principe de l'*idia*, c'est-à-dire du rattachement viager des paysans au village, bien attesté en Égypte, se trouve aussi en Asie Mineure comme le montre la vente de terre à Laodice : on y précise en effet que les paysans partis au loin restent attachés aux villages vendus à Laodice. D'autre part, puisque le village constitue l'unité fiscale de base, la diminution du nombre de ses membres rend plus difficile le paiement des sommes dues au roi, et risque d'entraîner un endettement chronique, qui place les *laoi* dans un état de dépendance dont

---

54. M. A. Levi, *Né liberi, né schiavi. Gruppi sociali e rapporti di lavore nel mondo ellenistico-romano*, Milan, 1976, p. 81 *sq.* se contentait se souligner l'accroissement des esclaves à partir du IIe siècle. Le lien avec Rome est fait, sans preuve, par S. Bussi et D. Foraboschi, « Dominio romano e forza lavoro schiavile », *Med. Ant*, 4, 2001, p. 449-458.
55. P. Debord, *Aspects*, p. 83-90 et 117-124.
56. On trouvera un résumé de l'historiograhie de la question chez M. Corsaro, « Sovrani, cittadini, servi : aspetti sociali dell'Asia Minore ellenistica », *Med. Ant.*, 4, 2001, p. 18-22.
57. F. Papazoglou, *Laoi et Paroikoi. Recherches sur la structure de la société hellénistique* Belgrade, 1997.
58. M. Corsaro, « Sovrani, cittadini, servi : aspetti sociali dell'Asia Minore ellenistica », *Med. Ant.*, 4, 2001, p. 17-40.

ils ne peuvent sortir[59]. Dans la réalité, les paysans « libres » seraient davantage asservis que ne le pense Fanoula Papazoglou, non pas à la suite d'un asservissement programmé, mais par le simple jeu de l'endettement. La situation se complique encore lorsque les *laoi* font partie d'une *dôréa*. La position de Papazoglou implique que les paysans échappent à la tutelle du nouveau propriétaire pour ne dépendre en réalité que du roi. Malgré M. Corsaro[60], cela ne me paraît pas à exclure, car dans le mémorandum présenté à Antiochos III par Ptolémaios fils de Thraséas à propos de ses domaines de Galilée, il demande précisément au roi comme une faveur de rendre lui-même la justice dans les affaires qui ne concernent que ses propres paysans[61]. C'est bien la preuve que le maître du domaine ne jouit pas d'une pleine puissance sur ses paysans. D'une manière ou d'une autre, les paysans « donnés » ou « vendus » avec les terres qu'ils exploitent relèvent encore de l'administration royale ; ce qui est vendu ou donné au nouveau propriétaire, c'est le fruit de leur travail, c'est-à-dire la part de revenus qui revenait au roi, ce qui n'exclut pas le paiement d'un tribut au roi par le nouveau maître[62].

En dehors des *laoi*, les inscriptions font aussi connaître d'autres groupes, les *katoikoi* et les *paroikoi*. Les premiers désignent les colons, c'est-à-dire principalement des groupes de Grecs ou de Macédoniens installés dans des villages ou des cités par les rois hellénistiques, mais Antiochos III installa aussi des Juifs en Phrygie. Ils relèvent plutôt de la catégorie des propriétaires que de celle de la main-d'œuvre, mais on ne peut exclure qu'ils soient davantage des exploitants directs que des rentiers du sol[63]. Pour les seconds, Fanoula Papazoglou a proposé récemment d'y reconnaître les *laoi* qui, à la suite d'une donation ou d'une vente des terres qu'ils travaillaient, se seraient trouvés rattachés à une cité[64]. Je crois qu'il s'agit en réalité d'une catégorie bien plus large, remplaçant celle des métèques dont le nom n'apparaît plus guère[65], et qu'il s'agit en réalité de tous les habitants permanents d'une cité ne jouissant pas des droits civiques, y compris ceux que l'on appelle les « dépendants

59. Cf. P. Briant, « Remarques sur « laoi » et esclaves ruraux en Asie Mineure hellénistique », *Actes du Colloque 1971 sur l'esclavage*, Besançon, 1973, p. 116-117 (= *Rois, Tributs, Paysans*, Paris, 1982, p. 95-135).
60. M. Corsaro, *Med. Ant.*, 4, 2001, p. 23-24.
61. M. Sartre, *D'Alexandre à Zénobie*, p. 207-210.
62. M. Corsaro, « Doni di terra ed esenzioni dai tributi : una riflessione sulla natura dello stato ellenistico in Asia Minore », *Simblos*, 3, 2001, p. 227-261, notamment p. 247 *sq.*, même s'il estime à juste titre que le propriétaire jouit d'une pleine puissance sur la terre.
63. Cf. G. M. Cohen, « Κατοικίαι, κάτοικοι and Macedonians in Asia Minor », *AncSoc*, 22, 1991, p. 41-50 ; R. A. Billows, *Kings and Colonists*, Berkeley, 1995 ; sur les colonies militaires, ci-dessus p. 90-91.
64. F. Papazoglou, *Laoi et Paroikoi*, Belgrade, 1997, p. 245-247.
65. Il apparaît cependant encore à l'occasion : à Bargylia, cf. W. Blümel, « Ein weiteres Fragment des Kultgesetzes aus Bargylia », *EA*, 28, 1997, p. 153-156.

ruraux »[66]. Il est parfaitement abusif de traduire le mot par « résident étranger » comme le font la plupart des recueils anglo-saxons, car, bien qu'il puisse y avoir quelques étrangers, la plupart des *paroikoi* sont des habitants de longue date de la cité, parfois des indigènes asservis, qui restent des non-citoyens sans être des étrangers au sens propre.

La mise en exploitation de la terre repose largement sur ces dépendants de toute sorte. Certes les grands propriétaires disposent d'intendants, d'économes, d'eclogistes, c'est-à-dire de comptables chargés de prélever la part qui revient au maître, de la répartir entre les villages ou les villageois, mais rien n'indique qu'ils imposent un mode d'exploitation, déterminent les cultures à entreprendre et organisent le travail. Il est plus vraisemblable que les villageois conservent en ce domaine une large capacité d'initiative et que les propriétaires se contentent d'être, pour l'essentiel, des rentiers du sol plutôt que des entrepreneurs.

Décret de villageois à la suite d'un raid galate (janvier 267)

Sous les rois Antiochos et Séleucos, l'an 45 au mois de Péritios, étant épimélète du lieu Hélènos, l'assemblée réunie, il a plu aux Néoteicheitai et aux Kiddioukômètai :

Attendu que Banabèlos, l'économe des biens d'Achaios, et Lacharès fils de Papos, eclogiste des biens d'Achaios, se sont montrés des bienfaiteurs à leur égard en toute occasion et se sont chargés de chacun, à titre public et à titre privé, pendant la guerre contre les Galates, et que, ayant informé Achaios, ils ont payé la rançon de nombre des nôtres qui avaient été faits prisonniers par les Galates,

qu'ils soient loués, et que l'on grave leurs bienfaits sur une stèle de pierre, et qu'on la dresse dans le sanctuaire de Zeus à Babakômè et dans celui d'Apollon à Kiddioukômè ; qu'il soit accordé à eux et à leurs descendants pour l'éternité la proédrie dans les fêtes célébrées au nom du peuple ; que l'on offre un sacrifice à Achaios maître du lieu et sauveur, chaque année un bœuf dans le sanctuaire de Zeus, à Lacharès et à Badabèlos bienfaiteurs, deux béliers dans le sanctuaire d'Apollon à Kiddioukômè, les trois sacrifices de sorte que les autres aussi voient que les Neoteicheitai et les Kiddioukômètai savent accorder des honneurs en échange à ceux qui leur procurent quelque bien.

Source : M. Wörrle, « Antiochos I., Achaios der Ältere und die Galater », *Chiron*, 5, 1975, p. 59-87 ; A. Bielman, *Retour à la liberté. Libération et sauvetage des prisonniers en Grèce ancienne*, Paris-Lausanne, 1994, p. 90-94, n° 23.

Cependant, ce n'est pas toujours le cas et une série de textes met en lumière le rôle déterminant des propriétaires en certaines circonstances. Il s'agit des contrats de fermage que l'on a retrouvés en diverses cités d'Asie Mineure, notamment en Carie. Le plus ancien contrat, antérieur à la mort d'Alexandre, est un bail emphytéotique conclu à Gambréion (à l'ouest-sud-ouest de Pergame) entre deux particuliers ; le bailleur cède une terre à défricher et un verger qui donne seul lieu au paiement d'une redevance, preuve que la terre est en friche alors que le verger est déjà planté[67]. Ces cessions à bail semblent

66. Dans le même sens M. Corsaro, « Sovrani, cittadini, servi : aspetti sociali dell'Asia Minore ellenistica », *Med. Ant.*, 4, 2001, p. 35-37. Sur ces groupes, ci-dessous p. 187-188.
67. M. Heltzer, « The early relations of Cyprus and Anatolia, the Kypros measure and the Achaemenian Land-Tax », *RDAC*, 1991, p. 157-162.

fréquentes pour les terres sacrées. On en connaît des exemples à Aizanoi[68] ainsi qu'à Mylasa et Olymos en Carie. À Mylasa, le sanctuaire rachète deux domaines d'un certain Thraséas et, dans le même acte, les lui cède à ferme[69], ce qui revient en quelque sorte à accorder à Thraséas un prêt équivalent au prix payé pour sa terre ; la jouissance de ses biens moyennant le versement d'une rente constitue le remboursement de l'emprunt[70]. D'autres terres récemment achetées sont également affermées par Olymos, cité voisine et dépendante de Mylasa et cette même cité a fourni de nombreux contrats de location[71], tout comme la petite cité voisine de Hyda[72]. Ces cessions sont si nombreuses à Mylasa durant une brève période au IIe siècle que l'on s'interroge sur les raisons profondes du phénomène. Beate Dignas y voit une manière pour les riches Mylasiens, encouragés par les autorités civiques, d'assurer la régularité des revenus des dieux, ce qui est de fait l'une des préoccupations constantes des cités : ils leur cèdent une terre (et pas nécessairement toutes leurs terres) dont ils conservent en réalité la pleine jouissance en échange du versement au dieu d'une rente à faible taux ; en contrepartie, ils reçoivent pour prix de la vente une somme d'argent qu'ils peuvent réinvestir dans l'amélioration des terres ou dans d'autres activités économiques ou non (par exemple évergétiques)[73].

Sur la pérée rhodienne, un dossier de contrats de location de terre de la fin du IIIe siècle[74] montre l'extrême précision des termes des contrats ; on prévoit non seulement le montant des baux, mais aussi le maintien de l'état des lieux, les plantations et les constructions à réaliser. Le bail est particulièrement précis sur le soin à porter aux vignes (disposition des ceps, échalassage, densité) ; c'est qu'il s'agit là d'une agriculture spéculative, très rémunératrice à condition que rien ne soit laissé au hasard ; le travail de la vigne pour l'exportation est d'ailleurs confirmé par la découverte d'ateliers d'amphores à proximité (cf. bibliographie du texte ci-dessous). Cependant le fait qu'on ne loue que de petites superficies prouve sans doute le maintien d'une polyculture qui assure la subsistance familiale et limite les risques d'une culture spéculative.

Baux de location de terres à Amos (Pérée rhodienne) (fin du IIIe siècle av. J.-C.)

Sous la prêtrise d'Aristeidas, au mois de Panamos, Sôkratès, fils de Sôkratidas, fils de [...], du dème d'Amos, Hérakleidas, fils d'Eu[--]klès, du dème d'Amos, [...] fils de [...] et la

68. Cf. U. Laffi, *Atheneaum*, 49, 1971, p. 3-53, avec des tentatives d'usurpation de propriété.
69. W. Blümel, *I. Mylasa*, 207-214.
70. Dareste, Haussoullier et Reinach, *Recueil d'inscriptions juridiques grecques*, I, p. 272-274.
71. Cf. le dossier maintenant rassemblé dans W. Blümel, *I. Mylasa*, II, Bonn, 1988, n° 801-854.
72. Cf. W. Blümel, *I. Mylasa*, II, n° 904-906.
73. B. Dignas, *Economy*, p. 103-104.
74. A. Bresson, *Recueil des inscriptions de la Pérée rhodienne*, Paris, 1991, n° 49-51.

communauté d'Amos, ont donné à bail un champ à [...] fils de [...], [...] cinquante ans [...] deux cent quarante drachmes par an [...] Charidèmos, fils de Thymocharès, caution (?) ; que le mois de Karneios soit le premier de la location, sous le prêtre qui succédera à Aristeidas ; qu'il paie le loyer chaque année devant les magistrats (?) aux hiéromnamons en charge et à la communauté d'Amos, au mois de Panamos ; sinon, qu'il paie en outre trente drachmes par mois ; si survient une interdiction de la cité, qu'il paie une pénalité devant l'assemblée aux hiéromnamons en charge et à la communauté d'Amos dans le délai prescrit ; s'il ne paie pas, qu'il lui soit permis de payer au semestre suivant, en ajoutant le dixième ; s'il ne paie pas, qu'il paie une fois et demi le loyer aux hiéromnamons et à la communauté d'Amos et qu'il quitte le champ ; que les hiéromnamons en fonction donnent à bail le champ devant l'assemblée le mois suivant selon le même contrat que le précédent au plus offrant des membres de la communauté d'Amos ; à celui qui ne verse pas le loyer, qu'il ne soit pas permis de prendre à bail le champ sous quelque prétexte que ce soit et que les hiéromnamons ne le lui louent pas ; s'il y a un déficit, que celui qui a pris le bail auparavant rembourse le déficit aux hiéromnamons et à la communauté d'Amos ; qu'il rebâtisse des bâtiments en nombre pas inférieur à trois ; que la longueur de chacun d'eux ne soit pas inférieure à vingt-cinq pieds et la largeur de vingt ; [...] qu'il fasse la couverture [...] de ce qui manquera aux maisons [...] les hiéromnamons en charge [...] qu'il plante pour chaque mine du loyer des plants de vigne et de figuier, quarante de figuier, à pas moins de quarante pas de distance les uns des autres, en creusant à une profondeur de pas moins de quatre pieds, et mille de vigne, en creusant à une profondeur de trois pieds, en laissant pour la semence un intervalle entre les plants de pas moins de [...] pieds [...].

[...] qu'il paie aux hiéromnamons et à la communauté d'Amos trois mille drachmes d'argent et que le bois reste sur place, s'il en coupe en contravention avec ce qui est dans le contrat ; qu'il n'emporte pas de la communauté d'Amos le foin [...], la paille, la balle et le fumier, et s'il le fait, qu'il paie aux hiéromnamons et à la communauté d'Amos deux cents drachmes par année où il emportera quelque chose ; qu'il ne soit pas permis non plus d'enterrer un mort dans le champ pris à bail ; sinon, qu'il paie cent drachmes d'argent aux hiéromnamons et à la communauté d'Amos et qu'il emporte le mort du champ ; qu'il lui soit permis de transmettre le champ à la personne d'Amos qu'il fera connaître, selon le même contrat ; s'il transmet (le champ), que les hiéromnamons en fonction rédigent un contrat dans les mêmes termes pour la période restante et que le repreneur désigne des cautions dignes de confiance, dont les hiéromnamons examineront l'aptitude ; si les cautions sont libérées, qu'on passe contrat avec le seul repreneur ; que l'on rajoute aussi la mention du transfert sur la stèle qui se trouve dans le sanctuaire, en ajoutant le nom du repreneur et ceux de toutes les cautions, si elles n'ont pas été libérées, et la date de reprise ; que le repreneur verse la somme nécessaire à cette dépense ; quant au contrat antérieur avec l'auteur de la transmission, lequel se trouve dans le *damosion*, si tout est en règle pour la période précédente, que les hiéromnamons et l'auteur de la transmission renouvellent le contrat dans les termes qui agréent aux deux parties, en changeant ce qu'il est nécessaire de changer ; lorsque le terme du contrat est atteint, qu'il présente aux hiéromnamons en charge, dans le mois qui suit, les bâtiments en nombre pas inférieur à trois, et s'il y en a en plus, les surnuméraires, tous en bon état et avec leur toit, ou qu'il paie pour chaque bâtiment manquant sept cents drachmes aux hiéromnamons et à la communauté d'Amos ; qu'il présente aussi les vignes et les oliviers plantés selon le contrat et vivants, n'ayant pas moins de dix ans, ou qu'il paie par pied manquant (cent ?) drachmes aux hiéromnamons et à la communauté d'Amos [...].

Source : A. Bresson, *Recueil des inscriptions de la Pérée rhodienne*, Paris, 1991, p. 76-79, n° 49 (trad. A. Bresson).

Bibliographie : F. Salviat, « Le vin de Rhodes et les plantations du dème d'Amos », dans M.-C. Amouretti et J.-P. Brun éd., *La production du vin et de l'huile en Méditerranée*, *BCH* Suppl. 26, Paris, 1993, p. 151-161 ; sur les amphores : J.-Y. Empereur et N. Tuna, « Hiérotélès, potier rhodien de la Pérée », *BCH*, 113, 1989, p. 277-299.

Ces documents cariens évoquent d'assez près les contrats égyptiens de la même époque et montrent, une fois encore, que la situation jugée si particulière de l'Égypte, n'a rien d'exceptionnelle. Sans vouloir extrapoler à partir de la documentation égyptienne, on doit au moins retenir que les pratiques juridiques en matière de cession ou de location de terres qu'on y relève, risquent fort d'avoir été identiques dans l'ensemble du nouveau monde grec, et, en particulier, en Asie Mineure.

Les productions

Les conditions naturelles imposent à l'Anatolie une variété des productions dont il n'est pas le lieu de faire l'inventaire ici[75]. Mais on doit noter que les céréales et l'élevage forment la base de l'agriculture de l'Anatolie, à quoi il faut ajouter la vigne dans de nombreuses régions et l'olivier dans les zones méditerranéennes où l'altitude le permet.

Les céréales constituent la base de l'alimentation. Leur absence provoque les graves crises frumentaires maintes fois décrites. On manque d'un inventaire systématique de ces crises, mais la multiplication des *sitônai*, le nombre de textes relatifs aux approvisionnements et l'importance croissante des agoranomes confirment que le souci est permanent dans les cités. On rappellera quelques situations de détresse. À Éphèse, vers 300, le Rhodien Agathoklès reçoit le droit de cité pour avoir importé 14 000 *hekteis* de blé et les avoir vendus au-dessous du cours[76]. À Érythrées, à la même époque, le médimne atteint 60 drachmes alors qu'à Éphèse il est jugé cher à 30 drachmes[77]. Samos met sur pied un système public d'achat de blé vers 275[78], mais la mesure fut insuffisante puisqu'en 243-242 Boulagoras agit en évergète en prêtant de l'argent aux commissaires chargés de l'achat de blé qui semblent en difficulté[79]. À Priène, vers 225-200, Moschiôn vend du blé à prix réduit, soit qu'il l'ait tiré de ses domaines, soit qu'il l'ait acheté à l'extérieur[80]. En 51 encore, Cicéron dénonce les spéculateurs qui affament les villes de sa province[81].

Loi de Samos relative à l'approvisionnement en blé (v. 275 av. J.-C.)

[...] parmi les plus riches (?) ; qu'ils fassent la nomination (des magistrats) dans la deuxième des assemblées du mois de Kroniôn : que les prytanes convoquent cette assemblée dans le théâtre et invitent ses membres à siéger par *chiliastys*, après avoir tracé des

---

75. On se reportera à *L'Asie Mineure et l'Anatolie*, p. 271-275, pour un examen plus complet car les productions ne varient pas notablement entre l'époque hellénistique et l'Empire.
76. *I. Ephesos*, 1455.
77. *I. Erythrai*, 28.
78. Cf. texte ci-dessous.
79. J. Pouilloux, *Choix*, n° 3 ; texte ci-dessous p. 183.
80. *I. Priene*, 108. On sait qu'il va à Pétra et fait donc du commerce.
81. Cicéron, *Lettres à Atticus*, V, 21.

marques et délimité l'emplacement de chaque *chiliastys* ; que celui qui n'obéira pas et ne siégera pas avec sa *chiliastys*, soit puni de l'amende d'un statère national ; s'il prétend que celle-ci est injuste, qu'il introduise une procédure d'exception et que le jugement soit rendu au tribunal des citoyens dans un délai de vingt jours ; que les chiliastes eux-mêmes procèdent à la présentation et à l'élection ; pendant la même assemblée, que les *chiliastys* examinent les garanties hypothécaires et la personnalité des garants ; une fois les garanties hypothécaires et les garants examinés, que les prytanes en déposent la liste aux archives publiques ; de la même manière, qu'ils enregistrent aux archives publiques les noms des commissaires désignés ; lorsque le moment du vote sera venu, que le héraut de la cité demande dans une prière la prospérité pour ceux dont le vote aura désigné les citoyens susceptibles, à leurs yeux, de présider au mieux à la gestion de l'argent ; que ceux qui auront été désignés perçoivent l'intérêt auprès des emprunteurs et fassent un virement aux citoyens préposés à l'administration du blé ; que ceux-ci achètent le stock de blé que l'on constitue avec le vingtième fourni par les gens d'Anaia, en payant à la déesse un prix qui ne sera pas inférieur à celui que le peuple aura fixé au préalable [...] cinq (drachmes) deux oboles ; l'argent en excédent, si le peuple ne décide pas d'acheter du blé, qu'ils le conservent jusqu'à la nomination de leurs successeurs à la commission du blé ; qu'ils fassent alors un virement à ces derniers, mais si le peuple décide d'acheter du blé, qu'ils fassent sur-le-champ un virement supplémentaire au *sitônès* désigné ; que celui-ci achète le blé de la région d'Anaia aux conditions qui lui sembleront les plus avantageuses pour la cité, à moins qu'il ne paraisse au peuple plus avantageux d'acheter du blé d'une autre provenance : sinon, que l'on procède comme le peuple en décidera ; que les prytanes en exercice pendant le mois d'Artémision mettent cette question à l'ordre du jour chaque année, avec projet de décret ; chaque année, dans la première des assemblées dans lesquelles on élit les magistrats, après avoir pourvu les magistratures électives, que le peuple désigne deux citoyens, un de chacune des deux tribus, préposés au blé, dont la fortune personnelle ne sera pas inférieure, pour l'un comme pour l'autre, à trois talents ; que ceux-ci, après avoir touché auprès des commissaires l'intérêt de l'argent, paient le prix du blé et toute autre dépense afférente, et qu'ils procèdent ensuite à la distribution du blé ; dans la même assemblée, que le peuple désigne également un *sitônès*, dont la fortune personnelle ne sera pas inférieure à deux talents ; qu'on prête, si on le juge bon, le produit de l'intérêt, s'il y a des citoyens qui désirent, après avoir fourni des garanties valables et présenté des garants, anticiper sur l'opération et offrir du blé à un prix plus avantageux ; que les citoyens préposés au blé fassent l'examen des garanties à leurs risques et périls ; qu'ils distribuent aux citoyens en résidence, par *chiliastys*, la totalité du blé acheté, en mesurant à chacun gratuitement deux mesures par mois ; qu'ils fassent la distribution en commençant au mois de Pélysiôn, et ceci, chaque mois, jusqu'à épuisement du blé ; qu'aucun citoyen ne touche le blé à la place d'un autre, sauf cas de maladie ; qu'ils fassent la distribution du premier au deuxième jour du mois, jusqu'au trentième jour pour les citoyens en voyage s'ils rentrent ; que chaque mois ils remettent au contrôle le relevé mensuel des bénéficiaires, par *chiliastys*, en y ajoutant la liste nominative des bénéficiaires ; que les chiliastes aient la possibilité de désigner le même commissaire pendant cinq ans de suite ; si l'un des emprunteurs ne restitue pas l'argent, tout ou partie, que la *chiliastys* procède à la vente du gage ; s'il y a surplus, qu'elle le remette à celui qui a fourni le gage, mais s'il y a déficit, qu'on procède au recouvrement sur le garant ; que la *chiliastys* verse l'intérêt proportionnel de l'emprunt aux citoyens préposés au blé ; si elle ne le verse pas, que les chiliastes ne puissent bénéficier de la distribution du blé qui leur revient jusqu'à ce qu'ils se soient acquittés de leur dû ; si l'un des commissaires ne prête pas l'argent qu'il avait reçu avec mission de le prêter, mais le garde malhonnêtement par-devers lui, qu'il paie dix mille drachmes à la cité ; de même s'il ne restitue pas aux citoyens préposés au blé l'intérêt, qu'il paie une amende égale, et que les vérificateurs des comptes pour sa *chiliastys* inscrivent pour saisie le montant de sa fortune personnelle jusqu'à concurrence de l'argent qu'il aurait dû rendre ; pour l'amende, qu'ils l'inscrivent comme déchu de ses droits, et qu'il en soit déchu jusqu'à ce qu'il ait payé ; de même, que les chiliastes responsables de la désignation du commissaire qui ne s'est pas acquitté de sa dette ne bénéficient pas du blé qui leur revient :

mais si les chiliastes désirent payer soit tous ensemble, soit en la répartissant entre certains d'entre eux, la somme que n'a pas rendue à la cité le commissaire ou l'emprunteur, qu'ils en aient la possibilité et, dans la mesure où ils l'auront fait, qu'ils touchent le blé qui leur revient, à dater du jour où ils auront payé ; qu'il ne soit possible à personne d'employer cet argent, non plus que son revenu, pour autre chose que pour la distribution gratuite du blé ; si un prytane met la question à l'ordre du jour, si un orateur propose, si le président met aux voix un projet ordonnant de prêter cet argent ou de le transférer pour autre chose, que chacun des contrevenants paie une amende de dix mille drachmes ; qu'il en soit de même si le trésorier public, le commissaire, les citoyens préposés au blé ou le *sitônès* le donnent ou le prêtent pour un autre usage que la distribution gratuite du blé.
(*Suit la liste des noms et des sommes répondant à chacun d'eux*).

Source : J. Pouilloux, *Choix*, Paris, Les Belles Lettres, 1960, p. 126-135, n° 34 (trad. J. Pouilloux). Bibliographie : J. Bingen, « Le règlement samothracéen sur le fond d'achat de blé », *L'Antiquité Classique*, 50, 1981, p. 38-44 ; U. Fantasia, « Mercanti e sitonai nelle città greche », *Civiltà classica e cristiana*, 5, 1984, p. 283-311 ; G. Shipley, *A History of Samos 800-188 BC*, Oxford, 1987 ; S. Tracy, « The date of the Grain Decree from Samos : the prosopographical indicators », *Chiron*, 20, 1990, p. 97-100 ; L. Migeotte, « Le pain quotidien dans les cités hellénistiques. À propos des fonds permanents pour l'approvisionnement en grains », *Cahiers du Centre Glotz*, 2, 1991, p. 19-41.

Décret des Samiens en l'honneur de Boulagoras (243/2 av. J.-C)

Il a plu au conseil et au peuple ; proposition des prytanes ; à propos du projet de décret présenté par Hippodamas, fils de Pantônaktidès, pour que Boulagoras, fils d'Alexis, qui a rendu beaucoup de services à titre public au peuple et en privé à beaucoup de citoyens reçoive l'éloge et soit couronné conformément à l'avis du conseil et du peuple : attendu que, dans le passé, Boulagoras, alors que des domaines avaient été revendiqués sur le territoire d'Anaia relevant alors de l'autorité du roi Antiochos et que les citoyens qui avaient été privés de leurs domaines avaient déposé recours auprès de notre peuple et avaient demandé l'envoi d'une ambassade à Antiochos pour recouvrer leurs biens, que Boulagoras fut désigné comme ambassadeur, et se rendit d'abord à Éphèse, puis, Antiochos ayant levé le camp, il le suivit jusqu'à Sardes, faisant montre d'un zèle et d'un dévouement absolus, s'étant opposé dans son ambassade aux plus illustres des amis d'Antiochos qui se trouvaient en possession des biens revendiqués, pour que le peuple, ayant recouvré les domaines qui avaient été revendiqués à cette époque, les restituât à ceux qui en avaient été spoliés injustement, et à ce propos il a rapporté des lettres d'Antiochos à notre cité, au chef de la garnison que le roi avait placé à Anaia ainsi qu'au directeur des finances, grâce à quoi les gens qui avaient été alors spoliés reprirent possession de leurs biens et par la suite personne des subordonnés d'Antiochos n'a plus entrepris de revendiquer ce qui appartenait aux citoyens ; (attendu que) choisi à plusieurs reprises par le peuple comme représentant dans les procès publics il n'a cessé de se montrer actif et zélé et il a procuré beaucoup d'avantages et de profits à la cité à la suite de ces jugements ; que désigné ensuite par le peuple, selon la loi, comme directeur du gymnase, parce que celui qui exerçait la gymnasiarchie avait fait défaut, il a fait régner avec une parfaite équité la discipline chez les éphèbes et les *néoi* ; comme on devait envoyer dans l'année en cours une mission d'ambassadeurs sacrés à Alexandrie, sachant que le peuple fait très grand cas des honneurs dus au roi Ptolémée et à sa sœur la reine Bérénice, comme pour les couronnes et les sacrifices que les ambassadeurs sacrés devaient offrir à Alexandrie les crédits se trouvaient limités, et que pour les frais de voyage du chef de la délégation et de ses collègues qui devaient participer au transport des couronnes et à la célébration des sacrifices il n'y avait pas d'argent, qu'on ne pouvait trouver pour le moment de ressources où puiser, voulant que rien ne fût retranché aux honneurs dus au roi et à la reine ainsi qu'à leurs parents et ancêtres, il s'est engagé à avancer personnellement sur son argent les sommes nécessaires, sommes qui ne s'élevaient à guère moins de 6 000 drachmes ; qu'en outre comme une pénurie de blé affectait notre peuple et que les citoyens, devant l'urgence du besoin avaient désigné trois commissions d'achat de blé, dans aucune il n'a jamais relâché son zèle et son activité, mais dans la première il a avancé tout l'argent pour la garantie conformément à la décision du peuple, pour la deuxième il a fait la promesse d'un versement égal à ceux des riches qui avaient donné le plus ; dans la troisième non seulement il a pris sur ses biens pour verser tout l'argent nécessaire à la garantie, mais encore comme le blé était arrivé en notre cité, et que le commissaire au blé avait prêté l'argent pour cela, s'étant présenté à l'assemblée, il s'est engagé, puisqu'on n'avait pas de ressources où puiser pour faire le remboursement, à acquitter lui-même pour la cité la créance, les intérêts et toutes les dépenses et qu'il l'a fait au plus vite, remboursant le prêteur sans passer aucun contrat avec la cité pour ces sommes, sans demander qu'on nomme des garants, mais faisant un très grand cas de l'intérêt général et voulant que le peuple fût dans l'abondance ; (attendu que) dans toutes les autres circonstances il ne cesse de se montrer zélé et dévoué à l'égard du peuple, de donner les meilleurs conseils au peuple en général et à chacun en particulier, de réconcilier les gens qui sont en désaccord et de faire des prêts sans intérêt sur ses revenus personnels à beaucoup de gens qui sont dans l'embarras, afin donc qu'il soit bien évident que nous honorons les gens de bien et que nous incitons beaucoup de nos concitoyens à une attitude analogue :

Plaise au peuple d'accorder l'éloge à Boulagoras, fils d'Alexis, pour sa valeur et le zèle qu'il montre à l'égard des citoyens, de le couronner d'une couronne d'or lors des Dionysies au concours des tragédies ; que l'organisateur du concours s'occupe de la proclamation ; que les contrôleurs fassent transcrire ce décret sur une stèle de pierre et l'érigent dans le sanctuaire d'Héra, que pour la dépense le trésorier des revenus sacrés dispose de la somme en la prenant sur le produit des amendes qu'il a en caisse ; étaient présents Hyblésios, Hérodotos, Monimos et Démétrios.

Source : J. Pouilloux, *Choix*, Paris, Les Belles Lettres, 1960, p. 27-32, n° 3 (trad. J. Pouilloux).

Le problème est en effet de savoir si les crises frumentaires sont la conséquence d'une sous-production passagère ou permanente, ou plus simplement le fruit de la spéculation. Il peut y avoir des causes conjoncturelles, militaires ou climatiques. Ainsi, que Samos soit privée de sa Pérée, dans le secteur d'Anaia, et une part importante de ses terres à blé lui échappe. De même, une guerre qui a détruit les récoltes oblige à acheter sur les marchés. Ces situations de crises profitent évidemment aux spéculateurs qui ont intérêt à stocker le blé en attendant que les prix montent. Mais d'une façon plus générale, il existe sans doute en Asie Mineure des déséquilibres structurels. La sur-urbanisation menace la frange côtière de l'Asie Mineure et les cités les plus peuplées ne jouissent parfois que de territoires exigus ou pauvres (notamment les îles). N'est-ce pas l'une des raisons des annexions auxquelles se livrent quelques puissantes cités, comme Milet au détriment de Pidasa, dont le territoire agricole est particulièrement riche, ou au détriment de celui de Myonte que lui disputent Magnésie du Méandre aussi bien qu'Héraclée du Latmos ? De longs conflits territoriaux opposent Milet à Priène[82] du IIIe au Ier siècle av. J.-C.[83]. La spéculation que dénonce Cicéron compte sûrement pour beaucoup dans l'aggravation des crises et la hausse des prix. Mais elle ne peut se développer que si les conditions s'y prêtent.

82. A. Rehm, I. *Milet*, p. 348.
83. Cf. *I. Priene* 26 (IIIe s.), 27 (= C. B. Welles, *Royal Correspondence*, n° 46, IIe s.), 28 (IIe s.), 111 et 120 (Ier s.).

Il faut non seulement que le marché local soit incapable de répondre à la demande, mais aussi que les importations à bas prix soient rendues difficiles ou impossibles. Rien ne prouve que la situation soit telle au IIIe siècle ou au début du IIe siècle. Le très important commerce des grandes îles d'Asie Mineure avec Alexandrie comporte sûrement du blé comme fret de retour. Mais le déclin du commerce rhodien et le développement de la piraterie peuvent freiner les échanges et rendre les arrivages de blé plus incertains. C'est cette incertitude qui fait flamber les prix et incite les producteurs à spéculer. Cependant les sources sont quasi muettes sur ce point et nous ne sommes donc guère en mesure d'apprécier ce phénomène avec précision.

Traité de sympolitie entre Milet et Pidasa (février 187 ou 186)

À la Bonne Fortune ! Sous le stéphanéphore Pasikleiès, au mois d'Anthéstérion, les Milésiens et les Pidaséens ont convenu et établi ceci, pour le peuple des Milésiens, les prytanes, les porte-paroles de la garnison et les synèdres désignés Minniôn fils de Léodamas, Théogénès fils de Léodamas, Polyxénos fils de Mélèsippos, Ménestratos fils d'Anaxiléos, Héroidès fils de Zénon, Antigonos fils de Hékataios, Myrmex fils de Hékataios, Héroidès fils de Minniôn, Philiskos fils de Lysimachos, Démétrios fils d'Artémôn, pour le peuple des Pidaséens les ambassadeurs plénipotentiaires envoyés par eux, Ménéxénos fils d'Aristéas, Démétrios fils de Politès, Artémôn fils de Ménippos, Mélanthos fils de Politès, Hermias fils de Politès, Mélanthios fils de Politès, Ménestheus fils d'Aristéas, Aisôn fils d'Hermias, Politès fils d'Hermias, Politès fils de Ménippos.

Que les Pidaséens soient les concitoyens des Milésiens, et leurs enfants, en même temps que leurs femmes, celles qui sont de naissance Pidaséennes ou citoyennes d'une cité grecque. Que les hommes choisis par les Milésiens procèdent à l'inscription des noms au bouleutérion. Que ceux qui ont prêté serment et qui ont été inscrits (sur la liste) aient accès aux prêtrises, aux magistratures et aux autres fonctions de la même manière qu'y ont part les autres Milésiens.

Que les Milésiens envoient à Pidasa le phrourarque tiré au sort parmi les citoyens et les gardes autant qu'il paraîtra suffisant. Qu'ils veillent à ce que les remparts soient restaurés et demeurent en état à travers toute la *chôra*, et qu'ils prennent soin de la garnison (*phylakè*) de la manière qu'ils jugeront avantageuse.

Que parmi les produits récoltés sur le territoire de Pidasa l'huile soit soumise aux taxes que paient les Milésiens ; mais que pour les autres produits, ils (les Pidaséens) paient un chalque durant cinq ans à partir de la stéphanéphorie de Philidas et, pour les troupeaux qui se trouvent en Pidaside et appartiennent à des Pidaséens résidant à Pidasa, de même que pour les ruches, (ils paient) le même montant pendant trois ans à partir du même stéphanéphore ; qu'une fois passée la période susdite les Pidaséens paient à Milet les mêmes taxes que les autres Milésiens.

Que le peuple des Milésiens donne aux Pidaséens qui ont résidé et qui sont restés jusqu'à maintenant à Pidasa et dans le territoire de Pidasa des logements jusqu'au nombre de 390 lits.

Que les Pidaséens exploitent pour eux-mêmes leurs actuelles propriétés sacrées et publiques, de même que celles qui pourront s'y ajouter pour les dieux ou pour le peuple, durant cinq ans à partir de la stéphanéphorie de Philidas en payant un chalque sur les produits, et après la période susdite les mêmes taxes que les Milésiens ; que sur le grain récolté dans les limites des montagnes sacrées ils paient, une fois écoulés les cinq ans, un centième pour toujours.

Que les Pidaséens qui s'inscriront soient exemptés des liturgies pendant dix ans à partir de la stéphanéphorie de Philidas.

Que le peuple des Milésiens assume aussi la représentation juridique (des Pidaséens) devant les stratèges au sujet du territoire restitué si quelqu'un élève une contestation.

Que soit concédé aux Pidaséens qui s'inscriront dans le corps civique (*politeuma*) et qui sont propriétaires dans l'Eurômide le droit d'importer jusqu'à mille métrètes, au maximum, de vin produit dans leurs propriétés privées, à partir du mois de Posidéon sous Philidas, en payant un chalque comme droit de douane pour toujours, après inscription des propriétaires de l'Eurômide au bureau du conseil ; que les Milésiens construisent une route praticable pour les attelages de la Pidaside à Ionapolis.

Que les Pidaséens inscrits auparavant comme citoyens jouissent des mêmes droits que tous les Pidaséens, sauf de l'exemption des liturgies.

Que toutes les autres dispositions qui figurent dans le décret écrit au sujet des règles à appliquer en vue de la sympolitie aient force de loi et qu'elles soient appliquées, de sorte à ce que soient concédés aux Pidaséens qui se présenteront une cité, un territoire et des revenus de ceux-ci.

Que le stéphanèphore avec le héraut sacré, les ambassadeurs venus de Pidasa, les prytanes, les délégués de la garnison, les synèdres tirés au sort prêtent le serment suivant :

« Je respecterai les accords inscrits ci-dessus pour toujours et je ne les violerai ni d'aucune manière, ni par ruse, ni je ne permettrai à un autre de violer l'accord, et si j'apprends que quelqu'un d'autre viole les accords, je ne le permettrai pas de toutes mes forces, mais je le dénoncerai au conseil et au peuple. Que ceci soit vrai, je le jure par Hestia Boulaia et les autres dieux. Si je respecte mon serment, que tout aille bien, mais celui qui se parjure, qu'il soit anéanti, lui et les siens. »

Que prêtent serment à Pidasa les autres Pidaséens résidents et en âge de prononcer le serment par les dieux qui prévalent dans leur ville. Ceux qui ne respecteraient pas les dispositions inscrites dans l'accord, qu'ils soient (déclarés) sacrilèges devant les dieux par lesquels ils ont prêté serment, et que ceux qui ne restent pas fidèles paient trois talents à ceux qui restent fidèles.

Source : A. Rehm, I. *Milet,* 149 ; traduction all. et commentaire P. Herrmann, *Inschriften von Milet,* 1 B, Berlin-New York, 1997, p. 184-185, n° 149.
Bibliographie : sur la date, M. Wörrle, *Chiron,* 18, 1988, p. 445, n. 92 ; R. M. Errington, *Chiron,* 19, 1989, p. 287-288. Commentaires de Ph. Gauthier, « Les Pidaséens entrent en sympolitie avec les Milésiens : la procédure et les modalités institutionnelles », dans A. Bresson et R. Descat éd., *Les cités d'Asie Mineure occidentale au IIe siècle a. C.,* Bordeaux, 2001, p. 117-127 ; L. Migeotte, « Le traité entre Milet et Pisada : les clauses financières », *ibid.*, p. 129-135.

Pour les autres productions, on notera que la vigne et surtout l'olivier sont cantonnés à certaines zones privilégiées. Or, l'hellénisation des notables de l'intérieur entraîne la consommation de vin et d'huile, dans la cuisine, les banquets publics et le gymnase. Cela a pu conduire à l'extension de ces cultures dans des zones qui les ignoraient jusque-là, mais les contraintes climatiques sont telles que le développement de ces cultures resta nécessairement limité, surtout en ce qui concerne l'olivier. À défaut, de nouvelles régions de l'Anatolie centrale et orientale s'ouvraient au commerce micro-asiatique du vin et de l'huile : lorsque l'on crée un gymnase à Mazaka ou à Tyane, il faut nécessairement importer l'huile. De même l'hellénisation d'une partie des notables de Colchide et d'Ibérie entraîne un développement du goût pour les produits grecs, agricoles et artisanaux, et Polybe note bien que le vin et l'huile s'exportent tout autour du Pont-Euxin. Ainsi l'hellénisation des notables crée de nouveaux débouchés qui stimulent la production agricole de la façade égéenne et méditerranéenne de l'Anatolie.

Sociétés rurales

Communautés villageoises

Le vocabulaire employé tant par les auteurs anciens que par les textes officiels à propos des établissements ruraux présente une telle variété[84] qu'on a cherché à établir une classification de type juridique. Or, tout montre en définitive que ces termes n'ont rien de techniquc et sont souvent interchangeables : *kômè, chorion, apoikia, époikia, katoikia*, etc., ne doivent donc pas entraîner des conclusions hâtives sur la qualité et le statut de ceux qui les peuplent.

En réalité, on possède plusieurs critères pour tenter d'établir une classification des villageois et des villages, sans que l'un de ces critères s'impose au détriment d'un autre. D'une part, on peut mettre en relief les liens qui existent ou n'existent pas avec de grands propriétaires extérieurs. Il y aurait donc les villageois libres, et ceux qui sont la propriété d'un puissant. Mais on peut aussi choisir un autre critère et distinguer les villages qui appartiennent à un territoire civique et ceux qui sont en dehors. Or, il n'est pas certain que ces distinctions soient pertinentes et conduisent à de réelles différences de statut entre les villages. En ce qui concerne les villages situés sur le territoire d'une cité, il serait faux de croire qu'ils sont, comme ceux de Grèce propre, peuplés de citoyens ruraux jouissant d'une égalité de droits avec les citadins. Bien au contraire, on est frappé de constater que de nombreux ruraux semblent ne pas jouir de la citoyenneté[85]. Qu'on se souvienne du décret de Pergame en 133, plusieurs fois évoqué, qui offre la citoyenneté à tous les ruraux libres résidant sur le territoire. Plusieurs autres exemples permettent d'analyser les raisons et les conditions de leur dépendance. Ainsi, les *Pédieis* du territoire de Priène, sans doute des ruraux tributaires, se révoltèrent contre les Priéniens, tentèrent de s'allier à Magnésie du Méandre et furent matés par Lysimaque ; cependant, ils furent finalement inscrits comme *paroikoi* de Priène (d'où sans doute la disparition du nom même de *Pédieis* après 280), ce qui leur garantissait un statut inférieur mais reconnu[86] ; ils paient tribut comme tous les *paroikoi*[87] mais, en contrepartie, leurs terres sont protégées des empiétements des propriétaires citoyens ou étrangers : un texte en l'honneur d'un évergète précise expressément que l'honoré ne pourra acquérir la terre des *Pédieis*[88].

---

84. Senatus-consulte au sujet d'Aphrodisias et Plarasa en 39 : J. Reynolds, *Aphrodisias and Rome*, Londres, 1982, p. 58-59, n° 8. On pourrait aussi consulter des documents de Mytilène, Termessos et Stratonicée de Carie.
85. Cf. M. Corsaro, « Forme di dipendenza dell'Asia Minore ellenistica », *Modes de contact et processus de transformation dans les sociétés anciennes. Actes du colloque de Cortone 1981*, Pise-Rome, 1983, p. 521-547.
86. *I. Priene*, 3, 14 et 16 ; cf. C.B. Welles, *Royal Correspondence*, n° 8.
87. *I. Priene*, 108, 109, 112, 113, 118 ; cf. P. Debord, *Aspects sociaux et économiques*, p. 57-58.
88. *I. Priene*, 3 (lignes 14-15).

Les Phrygiens de Zéleia, dont le nom en forme d'ethnique souligne l'origine indigène face aux Grecs, versent eux aussi un tribut *(phoros)*[89] et sont liés à la terre qu'ils cultivent : lorsque la cité décide d'offrir un domaine rural à un évergète, celui-ci reçoit en même temps la terre et les *laoi* qui la travaillent[90] ; mais dans une autre occasion on précise que les commissaires civiques chargés de la terre publique ne doivent pas s'occuper des domaines cultivés par les Phrygiens[91]. On trouve de même des paysans qui versent un tribut à la cité à Apamée de Phrygie (Kélainai[92]) et à Nicée[93], d'autres qui ne sont pas citoyens à Prousias de l'Hypios[94]. Pour s'attacher le loyalisme des paysans de son territoire, Éphèse leur accorde la citoyenneté vers 80, preuve qu'ils étaient encore nombreux à ne pas en jouir[95]. Ces exemples d'intégration restent limités puisqu'il subsiste encore des dépendants ruraux non-citoyens sous l'Empire[96].

Pour les villages qui ne se trouvent sur le territoire d'aucune cité et qui ont su conserver leur autonomie jusqu'à la fin de l'époque hellénistique et au-delà[97], la situation peut également varier. Des régions entières continuent à ne connaître que cette forme d'organisation, comme la Lydie du Nord-Ouest qui est encore entièrement villageoise au Ier siècle av. J.-C. Ces villages, parfois regroupés au sein d'un *koinon*, d'une confédération aux liens assez lâches, comme les Mysiens de l'Abbaïtide, se comportent comme de petites cités sans en avoir le nom ni le statut. Ce sont peut-être ces villages autonomes que l'on désigne parfois du nom de « peuples » (*dèmoi*) dans les dédicaces collectives des communautés de l'Asie au Ier siècle av. J.-C., qui mentionnent côte à côte les cités, les peuples (*dèmoi*) et les tribus[98]. Mais, pour beaucoup, la lutte est rude contre les cités voisines qui voudraient les englober, comme Apollonia de la Salbakè qui tente de dominer les *Saleioi*[99].

Mais paradoxalement certains de ces villages « autonomes » appartiennent en entier à un maître unique. Cela supprime-t-il toute vie collective et toute autonomie ? Un décret des villageois de Neoteichos et de Kiddioukômè, en Lydie, en janvier 267, prouve qu'il n'en est rien. Ces deux villages sont possédés par un proche d'Antiochos Ier, Achaios l'Ancien[100].

89. *Syll.*³ 279, lignes 4-5.
90. *SGDI*, 5533e.
91. *Syll.* ³, 279.
92. Dion de Pruse, XXXV, 14.
93. Dion de Pruse, XXXVIII, 26.
94. *I. Prusias ad Hypium*, n° 13 et 20-21.
95. *I. Ephesos*, 8. Peut-être s'agit-il aussi de reconstituer le corps civique décimé par la guerre mithridatique.
96. Sur l'intégration, cf. L. Robert, *Études épigraphiques*, Paris, 1938, p. 124-126.
97. St. Mitchell, *Anatolia*, I, p. 180-181.
98. Mais cela peut désigner aussi bien toutes les cités non libres ; cf. p. 214.
99. L. Robert, *La Carie,* II, p. 285 ; M. Corsaro, « Forme di dipendenza », p. 544.
100. M. Wörrle, « Antiochos I., Achaios der Ältere und die Galater », *Chiron*, 5, 1975, p. 59-87 ; texte ci-dessus p. 178.

Le décret honore deux agents d'Achaios, son économe Banabèlos[101] et son eclogiste Lacharès fils de Papos qui ont racheté des villageois enlevés à la suite d'un raid galate et ont aidé les villages en proie aux difficultés. Les villageois décident donc d'honorer Achaios, « maître du lieu et sauveur », du sacrifice d'un bœuf à Zeus, et ses adjoints de celui de deux béliers à Apollon. Le texte est intéressant à plus d'un titre. D'une part, il illustre le fonctionnement quasi civique des institutions villageoises : les paysans réunis en assemblée sous la présidence d'un épimélète, c'est-à-dire de l'agent royal de la circonscription, votent un décret dont la forme et le vocabulaire copient ceux des cités. Mais en même temps, ils déclarent Achaios « maître du lieu » et honorent ses représentants comme évergètes. Il ne faut sans doute pas généraliser cette situation à l'ensemble de l'Anatolie car la plupart des documents relatifs à la vie de type civique des villages proviennent soit de Lydie, soit des territoires de Nicée et Nicomédie[102]. Mais on connaît aussi un décret des *Euxineis*, des villageois du territoire de Kaunos, en Carie[103], et dans cette même région, des villages sont partie prenante, à égalité avec des cités voisines, au sein du *koinon* des Chrysaoriens. Tout ceci doit au moins inciter à ne pas opposer de façon schématique villages dépendants et villages autonomes, les villages tout entiers soumis à un maître à d'autres qui jouiraient d'une autonomie relative : on voit que tous peuvent émettre des décrets, quelle que soit leur situation propre. Par ailleurs, des villages qui ont été réunis à un moment donné de leur histoire peuvent en conserver des structures communes : on a ainsi montré que le *koinon* des Laodicéens de Carie n'avait rien à voir avec Laodicée du Lykos ou une autre cité du même nom, mais regroupait les villages qui avaient appartenu dans cette région à la reine Laodice (II), épouse divorcée d'Antiochos II, dans les années 240 ; or le texte qui atteste ce *koinon* date des années 166-148[104].

Tous ces villages possèdent au moins un trait commun, c'est de s'organiser autour d'un ou plusieurs sanctuaires communs, sans que le dieu puisse être qualifié de propriétaire du village. Assez souvent aussi, plusieurs villages constituent une fédération autour d'un sanctuaire commun. Cette habitude n'appartient d'ailleurs pas en propre aux villages puisqu'en Carie on connaît des *koina* associant soit des cités, soit des cités et des villages, comme le *koinon* des *Tarmainioi* qui groupe Tabai, Mobolla

101. L'absence de patronyme invite à y reconnaître un esclave ou un affranchi ; le nom est sémitique.

102. St. Mitchell, *Anatolia*, I, p. 181.

103. Chr. Schuler, *Ländliche Siedlungen und Gemeinden im hellenistischen und römischen Kleinasien*, Munich, 1998, p. 210.

104. G. Reger, « The *koinon* of the Laodikeis in Karia », *EA*, 30, 1998, p. 11-17 ; pour la date et la localisation quelque part dans la région du golfe Céramique, P. Debord et E. Varinlıoğlu éd., *Les hautes terres de Carie*, Bordeaux, 2001, p. 214-215.

et les *Lômeis*[105], ou encore la communauté des Chrysaoriens qui regroupe les cités d'Alinda et de Kéramos et des villages appartenant par ailleurs à Stratonicée de Carie, qui elle-même n'appartient à la communauté que par ces villages et non à titre de cité[106]. Les textes mentionnent assez souvent des associations dont le nom évoque l'étendue du groupement plus que sa nature : *diakômia*, *triakômia*, *pentakômia*, *heptakômia*, etc., association de deux, trois, cinq, sept villages. On ignore quelle est la nature des liens entre ces villages, mais il y a toutes les chances qu'ils aient au moins en commun la fréquentation d'un sanctuaire fédéral et la célébration de fêtes périodiques. Une étude systématique de ces communautés villageoises le montrerait sans doute avec davantage de précision mais elle reste à faire.

Difficultés d'une communauté de Lycie au temps d'Eumène II (181)

Le roi Eumène [II] à Artémidôros. J'ai lu les commentaires que tu as joints à la pétition des habitants du village des Kardaques. Puisque, après enquête, tu estimes que leurs affaires privées sont en piètre état car les arbres ne donnent pas beaucoup de fruits et que leur terre est de mauvaise qualité, donne instruction qu'ils puissent conserver la terre qu'ils avaient achetée à Ptolémée et, pour la somme qu'ils n'ont pas payée du fait que la plupart d'entre eux sont sans ressources, donne instruction qu'on ne l'exige pas. Attendu qu'ils doivent payer, pour chaque adulte, une capitation de quatre drachmes rhodiennes et une obole, mais que le mauvais état de leurs affaires privées transforme cela en un fardeau pour eux, ordonne de les exempter des arriérés de cette taxe pour la 16e année (182/1) et d'une drachme rhodienne et une obole pour la 17e (181/0). Pour tous ceux qu'ils feront venir de l'extérieur, ordonne qu'ils soient exemptés de toute taxe pendant trois ans, et ceux qui ont, auparavant, quitté le pays mais souhaitent revenir maintenant, une exemption de deux ans. Ordonne-leur de réparer le fortin qu'ils possédaient auparavant, de manière à disposer d'une forteresse, qu'ils pourvoient eux-mêmes au reste de la dépense tandis que pour ma part je paierai un habile artisan.

L'an 17, le 4e jour après la fin du mois de Dios.

Source : M. Segre, *Clara Rhodos*, 9, 1938, p. 190-207 ; F. G. Maier, *Griechische Mauerbauinschriften*, I, Heidelberg, 1959, n° 76 ; M. Austin, *The Hellenictic World*, p. 330, n° 202 ; B. Virgilio, *Lancia, diadema e porpora*, 2e éd., Pise, 2003, p. 300-302, n° 32.

Modes de vie

Le mode de vie des ruraux n'intéresse guère les auteurs anciens, tous citadins et qui ne voyagent guère à la campagne que par nécessité. On ne dispose pas pour l'époque hellénistique des romans ni des discours des rhéteurs pour se faire une idée au moins de l'imaginaire des auteurs[107]. Mais il est peu douteux que l'un des problèmes majeurs des communautés rurales demeure l'insécu-

105. L. Robert, *La Carie* II, Paris, 1954, p. 92-95 ; l'association des trois communautés dans un *koinon* est certaine, mais le nom de celui-ci n'est qu'une déduction (très vraisemblable) de L. Robert.
106. Strabon, XIV, 2, 25 ; cf. Chr. Schuler, *Ländliche Siedlungen und Gemeinden...*, p. 209.
107. Pour l'époque impériale, cf. *L'Asie Mineure et l'Anatolie*, p. 288-294.

rité. Les villages plus que les cités ont souffert des raids galates au IIIe siècle[108], comme de toutes les guerres : lors de la guerre entre Éphèse et le tyran Hiéron de Priène, il apparaît nettement que les principales victimes sont les ruraux puisque les débiteurs dont on tente de régler la situation sont constamment qualifiés de cultivateurs (*géôrgoi*)[109]. De même, le brigandage, érigé en mode de vie, et la piraterie entretiennent la peur dans les cités et surtout dans la partie rurale de la *chôra*.

Les cités tentent de lutter contre ces brigands ruraux en mettant sur pied des milices de « gardes-montagnes » (*orophylaques*) et de gendarmes. Un décret de Temnos du IIe ou du Ier siècle av. J.-C. évoque l'enlèvement de citoyens de Smyrne par des brigands sur le territoire de la cité[110]. Une épitaphe de Milétoupolis, à la fin de l'époque hellénistique, commémore un citoyen assassiné par les brigands[111] et une autre loue un homme d'Apamée-Myrléia d'avoir lutté contre les bandits[112]. Mais le brigandage est plus répandu encore dans les régions montagneuses de Carie[113] et de Lycie où un tyran comme Moagétès apparaît aussi bien comme un chef de brigands[114].

Même après les campagnes victorieuses de P. Servilius Vatia en Isaurie et surtout de Pompée en Cilicie Trachée, il subsiste des noyaux de résistance. Cicéron, qui a peut-être tendance à en rajouter un peu pour donner de la consistance aux succès militaires qui manquent à sa carrière, fait campagne dans l'Amanus durant son proconsulat de Cilicie en 51-50. Il raconte en détail ses campagnes et la façon dont il a donné l'assaut aux villages fortifiés de la montagne[115] ; celui de Pindénissos, chef-lieu des « Ciliciens libres », a tenu bon cinquante-sept jours et il a fallu mettre en œuvre tous les moyens de la poliorcétique romaine pour en venir à bout[116] ! Ces noyaux de résistance sont sans doute plus nombreux qu'on ne l'imagine : les *Orondeis* et les *Homonadeis* d'Isaurie, les *Kiétai* de Cilicie Trachée en fournissent des illustrations jusqu'à l'extrême fin du Ier siècle av. J.-C., voire le milieu du Ier siècle ap. J.-C.[117]. C'est parmi ces gens-là que les Parthes trouvent de l'aide[118]. Strabon à l'époque d'Auguste signale les

---

108. Cf. le beau décret des Kiddioukômetai et des Neoteicheitai mentionné plus haut (p. 178).
109. D. Asheri, « Leggi greche sul problema dei debiti », *SCO*, 18, 1969, p. 42-47 (et traduction p. 108-114).
110. L. Robert, *Études Anatoliennes*, p. 90-95.
111. E. Schwertheim, *EA*, 5, 1985, p. 80, n° 5.
112. E. Bernand, *Épitaphes métriques d'Égypte*, n° 10.
113. J. et L. Robert, *Amyzon*, p. 200-201.
114. Polybe, VI, 34.
115. Cicéron, *Ad Familiares*, II, 10, 3 ; récit plus détaillé *Ad Familiares*, XV, 4, 8-10.
116. Cicéron, *Lettres à Atticus.*, V, 20, 1 et 5.
117. Cf. *L'Asie Mineure et l'Anatolie*, p. 176-177.
118. Cicéron, *Ad Familiares*, XV, 4, 10 : les Ciliciens libres (*Eleutherokilikioi*) attendent avec impatience l'arrivée des Parthes qui viennent d'envahir la Syrie.

forêts de Mysie comme propices aux brigands (Cléon de Gordioukômè) et décrit des tribus vivant dans un état de grande sauvagerie.

Cultures et cultes indigènes

Le monde rural fournit l'occasion de prendre conscience de la diversité ethnique des populations anatoliennes. Alors que les cités tendent à uniformiser les modes de vivre et de penser, les ruraux conservent leurs habitudes ancestrales, malgré, dans certains secteurs, une hellénisation de surface (cf. le décret des villageois de Lydie évoqué plus haut). Strabon, qui décrit la situation de l'Asie Mineure au Ier siècle av. J.-C., mais qui en connaît aussi la stratification historique, ne manque pas de souligner la variété des peuples, preuve du maintien de la diversité ethnique sous le couvert d'une hellénisation qui reste peut-être superficielle en bien des lieux. Cette diversité culturelle apparaît même à Strabon comme une véritable confusion (*synchysis*)[119], bien qu'il soit sensible à l'aspect destructeur de l'hellénisme puis de la domination romaine sur les langues locales (langues épichoriques).

Car le conservatisme rural se manifeste d'abord dans le maintien des langues indigènes[120], qui, au-delà de l'aspect strictement linguistique, sous-tendent une véritable culture indigène. À l'époque hellénistique, on trouve des inscriptions en carien, lycien, lydien, pamphylien, mais cela ne reflète sans doute que très imparfaitement la variété des langues parlées. Strabon, à la fin du Ier siècle av. J.-C., signale que l'on emploie quatre langues à Cibyra, le pisidien, le grec, le lydien et le solyme. Des langues dont nous n'avons aucune trace écrite ont à coup sûr été parlées jusque sous l'Empire (comme le lycaonien à Lystra). La meilleure preuve en est la mention de ces langues indigènes aussi tardivement que les hagiographies de la haute époque byzantine[121]. Mais il n'est pas pour autant facile de cartographier la répartition des langues car, comme l'observe déjà Strabon, les peuples d'Asie Mineure s'interpénètrent et ne sont pas toujours faciles à distinguer les uns des autres (ainsi les Mysiens et les Phrygiens)[122].

---

119. Strabon, XII, 8, 4 ; XIII, 4, 12 ; G. Salmeri, « Regioni, popoli e lingue epicorie d'Asia Minore nella *Geografia* di Strabone », dans A. M. Biraschi et G. Salmeri éd., *Strabone e l'Asia Minore*, Naples, 2000, p. 163, note que c'est le terme employé dans la version grecque (Septante) de *Genèse*, XI, 9, pour rendre Babel !
120. St. Mitchell, *Anatolia*, I p. 172-176
121. Cf. l'exemple de St Hyacinthe d'Amastris, dont le juge a besoin d'un interprète : St. Mitchell, *Anatolia*, I, p. 172, n. 71. Sur la situation à l'époque impériale, cf. *L'Asie Mineure et l'Anatolie*, p. 315-318.
122. Sur cet aspect des descriptions de Strabon, G. Salmeri, « Regioni, popoli e lingue epicorie », p. 157-188. Dans le même volume, on trouvera une série d'études régionales sur la manière dont Strabon décrit les différents secteurs de l'Asie Mineure : la Troade, l'Éolide, l'Ionie, la Carie, la Lycie, la Phrygie, la Pamphylie, la Cappadoce, le Pont et la Bithynie.

L'onomastique traduit plus ou moins la vigueur des traditions indigènes. Certes, il est difficile d'identifier les noms à coup sûr et L. Robert a pourfendu sans relâche les créateurs de noms indigènes fantômes[123], mais on peut arriver à des résultats éclairants en tenant compte de la géographie et de la chronologie. Ainsi L. Robert a bien montré que l'onomastique des villes s'hellénisait rapidement : alors que les ambassadeurs de Sardes à la fin du IVe siècle av. J.-C. portent tous des noms indigènes, ceux-ci se font rares dans la même cité dès les débuts de l'Empire[124]. L'évolution s'est produite sans doute dès le courant du IIIe siècle comme en témoignent les observations faites à Amyzon de Carie[125], Iasos[126], Apamée de Phrygie[127] ou Stratonicée de Carie[128]. La situation est moins tranchée pour les campagnes et l'on ne peut les considérer comme un tout indifférencié. À basse époque hellénistique et à l'époque impériale, il ne reste à peu près aucune onomastique indigène en Lydie. Or, L. Robert a insisté à juste titre sur le contraste qu'il y avait, dans un secteur comme la Méonie, entre une tradition religieuse indigène originale très vivace (c'est la région des stèles de confession)[129], où les dieux portent des épithètes locales, et une anthroponymie qui s'est fondue dans le moule d'une onomastique grecque des plus banales[130]. On pourrait en dire autant de la Phrygie, qui apparaît pénétrée d'hellénisme à la fin de l'époque hellénistique, ou de la Carie où l'onomastique est banalement grecque (en dehors de quelques noms « historiques » évoquant les Hécatomnides) alors que les dieux (Sinuri, Osogo) et les tribus conservent des noms indigènes sans aucune trace d'hellénisation. Mais le contraste est frappant avec certaines régions de Pisidie, la Lycaonie, l'Isaurie, la Cilicie

123. L. Robert, *Noms indigènes dans l'Asie Mineure gréco-romaine*, Paris, 1963. Les p. 5-205 sont entièrement consacrées à réfuter et redresser les publications de J. Sundvall, et les p. 208-322 à une liste de noms non-grecs de W. H. Buckler.
124. *I. Delphinion*, 135 ; L. Robert, *Noms indigènes*, p. 82 ; cf. G. M. A. Hanfmann, « The Sacrilege inscription : the Ethnic, Linguistic, Social and Religious Situation at Sardis at the End of the Persian Era », *Bulletin of the Asia Institute*, 1987, p. 1-8 ; O. Masson, *REG*, 1987, p. 225-239.
125. Une inscription du temps d'Alexandre le Grand porte de nombreux noms cariens : L. Robert, *CRAI*, 1953, p. 413-414 ; les stéphanéphores, à partir de 168, portent tous des noms grecs, sauf un : L. Robert, *La Carie*, II, p. 309.
126. L. Robert, *Noms indigènes*, p. 91, qui constate que dans les listes de donateurs du théâtre d'Iasos, au IIe siècle av. J.-C., les noms cariens sont absents.
127. L. Robert, *Noms indigènes*, p. 348-351 : situation plus ambigue ; à côté de quelques noms indigènes, l'onomastique de la ville est presque entièrement grecque ou latine à l'époque impériale ; mais on observe à l'époque hellénistique, y compris parmi les responsables municipaux, la survivance d'une tradition onomastique iranienne chez les descendant des Perses établis à Kélainai aux Ve-IVe siècles.
128. L. Robert, *Mélanges Isidore Lévy*, p. 557-559.
129. Cf. *L'Asie Mineure et l'Anatolie*, 1re éd., p. 325-326.
130. L. Robert, *Noms indigènes*, p. 321-322.

Trachée où l'onomastique indigène est encore fortement enracinée à l'époque impériale[131]. On voit par là qu'il peut être imprudent de trop se fonder sur l'anthroponymie pour souligner l'originalité des sociétés rurales et la religion peut nous en apprendre plus que l'onomastique[132]. La permanence des langues et des cultes jusqu'à l'époque impériale et au-delà témoigne du rôle de conservatoire des cultures traditionnelles joué par les campagnes d'Asie Mineure et d'Anatolie.

Car, dans le domaine religieux, les phénomènes d'acculturation prennent un aspect beaucoup plus complexe. Naturellement, il est artificiel de placer dans ce chapitre sur les sociétés rurales un développement sur le maintien ou l'hellénisation des cultes traditionnels puisque cela affecte tout autant les dieux des villes. Une fois reconnu le caractère arbitraire de ce choix, on se contentera de donner ici quelques grandes lignes de force d'une étude qui reste largement à faire et qui est mieux documentée pour l'époque impériale.

La longue cohabitation des Grecs et des indigènes à la périphérie du monde anatolien a entraîné depuis longtemps des phénomènes d'acculturation, voire de syncrétismes religieux. L'exemple le plus célèbre, sinon le plus facile à expliquer, concerne l'Artémis d'Éphèse dont la seule représentation suffit à convaincre qu'elle n'a rien à voir avec la déesse grecque du même nom, la sœur d'Apollon et la fille de Létô. Prise dans une robe-gaine ornée de symboles variés, elle se distingue surtout par l'ornement de sa poitrine, une série de protubérances disposées sur plusieurs rangs et dont la taille diminue légèrement en allant vers le bas[133]. La plupart des commentateurs désignent ces « objets » comme des seins et parlent en conséquence de « polymastie » d'Artémis, signe d'une indéniable fécondité. Il m'apparaît plus que douteux qu'il s'agisse de seins. D'une part sur le plan strictement anatomique, ces protubérances oblongues ne ressemblent que de très loin à un sein, alors que les Grecs savaient parfaitement représenter une femme nue. D'autre part, il est troublant que le même type de représentation affecte des statues masculines, comme Zeus Labraundos à Mylasa et Zeus Lepsinos à Euromos[134]. Il est douteux que les Grecs aient souligné la fécondité exceptionnelle du dieu en accrochant des seins sur sa poitrine. En fait, à y regarder de près, il est beaucoup plus probable que ces protubérances soient des

131. Cf. Ph. H. J. Houwink Ten Cate, *The Luwian Population Groups in Lycia and Cilicia Aspera*, Leyde, 1965.

132. Sur les dieux indigènes, on se reportera au chapitre correspondant pour l'époque impériale (*L'Asie Mineure et l'Anatolie*, p. 323-328), où l'on a évoqué l'ensemble du problème.

133. Cf. R. Fleischer, *Artemis von Ephesos und verwandte Kultstatuen aus Anatolien und Syrien*, Leyde, 1973 ; cf. en particulier les exemplaires de Naples (pl. 11) et Selçuk (pl. 12 et pl. 18) ; l'absence de mamelon et d'aréole ne facilite pas l'identification avec un sein, tout comme l'accrochage très bas des protubérances ; cf. aussi A. Bammer et U. Muss, *Das Artemision von Ephesos*, Mayence, 1996, p. 9. et p. 75.

134. R. Fleischer, *o. c.*, p. 310-324, avec les planches 138 et 139 (Zeus Labraundos), p. 324 et pl. 144a (Zeus Lepsinos).

testicules d'animaux (d'où la variété des tailles), accrochées à la statue du dieu en offrande et en gage de fertilité. L'anatomie y trouve en tout cas bien davantage son compte et la signification religieuse aussi !

Mais le poids de l'héritage indigène ne se borne pas à des représentations étrangères au monde grec. Pour s'en tenir à l'époque qui nous intéresse ici, il conviendrait de mener une enquête systématique dans les diverses provinces micro-asiatiques et anatoliennes, sans renoncer à analyser la documentation d'époque impériale, infiniment plus riche, mais sans doute aussi parlante : lorsque le maintien de traditions louvites, lyciennes ou iraniennes est attesté sous l'Empire, il va de soi qu'elles ont dû survivre durant toute l'époque hellénistique. Cette enquête n'a été qu'esquissée, bien que l'œuvre de Louis Robert ait réuni sur ce point une documentation considérable. Quelques pistes se dégagent, que l'on se contentera d'indiquer ici, en prenant des exemples dans diverses régions[135].

Une première question à résoudre concerne l'identité des dieux, et leur rapport avec les dieux indigènes connus par la tradition parfois depuis le IIe millénaire (dieux hittites et louvites). Dans quelques cas, l'on n'a pas même pris la peine de trouver un équivalent grec et c'est le nom indigène qui survit. On a évoqué plus haut le dieu Sinuri dont le sanctuaire est conservé près de Mylasa[136] dont le nom ne porte pas même de désinence grecque. Mais derrière Trôsobios, d'allure grecque, on reconnaît sans peine le dieu lycien *Trzzubi*[137], et derrière Kakąsbos, en Lycie, on retrouve *Khakhakba*, dieu cavalier à la massue, vénéré sur le plateau lycien, à Telmessos et dans l'ouest de la Pisidie[138]. On pourrait trouver bien d'autres exemples, dont certains bien plus célèbres comme Cybèle et Attis aux limites de la Galatie et de la Phrygie, Mâ en Cappadoce et dans le Pont, Men en Phrygie, Sanda à Tarse de Cilicie.

Cependant, il est beaucoup plus fréquent que les dieux indigènes reçoivent un vêtement à la grecque. Derrière Zeus Olbios, Zeus Tarsios ou Zeus Korykios, trois grands dieux ciliciens d'Olba, Tarse et Korykos, on reconnaît sans grande difficulté le dieu louvite de l'orage, *Tarchunt* ou *Tarchuna*, dont le nom se retrouve sous la forme *Tarchôn* dans l'onomastique régionale (ainsi les Tarcondimotos du royaume de l'Amanus). À Korykos, un Hermès cache sans doute aussi le dieu louvite *Kurunta* ou *Runta*, dieu au cerf protecteur de la nature

---

135. Aux publications indiquées dans *L'Asie Mineure et l'Anatolie*, on ajoutera M. Paz de Hoz, *Die lydischen Kulte im Lichte der griechischen Inschriften*, Bonn, 1999 (*Asia Minor Studien*, 36).

136. Cf. L. Robert, *Le sanctuaire de Sinuri près de Mylasa*, Paris, 1945.

137. Cf. R. Lebrun, « Observations concernant des syncrétismes d'Anatolie centrale et méridionale aux second et premier millénaires avant notre ère », dans C. Bonnet et A. Motte éd., *Les syncrétismes religieux dans le monde méditerranéen antique*, Bruxelles-Rome, 1999, p. 185.

138. Sur ce dieu, cf. L. Robert, « Un dieu anatolien : Kakasbos », *Hellenica,* III, Paris, 1946, p. 38-74 et 173-174 ; sur la diffusion du culte : E. Frézouls, « Les cultes de la Lycie occidentale », dans *Akten des II. internationalen Lykien-Symposions*, Vienne, 1993, p. 206-212.

sauvage. À Tarse, il se trouve que *Santa-Sanda* est honoré sous son propre nom ou sous celui d'Héraklès[139]. On observe le même phénomène en Lycie, où Zeus masque un dieu local de l'orage, *Trqqñt*, et les Nymphes les *Eliyãna*, divinités auxiliaires d'une importante divinité « Source »[140]. On trouverait des exemples identiques en Carie[141], avec les divers Zeus indigènes, celui de Panamara (Zeus Carios devenu Zeus Panamaros)[142], celui de Labraunda, Hécate de Lagina. Des divinités aussi typées que Mâ de Comana reçurent aussi un nom grec (Enyô), voire latin (Bellone). En Pisidie, à Sagalassos, la découverte récente d'une dédicace d'époque hellénistique (IIIe siècle) mentionne les dieux comme exécuteurs des décisions, sans doute celle du peuple et du conseil. Or, des sculptures du *bouleutérion* du IIe siècle représentent de façon étrangement symétriques d'un côté Athéna vêtue d'un péplos, un prisonnier nu à ses pieds, de l'autre Arès nu, une femme vêtue dans la position du prisonnier d'Athéna. Les représentations d'Athéna et d'Arès sont purement grecques, mais on peut douter qu'une ville de Pisidie ait adopté tels quels des dieux grecs en renonçant à ses propres traditions religieuses. Aussi voit-on en Athéna la déesse louvite et lycienne Maliya, protectrice de dynastes indigènes, puis de cités. Quant à Arès, il est bien attesté comme dieu majeur à Sagalassos, à Selgé, à Termessos et à Pednelissos, où il doit recouvrir quelque dieu pisidien de la guerre[143]. Ainsi, si l'on considère que Zeus et Hermès se trouvent aussi honorés en bonne place à Sagalassos, les quatre dieux majeurs démarquent en réalité quatre divinités louvites traditionnelles, Tarunt, Maliya, un dieu guerrier et Kurunta, auxquels on peut ajouter le dieu Kakasbos assimilé à Héraklès.

Ainsi les populations en voie d'hellénisation, comme les Grecs, établissaient naturellement des équivalences, parfois approximatives, mais qui leur semblaient justifiés par les ressemblances fonctionnelles des dieux indigènes et des dieux grecs. Une épithète rappelait à l'occasion l'origine locale du dieu (*Labraundos, Tarsios, Korykios,* etc.), ou son caractère non grec (*Osogo*).

139. Cf. R. Lebrun, « Observations », p. 183-183.
140. Sur tout ceci, cf. R. Lebrun, *o. c.*, p. 179-189 ; cf. aussi Chr. Le Roy, « Aspects grecs et anatoliens des divinités vénérées au Létôon de Xanthos », dans *Akten des II. internationalen Lykien-Symposions*, I, Vienne, 1993, p. 241-247. D'une façon plus générale, Chr. Le Roy, « Die Religion der Lykier », dans *Götter, Heroen, Herrscher in Lykien*, Munich, 1990, p. 41-44 ; je n'ai pu consulter R. Lebrun, « Continuité cultuelle et religieuse en Asie Mineure », *Atti del II Congresso internazionale di Hittitologia*, Pavie, 1995.
141. L'étude d'A. Laumonier, *Les cultes indigènes de Carie,* Paris, 1955, reste utile malgré les critiques justifiées dont elle a fait l'objet.
142. P. Debord, « Sur quelques Zeus Cariens : religion et politique », *Studi Ellenistici*, XIII, Pise, 2001, p. 19-37.
143. Sur tout ceci, cf. M. Waelkens, « Sagalassos. Religious Life in a Pisidian town during the Hellenistic and Early Imperial Period », dans C. Bonnet et A. Motte éd., *Les syncrétismes religieux dans le monde méditerranéen antique*, Bruxelles-Rome, 1999, p. 191-226. Arès est particulièrement en honneur dans les villes de Pisidie, quelquefois avec des épithètes locales (cf. M. Waelkens, p. 196-197).

Surtout, l'iconographie pouvait conserver le souvenir de la nature profonde dieu. En ce domaine règne une certaine variété. En effet, d'un côté les attributs traditionnels des dieux grecs, leur représentation quasi canonique peuvent être adoptés tels quels par les populations locales : c'est le cas pour Athéna et Arès au *bouleutérion* de Sagalassos. Mais, par ailleurs, un Zeus ou une Athéna peuvent conserver une iconographie largement indigène, avec double hache ou animaux sauvages. Enfin, il arrive aussi que ce soit précisément l'identité des attributs qui justifie l'assimilation : le redoutable archer *Sanda* de Tarse s'identifie naturellement à l'archer Héraklès, comme le lycien *Khakhakba*, dieu à la massue.

On voit quelles limites s'imposent à l'étude des sociétés rurales d'Asie Mineure et d'Anatolie à l'époque hellénistique. L'absence d'une archéologie villageoise, le retard pris dans l'étude des cadastres et des parcellaires antiques sont autant de handicaps sérieux à un renouvellement des études : tout reste encore fondé sur l'étude des textes, peu nombreux et n'éclairant que quelques aspects de la vie des campagnes, ceux qui intéressent les propriétaires ou les autorités civiques. On pourrait certes évoquer la vie religieuse et culturelle, dont on devine l'originalité, mais la plus grande partie des documents appartient à l'époque impériale et il conviendra donc de l'étudier plus tard, pour ne pas anticiper sur la documentation. De plus, il est clair que le prestige du modèle civique et de l'hellénisation qu'il implique a contribué à la rapide diffusion du modèle civique qui vient ainsi se surimposer et masquer le fonctionnement des sociétés indigènes traditionnelles.

Chapitre 6

De la tutelle à la provincialisation : les débuts de l'Anatolie romaine (189-31)

Il peut paraître paradoxal d'établir en 189 le début de l'Anatolie romaine. Le paradoxe n'est qu'apparent. D'une part, dès cette date, les armées romaines sont présentes non seulement pour combattre Antiochos III, mais aussi pour remettre de l'ordre en Carie et en Lycie et contenir les Galates (campagnes de Manlius Vulso). D'autre part, la paix d'Apamée (188) crée une situation politique entièrement inédite en éliminant les Séleucides d'Anatolie ; les deux principaux bénéficiaires, Pergame et Rhodes, doivent à Rome leur puissance nouvelle. Puissance suspendue à la volonté de Rome comme on le vit bien lorsque celle-ci, se méfiant de Rhodes, tenta de la ruiner en créant le port franc de Délos en 167[1]. Mais d'une manière plus générale, le monde se partage désormais entre les amis de Rome et les autres. Dès les lendemains de la paix d'Apamée, Rome en administra la preuve en recevant les ambassades des cités et en jugeant de leurs revendications à l'aune de leur comportement durant la guerre[2].

C'est que la tutelle de Rome est désormais omniprésente : celle-ci arbitre les conflits frontaliers entre cités grecques libres (entre Priène et Magnésie du Méandre autour de 150[3] et entre Priène et Samos avant 135[4]) comme elle met d'accord les prétendants au trône de Cappadoce et impose à Ariarathe V et à son frère Oropherne de régner ensemble en 159[5]. Rien ne peut se faire sans

1. Sur la réalité de cette ruine, cf. ci-dessus p. 159.
2. Polybe, XXI, 46.
3. R.K. Sherk, *Roman Documents*, p. 44-47 = Id., *Rome and the Greek East*, n° 34.
4. R.K. Sherk, *Roman Documents*, p. 54-58.
5. Polybe, XXXIII, 6 ; R.K. Sherk, *Roman Documents*, p. 40-43, n° 6.

son accord ou son arbitrage, exercé, affirme la propagande romaine, dans l'intérêt de tous les Grecs. Cette propagande ne resta pas sans effet, puisqu'on en trouve l'écho chez les Grecs eux-mêmes, qui se mirent aussitôt (la première attestation se trouve en 182) à qualifier les Romains de « bienfaiteurs communs des Grecs ». Antiochos III avait déjà été qualifié ainsi dans un décret de Téos de 204-203, mais surtout l'idée s'exprimait de façon banale dans les requêtes adressées par ses sujets au roi lagide, « commun bienfaiteur » de son peuple tout entier. Ainsi, les Grecs d'Asie et d'Europe se plaçaient dans la position d'humbles sujets des nouveaux maîtres, légitimaient leur toute puissance et en espéraient une attitude bienveillante[6].

Sans entrer dans le détail de relations diplomatiques et militaires complexes, on peut retenir quelques grandes articulations chronologiques qui rythment l'histoire de la région durant ces deux siècles :

– De 188 à 133, Pergame, riche d'un territoire soudain dilaté, s'affirme comme la principale puissance anatolienne, malgré les assauts de ses voisins, notamment de la Bithynie et du Pont.

– La mort d'Attale III (133) et la création de la province d'Asie (129) placent Rome directement en contact avec les problèmes anatoliens. Ses maladresses à l'extérieur (notamment avec le Pont) et à l'intérieur (exploitation forcenée de la province) se combinent pour provoquer l'explosion de 88.

– La longue guerre mithridatique (88-63), malgré des répits, laisse l'Asie exsangue bien que la puissance romaine s'exerce désormais sur trois provinces, l'Asie, la Cilicie, et le Pont-Bithynie.

– De Pompée à Auguste, l'Anatolie connaît une série de transformations dont la plus importante, due à Antoine, est la transformation progressive des États indigènes en États-clients. Mais en même temps, l'Anatolie, ruinée par l'invasion des armées parthes conduites par le transfuge romain Labienus, est accablée par les exactions rendues nécessaires par la guerre civile romaine.

Pergame et ses rivaux (188-133)

La soudaine puissance territoriale de Pergame après 188 lui donne du même coup une place à part dans la politique internationale : héritière des Séleucides, elle apparaît aussitôt comme dangereuse aussi bien à ses voisins qu'a Rome qui est à l'origine de sa fortune[7]. Malgré méfiances et rivalités, Pergame atteint son apogée sous le règne d'Eumène II (197-158). Après avoir

6. Cf. C. Wehrli, « Sur la formule Ῥωμαῖοι οἱ κοινοὶ εὐεργέται πάντων dans les inscriptions grecques et romaines de l'époque républicaine », *Siculum Gymnasium*, 31, 1978, p. 479-496, et surtout J.-L. Ferrary, *Philhellénisme et impérialisme*, Rome, 1988, p. 124-132. et A. Erskine, « The Roman as Common Benefactors », *Historia*, 43, 1994, p. 70-87.
7. Étude fondamentale de J. Hopp, *Untersuchungen zur Geschichte der letzen Attaliden*, Munich, 1977, où l'on trouvera tous les détails.

vaincu dans une même guerre les Bithyniens (auxquels il reprend des territoires perdus peu auparavant)[8] et les Galates, Eumène entreprend la construction du grand autel de Zeus qui matérialise les succès de son règne et ceux de la dynastie tout entière. À la même époque (181), la réorganisation des *Niképhoria* doit peut-être s'interpréter de la même façon et fut l'occasion de multiplier les cadeaux dans les cités grecques, propagande d'autant plus nécessaire qu'Eumène II était apparu à Apamée comme l'adversaire de la liberté des Grecs, contre l'avis des Rhodiens.

Mais les rois de Pergame durent d'abord faire face aux charges d'un royaume dilaté de façon considérable par rapport à ce qu'il avait été au IIIe siècle, et débarrassé de ses plus dangereux rivaux. Certes, dans les cadeaux de Rome, il en était d'empoisonnés, comme la Pisidie, qui n'avait jamais été réellement soumise à qui que ce soit, et que les Attalides devaient impérativement contrôler s'ils voulaient profiter pleinement du débouché méditerranéen qui leur était offert au Sud[9] ; cela ne fut pas fait sans de rudes combats, et il y eut encore « une guerre pisidienne » au temps d'Attale II, sans doute vers la fin du règne[10]. De même, il fallut faire la guerre à Prusias de Bithynie pour prendre possession de la Phrygie hellespontique et de la Mysie Olympène qu'il occupa de 188 à 183. Enfin les Galates n'étaient pas réduits et Eumène II, avec son frère Attale, fit campagne contre eux en 166[11].

Surtout, il fallait adapter les structures de l'État aux nouvelles dimensions du royaume. Il semble bien qu'Eumène II s'attela à la tâche rapidement car on voit apparaître des fonctionnaires royaux dispersés dans le royaume. Il est probable que les Attalides conservèrent certaines structures héritées des Séleucides, comme la fonction de « grand-prêtre de tous les sanctuaires au-delà du Taurus » bien que la précision géographique

---

8. Ce serait le cas d'Apollonia du Rhyndakos selon une hypothèse de M. Holleaux, *Études*, II, p. 73-125, fondée sur le texte d'un décret honorifique d'une cité inconnue pour le stratège Korragos, que Holleaux attribuait à cette cité ; bien que D. Magie, *Roman Rule*, p. 137 et 1012-1013, ait proposé d'attribuer ce décret à Abydos, la majorité des savants continuent de pencher pour Apollonia du Rhyndakos ; texte ci-dessus p. 101.
9. Cf. E. Kosmetatou, « Pisidia and the Hellenistic Kings from 323 to 133 BC », *AncSoc*, 28, 1997, p. 5-37, qui montre que les Séleucides ne s'y étaient intéressés que pour contenir les Galates.
10. Mention d'un *pisidikos polémos* dans l'inscription d'Olbasa publiée par R. A. Kearsley, « The Milyas and the Attalids : a Decree of the City of Olbasa and a New Royal Letter of the Second Century B.C. », *AS*, 44, 1994, p. 45-57. L'éditrice considère que l'inscription date de 159, mais c'est plus probablement 138-137 : cf. Ph. Gauthier, *Bull. épigr*, 1997, 563. Dans ces conditions la guerre pisidienne peut être de quelques années antérieures, vers 150-145 selon I. Savalli-Lestrade, « Les Attalides et les cités grecques d'Asie Mineure au IIe siècle », dans A. Bresson et R. Descat éd., *Les cités grecques d'Asie Mineure occidentale au IIe siècle a. C.*, Bordeaux, 2001, p. 87.
11. Cf. R. E. Allen, *The Attalid Kingdom. A Constitutionnal History*, Oxford, 1983, p. 136-144.

disparaisse[12]. On connaît aussi des stratèges placés à la tête de vastes districts territoriaux, comme Korragos, « stratège préposé à l'Hellespont[13], ou Straton, « stratège de Chersonnèse et des places de Thrace »[14] ; d'autres semblent agir dans un ressort plus limité, comme Démétrios fils d'Apollonios, « stratège à Éphèse et dans les régions proches d'Éphèse, la plaine du Caÿstre et le territoire des Kilbianoi » après 138[15], fonction qui évoque celle de Dionysios, fils de Théophilos, « stratège de Carie et de Lydie (et) des régions proches d'Éphèse »[16]. D'autres n'ont guère autorité que sur une cité, comme Dionysios fils de Dionysios, « stratège de l'armée campée à la belle étoile et de la cité », et Athénomoiros, fils de Démarchos, « préposé à la cité », tous les deux à Tralles[17], ou encore Sôtas fils de Patroclos, « préposé à la cité », à Olbasa, en Milyades, mais dont on sait qu'il est placé sous les ordres d'un stratège nommé Aristarchos[18]. On devine donc bien au moins deux niveaux d'administration locale, celui des stratèges, celui des « préposés à la ville », ou « épistates ». Par ailleurs, le maillage militaire du pays se poursuivit, et, lors de la guerre d'Aristonicos, on observe la présence de nombreuses colonies militaires sur le territoire des cités, mais n'appartenant pas au corps civique : c'est chez eux qu'Aristonicos recruta ses plus fervents défenseurs, eux qui devaient tout à la monarchie attalide. La création de nouvelles cités (comme Attaleia de Pamphylie), l'octroi d'aides et de privilèges aux cités, sans doute aussi un effort particulier pour leur donner la parure monumentale qui leur faisait défaut (en Pisidie Selgé, Sagalassos) aidèrent sans doute au ralliement de nombreuses villes déçues de ne pas retrouver leur liberté en 188. Enfin, les Attalides s'attachèrent à être davantage présents sur leur territoire : Tralles devint ainsi une sorte de capitale régionale où ils firent

12. Une inscription de Pleura, dans la région de Sardes, conserve une lettre du prêtre local d'Apollon Pleurenos à « Euthydémos le Grand-prêtre » où il lui explique qu'il avait demandé à Nikanôr le Grand-prêtre le droit de placer devant le temple une stèle portant le nom de Nikanôr, le sien propre et celui des mystes du dieu ; il lui demande à lui, son successeur, la même autorisation. Comme Nikanôr a dû rester en fonction aussi longtemps que les Séleucides ont été les maîtres de la région, Euthydémos est sans doute son successeur attalide : H. Malay et C. Nalbantoglu, « The Cult of Apollon Pleurenos in Lydia », *Türk Arkeoloji Dergisi*, 4, 1996, p. 75-81 ; B. Dignas, *Economy*, p. 50-54. Euthydémos eut au moins un successeur, Hermogénès : B. Dignas, *Economy*, p. 53.
13. Cf. texte p. 101.
14. Il est mentionné dans le long décret de Sestos en l'honneur de Ménas : *OGIS* 339, après 129, mais faisant allusion à des événements survenus avant la mort d'Attale III.
15. Chr. Börker et G. Klaffenbach, *I. Ephesos*, II, 201 ; cf. aussi P. Herrmann, *SEG*, 26, 1976-1977, n° 1238.
16. H. Malay, « New Evidence concerning the Administrative System of the Attalids », *Türk Arkeoloji Dergisi*, 4, 1996, p. 83-86.
17. H. Malay, *ibid.*
18. R. A. Kearsley, « The Milyas and the Attalids : a Decree of the City of Olbasa and a New Royal Letter of the Second Century B.C. », *AS*, 44, 1994, p. 45-57.

construire un palais royal[19], installèrent un atelier monétaire très actif (le second du royaume en importance), une garnison et, naturellement, un épistate royal[20].

Au faîte de sa puissance, Pergame joue le rôle d'arbitre des conflits régionaux et de recours contre les agresseurs : lorsque Pharnace Ier du Pont attaque la Cappadoce (182), c'est Eumène II qui rallie autour de lui Prusias II, Morzios de Paphlagonie et Rhodes pour lui faire lâcher prise. Pharnace dut renoncer à ses conquêtes (sauf Sinope, conquise en 183) et Eumène apparut comme le roi le plus puissant de la région. Or, ses deux derniers succès, en Bithynie et dans le Pont, ne devaient rien à l'appui de Rome[21].

Cette situation resta en l'état dans le courant des années 170, tandis qu'Eumène était occupé à jouer sa partie dans les affaires grecques. Peu importe ici ce qu'il en advint, mais il est clair que sa puissance croissante finit par indisposer Rome. Lorsqu'en 168 éclata une insurrection galate, une ambassade romaine soi-disant destinée à calmer les insurgés ne fit qu'attiser la révolte. Vaincus malgré tout, les Galates bénéficièrent (166) d'un senatus-consulte qui reconnaissait leur autonomie à condition qu'ils ne sortent pas de leur territoire. Texte qui marque en quelque sorte l'acte de naissance de la Galatie, mais qui ne repose sur aucune base juridique. Rome, par ce senatus-consulte, proclamait l'indépendance des tribus galates jusque-là soumises à Pergame. C'était accorder aux Galates vaincus un statut privilégié au détriment du vainqueur, Eumène II. C'était la preuve que Rome se méfiait alors de Pergame et tentait d'entraver son essor, mais cela signifiait clairement qu'aux yeux des Romains Eumène tenait son royaume non par le droit de la lance, mais à titre de *dôréa*. C'est probablement à la même époque qu'Alabanda tenta d'échapper à Eumène en dépêchant successivement deux ambassades à Rome : elle devait être sur le point de réussir puisque lors de son second voyage, l'ambassadeur alabandien trouva la mort du fait d'Eumène[22].

Pergame semble avoir connu aussi des difficultés en Pisidie, sans que l'on puisse deviner une quelconque action en sous-main de Rome. Déjà Eumène II dut faire face à la révolte de plusieurs cités pisidiennes (Amlada, Selgé) dans les années 160, à l'occasion de la guerre galate de 168-167[23]. Attale II dut à son tour affronter une « guerre pisidienne » vers la fin de son règne, guerre

19. Vitruve, *De Architectura*, 2, 8, 9.
20. Cf. I. Savalli-Lestrade, « Les Attalides et les cités grecques d'Asie Mineure au IIe siècle », dans A. Bresson et R. Descat éd., *Les cités grecques d'Asie Mineure occidentale au IIe siècle a. C.*, Bordeaux, 2001, p. 82-86.
21. Sur tout ceci, cf. J. Hopp, *Untersuchungen zur Geschichte der letzen Attaliden*, Munich, 1977.
22. F. Canali De Rossi, « Morte di un ambasciatore di Alabanda », *Scienze dell'Antichità. Storia, Archaeologia, Anthropologia*, 6-7, 1992-1993 [1996], p. 35-40.
23. C. B. Welles, *Royal Correspondence*, p. 237-239, n° 54 (Amlada) ; Trogue Pompée, *Prologue*, 34 (Selgé).

au cours de laquelle il reçut l'aide de certaines cités (comme Olbasa) tandis que d'autres durent s'y opposer[24]. L'aide apportée par les Attalides à l'embellissement de Termessos et aux fortifications de Termessos et d'Oinoanda doit se placer dans le contexte de cette seconde guerre pisidienne[25]. Ainsi, la prise de possession de leurs nouveaux territoires du Sud et du Sud-ouest par les Attalides ne se fit pas sans problème et les Pisidiens, nombreux à être organisés en cités dès cette époque[26], supportèrent mal une tutelle royale à laquelle ils avaient longtemps échappé. Les troubles affectèrent aussi bien les régions tenues par les Rhodiens que l'ensemble des confins de la Lycie, de la Pamphylie et de la Pisidie où l'autorité des deux principaux bénéficiaires de la paix d'Apamée ne s'imposa pas à tous : si l'on a raison de placer dans les années 160-130 l'action d'Orthagoras d'Araxa au profit de sa cité et de la confédération lycienne, il faut admettre que règne un certain désordre dans l'ensemble du pays, sans doute rendu possible par la fin de la domination rhodienne dans la région.

Lettre d'Attale (II) à Amlada de Pisidie (v. 160)[27]

Attale à la cité et aux Anciens d'Amlada, salut ! Vos envoyés Oprasatès fils de Kila[--]nos, Nalagloas fils de Kilarios, et Menneas [ou surnommé Menneas] se sont présentés devant nous et nous ont parlé de la mission que vous leur avez confiée. Ils ont demandé que vos otages soient relâchés et que nous fassions remise de la dette de 9 000 drachmes que vous avez contractée dans la guerre contre les Galates à titre de dédommagement, et de celle de deux talents que vous payez annuellement, car vous êtes durement frappés de toutes les manières et que vous êtes actuellement en mauvaise posture. En conséquence, comme j'ai constaté que vous vous repentiez de vos erreurs passées et que vous avez appliqué mes instructions avec zèle, j'ai montré ma préoccupation envers vous, et comme une faveur pour Oprasatès et pour la cité, j'ai donné des instructions pour que vous soyez exemptés de 3 000 drachmes au titre du tribut et du paiement, et des autres 9000 drachmes que vous nous devez en plus. Et j'ai fait libérer vos otages [...] (*la fin a disparu*).

Source : *OGIS* 751 ; C. B. Welles, *Royal Correspondence*, n° 54 ; M. Austin, *The Hellenistic World from Alexander to the Roman Conquest*, Cambridge, 1981, p. 334, n° 205.

24. R. A. Kearsley, « The Mylias and the Attalids : a decree of the city of Olbasa and a new royal letter of the second century B.C. », *AS*, 44, 1994, p. 47-57.
25. *TAM* III, 1, 4, 9 ; cf. E. Hansen, *The Attalids of Pergamon*, p. 288 ; J. J. Coulton, « Termessians at Oinoanda », *AS*, 32, 1982, p. 130 (portique de Termessos) ; L. Bier, « The Upper theater at Balboura », *AS.*, 44, 1994, p. 45-46.
26. Cf. ci-dessus p. 87.
27. L'allusion aux otages au début du texte renvoie à un contexte de guerre où Amlada s'est trouvée dans le camp opposé aux Attalides, sans doute la guerre galate de 166. Attale a été associé à son frère Eumène II bien avant de régner seul.

Décret pour Orthagoras d'Araxa (vers 130-120 av. J.-C.)[28]

Sous la prêtrise d'Orthagoras et de Ménokritos, le 2 du mois Dystros, en assemblée légale, il a plu au peuple et aux magistrats d'Araxa : attendu que notre concitoyen Orthagoras, fils de Démétrios, homme de bien comme l'ont été ses ancêtres, a donné des preuves nombreuses et considérables de son zèle à l'égard du peuple dès son premier âge ; comme nous nous étions trouvés en guerre avec Moagétès et les Boubôniens, il avait été choisi comme chef par le peuple et ne cessait de combattre au premier rang, assumant tous les dangers et toutes les fatigues ; envoyé ensuite en mission par deux fois contre Moagétès et les Boubôniens auprès des Kibyrates au sujet de la guerre, il a contribué à assurer tous les intérêts du peuple ; ensuite une fois terminée la guerre contre Moagétès, comme Moagétès avait fait une nouvelle razzia et enlevé un bon nombre de citoyens, envoyé en mission par le peuple auprès de la confédération, il fit un exposé détaillé et fut choisi par les gens de la confédération pour se rendre à Kibyra contre Moagétès, et auprès de Moagétès lui-même à propos des pillages qu'il avait commis et de toutes les exactions qu'il avait perpétrées contre nous ; assumant tous les dangers et toutes les fatigues, il a accompli sa mission d'une manière digne de notre peuple et de la confédération qui l'avait envoyé, sans laisser passer la moindre occasion de tenir tête aux tyrans et, par suite, il s'est trouvé impliqué dans un grand nombre de dangers et de complots en raison des combats qu'il livrait pour sa patrie ; quand la guerre avec Kibyra a eu lieu, servant dans la cavalerie, il ne cessait de combattre au premier rang et envoyé en mission par le peuple auprès de la confédération de Lycie contre Kibyra à plusieurs reprises à propos des ravages commis dans nos campagnes, dans notre faubourg et de ce qui avait été enlevé dans la campagne, il a pris tout le soin qu'il fallait pour que nous obtenions l'assistance de la confédération ; quand Lysanias et Eudémos s'emparèrent de la cité de Xanthos, y firent des massacres et, par un coup de force, y établirent une tyrannie, alors qu'il était commandant en second et qu'il avait été envoyé à la tête du corps des jeunes soldats, il fit campagne avec les Lyciens contre le soulèvement des tyrans ; quand Eudémos s'empara de la cité de Tlôs, y fit des massacres et se souleva pour établir une tyrannie, il fit campagne avec les Lyciens et combattit avec eux vaillamment jusqu'à la reprise de la cité de Tlôs et au renversement de la tyrannie ; quand la guerre eut lieu entre les Lyciens et les gens de Termessos, il fit campagne dans la cavalerie en refusant toute solde, fit campagne avec les Lyciens sur le territoire de Termessos, ne cessant d'y combattre au premier rang ; quand nous engageâmes un procès à propos du territoire de Soasa contre ceux qui nous le contestaient, il fut envoyé en mission auprès de la confédération et a bien mené les débats en paroles et en actes pour faire respecter

28. Le premier édteur, G. E. Bean, datait l'inscription vers 129-102, mais J. et L. Robert en remontèrent la date dans les années 180. Un élément de chronologie semble fourni par la mention de Moagétès de Kibyra, identifié au personnage homonyme contre lequel combat Manlius Vulso en 189 ; un autre indice pourrait être l'allusion à une guerre entre Termessos et le *koinon* lycien ; or, la publication d'une convention entre les Termessiens près d'Oinoanda et le *koinon* lycien relative à l'exploitation de terres appartenant à la cité lycienne de Tlôs (Chr. Le Roy, « Une convention entre cités en Lycie du Nord », *CRAI*, 1997, p. 961-980) a été mise en rapport avec un tel conflit, qui est daté de peu après 166 par le premier éditeur, mais de 164-163 seulement par A. Bresson, « Rhodes, Cnide et les Lyciens au début du IIe siècle av. J.-C. », *REA*, 100, 1998, p. 87 ; cela oblige de toute façon à descendre le décret pour Orthagoras après 167, et peut-être assez loin car ces combats apparaissent plutôt vers le début de sa carrière. La forme des lettres plaide en faveur d'une date nettement plus basse, vers 130-120 ; cf. aussi une guerre pisidienne vers 139-138, ci-dessus n. 10 ; un Moagétès de Kibyra attesté vers 155-150 pourrait être celui qui est mentionné dans le décret. Cette date basse est défendue de façon convaincante en dernier lieu par A. Bresson dans V. Gabrielsen éd., *Hellenistic Rhodes*, Aarhus, 1999, p. 116-117.

les avantages de notre peuple et pour nous éviter de subir la moindre diminution ; comme les gens d'Orloanda sont nos voisins et qu'ils voyaient que notre peuple était plein de zèle à leur égard pour obtenir qu'ils fussent libérés et intégrés à la communauté de la confédération des gens de Lycie, envoyé en mission par le peuple auprès de chacune des cités de Lycie en particulier, et auprès de la confédération de Lycie, il n'a cessé d'accomplir ses missions d'une manière digne de notre peuple et de la confédération de Lycie, et contribué par son action à les faire intégrer à la communauté des Lyciens ; envoyé ensuite en mission auprès des ambassadeurs de Rome qui accompagnaient Appius, et une seconde fois en mission auprès des ambassadeurs de Rome qui accompagnaient Publius, il a exécuté ses deux missions d'une manière digne de notre peuple et de la confédération et servi tous les intérêts de la cité ; il a accompli en outre bien d'autres missions sans demander de frais de voyage ; comme la confédération de Lycie célébrait une panégyrie quinquennale en l'honneur de Rome, déesse Epiphane, il fut envoyé comme théore à la première célébration et accomplit, avec les compagnons qu'on lui avait donnés, les sacrifices de manière belle et convenable et il a fait un séjour digne de notre cité et de la confédération ; lors de la deuxième panégyrie qui fut célébrée par la confédération pour Rome, il fut choisi comme théore et se dévoua sans indemnité de concert avec les compagnons qu'on lui avait donnés [...].

Source : J. Pouilloux, *Choix*, Paris, Les Belles Lettres, 1960, p. 32-37 (trad. J. Pouilloux).
Bibliographie : G.E. Bean, *JHS*, 68, 1948, p. 46-56, n° 11 (avec commentaire de J. et L. Robert, *Bull. épigr.*, 1950, 183 p. 185-197) ; J. A. O. Larsen, « The Araxa inscription and the Lycian Confederacy, *Classical Philology*, 51, 1956, p. 151-170 ; M. Errington, *Chiron*, 17, 1987, p. 97-118 (sur la date, pas avant les années 130 ; *contra* R. Mellor, *Théa Rhômè*, Göttingen, 1975, p. 36-39 ; C. Fayer, *Il culto della dea Roma*, Pescara, 1976, p. 37-42) ; A. Bresson, « Rhodes, Cnide et les Lyciens au début du IIe siècle av. J.-C. », *REA*, 100, 1998, p. 87 ; Id., « Rhodes and Lycia in Hellenistic Times », dans V. Gabrielsen *et alii* éd., *Hellenistic Rhodes : Politics, Culture, and Society*, Aarhus, 1999, p. 116-117.

Parallèlement à la méfiance croissante qu'elle manifeste envers Pergame, Rome applique une politique d'affaiblissement à l'égard de l'autre grand État de la région, Rhodes. Celle-ci avait reçu la Carie et la Lycie, mais avait réussi à faire reconnaître la liberté (contre l'avis d'Eumène) des cités qui n'avaient pas été soumises à Antiochos III. Cela concernait non seulement les grandes îles (Chios, Samos, Lesbos[29], Cos), mais aussi de nombreuses cités du nord au sud de l'Asie Mineure : Cyzique, Lampsaque, Ilion, Smyrne, Magnésie du Méandre, Priène, Milet, Halicarnasse, Phasélis, Aspendos, pour ne citer que les plus importantes. Quelques-unes n'y gagnaient que l'exemption du tribut (Kolophoniens de Notion, Kymè, Mylasa), d'autres reçurent en plus un accroissement de territoire (Klazomènes, Milet – qui récupère alors le territoire de Myonte perdu en 201 –, Chios, Smyrne, Érythrées, Phocée)[30]. Plusieurs, en tout cas, cherchèrent à reconquérir une indépendance de fait tout en ménageant les deux grandes puissances régionales, Rhodes et Pergame. On vit ainsi Milet tenter d'acquérir une place de choix dans la basse vallée du Méandre, en

29. Lesbos obtint sa liberté dès 196 de Flamininus : cf. G. Labarre, *Les cités de Lesbos*, Lyon, 1996, p. 81, qui associe l'indépendance des cités de Lesbos à un accroissement de l'influence de Rhodes et à la mise en place d'un *koinon* lesbien : Id., *ibid.*, p. 69-88.
30. Polybe, XX1, 46.

annexant de fait Pidasa, en s'alliant par un traité d'isopolitie avec Héraclée du Latmos[31], et en consolidant sa possession de Myonte lors d'une paix avec Magnésie du Méandre[32]. Ce n'est pas une politique entièrement nouvelle, car Milet avait déjà tenté d'élargir son réseau d'influence vers 218-214 (traités d'isopolitie avec Tralles en 218-217, avec Mylasa en 215-214, peut-être avec Antioche du Méandre à la même époque)[33], mais la liberté dont elle jouissait lui parut sans doute favorable pour relancer une politique que les invasions antigonides et séleucides avaient nécessairement mise à mal.

Leur attitude ferme en faveur des cités face aux prétentions d'Eumène avait valu aux Rhodiens une reconnaissance sincère de la part des Grecs et leur prestige dépassait ainsi de loin leur puissance territoriale : Milet, pourtant déclarée cité libre, semble alors « se conformer plus ou moins à la volonté de Rhodes » (P. Herrmann) comme le montrent à la fois le texte du traité entre Milet et Héraclée du Latmos (peut-être 185-184) et le rôle de médiateurs joués par les Rhodiens dans la paix entre Milet (et leurs alliés Héracléotes) et Magnésie du Méandre (alliée de Priène) vers 185-180. Lorsque les troupes d'Ariarathe V de Cappadoce ravagent le territoire de Priène vers 155, c'est encore vers Rhodes que les Priéniens se tournent pour demander de l'aide[34].

Mais comme de Pergame, Rome se méfie de la puissance nouvelle de Rhodes et n'hésite pas à lui susciter des difficultés. Ainsi lorsque les Lyciens se révoltèrent en 177, Rome fit semblant de croire que les Rhodiens avaient mal interprété la donation de 188 : les Lyciens avaient été donnés comme alliés, non comme sujets à Rhodes. Les maladresses rhodiennes dans les affaires macédoniennes ne firent qu'aggraver la situation. Après la défaite du roi de Macédoine, Persée, en 168, Rome révoqua la donation de 188, libéra la Carie et la Lycie, y compris certains territoires que les Rhodiens possédaient bien avant la paix d'Apamée comme Stratonicée et Kaunos[35]. Ce fut sans doute l'occasion d'une grande liesse dans tout le pays, dont on garde la trace à Xanthos dans le grand programme de rénovation

---

31. A. Rehm, *I. Milet*, 150 ; *Syll.*³, 633 ; S. L. Ager, *Interstate Arbitrations in the Greek World*, Berkeley, 1996, p. 290-291, n° 108 (partiel) ; le texte prévoit que les deux parties s'engagent à « ne rien entreprendre qui soit à l'encontre de l'alliance (*symmachia*) conclue avec les Rhodiens ». Cf. P. Herrmann, « Milet au IIe siècle », dans A. Bresson et R. Descat éd., *Les cités d'Asie Mineure occidentale au IIe siècle a. C.*, Bordeaux, 2001, p. 111-112.
32. A. Rehm, *I. Milet*, 148 ; *Syll.*³, 588 ; S. L. Ager, *Interstate Arbitrations, p.* 292-296, n° 109.
33. A. Rehm, *I. Milet*, 143 (Tralles), 146 (Mylasa), 144 (Antioche du Méandre, suggestion de J. et L. Robert, *Bull. épigr.*, 1970, 502).
34. Polybe, XXXIII, 6.
35. Polybe, XXX, 5, 12 (Lycie-Carie en 167) ; XXX, 21 (Kaunos et Stratonicée, en 166) ; cf. XXX, 31, où l'ambassadeur rhodien rappelle que Kaunos avait coûté 200 talents aux Rhodiens.

monumentale du Létôon[36]. Ces abandons se traduisaient par une perte de revenus considérable pour Rhodes, comme le rappelle sans ambages l'ambassadeur rhodien à Rome en 165[37]. Parallèlement, la création d'un port franc à Délos (cédé à Athènes) ruina partiellement le commerce rhodien[38] : Rhodes était reléguée au rang de puissance de troisième rang ! Lorsqu'elle tenta de lutter contre une reprise de la piraterie crétoise vers 155-153, elle dut faire appel à l'aide des Achaiens puis de Rome, et finalement abandonner la partie : cet affaiblissement ne pouvait qu'encourager une reprise vigoureuse de ce fléau.

Pergame fut plus longue à réduire. La fin du règne d'Eumène II (mort en 158)[39], comme celui d'Attale II son frère (158-139), ne marque aucun recul. Rome vint même (diplomatiquement) au secours d'Attale II lorsque celui-ci eut le dessous dans une nouvelle guerre contre Prusias II de Bithynie (159-154). Bien que l'on doive récuser l'idée, longtemps admise, qu'Attale II, associé à son frère, ait mené une politique plus proche des intérêts romains, il est vrai que, devenu seul roi, il apparut plus soumis à Rome que ne l'avait été Eumène II. Ainsi, après avoir lutté efficacement contre les Galates avec l'aide du grand-prêtre de Pessinonte[40], il finit par y renoncer pour ne pas irriter Rome qui avait reconnu l'autonomie galate.

À la mort d'Attale II, le fils d'Eumène II, Attale III, semble avoir hérité du pouvoir sans difficulté. Son règne très bref (139-133) n'est marqué d'aucun événement marquant[41] si ce n'est son ultime épisode : à la mort inopinée du roi au début de 133, on découvrit que le royaume avait été légué au peuple romain, à l'exception de Pergame même et de sa *chôra* qui devenait libre. On s'est beaucoup interrogé autant sur les mobiles que sur la légalité de la procédure[42]. Il est inutile de revenir en détail sur les aspects juridiques ; il suffit de

36. J. des Courtils, « Xanthos et le Létôon au IIe siècle a. C. », dans A. Bresson et R. Descat éd., *Les cités d'Asie Mineure*, Bordeaux, 2001, p. 222 ; déjà, sur la dorure des statues, J. Bousquet et Ph. Gauthier, « Inscriptions du Létôon de Xanthos », *REG*, 107, 1994, p. 347-361.
37. Polybe, XXX, 31 : il évalue les revenus de Kaunos et Stratonicée à 120 talents par an.
38. Sur le caractère sans doute exagéré par Polybe de cette ruine, cf. p. 159.
39. La date traditionnelle de 159 pour la mort d'Eumène II doit être révisée désormais à la lumière de documents de Carie et de Delphes qui prouvent qu'il est encore en vie au printemps 158.
40. *OGIS* 315 ; C. B. Welles, *Royal Correspondence*, n° 55 à 61 ; cf. B. Virgilio, *Il « tempio stato » di Pessinunte fra Pergamo e Roma nel II-I secolo A.C.*, Pise, 1981, publie l'ensemble des sept lettres échangées entre le grand-prêtre de Pessinonte et des rois de Pergame, Attale Ier et Eumène II à son avis, plutôt qu'Eumène II et Attale II comme le pensaient Dittenberger et Welles. Les lettres furent gravées seulement au Ier siècle av. J.-C., dans un contexte de tensions entre Pessinonte et Rome.
41. La tradition historiographique n'a retenu de lui que son goût pour la pharmacopée.
42. Cf. par exemple Th. Liebmann-Frankfort, « Valeur juridique et signification politique des testaments faits par des rois hellénistiques en faveur des Romains », *RIDA*, 13, 1966, p. 73-94.

noter d'une part que le royaume est considéré comme le bien propre du roi et qu'il peut donc en disposer à sa guise ; la liberté qu'il offre à Pergame découle de sa propre bonne volonté, non d'un statut juridique de la cité[43]. D'autre part, la capacité du peuple romain à hériter des biens d'un particulier ne peut être mise en doute ; quand bien même une telle situation serait nouvelle, le Sénat aurait toute latitude pour accepter ou refuser. On dut discuter à Rome de l'opportunité d'accepter le legs ou non, mais sûrement pas de sa légalité.

Décret de Pergame après la mort d'Attale III

Sous la prêtrise de Ménestratos fils d'Apollodôros, le 19 du mois Euméneios, il a plu au peuple, sur proposition des stratèges :

Attendu que le roi Attale Philomètor et Évergète, ayant quitté le monde des hommes, a laissé notre cité libre en lui délimitant comme territoire civique (*chôra poleitikè*) ce qu'il a jugé bon,

attendu qu'il est nécessaire que le testament soit ratifié par les Romains, et qu'il est essentiel pour la sécurité de tous que les groupes mentionnés ci-dessous partagent avec nous les droits civiques en raison de la totale bienveillance qu'ils n'ont cessée de manifester envers le peuple,

À la Bonne Fortune ! Plaise au peuple d'accorder la citoyenneté aux groupes mentionnés ci-dessous : à ceux qui sont enregistrés sur les registres des *paroikoi*, à ceux des soldats établis dans la ville et dans la *chôra*, et de la même manière aux Macédoniens et aux Mysiens, et aux *katoikoi* qui sont enregistrés dans le *phrourion* et dans la vieille ville, aux Masdyènoi, aux [...], aux gardes (*paraphylakitai*) et aux autres mercenaires qui sont installés ou possessionnés dans la ville ou la *chôra*, et de même à leurs femmes et à leurs enfants. Que soient inscrits parmi les *paroikoi* les descendants des affranchis et les esclaves royaux, qu'ils soient adultes et jeunes gens, et de même les femmes, à l'exception de celles qui ont été achetés durant les règnes du roi Philadelphe [Attale II] et du roi Philomètor [Attale III], et celles qui ont été acquises des domaines qui furent royaux, et de même les esclaves publics. Tous les colons, hommes et femmes, qui avaient quitté au moment de la mort du roi, ou qui quittent maintenant la ville et la *chôra*, qu'ils soient soient déclarés privés de leurs droits (*atimoi*) et leurs biens confisqués par la cité.

Quatre jours avant la fin du mois, il a plu au peuple, sur proposition des stratèges : attendu que dans le décret voté concernant l'octroi des droits civiques à ceux qui sont enregistrés sur les registres des *paroikoi* et aux autres groupes mentionnés dans le décret, au sujet du transfert dans le groupe des *paroikoi* des descendants des affranchis, des esclaves royaux et des esclaves publics [...]. (*la fin manque*).

Source : *OGIS* 338 ; M. Austin, *The Hellenistic World*, p. 343, n° 211 (avec biblio.)

Plus intéressante serait la recherche des raisons profondes du choix d'Attale III. On peut en invoquer plusieurs : crainte d'un héritier incapable ou indésirable comme Aristonikos, souci de concrétiser une situation de

43. *OGIS* 338 (texte ci-dessus, au début).

fait, la mise en tutelle du royaume, ou espoir de trouver un pouvoir fort pour mater une situation sociale explosive. Tout ceci peut être vrai, encore que l'on puisse être sceptique à juste titre : rien n'indique que les relations sociales aient été particulièrement tendues à Pergame (ceux qui soutiennent cette thèse anticipent sur l'avenir), ni qu'Attale III soit plus inféodé à Rome que ses prédécesseurs. Dans tous les cas, on néglige un fait essentiel, à savoir qu'Attale III a tout juste 30 ans et appartient à une famille où l'on vit vieux : son testament peut bien être une assurance temporaire à usage interne plutôt que l'expression d'un réel objectif politique. À défaut d'héritier (ou en attendant d'en avoir un), pour décourager d'éventuels comploteurs ou assassins, comme Ptolémée VIII l'avait fait en 155, Attale III aurait institué Rome comme héritier légitime : sa mort prématurée privait d'éventuels assassins de leurs espérances.

Quelles que soient les raisons des uns et des autres, Rome accepta l'héritage en 132[44] et envoya aussitôt une commission sénatoriale dirigée par Scipion Nasica pour organiser la nouvelle province : il débarqua en Asie pour découvrir que la guerre faisait rage et qu'il faudrait d'abord conquérir le pays.

La première province romaine d'Asie et ses voisins (133-88)

La révolte d'Aristonikos (133-129)

Le jour même de la mort d'Attale III, son frère bâtard Aristonikos se proclama roi sous le nom d'Eumène [III] comme le montrent diverses émissions monétaires[45]. Il trouva de nombreux appuis, notamment dans les colonies macédoniennes du haut Caïque et dans la population rurale, mais aussi dans les villes, y compris à Pergame. Sous prétexte qu'on retrouve dans l'entourage d'Aristonikos l'ancien conseiller de Tiberius Gracchus, Blossios de Cumes, et que le roi envisagea de fonder une cité nouvelle, Héliopolis, pour installer ses partisans (esclaves et petites gens), on a parfois réduit la

---

44. Senatus-consulte *Popillianum* ou *de Pergamenis* : *OGIS* 435 ; R.K. Sherk, *Roman Documents*, p. 59-62, n° 11, = Id., *Rome and the Greek East*, n° 40 ; G. D. Merola, *Autonomia locale*, p. 25-26. C'est la ratification du testament d'Attale qu'annonce le décret de Pergame cité plus haut. La date, pour laquelle on hésitait entre 133 et 132 en raison de la mention d'un Popillius au nom incomplet, est définitivement fixée à 132 grâce à une nouvelle lecture de M. Wörrle, *Chiron*, 30, 2000, p. 566-568 : il s'agit de P. Popillius Laenas, consul en 132, non de Caius Popillius, préteur en 133.
45. Sur la guerre d'Aristonikos, on trouvera un exposé clair et la bibliographie dans Ed. Will, *HP*, II, p. 416-425 ; cf. aussi J.-Chr. Dumont, « À propos d'Aristonicos », *Eirene*, 5, 1966, p. 189-196 ; Chr. Delplace, « Le contenu social et économique du soulèvement d'Aristonikos : opposition entre riches et pauvres ? », *Athenaeum*, 56, 1978, p. 20-54 ; F. Carrata Thomes, *La rivolta di Aristonico e le origini della provincia d'Asia*, Turin, 1968.

révolte d'Aristonikos à un conflit social opposant les masses populaires et rurales aux possédants citadins. C'est une vue outrancièrement schématique qu'une analyse détaillée des faits ne confirme pas. Il est certain que Pergame, qui retrouvait sa liberté, et les cités qui la conservaient (celles qui étaient libres depuis 188), pouvaient voir d'un bon œil le testament d'Attale. Mais on sait aussi que des gens de Pergame prirent parti pour Aristonikos puisqu'on prévoit leur exil[46]. En tout cas, une seule cité de quelque importance, Phocée, soutint librement Aristonikos. En fait, plutôt qu'un conflit entre riches et pauvres, la guerre opposa les partisans d'une tradition royale macédonienne (d'où le soutien massif des colons militaires gréco-macédoniens du haut Caïque) aux notables des cités qui voyaient dans la disparition de la monarchie attalide un retour à la liberté.

Écarté des principales villes (Pergame, Éphèse, Smyrne), Aristonikos fut assez rapidement repoussé vers l'intérieur (Thyatire, Apollonis, Stratonicée du Caïque)[47]. La défaite des premières troupes romaines (mort du consul P. Licinius Crassus en 131) ne signifiait pas la victoire pour Aristonikos, battu par la flotte d'Éphèse près de Kymè. Dans les deux camps on dut faire appel à toutes les bonnes volontés. C'est seulement dans cette seconde phase de la guerre qu'Aristonikos promit la liberté aux esclaves qui combattraient avec lui et qu'il projeta la fondation d'Héliopolis où seraient citoyens les colons militaires, les miséreux, les esclaves et les affranchis. Or Pergame, dès 133, avait agi de la sorte en intégrant les divers groupes de colons installés sur la *chôra* (mais non les esclaves)[48]. Il est donc abusif de considérer comme le symbole d'une politique ce qui n'est sans doute qu'une mesure d'urgence dictée par la nécessité de trouver des soldats et de provoquer des ralliements !

La guerre fut d'une grande brutalité et nombre de villes durent être prises de force, comme Myndos, Samos, Kolophon, tandis que d'autres résistèrent, telles Smyrne, Cyzique, Sestos, Bargylia. Cette simple énumération suffit à montrer que la guerre affecte toute l'Asie Mineure du nord au sud. Même après qu'Aristonikos se soit installé dans l'intérieur, il tient encore des places littorales : Crassus tombe dans une embuscade entre Smyrne (ou Myrina) et Elaia[49]. Après la capture du roi-rebelle, des troupes romaines stationnent à Kolophon et à Bargylia. Toutes les cités sont mises à contribution par Rome : Halicarnasse fournit un bateau, Bargylia des soldats, d'autres sont priés de loger les troupes

46. *OGIS* 338 ; R.K. Sherk, *Rome and the Greek East*, n° 39 ; c'est ce à quoi fait allusion la fin du texte, sur les gens qui avaient déjà quitté la ville au moment de la mort du roi, ou qui la quittent encore : la déchéance des droits civiques ne s'expliquerait pas s'il ne s'agissait pas de rejoindre le camp ennemi.
47. Strabon, XIV, 1, 38, donne un récit très schématique qui ne respecte pas exactement la chronologie. De fait, toutes les places littorales ne furent pas évacuées.
48. *OGIS* 338 ; R.K. Sherk, *Rome and the Greek East*, n° 39.
49. Frontin, 4, 5, 16.

en campagne, y compris la petite cité de Bargara, dans la haute vallée de l'Harpasos en Carie – si c'est bien d'elle qu'il s'agit – qui se félicite d'y échapper grâce à l'entremise d'un ambassadeur éloquent[50].

La capture d'Aristonikos par M. Perperna en 130 ne mit pas fin à la révolte : les espoirs soulevés par les promesses faites aux colons et déshérités survécurent à Aristonikos[51]. Il fallut encore une année au moins de pacification pour que la province puisse enfin être organisée par le proconsul Manius Aquillius (129-127), qui dans le même temps poursuivait la guerre en Mysie et en Abbaïtide, tandis que la Carie restait jusqu'à la fin un point fort des rebelles[52].

La création de la province

Il n'est sans doute pas exagéré de dire que la guerre d'Aristonikos obligea le Sénat à envisager la provincialisation. En effet, l'acceptation du testament en 132 ne semble avoir été accompagnée d'aucune mesure de type administratif. Il est vraisemblable que Rome n'envisageait qu'une vague et lointaine tutelle, se contentant d'exploiter pour son compte les biens royaux. La guerre, en l'obligeant à envoyer des troupes, modifiait la situation : Rome recevait la responsabilité de l'ordre et de l'organisation du pays[53].

La nouvelle province est loin de recouvrir la totalité du royaume attalide. D'une part, Pergame rejoignait les autres cités libres de la région et échappait à l'emprise du proconsul. De même Éphèse et Sardes devinrent libres, sans doute en remerciement pour les services rendus pendant la guerre contre Aristonikos. Ainsi, en dehors de Phocée, presque toutes les grandes cités d'Asie Mineure se trouvaient en dehors de la province. D'autre part, tous les royaumes anatoliens avaient lutté contre Eumène III-Aristonikos, sans doute plus par intérêt (se partager les dépouilles si Rome y renonçait) que par solidarité avec Rome et les cités libres. Rome leur céda donc des pans entiers du royaume, éloignés, pauvres et peu hellénisés. Le Pont reçut des secteurs de la Phrygie[54], la Cappadoce, la Lycaonie et peut-être la Cilicie Trachée. On est mal renseigné sur les cadeaux faits à la Bithynie et à la Paphlagonie, mais

50. P. Briant, P. Brun et E. Varinlioğlu, « Une inscription inédite de Carie et la guerre d'Aristonicos », dans A. Bresson et R. Descat éd., *Les cités d'Asie Mineure occidentale au IIe siècle*, Bordeaux, 2001, p. 241-259 ; utile inventaire des inscriptions en relation avec le conflit, *ibid.*, p. 252-254.
51. Les décrets de Kolophon publiés par L. et J. Robert, *Claros* I : Décrets hellénistiques, Paris, 1989, signalent l'existence à proximité de Kolophon d'une *Doulopolis*, une cité des esclaves qui fut longue à réduire après la fin de la révolte d'Aristonikos ; ci-dessous p. 213.
52. P. Briant, P. Brun et E. Varinlioğlu, *o. c.*, p. 258.
53. Sur l'administration de la province, cf. St. Mitchell, « The Administration of Roman Asia from 133 B. C. to A.D. 250 », dans W. Eck éd., *Lokale Autonomie und römische Ordnungsmacht in den kaiserzeitlichen Provinzen vom 1. bis 3. Jahrhundert*, Munich, 1999, p. 17-46.
54. Mithridate l'aurait emporté sur ses rivaux de Bithynie et de Paphlagonie en soudoyant Aquillius : Justin, XXXVII, 1, 2 ; Appien, *Guerre de Mithridate*, 57.

elles purent recevoir quelques secteurs frontaliers en Mysie et en Phrygie Épictète[55]. Quant à la Pisidie, elle dut bien appartenir au moins nominalement à la nouvelle province puisqu'elle assurait la continuité avec la Pamphylie. De fait, un questeur romain est en relation avec Prostanna en 113[56]. Certaines cités comme Sagalassos, Cremna ou Selgé semblent cependant avoir conservé une indépendance de fait[57].

La nouvelle province d'Asie ne regroupait donc, de la Troade à la Carie, en passant par la Phrygie occidentale et la Lydie, que les régions les plus riches et les plus hellénisées de l'ancien royaume, à l'exception des cités libres. Mais la résidence du proconsul fut établie à Éphèse et non à Sardes, ce qui le plaçait au centre même de l'Ionie et le mettait en position idéale pour surveiller les cités, y compris les cités libres[58]. Malgré les combats acharnés menés par les ambassades des cités pour faire reconnaître leur pleine autonomie[59], celles-ci se trouvaient de fait soumises à l'autorité de Rome. Ce qui, on le verra plus loin, ne signifiait pas que la liberté fût dénuée de contenu.

Décret de Kolophon pour Polémaios

col. 1. [...] encore à l'âge où il sortait de l'éphébie, étant assidu au gymnase, et, nourrissant son âme des plus belles études et ayant entraîné son corps par l'habitude des exercices physiques, il a remporté des couronnes dans les concours sacrés ; en introduisant ces couronnes dans sa patrie et en présentant aux dieux les sacrifices qui lui incombaient, ayant à cœur dès le début de faire participer tout le monde également à la conduite de sa propre vie, ayant offert des collations, il a fait partager ce qu'il fournissait sur sa fortune.

Jugeant beau non seulement l'ornement provenant du corps pour sa vie et pour sa patrie mais aussi (l'ornement) qui vient du fait de présider aux affaires communes par la parole et par l'action politique, il se rendit à Rhodes. Et là, ayant fréquenté les meilleurs maîtres, sans causer de chagrin ni absolument de troubles, il fit un séjour digne de l'une et l'autre cité.

Après cela, élu comme théore pour la ville de Smyrne, il a offert aux dieux les sacrifices d'usage avec le citoyen qui était son collègue et la somme qui lui avait été allouée pour le sacrifice, il l'a reversée au peuple. Il prolongea son séjour en fréquentant là aussi les meilleurs maîtres ; pour tout son séjour il reçut le témoignage qui convenait ; non seulement il obtint l'éloge par décret chez les Smyrniens qui l'avaient apprécié ainsi que la valeur et la bonne tenue de sa vie, mais aussi chez nous, ceux-ci (les Smyrniens) ayant envoyé une ambassade avec escorte [...].

55. Strabon, XII, 3, 7 ; 4, 1 ; 8, 1.
56. *I. Délos*, IV, 1, 1603 ; L. Robert, *Hellenica*, XIII, p. 83, n. 1 ; la cité de Prostanna (ou Prostaenna) se trouve au sud-ouest du lac d'Eğridir ; c'est la première mention de cette cité.
57. St. Mitchell, *Anatolia*, I, p. 72.
58. Cependant, il n'est pas impossible que le proconsul ait résidé d'abord à Pergame, peut-être jusqu'à la guerre de Mithridate : cf. ci-dessous p. 224.
59. Cf. les décrets de Kolophon pour Polémaios et Ménippos, tout deux datés des débuts de la province romaine, où l'on insiste sur leur rôle pour faire reconnaître par le gouverneur le plein usage des lois de la cité et écarter ses interventions intempestives, notamment en matière judiciaire : L. et J. Robert, *Claros* I : *Décrets hellénistiques*, Paris, 1989 ; reproduits ci-dessus (Polémaios) et p. 242 (Ménippos).

col. 2. [...] car il avait réalisé de façon satisfaisante des ambassades envers des stratèges (gouverneurs), des questeurs et des cités, ambassades qu'il a toutes gérées en fournissant sur sa fortune de façon inépuisable ; mais les plus belles ambassades et sur les sujets les plus urgents sont celles qu'il fit utilement auprès des gouverneurs romains eux-mêmes et du Sénat, laissant les autres citoyens vivre tranquillement chez eux, assumant lui-même le danger qui les concernait tous sur terre et sur mer, affrontant ce danger pour le peuple avec son corps, son âme et toute sa fortune. Il obtint audience des chefs romains et s'étant montré digne de leur amitié, il a procuré le fruit de celle-ci à ses concitoyens, ayant établi des liens de patronat pour sa patrie avec les plus éminents des hommes. Ayant reçu du Sénat un témoignage conforme à sa fermeté, pillage et attaque à main armée se produisant avec des dommages sur le territoire qui nous appartient, à la Cité des Esclaves, non seulement, étant parti en voyage avec son collègue d'ambassade, il a trouvé pour ces faits un arrangement conforme aux circonstances difficiles, mais, par une décision du Sénat, il a empêché les pillages de semences et les dommages, le Sénat ayant donné l'ordre à ceux qui agissaient ainsi de ne causer aucun tort au peuple, et aux gouverneurs qui viennent dans la province de s'occuper de ces choses et d'y tenir fermement la main.

Comme l'un des citoyens avait été condamné par un jugement romain dans la province, ayant été en ambassade auprès du gouverneur, il a fait abolir l'acte et il a conservé intacts les jugements (de la cité), le citoyen et les lois ; et de nouveau un édit contraire aux lois ayant été émis contre certains, il se présenta et persuada les gouvernants qu'il fallait que les jugements [...].

col. 3. S'étant conduit d'une manière digne à la fois de la cité et des gouvernants romains eux-mêmes, ayant accompli sa fonction d'une façon continue avec l'argent qui lui avait été donné, il consacra en outre un autel à encens digne à la fois des dieux et du peuple lui-même, allant jusqu'à en payer la construction de ses deniers bien qu'il eût été dégagé de telles [...] par sa prêtrise, jugeant qu'il était beau d'assumer de son plein gré les dangers pour le sol nourricier, dans les fonctions que la patrie lui avait confiées, il n'a cessé de dire et de faire les choses les plus excellentes avec le zèle d'un fils authentique.

Envers beaucoup de gens qui se réfugient auprès du peuple à cause d'infortunes accidentelles et qui ont besoin d'aide, il se comporte civilement et avec humanité, faisant des versements volontaires et contribuant à les soutenir avec zèle, et en privé et dans les appels pressants émanant du peuple. Toujours se montrant charitable et conforme à l'éthique de la cité, à beaucoup de débiteurs il a fait remise de sommes en sorte qu'il disposait, bien attestée, de la reconnaissance pour ses actions généreuses, chacun de ses obligés ayant mis en évidence dans les archives publiques la bonté montrée par cette remise de dettes. À beaucoup d'étrangers dans le besoin, réfugiés auprès du peuple, il a consenti des prêts amicaux, ne supportant pas de voir quiconque anéanti par les circonstances, se montrant équitable envers tous et bienfaisant de toute manière, non seulement pour les habitants de la cité [...].

col. 4. [...] à ses concitoyens et à la communauté tout entière, ayant dévoilé à chacun pour une vie digne l'abondance de ses ressources. D'autre part aussi pour un grand nombre de gens qui avaient conclu des contrats avec des particuliers, il a maintenu sans regret sa caution et sa garantie, reportant ouvertement sur les hommes d'affaires le crédit qu'il devait à sa propre fortune. Et dans les autres prestations, il a mis en évidence sa générosité envers sa patrie : il a d'une part fourni à ses frais des artistes conformément à la demande que lui avait faite personnellement le peuple, et d'autre part ayant promis une somme et l'ayant versée à fonds perdus aux ambassadeurs venus de chez les Crétois, recevant aussi des Romains et payant de sa fortune la dépense pour ces personnages.

Célébrant son mariage, il a donné une collation et il a traité en un banquet les citoyens, partageant comme le reste les chairs des victimes heureusement sacrifiées aux dieux pour le salut commun et donnant le droit de les emporter ; aux métèques et aux isotèles, et aussi aux étrangers en séjour pour leurs études, il a donné des viandes.

Nommé agonothète pour présider seulement aux concours sacrés, ayant jugé que cette charge apporterait à la patrie une gloire égale aux autres services, ayant à cœur de mettre en évidence sa propre valeur et sa générosité pour le peuple non seulement devant ses concitoyens mais devant tous les hommes, il a présidé aux concours sacrés avec justice, de concert avec les gens désignés avec lui, et s'en étant chargé personnellement avec magnificence et faisant toute dépense sans compter, il a convoqué tous les hommes aux concours à célébrer et il a offert les sacrifices aux dieux [...].

col. 5. [...] en sorte que ceux qui étaient venus dans la cité constataient que leur zèle à faire ce voyage n'avait pas été trompé car ils avaient été les spectateurs d'une valeur inimitable, et que la ville était devenue plus illustre en gloire et dans le jugement qu'avaient ceux qui étaient venus assister et qui rapportaient dans leurs récits sa valeur et sa largesse.
Il promet pour l'avenir de conserver la même attitude envers les intérêts du peuple, en ne laissant passer aucune occasion de ce qui importe au peuple soit pour la gloire, soit pour l'honneur, soit pour les besoins de la cité, mais de s'efforcer de façon insurpassable de fournir son zèle de façon inépuisable.

Afin donc que le conseil et le peuple montrent que les gens de bien qui ont à la fois fourni beaucoup de preuves de leur valeur et donné pour l'avenir les plus belles espérances, ils les honorent dignement, encourageant par l'exemple de tels hommes aux manifestations de bienfait envers la communauté, plaise au conseil et au peuple d'honorer Polémaios fils de Pantagnôtos, Knémadès, de la tribu Apollônias, et de le couronner d'une couronne d'or et d'une statue en bronze doré à cause de sa valeur et de son amour dévoué envers le peuple.

Que les honneurs soient proclamés dans les Dionysies et les *Klaria*, le soin de la proclamation dans les concours incombant toujours pour les Dionysies aux prytanes, et pour les *Klaria* aux agonothètes. Qu'il soit couronné et que les honneurs soient proclamés dans les Pyrrhiques et les concours gymniques désormais ; que la proclamation soit faite dans ces termes : « Le peuple couronne d'une couronne d'or et d'une statue en bronze doré Polémaios fils de Pantagnôtos, homme excellent, qui a l'amour du bien et qui est zélé envers les citoyens et la vie civique et qui ne néglige aucune occasion en ce qui concerne l'intérêt de la cité. »

Que l'on dresse aussi une statue de bronze doré sur colonne dans le sanctuaire d'Apollon Clarios près de l'autel des Charites et qu'on inscrive sur la colonne ce qui est indiqué par le décret et sur la base le présent décret. Quant à la somme pour la statue, la base et la colonne, que le conseil vote une proposition de décret à ce sujet et que le peuple fixe la somme ; que le conservateur des documents, Kallippos, porte en addition à ce décret la somme fixée ; que l'économe verse (cette somme) sur les fonds pour la défense et pour l'administration à Polémaios ; que celui-ci s'occupe de la fabrication des honneurs décidés et de la consécration. Que Polémaios soit aussi invité à la proédrie au moment où l'on invite les autres bienfaiteurs ; qu'il ait aussi l'entretien au prytanée.

Source : Louis et Jeanne Robert, *Claros I. Décrets hellénistiques*, Paris, De Boccard, 1989, p. 11-62 (trad. J. et L. Robert).
Bibliographie : J.-L. Ferrary, « Le statut des cités libres dans l'Empire romain à la lumière des inscriptions de Claros », *CRAI*, 1991, p. 557-577.

Organisation et exploitation de la province

On connaît mal la première organisation de la province car les réformes survenues au Ier siècle ont souvent effacé jusqu'au souvenir des états antérieurs. On doit donc être prudent dans l'utilisation rétrospective des sources du Ier siècle, Cicéron ou Strabon. De plus, la date de quelques documents essentiels fait l'objet d'âpres polémiques[60]. On peut cependant faire quelques observations.

60. Bon exposé des difficultés et état de la bibliographie récente dans G. D. Merola, *Autonomia locale, governo imperiale. Fiscalità e amministrazione nelle province asiane*, Bari, 2002.

Si la cité reste l'unité de base majoritaire dans la nouvelle province, elle n'est pas la seule structure reconnue. En effet la *lex portus Asiae*[61] mentionne quatre formes d'organisation territoriale, la « terre qui était auparavant royale », les « cités libres », les « *ethnè* » et les « *dèmoi* ». Si les deux premières catégories sont assez faciles à définir, il n'en va pas de même des deux suivantes. Un *ethnos* correspond sans doute à une communauté plus ou moins large organisée en villages, comme les *Saleioi*, les Milyades, les Mysiens de l'Abbaïtide, des groupements qui possèdent une forte identité ethnique, et, plus généralement toute communauté non dotée du statut civique. Quant aux *dèmoi*, on est tenté d'y reconnaître au contraire les cités grecques autres que les cités libres ; cette conclusion paraît être imposée par une inscription d'Aphrodisias désignant le *koinon* d'Asie par l'expression « les *dèmoi* qui sont en Asie et les *ethnè* »[62], mais elle n'est pas pour autant assurée dans tous les cas.

Manius Aquillius eut à cœur de créer un réseau routier qui d'Éphèse conduisait vers Dokimeion, Sardes et Antioche de Pisidie[63]. Ces routes, destinées à faciliter le déplacement des troupes, furent construites dès les premières années puisque Aquillius est pour l'instant le seul proconsul d'Asie dont le nom apparaisse sur des milliaires de cette province jusqu'à l'époque d'Auguste. L'œuvre de construction de routes ne se développa donc peut-être pas au-delà de son proconsulat. Par ailleurs, il est peu probable que l'Asie n'ait pas abrité des troupes régulières, au moins une cohorte prétorienne, peut-être même une légion[64]. Cela devait suffire au maintien de l'ordre mais, en cas de crise, Rome se trouvait dans l'obligation de recourir aux troupes alliées et à l'envoi d'un corps expéditionnaire venu d'Italie. Cette faiblesse militaire explique, entre autres, la lenteur de la réaction aux attaques de Mithridate.

Dès 130, le trésor d'Attale III avait pris le chemin de Rome. Mais on ne sait si Rome imposa dès ce moment une fiscalité propre ; peut-être se contenta-t-elle d'encaisser les revenus royaux. En tout cas, contrairement à une affirmation tendancieuse d'Antoine, dans un discours prononcé devant les notables d'Asie et rapporté par Appien[65], qui prétend que les Romains auraient libéré les Grecs de tous les impôts exigés par Attale et que ce n'est que par l'action des démagogues (c'est-à-dire Caius Gracchus) qu'auraient été rétablis des impôts à partir de 123, il se trouve que les publicains sont

61. Ci-dessous p. 256.
62. Cf. J. Reynolds, *Aphrodisias and Rome*, Londres, 1982, p. 26-32, n° 5 ; sur tout ceci, G. D. Merola, *Autonomia locale*, p. 183-193.
63. Cf. exemples de ses milliaires : R. K. Sherk, *Rome and the Greek East*, n° 42.
64. La question n'est pas tranchée ; cf. J.-L. Ferrary, « La création de la province d'Asie et la présence italienne en Asie Mineure », *BCH* Suppl. 41, Paris, 2002, p. 134, n. 3, qui penche en faveur d'une légion permanente au début de la province, en s'appuyant sur le décret de Kolophon en faveur de Ménippos.
65. Appien, *Bellum Civile*, V, 4.

peut-être à l'œuvre en Asie dès 129 si c'est dès cette époque, et non en 101, qu'il fallut prendre un senatus-consulte (*de agro pergameno*) pour que les Pergaméniens obtiennent que les publicains reconnaissent leur immunité et que soient fixées les limites de leur territoire[66]. À dire vrai, comme tous les domaines royaux devenaient *ager publicus*, cela imposait une délimitation des territoires civiques. Quels qu'aient été les prélèvements de Rome depuis 130 – maintien des impôts attalides prélevés par des publicains ou absence de tout prélèvement comme le soutient Antoine – en tout cas, en 123, la *lex Sempronia de Asia*, proposée par C. Gracchus, fixa une nouvelle organisation fiscale. Non seulement la *lex* établissait de nouveaux *portoria* (droits de douane), mais elle réglementait la procédure de fixation et surtout de prélèvement du *tributum*. Celui-ci était constitué d'une dîme (*decuma*) sur l'ensemble des revenus de la province. Ce système apparaissait à première vue le plus équitable puisqu'il mettait en relation productions et fiscalité. Mais la *lex Sempronia* fixait des modalités d'attribution de l'affermage et de perception qui n'étaient guère favorables ; l'adjudication (*censoria locatio*) se faisait à Rome sous la responsabilité des censeurs tous les cinq ans en faveur d'une unique société fermière. Celle-ci se remboursait ensuite de l'avance du tribut faite à l'État en faisant prélever l'impôt par des publicains envoyés sur place[67]. Ainsi, la perception échappait aux magistrats romains qui se contentaient d'arbitrer entre provinciaux et percepteurs.

---

66. *IGR* IV, 262 (copie A seule) ; A. Passerini, « Le iscrizioni dell'Agorà di Smirne concernenti la lite tra i publicani e i Pergameni », *Athenaeum*, 15, 1937, p. 252-283 (copie B) ; L. Robert, « Inscriptions grecques d'Asie Mineure. I. Inscriptions de l'agora de Smyrne », *Anatolian Studies to William H. Buckler*, Manchester, 1939 (= *OMS*, I, p. 612, n. 3) ; cf. R. K. Sherk, *Roman Documents*, p. 63-73, n° 12 (texte), et Id., *Rome and the Greek East*, n° 45 (trad. angl.). La date a été abaissée en 101 par D. Magie, *Roman Rule*, p. 1055-1056 (qui soutient donc la véracité des propos d'Antoine) et par T. R. S. Broughton, *Roman Asia*, p. 535, mais la date de 129 a longtemps paru extrêmement probable à la grande majorité des historiens (encore G. D. Merola, *Autonomia locale*, p. 33) ; cependant, G. di Stefano, « Una nuova edizione del *senatus consultum de agro pergameno* », *Rendiconti Acc. Naz. lincei*, 1998, p. 707-748, argumente à nouveau en faveur de la date de 101. J.-L. Ferrary, dans Cl. Nicolet, *Rome et la conquête du monde méditerranéen*, 3e éd., Paris, 1991, II, p. 779, estimait impossible de choisir, mais dans « Rome et les cités grecques d'Asie Mineure au IIe siècle », dans A. Bresson et R. Descat éd., *Les cités d'Asie Mineure occidentale au IIe siècle a. C.*, Bordeaux, 2001, p. 101, n. 45, il se rallie à la date de 101. La difficulté tient à ce que nous disposons de fragments de copies trouvés dans diverses capitales de *conventus* (Adramyttion, Smyrne, Pergame) et que le texte lui-même est très fragmentaire. L'un des éléments de datation, la mention d'un consul M'. Aquillius convient aussi bien à 129 qu'à 101 ; de plus, on ne comprend pas bien pourquoi on délimiterait l'*ager pergamenus* dès 129, si le système de taxation n'a été mis en place qu'en 123, encore qu'il pouvait convenir de mettre de l'ordre au plus tôt pour éviter les usurpations de la part des habitants de la cité de Pergame.
67. Cf. C. Nicolet, *L'ordre équestre*, Paris, 1966, p. 317-355 ; E. Badian, *Publicans and Sinners*, New York, 1972, ; Chr. Delplace, « Publicains, trafiquants et financiers dans les provinces d'Asie Mineure sous la République », *Ktêma*, 2, 1977, p. 233-252 ; J.-M. Bertrand, dans C. Nicolet, *Rome et la conquête du monde méditerranéen*, II, p. 819-822.

Le système, loué par les Romains[68], se révéla progressivement une machine d'exploitation contre les provinciaux. Déjà, la révision quinquennale du tribut réduisait l'intérêt d'un ajustement entre revenus de la province et fiscalité puisque l'on ne tenait aucun compte des variations de la production entre deux adjudications. Surtout, les sociétés fermières, constituées grâce aux capitaux de riches chevaliers (voire de sénateurs, indirectement), devaient non seulement payer leur personnel mais aussi faire des bénéfices pour leurs commanditaires, et devaient donc prélever davantage que ce qui revenait effectivement au trésor de Rome. L'affermage aboutissait donc à une aggravation de la pression fiscale. Or, face à cela, l'arbitrage des magistrats romains fut de peu de secours : liés directement ou non aux intérêts des sociétés fermières, ils ne pouvaient guère que réprimer les abus les plus scandaleux.

Le résultat fut à la longue épouvantable pour les provinciaux[69]. S'enclencha alors une spirale dont les cités ne devaient sortir qu'à l'époque d'Auguste. Pressurées par les publicains, les cités s'endettèrent pour pouvoir payer le tribut. Comme les publicains et les milieux d'affaires romains étaient les seuls, ou peu s'en faut, à disposer de l'argent nécessaire, particuliers et cités s'endettèrent auprès de ceux qui, par ailleurs, les pressuraient, en engageant comme garantie les biens privés et les biens publics. Incapables de se libérer de leurs dettes, les cités accumulèrent les arriérés, cédèrent les biens publics aux créanciers ou se livrèrent sans contrôle à de richissimes évergètes, grecs ou romains. Le tableau dressé quasi unanimement par les auteurs anciens[70] a des chances d'être proche de la réalité, même s'il faut sans doute nuancer sérieusement le rythme de cet endettement. Il devait être perçu comme dramatique dès le début du Ier siècle, sinon on ne comprendrait pas l'exaspération des provinciaux et leur enthousiasme lors de la perspective de libération offerte par Mithridate en 88.

Tout n'est peut-être pas négatif dans cette première domination romaine. D'abord, tous les proconsuls ne furent pas des auxiliaires complaisants des sociétés fermières. Ainsi, Q. Mucius Scaevola, gouverneur d'Asie sans doute en 97-96, prit, avec son légat Rutilius Rufus, diverses mesures favorables aux provinciaux comme d'empêcher la recapitalisation des intérêts et il fit même exécuter des chevaliers. On ne connaît pas le détail de toutes les mesures prises, mais le même Scaevola fut peut-être le créateur des districts (*dioikésis*, *conventus*),

68. Cf. le discours d'Antoine aux Grecs d'Asie, Appien, *Bellum Civile*, V, 4.
69. Description sans doute exagérée de Diodore, XXXIV-XXXV, 25 ; cf. J.-L. Ferrary, « Pline *N.H.* XXXIII, 34 et les chevaliers romains sous la République », *REL*, 58, 1980, p. 313-337.
70. Diodore, XXXVII, 5.

circonscriptions judiciaires qui ne sont cependant pas attestées de façon certaine avant 51-50[71].

Par ailleurs, le développement des intérêts économiques romains en Méditerranée orientale entraîna Rome à lutter enfin contre un fléau qu'elle n'avait guère pris en considération, la piraterie[72]. Celle-ci est endémique en Méditerranée, mais connaît des périodes de déclin lorsque des États forts entreprennent d'assurer la police des mers. Cependant, toutes les cités maritimes risquent d'être atteintes, comme on l'avait vu avant même la fin du IIIe siècle. Des textes de Téos[73], antérieurs à l'octroi du statut d'asylie par Antiochos III vers 200[74], montrent la cité en proie aux attaques de pirates, obligée de payer rançon et d'acheter sa liberté en empruntant aux citoyens. C'est pour écarter de telles menaces que la cité négocie son asylie auprès des Crétois et des Étoliens. La disparition progressive des flottes royales lagide, séleucide, antigonide, puis de celle de Rhodes et de Pergame dans les deux premiers tiers du IIe siècle, laisse le champ libre aux pirates. Si Rome y a trouvé un temps son compte en se procurant par ce moyen les esclaves qui travaillent sur les grands domaines d'Italie, l'excès de piraterie devient à la fin du IIe siècle une entrave aux affaires des *negotiatores* romains. Aussi, dès 102-101, Rome organisa une première expédition contre les pirates, dirigée par M. Antonius, nommé pour l'occasion gouverneur d'une nouvelle province, la Cilicie[75]. L'expédition fut victorieuse, mais sans lendemain[76], et l'on promulgua peut-être en 101 à l'initiative de Glaucia et de

---

71. *I. Priene*, 106 = R. K. Sherk, *Rome and the Greek East*, p. 96-98, n° 77 ; la date habituellement admise est celle de 51-50 (mention de M. Cicero), mais G. W. Bowersock, *AJPh*, 91, 1970, p. 226-227, a proposé d'y reconnaître non le célèbre orateur mais son fils, et d'abaisser la date du document jusqu'en 29 av. J.-C. Du même coup, les districts judiciaires ne seraient plus attestés avant l'époque d'Auguste. Discussion et état de la question : W. Ameling, « Drei Studien zu den Gerichtbezirken der Provinz Asia in republikanischer Zeit », *EA.*, 12, 1988, p. 9-24, en particulier 14-24 ; cf. G. D. Merola, *Autonomia locale*, p. 143-181, en particulier p. 172-181, qui conclut à la mise en place progressive des diocèses, au fil de l'expérience des proconsuls, solution peu satisfaisante. J'ai donné un tableau de l'évolution des districts dans *L'Asie Mineure et l'Anatolie*, p. 199.
72. H. Pohl, *Die römische Politik und die Piraterie im östlicherb Mittelmeer vom 3. bis zum 1. Jh. v. Chr.*, Berlin-New York, 1993, où l'on trouvera la bibliographie antérieure ; cf. aussi S. Framonti, *Hostes communes omnium. La pirateria e la fine della Republica Romana (145-33 a. C.)*, Ferrare, 1994 ; Ph. De Souza, *Piracy in the Graeco-Roman world*, Cambridge, 1999.
73. S. Sahin, « Piratenüberfall auf Teos. Volksbeschluss über die Finanzierung der Erpressungsgelder », *EA*, 23, 1994, p. 1-36.
74. Sur ce dossier, P. Herrmann, « Antiochos der Grosse und Teos », *Anadolu*, 9, 1965, p. 29-159.
75. Cf. J.-L. Ferrary, « Les gouverneurs romains des provinces romaines d'Asie Mineure (Asie et Cilicie) depuis l'organisation de la province d'Asie jusqu'à la première guerre de Mithridate (126-88 av. J.-C.), *Chiron*, 30, 2000, p. 167.
76. H. Pohl, *Piraterie*, p. 208-216.

Saturninus[77] ou en 100-99 à l'initiative de leurs adversaires[78], une loi *de provinciis praetoriis* qui prévoyait, entre autres choses, une lutte énergique contre les pirates et invitait les États de la région à coordonner leurs efforts[79]. Cette brusque fermeté romaine, qu'elle soit due aux milieux marianistes ou non, devait satisfaire les intérêts de *negotiatores* qui non seulement en attendaient un commerce et des transports de fonds plus sûr, mais pouvaient espérer étendre vers l'est leurs entreprises si la lutte contre les pirates s'accompagnait d'une politique de fermeté face aux entreprises de Mithridate VI du Pont, politique qui pouvait conduire à la guerre[80].

Mais l'entreprise fut assez vite abandonnée et n'obtint aucun résultat durable. La *provincia Cilicia* dont le ressort s'étend sur les régions méridionales de la Pamphylie à la Cilicie (Q. Oppius porte indifféremment le titre de légat de Cilicie ou de Pamphylie en 88 et Cicéron nomme cette province « la communauté des Milyades, la Lycie, la Pamphylie, la Pisidie et toute la Phrygie »)[81] fut alors confiée à Sulla qui semble y avoir exercé le commandement de 96 à 94[82].

---

77. J.-L. Ferrary, « Recherches sur la législation de Saturninus et de Glaucia, I : La *lex de piratis* de Delphes et Cnide », *MEFRA*, 89, 1977, p. 619-660, mais il adopte 100 dans les publications plus récentes (ainsi dans A. Bresson et R. Descat, *Les cités d'Asie Mineure occidentale au IIe siècle a. C.*, Bordeaux, 2001, p. 101).
78. G. V. Sumner, « The « Piracy-Law » from Delphi and the law of Cnidos inscriptions », *GRBS*, 19, 1978, p. 211-225 ; A. Giovannini et E. Grzybek, « La *lex de piratis persequendis* », *MH*, 35, 1978, p. 33-47 ; A. Mastrocinque, *Studi sulle guerre mithridatiche*, Stuttgart, 1999, p. 21, soutient aussi la date de 99.
79. M. Hasall, M. Crawford et J. Reynolds, « Rome and the Eastern provinces at the end of the second century BC. The so-called « Piracy-Law » and a new inscription from Cnidos », *JRS*, 64, 1974, p. 195-220. Reprise de l'exemplaire de Cnide dans W. Blümel, *I. Knidos*, Bonn, 1992, n° 31 ; cf. H. Pohl, *Piraterie*, p. 216-256. Les exemplaires retrouvés à Cnide et à Delphes ont suscité de multiples discussions ; il s'agit sans doute de deux traductions différentes, en grec, d'une même loi romaine. Cf. maintenant le texte et le commentaire dans M. Crawford, *Roman Statutes*, I, Oxford, 1996, p. 231-270, n° 12.
80. Plutarque, *Marius*, 31-32, montre Marius très ferme face à Mithridate en 99-98 ; Saturninus comme Manius Aquillius étaient liés à Marius.
81. Cicéron, *Verrines*, II, 1, 95.
82. La date traditionnelle remonte à E. Badian, *Studies in Greek and Roman History*, Oxford, 1964, p. 157-178, et a suscité quelques réticences ; cf. l'analyse critique de ces réticences et le point en faveur de la date traditionnelle dans A. Keaveney, « Sulla's Cilician command : the Evidence of Apollinaris Sidonius », *Historia*, 44, 1995, p. 29, n. 3 ; cf. aussi T. Corey Brennan, « Sulla's career in the Nineties : some reconsiderations », *Chiron*, 22, 1992, p. 103-158 ; J.-L. Ferrary, « Les gouverneurs romains des provinces romaines d'Asie Mineure (Asie et Cilicie) depuis l'organisation de la province d'Asie jusqu'à la première guerre de Mithridate (126-88 av. J.-C.), *Chiron*, 30, 2000, p. 168 ; il

Les pirates à Éphèse (fin IIe s.-début Ier s.)

L'inscription a été trouvée à Astypalea.

Il a plu au Conseil et au peuple. Moschion fils de Ménétos a fait la proposition. Les stratèges ont présenté au Conseil un projet de décret concernant les honneurs à décerner au peuple des Astypaléens, étant donné que ceux-ci se sont comportés en hommes de bien et en amis de notre peuple, rivalisant à qui mieux mieux [...]

(Texte très lacunaire pour les lignes 6 à 15 ; on relève la mention de *pirates* (l. 7), de *circonstances favorables à la navigation* (l. 8-9), de *sacrilèges* (l. 10-11). [...] comme, après ces événements, les pirates avaient pris la mer et dirigé une expédition contre notre territoire à partir de la région de Phygéla où ils avaient enlevé des personnes de condition libre et des esclaves dans le temple d'Artémis Mounychia et emporté les biens des habitants de la place-forte et de ses environs, les Astypaléens, se conformant aux instructions transmises par les Éphésiens, firent voile contre les pirates et s'exposèrent au danger sans se ménager ni craindre de risquer leur vie ; au contraire, ils attaquèrent les pirates et mirent en fuite à l'issue du combat la totalité des ennemis [...] (texte lacunaire, l. 25 ss) [...] ils furent emmenés dans la cité des Astypaléens qui punirent sur le champ pirates et malfaiteurs à la mesure de leur scélératesse et libérèrent les prisonniers qui venaient de notre région ; apprenant (alors) que ceux-ci étaient nos concitoyens, (les Astypaléens) les accueillirent dans leurs demeures, les entourèrent de toute leur sollicitude, pourvoyant aux besoins de chacun pour tout ce qui concernait subsistance et bien-être, et s'occupèrent d'eux comme de leurs propres concitoyens ; ils prirent soin également de l'éducation et de l'instruction des enfants de condition libre qui avaient été enlevés [...] (*la fin est perdue*).

Source : *IG* XII, 3, 171 ; *IG* XII, 3 Suppl., 1286 ; *IGR* IV, 1029 ; H. Wankel, *Die Inschriften von Ephesos*, Ia, 5 ; A. Bielman, *Retour à la liberté. Libération et sauvetage des prisonniers en Grèce ancienne*, Paris-Lausanne, 1994, p. 180-184, n° 51 (à qui j'emprunte la traduction ci-dessus).

Quels que soient les résultats de la politique romaine, les Grecs ne tardèrent pas à ajouter dans les cultes civiques ceux de *Roma* et de quelques-uns de ses représentants. Ainsi, Mucius Scaevola reçut un culte en Asie, avec institution des *Moukeia*, célébrées à Smyrne même au temps de l'occupation pontique, ce qui donne la mesure de sa popularité[83]. Le seul autre proconsul honoré ainsi avant la guerre mithridatique fut Manius Aquillius qui bénéficia d'un prêtre à Pergame[84]. Plus tard, en revanche, on connaît des tribus en l'honneur de Sulla à Sardes[85] et à Saittai[86], mais surtout la province entière adopta une ère nouvelle – dite sullanienne – débutant avec la victoire de Sulla, qui resta en usage durant tout le Haut-Empire : Sulla apparaissait comme le fondateur d'une époque nouvelle. On connaît encore un prêtre de L. Munatius Plancus à Mylasa[87] et de Pompée à

dut rester au moins jusqu'en 94, date du rétablissement d'Ariobarzane en Cappadoce : F. de Callataÿ, *L'histoire des guerres mithridatiques par les monnaies*, Louvain-la-Neuve, 1997, p. 186-214, 273-275. Sur Sulla et les pirates : H. Pohl, *Piraterie*, p. 257-258.

83. *OGIS* 438, 439 ; *I. Pergamon*, 268 ; Cicéron, *De Divinatione*, 757. Il est vrai que non seulement Mithridate donna son accord mais participa au financement des fêtes : Cicéron, *Verrines*, II, 2, 51.
84. *IGR*, IV, 292 (ligne 39) et 293 (ligne 24).
85. *SEG* 41, 1027, 1029, 1030.
86. *SEG* 41, 1019.
87. *I. Mylasa*, n° 135.

Mytilène[88]. P. Servilius Isauricus, proconsul d'Asie en 46-44 av. J.-C., fut lui aussi très apprécié pour sa *clementia*, et honoré d'un culte dans plusieurs cités (Pergame, Aigai d'Éolide, Magnésie du Méandre, Hiérocésarée, Kalymnos et Éphèse)[89]. *Roma* personnifiée reçut un culte à Milet, mais aussi en dehors de la province, en Lycie, où l'on connaît des *Rhômaia* avant la fin du IIe siècle[90].

Le culte de *Roma* en Asie et en Lycie

Milet

À la Bonne Fortune. L'homme qui achète la prêtrise du peuple des Romains et de *Roma* se fera enregistré aussitôt comme prêtre avec les trésoriers et les rois, un homme qui ne sera pas âgé de moins de vingt ans. Celui qui aura été enregistré servira comme prêtre pour trois ans et huit mois, commençant au mois de Metageitnion l'année où Kratinos est stéphanéphore, ou il présentera un autre individu pour servir comme prêtre à sa place pour la même période de temps, après qu'il aura été consacré à Zeus Télésiourgos, et il recevra du trésorier, chaque année le premier jour du mois de Tauréon, 60 drachmes, et il sacrifiera au peuple des Romains et à *Roma* le premier jour de Tauréon, une victime adulte. Le onzième jour du même mois, il sera fait le sacrifice, à leur entrée en fonction, par les gymnasiarques, ensemble avec les éphèbes, d'une victime adulte, au peuple des Romains et à *Roma*, et, pareillement, lorsqu'ils quitteront leur charge, les gymnasiarques feront le sacrifice, avec ceux des éphèbes qui auront fini leur période d'entraînement, d'une victime adulte, et chacun des groupes donnera au prêtre les cadeaux prévus.

[...] et pour les autres compétitions athlétiques assignant à chacune les prix appropriés, établissant aussi d'autres prix comme dédicaces, pas moins de trois armes de guerre, portant aussi gravé le nom de l'épreuve, et manifestant le zèle le plus complet à leur égard, conformément à la piété de notre peuple envers les dieux et à notre reconnaissance envers les Romains. Et prendront part, ensemble avec le prêtre, à l'organisation de ces concours et à leur administration, les gymnasiarques des jeunes gens, afin que ces concours puissent être aussi magnifiques que possible ; le huitième jour de la troisième décade du même mois, ils ouvriront le concours, dans la palestre des enfants, de la course avec torche et des autres épreuves athlétiques, fournissant une organisation adaptée pour les concours ; coopérant dans leurs efforts et participant tous ensemble à l'organisation et l'administration du concours il y aura encore les pédonomes des enfants. Et alors prendra place la dédicace des armes, décernées comme prix dans les *Rhômaia*, pour l'instant dans le gymnase des jeunes gens, mais quand sera achevé le temple de *Roma*, la dédicace aura lieu dans le *Rhomaion*. Et là le prêtre célébrera un sacrifice, le premier jour de chaque mois, en l'honneur du peuple des Romains et de *Roma*, d'une victime adulte, le prêtre ayant reçu du trésorier de la prytanie dix drachmes pour le sacrifice ; le septième jour du mois Thargélion, sera célébré le sacrifice par les aisymnètes, au peuple des Romains et à *Roma*, d'un bœuf adulte, et il donnera au prêtre les cadeaux prévus, et ils sacrifieront au mois de Metageitnion, le douzième jour, de la même manière et donneront les cadeaux. Mais si le dieu achète la charge d'aisymnète, il y aura sacrifice par les collègues du dieu, à chacun de ces deux jours, d'une victime adulte, et ils donneront les cadeaux au prêtre comme prévu. Au mois de Boédromion, le 18, il y aura le sacrifice par les cinquante archontes, d'un porc adulte, et ils donneront les cadeaux aux prêtres [...].

A. Rehm, *Die Inschriften von Milet*, I, 7, 203 ; R. Sherk, *Rome and the Greek East*, p. 41-42, n° 41.

88. *IG* XII, 2, 59, ligne 18.
89. R.E. Oster, *ANRW*, II,18,3, p. 1686-1687.
90. Sur le culte de *Roma*, C. Fayer, *Il culto della dea Roma*, Pescara, 1976 ; R. Mellor, *ΘΕΑ ΡΩΜΗ. The worship of the Godess Roma in the Greek East*, Göttingen, 1975.

Xanthos

Sous l'agonothète Andromachos, fils d'Andromachos, fils d'Andromachos, Xanthien, ceux-ci l'ont emporté dans le concours des *Rhômaia* organisé par le *koinon* des Lyciens :

– flûtistes : Théogénès, fils d'Apollogénès, de Sardes.

– citharistes : Pythiôn, fils de Pythiôn, de Patara.

– la couronne des citharèdes, je l'ai reportée sur l'autel de Rome à cause de l'échec des concurrents.

– chez les enfants, le dolichos : Glaukos, fils d'Artapatès, de Patara.

– chez les enfants, le stade : Ménéphrôn, fils de Théophanès, d'Éphèse.

– chez les enfants, le double stade : Poseidonios, fils de Ktèsippos, de Magnésie du Méandre.

– chez les jeunes gens, le stade : Nikandros, fils de Nikandros, d'Argos.

– chez les jeunes gens, la lutte : Miltiadès, fils de Xénôn, d'Alexandrie.

– chez les jeunes gens, la boxe : Patérès, fils de Diodôros, de Philadelphie.

– chez les hommes, le dolichos : Aristokritos, fils de Charixénos, d'Argos.

– chez les hommes, le double stade : Aristokritos, fils de Charixénos, d'Argos.

– chez les hommes, le stade : Antiochos, fils de Ménéstratos, de Myra.

– chez les enfants, la boxe : Epigonos, fils d'Artémôn, de Pergame.

– chez les enfants, le pancrace : Artémidôros, fils d'Apollonios, fils d'Hagnon, de Philadelphie.

– chez les jeunes gens, le pancrace : Idagoas, fils d'Antipater, de Patara.

– hoplite : Inachidas, fils de So. idros, d'Argos.

– pentathlon : Glaukos, fils de Ménémachos, de Patara.

– la couronne des lutteurs chez les enfants, je l'ai reportée sur l'autel de Rome à cause de l'échec des concurrents.

– la couronne chez les hommes des lutteurs, des boxeurs et des pancratiastes, je l'ai reportée sur l'autel de Rome parce que personne ne s'était inscrit.

– poulain monté : Kallippos, fils de Philoklès, de Simèna

– cheval adulte monté : Caius Octavius Pollio, fils de Caius, Romain, qui s'est fait proclamer lui-même de Telmessos.

– bige de poulains : Peithô, fille de Makédôn, d'Éphèse, qui s'est fait proclamer ellemême d'Apollonia.

– bige de chevaux adultes : Démétrios, fils de Démétrios, fils de Néarchos, d'Apollonia.

– quadrige de poulains : Moschos, fils d'Evagoras, de Myra.

– la couronne des quadriges de chevaux adultes, je l'ai reportée sur l'autel de Rome à cause de la disqualification des inscrits.

L. Robert, « Catalogue agonistique des Rhômaia de Xanthos », *Revue Archéologique*, 1978, p. 277-290 (= *Opera Minora Selecta*, VII, Amsterdam, 1990, p. 681-694).

L'Anatolie dans la guerre mithridatique (88-63)

Le conflit de vingt-cinq ans qui oppose Rome à Mithridate VI Eupator n'affecte pas l'Anatolie seule puisque la guerre se déroula aussi en Grèce et en Syrie. Mais l'Anatolie fut la première victime et en sortit profondément changée dans son organisation générale.

Les origines de la guerre sont à rechercher à la fois dans la politique expansionniste du royaume pontique et dans les maladresses romaines. Le royaume du Pont avait végété durant tout le IIIe siècle, confiné dans les régions côtières du nord-est anatolien, sans même pouvoir maîtriser toute la côte puisque des cités grecques puissantes y conservaient leur indépendance (Trapézonte, Sinope, Amisos). Pharnace Ier avait échoué à accroître ses États vers le sud, mais avait établi sa capitale dans Sinope enfin conquise en 183. Son successeur Mithridate V, fidèle allié de Rome contre Aristonikos, reçut le salaire de sa participation en s'agrandissant en Grande Phrygie. Or dès 120, à l'avènement de Mithridate VI Eupator, Rome révoqua la donation[91]. Ce n'est sans doute pas un acte délibérément hostile envers Mithridate car, vers 111, le Sénat reprit à Ariarathe VII de Cappadoce (116-101) la Lycaonie donnée, avec la Cilicie Trachée, à Ariarathe VI (130-116) après que son père, Ariarathe V, soit mort en luttant contre Aristonikos aux côtés des Romains. Il est plus vraisemblable que le Sénat céda à la pression des publicains soucieux d'étendre leur champ d'activité. Le résultat n'en fut pas moins un sentiment d'humiliation chez le nouveau roi du Pont.

Tout le début de son règne fut occupé à constituer un vaste royaume pontique englobant la plus grande partie des côtes du Pont-Euxin, au sud-est, à l'est et au nord, y compris l'ancien royaume du Bosphore Cimmérien (Crimée)[92], jusqu'en Petite Arménie et en Colchide[93]. Cet ensemble apparemment composite trouvait son unité dans les échanges actifs qui unissaient les cités grecques du Pont-Euxin entre elles, depuis longtemps. Malgré l'origine iranienne de la dynastie, c'est bien en souverain grec que Mithridate souhaite apparaître dans le monde grec[94].

Une tradition, qui n'est peut-être que semi-légendaire, veut que Mithridate ait accompli un voyage incognito en Asie, vers 109-108, ce qui lui aurait permis de prendre la mesure de l'exaspération des provinciaux. Mais l'origine du conflit avec Rome se trouve dans une série d'agressions des Bithyniens et des Cappadociens, que Rome ne voulut pas punir et qu'elle encouragea peut-être. Mais on ne peut se dispenser de remonter un peu plus haut car la politique agressive de Mithridate explique tout autant la volonté romaine d'en finir avec lui.

---

91. Justin 38, 5, 3 ; Appien, *Guerre de Mithridate*, 57 ; *OGIS* 536 = R. K. Sherk, *Roman Documents*, n° 13, p. 74-77 (= Id., *Rome and the Greek East*, n° 49), senatus-consulte qui organise la Phrygie ainsi récupérée et ouverte aux publicains.
92. Expédition de Diophante : cf. F. de Callataÿ, *Histoire*, p. 242-252, et p. 263-264 pour la chronologie.
93. F. de Callataÿ, *Histoire*, p. 253-255.
94. Cf. les dédicaces de Délos à Mithridate Eupator Dionysos : B. C. McGing, *The Foreign Policy of Mithridates VI Eupator*, Leyde, 1986, p. 90-92 ; ses victoires aux concours à Chios et à Rhodes : Id., *ibid.*, p. 92 ; ses amitiés chez les philosophes : Id., *ibid.*, p. 93. Sur Mithridate, d'une importante bibliographie on peut extraire Th. Reinach, *Mithridate Eupator, roi de Pont*, Paris, 1890, toujours utile malgré son âge ; K. Strobel, « Mithridates VI. Eupator von Pontos, politisches Denken in hellenistischer Tradition versus römische Macht », *Ktèma*, 21, 1996, p. 55-94, qui présente Mithridate comme poussé à la guerre par les agressions romaines, ce qui n'est que partiellement vrai et mérite d'être corrigé à la lumière de la chronologie établie notamment par F. de Callataÿ, *Histoire des guerres mithridatiques par les monnaies*, Louvain-la-Neuve, 1997 ; cf. aussi A. Mastrocinque, *Studi sulle guerre mitridatiche*, Stuttgart, 1999.

En 106-105 ou 105-104, Mithridate VI s'entendit avec Nicomède III de Bithynie pour se partager la Paphlagonie malgré les protestations du Sénat. Dans la foulée (105-104), Mithridate fit main basse sur la Galatie, tandis que Nicomède III, en 104 au plus tard, faisait campagne contre la Cappadoce. Les deux alliés de l'année précédente entraient alors en conflit car la sœur de Mithridate, Laodice, était la veuve d'Ariarathe VI et exerçait la tutelle sur son fils mineur, Ariarathe VII. Mithridate pouvait se prévaloir de courir au secours de son neveu. Mais, par un étrange retournement, Laodice se jeta dans les bras de l'envahisseur, Nicomède, et l'épousa : Mithridate VI expulsa promptement les Bithyniens du royaume et restaura Ariarathe VII (entre 104 et 102). L'entente ne dura guère et Ariarathe se révolta contre son oncle : une guerre les opposa au cours de laquelle Mithridate tua de sa propre main son neveu. Il occupa toute la Cappadoce et installa sur le trône son propre fils sous le nom dynastique d'Ariarathe IX (au plus tard en octobre 100). C'est au moment de ces troubles divers, ou peu après, que la *lex de provinciis praetoriis* (ou loi piratique) fut votée à Rome.

Bien qu'un frère d'Ariarathe VII, Ariarathe VIII, ait été brièvement restauré en 99-98, le Sénat somma Mithridate d'évacuer la Cappadoce et la Paphlagonie, qui furent déclarées libres (entre début 97 et fin 96). Les Cappadociens élurent alors un nouveau roi, Ariobarzane Ier (entre fin 95 et le printemps 93), qui fuit devant Tigrane d'Arménie lorsque celui-ci envahit la Cappadoce (sans doute en 94) ; mais il fut restauré la même année par Sulla, gouverneur de Cilicie.

Dans le même temps, la mort de Nicomède III en 94 laissait la Bithynie partagée entre deux rivaux, Nicomède IV et son demi-frère bâtard Socrate Chrestos. Dans l'été 91, tandis que Socrate Chrestos s'emparait brièvement du royaume, Mithridate chassait Ariobarzane de Cappadoce et y installait à nouveau son fils Ariarathe IX. À la fin 91, une mission sénatoriale était chargée de rétablir Nicomède IV et Ariobarzane, ce qui fut fait au tard à la fin de 90. Les deux rois, qui n'avaient rien à refuser à Rome, furent alors pressés d'attaquer le Pont. Nicomède s'exécuta et pilla les côtes jusqu'à Amastris. Devant le refus du Sénat d'écouter ses plaintes, Mithridate s'en prit à la Cappadoce et chassa une fois encore Ariobarzane au profit d'Ariarathe IX. Il réitéra ses plaintes, qui restèrent sans effet car, à Rome, Manius Aquillius, gouverneur d'Asie, poussait à la guerre : ce marianiste lié aux milieux d'affaires des *negotiatores* trouvait là l'occasion d'étendre vers l'est le domaine d'activité des publicains et des financiers romains. Dans le même temps, Mithridate semble bien s'être lui aussi préparé à la guerre : il procéda à de très abondantes émissions monétaires en 92, puis en 89-88.

Devant le refus d'intervention romaine, Mithridate VI envahit en 89 la Cappadoce puis la Bithynie dont les rois furent chassés. Les quelques troupes romaines furent balayées, la flotte pontique força les Détroits et le légat

Manius Aquillius fut supplicié à Pergame[95]. Une guerre de vingt-cinq ans débutait.

Mithridate VI, roi du Pont

Le plus ancien roi de ces peuples et de ces régions du Pont fut Aétas ; vint ensuite Artabazès, descendant des sept Perses, puis Mithridate, de beaucoup le plus grand de tous. Alors qu'il avait suffi de quatre ans aux Romains pour vaincre Pyrrhos, quatorze pour Hannibal, celui-ci résista quarante ans, jusqu'au jour où, battu après trois guerres gigantesques, il fut écrasé grâce au bonheur de Sulla, au courage de Lucullus, à la grandeur de Pompée enfin.

Cette guerre était due, tel du moins fut le prétexte invoqué par lui auprès de notre ambassadeur, Cassius, à ce que Nicomède de Bithynie avait violé les frontières de son royaume. Il était, en fait, emporté par d'immenses ambitions et brûlait du désir de s'emparer de l'Asie tout entière, et, s'il le pouvait, de l'Europe. Il mettait son espoir et sa confiance en nos vices, car, si les guerres civiles nous empêchaient d'agir, l'occasion l'invitait à le faire et Marius, Sulla, Sertorius lui montraient de loin combien était découvert le flanc de notre Empire. Tandis que la République était ainsi affaiblie par ses blessures et les troubles qui l'agitaient, voici soudain que, de l'extrémité septentrionale de l'Empire, là où Mithridate avait en quelque sorte son poste d'observation, fondit sur les Romains à la fois épuisés et retenus par d'autres soucis, le cyclone de la guerre pontique, comme si le moment avait été choisi à dessein.

Dès le premier assaut, il enleva la Bithynie, puis l'Asie fut en proie à la même terreur : sans hésitation, les villes et les peuples qui nous appartenaient firent défection en faveur du roi. Il était là, exerçait sa pression, sa cruauté lui tenant lieu de courage. Quoi de plus affreux en effet que cet édit qu'il promulgua, l'ordre qu'il donna de massacrer toute personne qui, en Asie, possédait la citoyenneté romaine ? Les maisons, les temples et les autels, tous les droits humains et divins furent alors violés. Mais la terreur qui régnait en Asie ouvrit au roi l'Europe. Ses officiers, Archélaos et Néoptolème, s'emparèrent pour lui de toutes les Cyclades, à l'exception de Rhodes qui, plus fermement défendue, resta à nos côtés ; Délos, l'Eubée et le fleuron même de la Grèce, Athènes, furent prises. Déjà, l'épouvante suscitée par le roi soufflait sur l'Italie et la ville même de Rome.

C'est pourquoi Lucius Sulla, un de nos plus grands généraux, accourut : il repoussa, d'un geste de la main, pour ainsi dire, l'ennemi qui, sans diminuer aucunement la violence de ses attaques, continuait à se ruer de l'avant. Il mit d'abord le siège devant Athènes et prit la ville, après l'avoir réduite à la famine : qui pouvait s'imaginer que dans cette ville, la mère des moissons, on devrait se nourrir de chair humaine ? Il détruisit ensuite le port du Pirée entouré de six murailles ou davantage. Mais après avoir dompté les plus ingrats des hommes, il leur fit grâce, pour, comme il le disait lui-même, honorer leurs morts, en considération aussi de leurs mystères sacrés et de leur réputation. Il chassa d'Eubée et de Béotie les garnisons du roi, dispersa toutes ses troupes au cours d'une première campagne, à Chéronée, dans une seconde, à Orchomène. Puis, passé en Asie, il l'écrasa lui-même. La guerre aurait été définitivement terminée s'il n'avait préféré, plutôt que de chercher à obtenir un triomphe réel, se contenter de cette rapide victoire. Voici au moins le statut que Sulla avait alors donné à l'Asie : une fois la paix conclue avec les Pontiques, Nicomède reçut du roi la Bithynie, Ariobarzane la Cappadoce ; l'Asie redevint nôtre, comme auparavant, mais Mithridate était seulement refoulé.

Source : Florus, I, 40, 1-12.

95. Sur tout ceci, Ed. Will, *HP*, II, p. 472-481.

La première guerre (89-85)

Le premier épisode, ouvert par l'invasion de la Cappadoce puis de la Bithynie, trouva sa conclusion lors de la paix de Dardanos (85), compromis imposé au roi par Sulla qui était lui-même pressé de rentrer à Rome où son pouvoir chancelait. Les divers épisodes importent peu ici et on ne retiendra que ce qui concerne l'Anatolie[96].

L'irruption de Mithridate non seulement balaya Rome et ses alliés, mais souleva l'enthousiasme quasi général. Rares furent les cités (Stratonicée de Carie, Laodicée du Lycos, Aphrodisias, Magnésie du Sipyle) ou les individus (Chairémôn de Nysa)[97] qui résistèrent. Partout ailleurs on massacra, avec une extraordinaire cruauté, Romains et Italiens, y compris les femmes et les enfants (80 000 victimes). On ne compte plus les récits atroces. Or beaucoup de ces Romains, dont certains résidaient depuis longtemps, se contentaient de faire des affaires, s'étaient intégrés, avaient épousé des Grecques. Le massacre de 88 donne bien la mesure de l'exaspération des provinciaux.

Après l'enthousiasme du début, prolongé par la générosité de Mithridate qui fit remise de cinq années de tribut grâce à la confiscation des biens des Romains[98] et multiplia les gestes spectaculaires – le financement des *Moukeia* de Smyrne, un cadeau de 100 talents à Apamée frappée par un séisme[99], l'accroissement de l'étendue couverte par l'asylie de l'Artémision d'Éphèse[100] – beaucoup de cités prirent conscience qu'elles n'avaient fait que changer de maître. Les Chiotes furent déportés en mer Noire pour avoir refusé la réquisition abusive de 2 000 talents[101]. Ailleurs s'installaient des tyrans à la solde de Mithridate (Tralles, Kolophon, Adramyttion), ou des gouverneurs militaires brutaux (Éphèse). Dès lors, la tyrannie de Mithridate apparut pire que celle de Rome. Éphèse se souleva et appela à l'union contre Mithridate[102]. La perspective du retour offensif de Rome (Sulla était en train de l'emporter en Grèce) convainquit les Grecs d'Asie et de Bithynie qu'il valait mieux prendre les devants.

Décret d'Éphèse durant la guerre mithridatique

(*Préambule*) [...] alors que le peuple (d'Éphèse) conservait ses anciens sentiments de dévouement envers les Romains, nos sauveurs communs, et se conformait avec empressement à tous leurs commandements, Mithridate, roi de la Cappadoce (pontique), ayant enfreint ses traités avec les Romains et rassemblé ses armées, tenta de s'emparer de notre pays sur lequel il n'avait aucun droit. Il occupa d'abord par surprise les villes situées en

96. Sur la première guerre, cf. F. de Callataÿ, *Histoire*, p. 281-324.
97. *Syll.* [3], 741 ; R. K. Sherk, *Roman Documents*, n° 48, p. 260-262 (= Id., *Rome and the Greek East*, n° 60). Cf. Fiehn, *RE*, Suppl. V, s.v. Chairemon 2 a, col. 57-58.
98. Justin, XXXVIII, 3,9.
99. Strabon, XII, 8, 18
100. Strabon, XIV, 1, 23.
101. Appien, *Guerre de Mithridate*, 46-47.
102. *Syll.* [3], 742.

avant d'Éphèse et réussit enfin à se rendre maître de notre ville même, étonnée par le grand nombre de ses troupes et la soudaineté de son attaque. Mais le peuple éphésien, resté fidèle à son affection envers Rome, n'attendait que l'occasion de prendre les armes pour le salut commun ; il a résolu maintenant de déclarer la guerre à Mithridate pour l'hégémonie de Rome et la liberté commune ; tous les citoyens se sont consacrés corps et âme, d'un commun élan, à cette grande lutte ; et puisque la chose importe à la guerre, à la garde, sécurité et salut du temple d'Artémis, de la ville et du pays, le peuple a invité les stratèges, le secrétaire du Conseil et les proèdres à présenter immédiatement la circonstance ; le peuple a délibéré à ce sujet.

(*Décret*). Il a plu au peuple, après avis des proèdres et du secrétaire du Conseil Asklépiadès, fils d'Asklépiadès, fils d'Euboulidès, et sur le rapport des stratèges :

Attendu que les plus grands périls menacent le temple d'Artémis, la ville, les citoyens, et tous ceux qui habitent la ville et la contrée ; attendu que pour faire face au danger commun, il est désirable que la plus grande harmonie règne dans l'État ; attendu que la chose importe à la garde, à la sécurité et au salut du temple, de la ville et de la contrée,

il a plu au peuple :

1. Tous les citoyens qui ont été frappés d'atimie par les trésoriers des biens sacrés ou du trésor public, à quelque titre que ce soit, sont réintégrés dans leurs droits civiques ; il leur est fait remise de leurs condamnations ainsi que de leurs dettes. Ceux qui sont poursuivis en paiement d'amendes ou de dommages et intérêts au profit du trésor ou des temples, ou pour toute autre cause de redevance, sont relâchés des fins de la plainte, et les poursuites engagées contre eux seront nulles et de nul effet.
2. Toutefois ceux qui ont pris à ferme les biens sacrés ou les impôts restent soumis aux recours ordinaires établis par les lois et les cahiers de charges.
3. Les débiteurs et détenteurs de sommes d'argent prêtées par les temples sont déchargés de leurs dettes, à l'exception de ceux qui ont emprunté à hypothèque aux collèges de prêtres (?) ou à leurs agents ; toutefois le cours des intérêts est suspendu à partir de l'année courante jusqu'à ce que les affaires publiques se trouvent en meilleur état.
4. Les citoyens nouvellement inscrits jusqu'à ce jour sont maintenus dans leurs droits et participeront aux mêmes avantages que les autres.
5. Tous les procès intentés au nom des temples ou de l'État sont éteints, à l'exception des instances engagées pour déplacement de bornes ou en revendication de succession.
6. Les isotèles, les métèques, les esclaves sacrés, les affranchis, les étrangers ordinaires qui prendront les armes et s'enrôleront par-devant l'autorité militaire, seront déclarés citoyens de plein exercice ; les généraux feront connaître leurs noms aux proèdres et au secrétaire du Conseil, qui les répartiront par le sort entre les tribus et les *chiliades*. Les esclaves publics qui prendront les armes deviendront libres et métèques.
7. Tous ceux qui étaient créanciers en vertu de prêts à la grosse, de billets chirographaires, de dettes garanties par des gages mobiliers, hypothèques ou secondes hypothèques, de ventes à crédit, de conventions, d'inscriptions, de versement, se sont présentés en public et ont tous, volontairement et de leur plein gré, se conformant au désir du peuple, fait remise à leurs débiteurs, sans toutefois porter atteinte aux possessions actuelles, non plus qu'aux prêts ou contrats nouveaux qui interviendraient présentement ou ultérieurement.
8. Quant aux affaires avec les banquiers, s'il s'agit de dépôts, avances ou gages datant de l'année courante, les poursuites suivront leurs cours conformément aux lois existantes. Si les engagements remontent à une époque plus ancienne, les banquiers auront dix ans à partir de l'année courante pour s'acquitter par des paiements partiels envers leurs clients et les clients envers les banquiers, les intérêts se calculant en proportion.

Source : *Syll.*[3], 742 ; J. Dareste, B. Haussoullier et Th. Reinach, *Recueil d'inscriptions juridiques grecques*, I, Paris, 1891, p. 22-29 (édition, traduction et commentaire).

La contre-offensive romaine n'atteignit pas l'Asie Mineure centrale, mais se fit cruellement sentir en Bithynie. Les armées de Fimbria, adversaire à la fois de Mithridate et de Sulla, se livrèrent à des exactions sans nombre à Byzance, à Nicomédie et dans toute la Bithynie[103]. Après la victoire du Rhyndakos, Fimbria pilla encore Cyzique[104] et Ilion[105]. La paix de Dardanos (Troade), signée en août 85, mit un terme à ces exactions et imposa à Mithridate un retour au *statu quo ante*. Nicomède IV de Bithynie et Ariobarzane de Cappadoce retrouvaient leur royaume ; Mithridate devait se contenter de ses propres États et était condamné à une amende de 2 000 talents.

Sulla avait conscience de l'urgence qu'il y avait à remettre de l'ordre en Asie. En premier lieu, les cités qui avaient accueilli Mithridate et massacré des Romains furent privées de la liberté (seule Chios échappa à cette mesure à cause de ses malheurs ultérieurs) ; en revanche, celles qui avaient résisté ou aidé des Romains reçurent la liberté et parfois l'immunité (Ilion, Aphrodisias, Laodicée du Lycos, Tabai[106], Stratonicée de Carie[107], Magnésie du Sipyle) et Rhodes reçut des agrandissements en Carie (territoire de Kaunos)[108]. Aux limites de la Carie et de la Lycie, Kibyra fut annexée à la province d'Asie[109]. De plus, Sulla convoqua les Grecs à Éphèse et leur imposa le payement de 20 000 talents représentant les arriérés de cinq années de tribut, plus le versement d'une indemnité pour frais de guerre (environ la même somme) : après les exactions de Mithridate, il fallait donc que l'Asie s'acquittât de 40 000 talents, plus l'entretien des troupes (40 000 soldats à loger et à nourrir, plus 16 drachmes par jour par soldat et 50 drachmes par officier)[110] et diverses contributions supplémentaires. L'amende infligée à Mithridate devait paraître enviable aux Grecs !

Parallèlement, Sulla avait compris la cause des succès de Mithridate en 88. Il tenta de réformer la perception du tribut en créant 44 districts financiers d'importance fiscale équivalente. On confia donc le soin du prélèvement aux communautés locales, sans abolir la *lex Sempronia* car il s'agissait surtout de pallier l'absence des publicains massacrés en 88. De fait, très rapidement, la *lex Sempronia* fut à nouveau appliquée et, incapables de payer, les cités s'endettèrent à nouveau auprès des *negotiatores* ; selon Plutarque, la dette s'éleva bientôt à 120 000 talents[111].

La première guerre mithridatique s'achevait donc sur un désastre complet pour tous. Rome avait perdu 80 000 citoyens au moins et pu mesurer l'ampleur du rejet que son autorité suscitait. Le nombre des morts s'élevait au total à au moins 300 000, saignée considérable. Les Grecs d'Asie se trouvaient écrasés par

103. Dion Cassius, fr. 104 ; Diodore, XXXVIII, 8, 2 ; Memnon, fr. 34.
104. Diodore, XXXVIII, 8, 3-4.
105. Appien, *Guerre de Mithridate*, 53.
106. R. K. Sherk, *Roman Documents*, n° 17, p. 100-104
107. R. K. Sherk, *Roman Documents*, n° 18, p. 105-111 (= Id., *Rome and the Greek East*, n° 63).
108. Cicéron, *Ad Quintum fratrem*, I, 1, 33.
109. Cf. D. Erkelenz, « Zur Provinzzugehörigkeit Kibyras in der römischen Kaiserzeit », *EA*, 30, 1998, p. 81-95.
110. Plutarque, *Sulla*, 25.
111. Plutarque, *Lucullus*, 7.

les dettes et soumis aux pires humiliations (comme les Smyrniotes se mettant nus en plein hiver sur l'agora pour donner leurs vêtements aux soldats romains)[112] après avoir nourri des espoirs insensés. La Bithynie et la Cappadoce avaient été ravagées par la guerre. Quant au Pont, il avait été épargné et Mithridate n'était pas vaincu : paradoxalement, malgré les efforts qu'avaient dû consentir les populations, c'est le royaume de l'agresseur qui s'en sortait avec le moins de dommages.

L'entre-deux-guerres (84-75)

On nomme souvent « seconde guerre » ce qui n'est qu'un entre-deux-guerres, même s'il y eut effectivement une phase guerrière entre 83 et 81, à la suite des provocations de L. Licinius Murena que Sulla avait laissé en Asie en 84[113]. En 83, il s'attaqua aux pirates et s'empara de Kibyra en Lycie, mais dans l'été de la même année, puis à nouveau en 82, il effectua des raids contre le Pont sous divers prétextes, sans que Mithridate réagisse autrement que diplomatiquement. À la troisième invasion, Mithridate répliqua en envahissant la Cappadoce et en en chassant les garnisons romaines. En 81, avant de démissionner de ses fonctions à Rome, Sulla envoya Aulus Gabinius ordonner à Murena la fin des agressions contre le Pont. En échange, Mithridate VI se réconciliait avec Ariobarzane Ier. On négocia et on rétablit le *statu quo* (81) : la seconde guerre s'arrêta là d'autant que Rome était alors engagée dans une partie difficile en Espagne (guerre de Sertorius). Lorsque Tigrane envahit la Cappadoce, en 78, et y préleva 300 000 déportés pour peupler sa nouvelle capitale, Tigranocerte[114], en dépeuplant douze villes dont la capitale Mazaka, Rome ne réagit pas. Après la chute de Mitylène en 81 (elle résistait depuis 85 et avait aux yeux des Romains commit le crime de livrer Manius Aquillius à Mithridate), Rome se contenta de reprendre la lutte contre les pirates[115].

Ceux-ci avaient servi d'auxiliaires à Mithridate et se permettaient des incursions sur toutes les côtes d'Anatolie : Samos, Iasos, Klazomènes, Éphèse, Ilion, Claros, Didymes, il n'y eut guère de cités et surtout de sanctuaires de quelque importance qui ne soit victime de leur raids[116]. La *prouincia Cilicia* reçut un gouverneur régulier à partir de 80-79[117], puis P. Servilius Vatia mena une campagne terrestre à partir de Sidè, vers 78-75, détruisit le royaume piratique lyco-pamphylien de Zénikétès[118], réduisit enfin les territoires d'Olympos

112. Tacite, *Annales*, IV, 56.
113. F. de Callataÿ, *Histoire*, p. 325-340.
114. Appien, *Guerre de Mithridate*, 67.
115. H. Pohl, *Piraterie*, p. 258-265.
116. Détail dans T. R. S. Broughton, *Roman Asia*, p. 520-521.
117. Ci-dessus p. 217-218.
118. Cf. Strabon, XIV, 5, 7 ; H. Gundel, *RE*, s.v. Zeniketes ; E. Ziebarth, *Beiträge zur Geschichte des Seeraubs und Seehandels im alten Griechenland*, Hambourg, 1929, p. 111, n° 94 ; le terme de « roi » pour ce chef de pirates apparaît dans une inscription du sanctuaire de Zeus à Dodone.

et d'Attaleia en *ager publicus*[119]. De là, il gagna l'intérieur et lutta contre les deux Isaura, les *Orondeis* et, peut-être, les *Homonadeis*, dans l'est de la Lycaonie. Rome avait enfin compris qu'il fallait détruire les bases terrestres des États piratiques. Mais le résultat fut remis en cause par l'incapacité de M. Antonius envoyé en 74 faire campagne sur mer[120]. La campagne de Vatia se terminait sans résultat décisif, mais il s'en suivit un notable renforcement de Rome dans les régions méridionales, de la Lycie orientale à l'Isaurie en passant par la Pamphylie et la Pisidie. C'est sans doute avec le même objectif que divers districts de l'intérieur furent annexés à la province d'Asie (Kibyra dès 84)[121].

La troisième guerre (75-63)

Dans l'hiver 76-75 sans doute[122], Nicomède IV mourut en laissant son royaume à Rome. La Bithynie fut aussitôt mise en coupe réglée par les publicains qui s'en prirent même à la cité libre d'Héraclée du Pont, au grand scandale des habitants, car la ville, libre, était une alliée fidèle de Rome depuis 188 et lui avait apporté son aide à plusieurs reprises[123]. Mithridate en profita pour se jeter sur la nouvelle province, en 73, et fut accueilli en libérateur : le processus de 88 semblait se répéter. Même Chalcédoine, où les Romains s'étaient réfugiés, finit par céder. Se déroulant constamment sur fond de riva-

119. Cicéron, *Sur la loi agraire*, I, 5 ; II, 50 ; Strabon, XIV, 5, 7.
120. H. Pohl, *Piraterie*, p. 270-274.
121. Cicéron, *Verrines*, II, 1, 90, précise qu'il s'agit bien de prendre les pirates à revers.
122. La date traditionnelle de 74 a été remise en cause par F. de Callataÿ, « La politique monétaire de Mithridate VI Eupator, roi du Pont, 120-63 av. J.-C. », *Colloque sur les rythmes de la production monétaire, 10-12 janvier 1986*, Paris, [s.d.], p. 55-62, et surtout Id., « Les derniers rois de Bithynie : problèmes de chronologie », *RBNum*, 132, 1986, p. 1-28, (cf. aussi *Histoire*, p. 69 et p. 82-83) avec des arguments numismatiques recevables : alors que Mithridate n'a pas frappé monnaie depuis 78, il procède subitement à d'abondantes émissions dans l'hiver 76-75. Ce brusque changement s'explique s'il s'attend à une reprise de la guerre à la suite de quelque événement inattendu. De plus, Rome a nommé un magistrat en charge de prendre possession du royaume sans doute dès l'automne 75 (il est à l'œuvre en février 74 au plus tard) ; comme auparavant il a fallu examiner le recours présenté à Rome par Mithridate VI au nom d'un soit-disant fils illégitime de Nicomède IV, cela a dû prendre quelques mois. D'où la proposition de remonter la mort du roi dans l'hiver 76-75. En revanche, les arguments de R. Merkelbach, « Hat der bithynische Erbfolgekrieg im Jahr 74 oder 78 begonnen ? », *ZPE*, 81, 1990, p. 97-100, qui remonte aussi la date du legs sous prétexte que la *lex portus Asiae* (ci-dessous p. 256-257) – qui englobe des postes douaniers situés en Bithynie – aurait été publié en 75, ne sont pas décisifs. En effet, M. Heil, « Einige Bemerkungen zum Zollgesetz aus Ephesos », *EA*, 17, 1991, p. 9-18, a montré que la date de première publication de cette loi se situait au plus tôt en 75, au plus tard en 72. La démonstration de F. de Callataÿ semble néanmoins contraindre à adopter la date la plus haute.
123. A. Bittner, *Gesellschaft und Wirtschaft in Herakleia Pontike. Eine Polis zwischen Tyrannis und Selbverwaltung*, Bonn, 1998, p. 95-96.

lités politique à Rome entre Lucullus et Pompée, la troisième guerre fut marquée par une série de brillants succès romains souvent mal exploités faute de continuité dans l'action.

Après l'élimination de M. Aurelius Cotta, premier gouverneur de Bithynie, Lucullus, officiellement gouverneur de Cilicie, prit la direction de l'offensive. Il obligea Mithridate à évacuer l'Asie et à lever le siège de Cyzique. Contrôlant les Détroits après la bataille de Lemnos (72), il réoccupa la Bithynie, envahit le Pont, assiégea Amisos et poussa Mithridate à se réfugier en Arménie. Après avoir remis de l'ordre en Asie (hiver 71-70), il occupa systématiquement le Pont qu'il réduisit à l'état de province. La guerre était virtuellement finie puisqu'au même moment Tigrane d'Arménie, principal allié de Mithridate, évacuait la Syrie et que le vice-roi Macharès, le propre fils de Mithridate VI, que celui-ci avait chargé d'administrer la Crimée, traitait avec Lucullus.

Soucieux de se faire livrer Mithridate, Lucullus entreprit cependant une nouvelle campagne en Arménie en 69, s'empara de Tigranocerte, puis occupa le pays en 68. Mais l'armée refusa de continuer, après un hivernage en Arménie particulièrement pénible[124]. Comme Lucullus monopolisait de fait le gouvernement de quatre provinces et menait la vie dure aux publicains, la coalition de ses adversaires ne pouvait que se renforcer et préparer sa chute. Fin 68, il fut démis de deux gouvernements (Asie et Cilicie) et ses légions furent démobilisées. Mithridate réoccupa le Pont et Tigrane la Cappadoce[125].

Pompée, qui avait œuvré contre Lucullus, avait obtenu pour 67 en vertu de la *lex Gabinia* un commandement extraordinaire contre les pirates[126]. L'entreprise fut un succès complet et Pompée n'eut aucune peine à obtenir pour 66 (*lex Manilia*) le commandement de la guerre contre Mithridate. Lucullus perdait même ses commandements de la Bithynie et du Pont. La campagne de Pompée ne fut qu'une réédition de celle de Lucullus : occupation de la Cappadoce puis du Pont. Pendant que Mithridate fuyait en Crimée, Pompée faisait campagne contre divers peuples du Caucase (Ibères, Albaniens) avant se tourner vers la Syrie. C'est là qu'il apprit le suicide de Mithridate VI au printemps 63[127].

Si l'Asie Mineure avait peu souffert directement de la guerre, il n'en allait pas de même des régions orientales. Les pertes de Mithridate étaient immenses, estimées à 120 000 hommes. De même, le pillage des trésors royaux pontiques et arméniens par Lucullus puis par Pompée aboutit au transfert d'une immense quantité de métaux précieux et de richesses de toutes

---

124. J. van Ooteghem, *Lucullus*, Bruxelles, 1959, p. 84-138 ; A. Keaveney, *Lucullus. A Life*, Londres-New York, 1992, p. 117-118.
125. J. van Ooteghem, *Lucullus*, p. 139-165.
126. J. van Ooteghem, *Pompée*, Bruxelles, 1954, p. 159-181 ; K. M. Girardet, *ZPE*, 89, 1991, p. 206-208 ; H. Pohl, *Piraterie*, p. 278-280.
127. J. van Ooteghem, *Pompée*, p. 182-253.

sortes à Rome[128]. À la différence de la première guerre, celle-ci se soldait par un désastre humain et économique pour les régions du nord-est de l'Anatolie.

La nouvelle organisation pompéienne de l'Anatolie comportait désormais trois provinces : l'Asie, la Bithynie-Pont[129] et la Cilicie (de la Pamphylie à la Cilicie)[130]. Les Galates furent pour la première fois regroupés sous l'autorité de trois chefs, ceux des trois principales tribus : Domnilaos et Castor régnaient sur les Tectosages, Brogitaros sur les Trocmes et Deiotaros le Grand, seul avec le titre royal, sur les Tolistoboges. Son autorité s'appuyait sur des liens matrimoniaux savamment tissés puisqu'il avait marié ses deux filles l'une à Brogitaros, l'autre à Castor[131]. Son royaume bénéficia d'agrandissements considérables : le secteur des bouches de l'Halys, la côte pontique jusqu'à Trapézonte, et, un peu plus tard, l'Arménie Mineure. Ariobarzane III de Cappadoce retrouvait un royaume agrandi par Rome[132]. La Paphlagonie était unifiée sous la direction d'un dynaste unique, Attalos fils de Pylaiménès[133]. Pompée installait aussi d'autres dynastes de moindre importance : Archélaos, fils du général homonyme de Mithridate, était installé comme grand-prêtre de Comana du Pont, Tarcondimotos était envoyé ou peut-être simplement confirmé dans l'Amanus (Cilicie orientale)[134], tout comme les grands-prêtres et dynastes d'Olba en Cilicie Trachée[135]. Pour la première fois, toute l'Anatolie se trouvait d'une manière ou d'une autre sous la tutelle de Rome. La paix semblait enfin établie. De fait, aucune menace extérieure ne semblait peser sur l'Anatolie. Mais c'était oublier que la guerre civile romaine ravageait aussi les provinces.

---

128. T. R. S. Broughton, *Roman Asia*, p. 529-530.
129. Sur l'étendue de la nouvelle province, B. F. Harris, « Bithynia : Roman Sovereignty and the survival of Hellenism », *ANRW*, II, 7, 2, p. 869-870.
130. J. van Ooteghem, *Pompée*, p. 244-253.
131. Cf. St. Mitchell, *Anatolia*, I, p. 27-29.
132. J. van Ooteghem, *Pompée*, p. 224 et 250-252.
133. Appien, *Guerre de Mithridate*, 114, mais le témoignage de Strabon est moins clair ; s'il indique qu'une « partie de la Paphlagonie intérieure fut donnée aux descendants de Pylaiménès » (XII, 3, 1), il indique ailleurs que le pays resta partagé entre plusieurs rois jusqu'à l'annexion (XII, 3, 41), ce qui peut se comprendre si l'on estime que la Paphlagonie entre pour une part dans les royaumes galates.
134. A. H. M. Jones, *The Cities of the Eastern Roman Provinces*, Oxford, 1957, p. 203, suggère qu'il fut installé là par Pompée après le règlement des affaires piratiques, mais nous n'avons aucune preuve en ce sens ; la première attestation sûre de son autorité ne date que de 51 av. J.-C. : Cicéron, *Ep.* 217 (= *Ad Fam.*, XV, 1) : « Tarcondimotos, le plus fidèle allié et le meilleur ami du peuple romain au-delà du Taurus (*fidelissimus socius trans Taurum amicissimusque p. R. existimatur*). Cf. M. H. Sayar, « Tarkondimotos. Seine Dynastie, seine Politik und sein Reich », dans dans E. Jean, A.-M. Dinçol et S. Durugönül éd., *La Cilicie : espaces et pouvoirs locaux*, Paris, 2001, p. 373-380 ; J. Tobin, « The Tarcondimotid Dynasty in Smooth Cilicia », *ibid.*, p. 381-387.
135. Une dynastie de grands-prêtres de ce sanctuaire de Zeus est attestée dès le IIIe siècle av. J.-C. : D. Magie, *Roman Rule*, II, p. 1143-1144 ; Ph. H.J. Houwink Ten Cate, *The Luwian population groups*, p. 34-37.

Le temps des guerres civiles (63-31)

L'extrême confusion qui règne en Asie pendant plus de 30 ans défie le récit. Mais, en même temps, la complexité des situations nous apparaît d'autant mieux que nous disposons de récits suivis (Appien, Dion Cassius) et de nombreuses inscriptions. On retiendra ici quelques lignes de force.

La guerre civile qui règne à Rome place *de facto* l'Anatolie sous l'autorité non de Rome ou du Sénat, mais des *imperatores* qui se partagent le pouvoir. L'Asie se trouve ainsi successivement sous l'autorité de Pompée, César, les « Libérateurs » (Brutus et Cassius) et Antoine. Le système est propice à l'établissement de liens personnels entre les notables et les rois-clients d'une part, les *imperatores* d'autre part. Mais ce système a l'inconvénient pour les clients de lier leur sort à celui de leur patron. En fait les inconvénients du système furent limités par l'incapacité des *imperatores* à installer à chaque fois des hommes nouveaux.

L'Anatolie pompéienne resta à peu près stable de 63 à 49. Quelques changements mineurs intervinrent (transferts de trois *conventus* d'Asie à la Cilicie de 56 à 49[136], lutte pour le pouvoir en Galatie), mais l'Asie et l'ensemble de l'Anatolie connurent alors une quinzaine d'années de tranquillité. Les nombreuses lettres de Cicéron envoyées durant son gouvernement de Cilicie, entre juillet 51 et juillet 50, décrivent bien la situation d'ensemble, aussi bien en Cilicie même que dans les trois diocèses d'Asie rattachés à sa province. Cependant, malgré la paix, les difficultés des cités sont bien loin d'être réglées[137].

La défaite de Pompée à Pharsale (août 48) et son assassinat en Égypte firent passer tout l'Orient provincial sous le pouvoir de César. Après une guerre éclair contre Pharnace II du Pont qui avait reconstitué le royaume paternel, guerre terminée par la victoire de Zéla à la mi-juin 47, César contrôla de fait l'ensemble de l'Asie Mineure et de l'Anatolie. Mais dès le printemps 48 il avait débarqué à Éphèse et entrepris d'imposer sa marque à l'organisation du pays. On connaît mal la chronologie des diverses dispositions prises, mais certaines le furent sans doute dès le début 48, d'autres, les plus nombreuses, à la fin de l'année, voire après la victoire de Zéla[138]. César maintint en place, pour l'essentiel, les hommes de Pompée, quitte à les taxer lourdement pour les punir d'avoir soutenu son adversaire : Pythodôros de Tralles dut payer 2 000 talents, ce qui en dit long sur la richesse du personnage[139]. La principale victime fut Deiotaros de Galatie dont le royaume agrandi par Pompée fut amputé de l'Arménie Mineure (donnée à la Cappadoce) et qui dut remettre à

136. R. Syme, *Roman Papers*, I, p. 120-148 (en particulier p. 122-123 et p. 141).
137. Cf. les tomes IV et V de la *Correspondance* de Cicéron dans la *Collection des Universités de France* (Les Belles Lettres).
138. Z. Yavetz, *César et son image*, Paris, 1990, p. 115-119.
139. D'après Strabon, XIV, 1, 42, il les récupéra peu après.

Mithridate de Pergame le gouvernement des Trocmes dont il s'était emparé à la mort de Brogitaros[140]. César installa Lykomédès, prince bithynien de sang royal cappadocien, à Comana du Pont, et procéda à divers aménagements de détails : rattachement de la Pamphylie[141] et des diocèses phrygiens à l'Asie, octroi de la liberté à Amisos, Cnide, Ilion. César inaugura aussi une politique de fondation de colonies qui rompait avec l'attitude de ses prédécesseurs[142]. En même temps, il allégeait la dîme d'Asie (de 2 400 à 1 600 talents ?) et, surtout, abolissait le système de la perception par des sociétés fermières. Les publicains subsistaient pour les autres impôts.

L'assassinat de César en mars 44 ramena la guerre en Asie. Dolabella d'abord, dès 44-43, se livra à des exactions contre les Romains[143], puis les « Libérateurs », comme se nomment eux-mêmes les assassins de César, Brutus et Cassius, exigèrent en 43 dix ans de tribut payables en deux fois[144]. Cassius fit assassiner Ariobarzane III de Cappadoce[145] et saisir ses trésors, puis brisa la résistance des cités par des prélèvements colossaux : 1 500 talents à Tarse, 8 000 talents à Rhodes (plus cinq cents talents d'amende !). En Lycie, Xanthos fut détruite et Patara et Myra achetèrent leur salut[146].

L'élimination de Brutus et Cassius à Philippes (42) ne ramena pas la paix. Au printemps 40, un transfuge romain, Q. Labienus, que Brutus et Cassius avaient envoyé chercher de l'aide chez le Parthe Orodès[147], conduisit les armées parthes jusqu'en Carie. L'Asie prenait subitement conscience que les Parthes pouvaient représenter un danger pour sa sécurité. De plus, les envahisseurs trouvaient des auxiliaires en Commagène, en Cappadoce, chez les tribus du Taurus. La contre-offensive romaine se faisant attendre, ce furent des notables locaux comme Zénon de Laodicée, Hybréas de Mylasa[148] ou Cléon de Gordioukômè qui organisèrent la résistance. Mais pour une Aphrodisias[149] ou une Stratonicée de Carie[150] qui parvinrent à résister, bien d'autres succombèrent : Mylasa et Alabanda furent razziées[151] tout comme le grand sanctuaire

140. *Bellum Alexandrinum*, 68 et 78.
141. Cicéron, *Ad Familiares*, XII, 15, 5 (lettre 872) : Sidè est la dernière cité de la province d'Asie en allant vers l'Est, en 44.
142. Cf. ci-dessous p. 240.
143. Cicéron, *Ad Familiares*, XII, 15, 1 (lettre 872) ; *Philippiques*, XI, entièrement dirigé contre Dolabella.
144. Appien, *Bellum Civile*, V, 2 et 5.
145. R. D. Sullivan, *Near Eastern Royalty and Rome*, Toronto, 1990, p. 180.
146. Plutarque, *Brutus*, 2 et 53. L'authenticité des lettres de Brutus, qui fournissent d'abondants renseignements, est douteuse.
147. Dion Cassius, 48, 24-27, 39-40.
148. Sur ce personnage, Radermacher, *RE* s.v. Hybreas 1, ci-dessous p. 266.
149. Tacite, *Annales*, III, 62 ; R. K. Sherk, *Roman Documents*, n° 28-29 ; J. Reynolds, *Aphrodisias and Rome*, Londres, 1982, *passim*.
150. R. K. Sherk, *Roman Documents*, n° 27.
151. Dion Cassius, 48, 26, 3-4 ; confirmation du sac de Mylasa, R. K. Sherk, *Roman Documents*, n° 59 = *I. Mylasa*, I, 601.

d'Hécate à Lagina, Laodicée du Lycos fut assiégée. Le légat de Syrie Ventidius Bassus parvint finalement à rejeter les Parthes au-delà de l'Euphrate après de longues campagnes (40-37).

De 39 à 31, Antoine fut le vrai maître de tout l'Orient[152]. Période de paix et de réorganisation. Cependant les campagnes coûteuses en Arménie et en Médie furent largement payées, en argent et en hommes, par l'Anatolie[153]. Antoine, comme les « Libérateurs », commença par exiger le paiement de dix ans de tribut en une seule fois, avant de réduire ses exigences à neuf années payables en deux fois. Il pressura sans limites les princes-clients et les cités libres[154]. Mais, devant la misère des cités, il fut aussi conduit à annuler les dettes publiques[155].

Sur le plan politique, Antoine mit en place une politique systématique de clientèle. D'une part il réduisit les provinces au nombre de deux, Asie et Bithynie, mesure que R. Syme jugeait d'une grande sagesse, puisque Rome n'avait visiblement pas les moyens d'administrer elle-même et devait compter sur les indigènes[156]. La Cilicie fut partie rattachée à la Syrie, partie donnée à Cléopâtre (la Cilicie Trachée, en dehors des principautés). Ailleurs, Antoine installa des hommes à lui. Démembrant le royaume trop vaste de Deiotaros (mort en 41), il confia la Galatie proprement dite et l'ancienne principauté paphlagonienne d'Attalos à Castor, petit-fils de Deiotaros le Grand ; le reste de la Paphlagonie alla à son fils Deiotaros Philadelphe, et les possessions pontiques de Deiotaros le Grand à un certain Dareios. Dans le même temps, Amyntas, l'ancien secrétaire de Deiotaros, recevait un domaine phrygo-pisidien en 39, puis, en 36, le royaume galate de Castor qui venait de mourir, auquel on ajouta la Pamphylie, la Lycaonie et l'Isaurie. La Cappadoce resta d'abord à Ariarathe X Eusébès Philadelphos jusqu'en 37-36[157], puis fut remise à Archelaos Sisinnès[158], grand-prêtre de Comana de Cappadoce et fils de l'ancien grand-prêtre de Comana du Pont, Archélaos. Polémon, fils de Zénon de Laodicée, reçut d'abord en 39 un État en Lycaonie et Cilicie Trachée (avec capitale à Iconion)[159], qu'il abandonna pour le Pont en 36 (mort de Dareios), bientôt agrandi de l'Arménie Mineure. Son domaine

---

152. H. Buchheim, *Die Orientpolitik des Triumvirn M. Antonius*, Heidelberg 1960.
153. T. R. S. Broughton, *Roman Asia*, p. 586-587.
154. Appien, *Bellum Civile*, V, 6 ; V, 75 ; Plutarque, *Antoine*, 24 ; Dion Cassius, 48, 24, 1.
155. Dion de Pruse, XXXI, 66.
156. R. Syme, *La Révolution Romaine*, Paris, 1967, p. 259.
157. Il avait remplacé son frère Ariobarzane III après son assassinat en 42 : R.D. Sullivan, *Near Eastern Royalty and Rome*, Toronto, 1990, p. 180-182.
158. R. D. Sullivan, *ANRW*, II, 7, 2, p. 1151 ; Id., *Near Eastern Royalty and Rome*, Toronto, 1990, p. 182-185 ; cf. J.-L. Ferrary, « Le roi Archélaos de Cappadoce à Délos », *CRAI*, 2001, p. 799-815, qui montre qu'il porte le titre d'Archélaos Philopatris.
159. R. Syme, « Observations on the province of Cilicia », *Anatolian Studies to W.H. Buckler*, Manchester, 1939, p. 326 ; D. Magie, *Roman Rule*, p. 418 et 1271-1272 ; A. H. M. Jones, *CERP*, p. 209-212.

lycaono-cilicien fut alors réparti entre Amyntas (Lycaonie) et Cléopâtre (Cilicie Trachée). Le royaume de l'Amanus (haute vallée du Pyramos en Cilicie) restait à Tarcondimotos[160], Comana du Pont à Lykomédès, Olba (Cilicie Trachée) à Aba, Derbé et Laranda d'Isaurie à Antipatros, et l'on installait quelques tyrans ou quasi-tyrans amis à Amisos (Straton), Héraclée du Pont (Adiatorix), Cos (Nicias), Tarse (Boèthos), Mylasa (Hybréas), Kios (les princesses Musa fille d'Orsobaris et Orodaltis fille de Lykomédès)[161]. Quelques cités, celles qui avaient résisté à Cassius ou aux Parthes, reçurent la liberté (Tarse, Aphrodisias), Rhodes s'agrandit de Myndos et de quelques îles de l'Égée (Andros, Naxos, Ténos), les Lyciens furent déclarés exempts et autorisés à reconstruire Xanthos.

La politique de clientèle personnelle d'Antoine érigeait ainsi le royaume-client en système de gouvernement : désormais aucun roi ne put se réclamer d'une tradition dynastique indépendante de Rome. L'organisation antonine de l'Orient, stable dans son principe sinon dans ses hommes, maintenait un équilibre réel entre les pays grecs, réduits à l'état de provinces, et les pays peu ou pas hellenisés, confiés à des notables indigènes. Elle marquait la fin des crises et mit un siècle à s'effacer devant une complète provincialisation. Sa longévité peut bien apparaître, *a posteriori*, comme la meilleure preuve de son opportunité !

160. Cf. M. H. Sayar, « Takondimotos. Seine Dynastie, seine Politik und sein Reich », dans E. Jean, A.-M. Dinçol et S. Durugönül éd., *La Cilicie : espaces et pouvoirs locaux*, Paris, 2001, p. 373-380 ; J. Tobin, « The Tarcondimotid Dynasty in Smooth Cilicia », *ibid.*, 381-387. L'étendue du royaume n'est pas très claire, bien qu'il englobe la Castabalide autour de Hiérapolis-Castabala, ainsi que la cité d'Anazarbe, mais il possède aussi un port actif probablement dans le golfe d'Issos, nommé Castabalum : J. Tobin, p. 385-386.

161. Head, *HN*^{2}, 512 ; W. Ruge, *RE*, s.v. Kios ; Th. Corsten, *I. Kios*, Bonn, 1985, p. 42 ; Chr. Marek, *Stadt, Ära und Territorium*, Tübingen, 1993, p. 49 ; la première doit être une petite-fille de Mithridate VI et la seconde la fille du grand-prêtre de Comana du Pont.

Chapitre 7

Les cités dans la tourmente (133-31)

Rome ne mit pas un terme au processus de « poliadisation » et contribua plutôt à l'étendre dans des régions d'où la cité était absente. La création de la province d'Asie, puis de nouvelles provinces établies au gré des circonstances, ne bouleversa donc en rien la situation privilégiée qui était faite à la *polis* en Anatolie. En fait, l'administration de Rome ne cessa de s'appuyer sur les cités, modèle d'organisation qu'elle connaissait d'autant mieux que c'était le sien. La diffusion du modèle civique se poursuivit donc, bien que le mouvement de fondation restât limité au Pont et à ses annexes. S'ajoutèrent à ces nouvelles cités grecques, tardivement et de façon marginale, quelques colonies créées par César. La dureté des temps ne permettait sans doute pas une promotion systématique des communautés indigènes au statut de cité, et l'administration romaine pouvait s'accommoder du maintien de structures villageoises ou tribales en de nombreuses régions, y compris à l'ouest.

Après une période de relative prospérité, à la fin du IIe siècle, l'Asie connut pendant plus d'un demi-siècle une épouvantable mise à sac par les publicains romains, les troupes de Mithridate et les exactions des *imperatores*. Les signes de son épuisement sont visibles avant même l'explosion de 89-88, mais se multiplient ensuite, et deviennent quasi universels lorsque la guerre civile romaine s'exporte en Asie.

Dans ce contexte de crise, la dépendance du plus grand nombre à l'égard des riches ne fit que s'aggraver. On voit donc émerger une nouvelle élite urbaine composée à la fois de Romains installés dans les cités et de riches Grecs « amis et alliés de Rome », couverts de privilèges fiscaux (exemptions) et juridiques (octroi de la citoyenneté romaine) les plaçant, sur certains points, en marge des lois de la cité. Cette nouvelle aristocratie urbaine, entrée dans la clientèle de la *nobilitas* romaine, joue un rôle de premier plan dans la sauvegarde aussi bien des intérêts de Rome que de ceux de leurs propres cités.

Création de cités et innovations institutionnelles

La création de nouvelles *poleis*

La disparition des rois hellénistiques n'entraîna pas la fin des créations de cités. Certes, les cités nouvelles se firent plus rares, et de moindre importance, mais on en relève cependant un certain nombre dues à des généraux romains, plus rarement à des rois clients.

L. Licinius Murena, légat de Sulla, aurait ainsi fondé une Murenia en Lydie[1] et une Licinia à la frontière du Pont[2], mais c'est surtout Pompée qui joua le rôle principal en fondant huit cités nouvelles dans le Pont et en accroissant le territoire de trois autres[3]. L'ancien royaume abritait, avant la défaite de Mithridate, quelques rares cités grecques sur la côte (Sinope, Amisos, Trapézonte), pratiquement dépourvues de territoire (Lucullus semble faire un cadeau appréciable à Amisos en lui concédant un territoire de 120 stades – 24 km – de long)[4]. À l'intérieur, il existait un réseau assez lâche de villes indigènes : Amaseia l'ancienne capitale royale, les sanctuaires de Comana, Zéla et Kabéira, qui constituaient d'importants marchés[5]. D'autres agglomérations avaient pu se constituer autour de forteresses royales (Gaziura, Taulara) et de marchés locaux. Mithridate a peut-être essayé de donner un semblant d'organisation urbaine à cet ensemble en frappant monnaie dans une dizaine de ces centres, aussi bien cités grecques que villes indigènes ou forteresses, monnayage qui émane sans aucun doute du roi, mais qui a l'apparence d'un monnayage municipal.

Pompée, chargé d'organiser la nouvelle province regroupant le Pont et la Bithynie[6], prit le parti de s'appuyer dans la partie orientale, c'est-à-dire pontique, sur une organisation civique plus consistante en répartissant l'ensemble du pays entre onze *politeiai :* le choix de ce terme plutôt que l'habituelle *polis* montre sans doute qu'il ne s'agit pas exactement de cités de type habituel mais de districts organisés autour d'un centre urbain présentant les caractéristiques d'une cité[7]. Une fois qu'il eût renoncé à intégrer certaines régions trop excentriques du royaume (comme la Colchide confiée à Aristarchos) et qu'il eût récompensé des amis fidèles (don de Pharnakeia, de Trapé-

1. Chr. Habicht, *JRS*, 1975, p. 74.
2. Memnon d'Héraclée, *FGrHist*, 434 F 26, 1.
3. Cf. J. van Ooteghem, *Pompée le Grand*, Bruxelles, 1954 ; A.H.M. Jones, *CERP*, p. 154-159 ; St. Mitchell, *Anatolia*, I, p. 82.
4. Plutarque, *Lucullus*, 19.
5. Strabon, XII, 3, 32 et 36.
6. Strabon, XII, 3, 1 ; il s'agissait d'organiser à la fois le Pont et la Bithynie réunis dans une même province ; mais les conditions n'étaient pas identiques dans les deux anciens royaumes ; cf. J. van Ooteghem, *Pompée*, p. 244-248.
7. T. R. S. Broughton, *Roman Asia*, p. 532-534 ; Chr. Marek, *Stadt, Ära und Territorium in Pontus-Bithynia und Nord-Galatia*, Tübingen, 1993, p. 26-46.

zonte et de leur arrière-pays à Deiotaros), il renforça les cités existantes et en fonda d'autres[8]. Il s'attira la bienveillance des cités grecques de la côte en donnant un vaste territoire civique à Amastris, Sinope et Amisos, jusque-là très isolées de leur arrière-pays et qui se partagèrent désormais la quasi-totalité de la côte (à l'exception d'un secteur de la Gazélonitis donnée à Deiotaros). À l'intérieur, il accorda le statut de cité grecque à Amaseia où résidaient déjà de nombreux Grecs attirés par le service de Mithridate, ainsi qu'à Kabéira (devenue Diospolis)[9] et à Zéla, en leur attribuant un vaste territoire, bien plus étendu que l'ancien domaine du dieu. Il acheva la construction d'Eupatoria, commencée par Mithridate au confluent du Lykos et de l'Iris, et la rebaptisa Magnopolis[10]. Il compléta l'ensemble en érigeant Phazimon en une Néapolis dans l'est de la Paphlagonie Pontique[11], en créant une Pompéiopolis dans l'ouest de la même région[12], une Mégalopolis sur la frontière de la Cappadoce[13] et une Nikopolis du Lykos aux confins de l'Arménie Mineure et peuplée en partie de vétérans[14]. Les territoires accordés à chacune se trouvèrent assez vastes pour être contigus et couvrir ainsi tout l'espace de la nouvelle conquête. Il est clair que cette armature urbaine de *poleis* était destinée à permettre l'administration de la province. Dans le même esprit, il est possible que Pompée ait réparti entre les cités bithyniennes les terres royales qui s'en trouvaient jusque-là exclues. Tout en restant soumises à l'exploitation fiscale de Rome, ces terres auraient été rattachées aux *chôrai* civiques par souci de bonne administration. Mais la chose est contestée et il n'est pas impossible qu'une partie du territoire bithynien se trouve encore hors des territoires civiques. Il faut ajouter à l'œuvre de Pompée la reconstruction de Soloi de Cilicie, détruite en 83 et refondée en 65 sous le nom de Pompéiopolis[15]. Un peu plus tard, Appius Claudius Pulcher, le prédécesseur de Cicéron en Cilicie, fut sans doute le fondateur d'Appia de Phrygie dans la vallée supérieure du Tembris[16].

En revanche, Antoine se montra peu actif en ce domaine ; c'est tout juste s'il a donné son nom à Apollonia du Méandre, rebaptisée Antonioupolis après

8. J. van Ooteghem, *Pompée*, p. 248-249.
9. Cf. E. Olshausen et J. Biller, *Historisch-geographische Aspekte der Geschichte des Pontischen und Armenischen Reiches* I : *Untersuchungen zur historischen Geographie von Pontos unter den Mithradatiden*, Wiesbaden, 1984, p. 44-54 ; recueil des sources, histoire et situation.
10. Strabon, XII, 3, 30 ; Appien, *Guerre de Mithridate*, 115 ; cf. E. Olshausen et J. Biller, *Untersuchungen*, p. 27-44.
11. Strabon, XII, 3, 38 ; la même ville est nommée Andrapa pour la première fois par Ptolémée, V, 4, 4, au milieu du IIe siècle apr. J.-C., mais le toponyme, d'allure indigène, peut être antérieur.
12. Strabon, XII, 3, 40.
13. Strabon, XII, 3, 37 ; elle doit s'identifier à la future Sebasteia (mod. Sivas).
14. Strabon, XII, 3, 28 ; Dion Cassius, XXXVI, 50 ; Appien, *Guerre de Mithridate*, 115.
15. Plutarque, *Pompée*, 28 ; Dion Cassius, XXXVI, 37 ; Appien, *Guerre de Mithridate*, 115.
16. C. P. Jones, « Appia in Phrygia and Appius Claudius Pulcher », *Studi Ellenistici*, XIII, Pise, 2001, p. 233-241.

41, puis Tripolis après 30 bien que l'ancienne dénomination évoquant Antoine survive pendant plus d'un siècle[17] ; le même *imperator* transforma Eumeneia de Phrygie en une *Fulvia*, en l'honneur de sa femme. Cette attitude paraît logique puisqu'il ne cessa de privilégier les États-clients au détriment de l'administration directe, et que la création de cités pouvait aller à l'encontre de l'autorité des dynastes qu'il installait. Ainsi, les cités fondées par Pompée se retrouvèrent bientôt englobées dans le nouveau royaume du Pont ou les principautés créées par Antoine pour ses clients. Cela ne contribua sans doute pas à leur épanouissement, mais on ne voit pas pour autant qu'elles aient disparu puisqu'elles subsistaient lorsqu'Auguste et ses successeurs réduisirent ces États-clients en provinces.

Les rois-clients adoptèrent logiquement la même attitude qu'Antoine. Ni en Paphlagonie, ni en Galatie, il ne semble y avoir eu de fondations civiques : Ancyre n'est encore qu'une forteresse et Gordion un gros village au temps d'Actium, ce qui ne peut surprendre alors que les Galates sont stabilisés depuis si peu de temps. La situation est un peu différente en Cappadoce où, en dépit de Strabon, il n'existe pas deux cités, mais au moins quatre avant le Ier siècle[18]. De plus, au temps de Strabon, Kybistra de Cappadoce possédait le statut de cité[19]. Cela reste mince et l'on ne voit pas que la situation change réellement jusqu'à l'annexion du royaume en 17 apr. J.-C., sauf la création d'une Archélaïs-Garsauira par Archélaos de Cappadoce, après 36. De même, ce n'est pas avant l'époque d'Auguste et des premiers Julio-Claudiens que les princes-clients urbanisèrent la Cilicie Trachée, au moment où les empereurs eux-mêmes donnaient l'exemple en Paphlagonie et en Galatie.

Ces créations dénotent sans doute un début d'hellénisation des notables capables de faire fonctionner les nouvelles institutions civiques. Mais il faut bien admettre que tout ceci reste assez mince. Si l'on s'en tient à deux critères qui peuvent servir d'indicateurs en matière d'hellénisation, la construction des édifices publics et la publication des textes officiels sur pierre, tout l'intérieur de l'Anatolie apporte une bien maigre contribution. Les seuls édifices publics hellénistiques sont des fortins (mais il est vrai que les fouilles sont très peu nombreuses dans ces régions) et les inscriptions grecques antérieures à 31 sont au nombre de huit[20] ! Cela correspond bien à ce que l'on sait de l'absence de « poliadisation » dans des régions pourtant beaucoup plus proches des zones les plus hellénisées de l'Asie Mineure, comme la Phrygie occidentale ou la Lydie orientale où la quasi totalité des cités n'est pas antérieure au Ier siècle apr. J.-C., parfois même à la fin de ce siècle.

---

17. Chr. Habicht, *JRS*, 1975, p. 83-84.
18. Cf. ci-dessus p. 93-94.
19. Strabon, XII, 2, 7.
20. Inventaire St. Mitchell, *Anatolia*, I, p. 86.

Les colonies césariennes

Les fondations coloniales furent rarissimes en Orient, en Anatolie comme ailleurs, et, pour l'époque républicaine, elles remontent toutes à César. Peut-être faudrait-il faire une exception pour Nikopolis du Lykos (Arménie Mineure) où Pompée installa des vétérans et qui se prévalut plus tard du titre de colonie latine, mais la tradition la considère comme une cité grecque.

En Anatolie, Sinope accueillit une colonie à l'époque de César[21] ainsi qu'Apamée-Myrléia[22] et Héraclée du Pont[23]. À Sinope et à Héraclée au moins, la colonie s'implanta non pas à la place mais à côté de la cité grecque, qui lui céda une partie de son territoire. Il faut aussi ajouter les colonies jumelles de Lampsaque et de Parion[24]. En revanche, il faut renoncer définitivement à leur ajouter Alexandrie de Troade, qui ne fut fondée comme colonie qu'entre 27 et 12 av. J.-C. et doit donc être rangée au nombre des colonies augustéennes[25]. On ignore leur ampleur, le nombre et l'origine des colons (sans doute des citoyens pauvres et non des vétérans) et toutes restent très mal connues pendant la courte période qui sépare leur fondation de la réorganisation augustéenne[26].

---

21. *Colonia Iulia Felix :* Strabon, XII, 3, 11 ; Pline, *Histoire Naturelle*, VI, 6 ; Jones, *CERP*, p. 166 ; *The Greek City*, p. 61 ; L. Robert, *Études Anatoliennes*, Paris, 1937, p. 259-300.
22. Strabon XII, 4, 3 ; Pline, *Histoire Naturelle*, V, 149 ; Dessau, 314 ; Jones, *CERP*, p. 162. Cf. des descendants de colons reconnaissables à leurs gentilices rares : *I. Apameia-Pylai*, p. 33-34, n° 22 (Rascanius, d'origine étrusque), p. 34, n° 24 (Volusius). J.-P. Rey-Coquais, dans Chr. Goudineau et A. Rebourg, *Les villes augustéennes de Gaule*, Autun, 1991, p. 148, descend la fondation d'Apamée-Myrléia comme colonie à l'époque d'Antoine.
23. Strabon, XII, 3, 6 ; Jones, *CERP*, p. 162, 167 ; Id, *The Greek City*, p. 61.
24. Sur Lampsaque : Appien, *Bellum Civile*, V, 137 ; Parion : Pline, *Histoire Naturelle*, V, 141 ; Jones, *CERP*, p. 86 ; *The Greek City*, p. 61. Cf. M. Grant, *From Imperium to Auctoritas*, Oxford, 1946, p. 246-249 : les monnaies soulignent l'association en les dénommant toutes deux *colonia Gemella Iulia*. Mais si Parion survécut, Lampsaque était redevenue une cité grecque ordinaire avant l'époque d'Auguste, ce qui a parfois fait douter du renseignement d'Appien, pourtant confirmé par les monnaies ; cf. L. Robert, *Hellenica*, IX, Paris, 1950, p. 87-89.
25. Strabon, XIII, 1, 26 ; fondation antérieure selon A. Krzyzanowska, *RN*, 1968, p. 290 ; M. Grant, *From Imperium*, p. 244-246, indique même précisément la date de 44 av. J.-C., mais A. Jones, *CERP*, p. 85, et J.-P. Rey-Coquais, p. 148, avaient défendu une date augustéenne ; les quelques documents douteux invoqués en faveur de la date haute sont éliminés de façon convaincante par U. Laffi, « La colonia augustea d'Alessandria di Troade », *Colloque de Pise sur les colonies romaines en Orient, novembre 2000*, à paraître. Les dates limites découlent de l'épithète *Augusta*, qui ne peut être antérieure à 27, et de la première attestation sûre, en 12 av. J.-C.
26. F. Vittinghoff, *Römische Kolonisation und Bürgerrechtspolitik unter Caesar und Augustus*, Wiesbaden, 1951, p. 87-89.

Rome et les privilèges des cités

La provincialisation introduisait de nouvelles données juridiques dans les rapports entre les cités grecques et l'État qui les dominait ou avait capacité à le faire. La notion d'alliance qui unissait les cités aux rois hellénistiques était largement formelle et dépendait du seul bon vouloir royal. De même, la liberté n'avait été souvent qu'un argument de propagande dans la lutte opposant les rois entre eux. Rome sut l'utiliser dès 196 avec efficacité[27].

En apparence, l'arrivée de Rome en Anatolie ne changeait pas fondamentalement les données du problème et Rome conserva le vocabulaire traditionnel. Mais désormais, la liberté et son complément éventuel, l'immunité, furent distribués par elle seule en fonction de ses critères propres. On le vit bien dès 188 : les cités qui avaient résisté à Antiochos III et avaient pris ouvertement parti pour Rome, reçurent la liberté et ne furent donc englobées ni dans le nouvel État pergaménien, ni dans la pérée rhodienne. Lorsqu'il fut question d'affaiblir Rhodes, puis Pergame, la liberté des cités fut de même invoquée. Lors de la révolte d'Aristonikos, Rome agit de même : elle préserva la liberté de Pergame, prévue par le testament d'Attale, et accorda le même privilège aux cités qui s'étaient battues contre l'usurpateur. Désormais, c'est à la lumière des services rendus à Rome par les cités, de leur attitude dans les conflits embrasant les provinces que Rome accorda ou supprima la liberté (et l'exemption). On le vit en 85, puis à nouveau en 70, en 40 ou en 31. Par exception, par amitié pour un Grec de ses amis, un *imperator* peut toujours accorder la liberté, ce que firent Pompée pour Mitylène en 62 ou César pour Cnide en 45. Il serait fastidieux de dresser ici la liste des cités qui obtinrent ce privilège[28], mais on peut mentionner Aphrodisias qui la reçut d'Octave[29], et plusieurs cités de Carie[30] qui semblent l'avoir obtenue comme récompense pour leur attitude courageuse soit pendant la guerre mithridatique soit pendant l'invasion de Labienus (Alabanda, Mylasa)[31] ; Pline cite aussi les noms de Chios, Samos, Ilion, Mitylène, Astypalea, sans que l'on connaisse à chaque fois les raisons du privilège. Mais la guerre civile introduisait des impondérables sur lesquelles les cités avaient peu de prise : la liberté accordée par un ami risquait fort d'être supprimée par son rival vainqueur.

---

27. Cf. J.-L. Ferrary, « Rome et les cités grecques d'Asie Mineure au IIe siècle », dans A. Bresson et R. Descat éd., *Les cités d'Asie Mineure occidentale au IIe siècle a. C.*, Bordeaux, 2001, p. 93-106.
28. Des exemples chez A. H. M. Jones, « Civitates liberae et immunes in the East », *Mélanges W. H. Buckler*, Manchester, 1939, p. 103-117, dont les conceptions me semblent cependant dépassées.
29. J. Reynolds, *Aphrodisias and Rome*, Londres, 1982, p. 104-106, doc. 13, lettre d'Octave aux Smyrniens (sans doute en 38 av. J.-C.) pour leur signifier son refus de leur octroyer la liberté qu'il n'a accordée qu'aux Aphrodisiens.
30. Pline donne une liste qui comprend Alabanda, Aphrodisias, Bargylia, Kaunos, Cnide, Mylasa, Stratonicée de Carie.
31. Pline, *Histoire Naturelle*, V, 109 (Alabanda), 108 (Mylasa).

Restait à donner un contenu à cette liberté. Deux séries de documents, les décrets civiques de Kolophon pour Polémaios et Ménippos d'une part[32], les lettres impériales d'Aphrodisias d'autre part[33], ont remis en cause l'idée que l'on se faisait d'une liberté formelle. Dans les deux décrets kolophoniens datables des débuts de la province d'Asie, on voit clairement comment la cité, par l'intervention énergique de ses ambassadeurs auprès des gouverneurs d'Asie et surtout auprès du Sénat, lutte pour préserver ses lois, son droit de juger elle-même les délits commis sur son territoire, et écarter toute intervention du gouverneur : Ménippos a rapporté du Sénat la confirmation que « en dehors de la province, il ne convient au gouverneur ni de juger, ni de se mêler de tout ». Car la cité libre se trouve juridiquement hors de la province (*éparcheia*). C'est ce que confirment les documents d'Aphrodisias, ainsi que quelques indications de la correspondance de Pline le Jeune : la cité ne figure pas sur la *formula,* la liste des communautés constituant la province[34]. Le gouverneur ne peut ni se mêler de leurs affaires, ni leur imposer des impôts provinciaux (ce qui n'exclut pas qu'une cité libre mais non exempte paie le tribut), ni donner force de loi sur leur territoire à son édit provincial. Termessos de Pisidie, qui reçoit la liberté par un senatus-consulte en 72 ou plutôt en 68, se voit ainsi non seulement confirmer la pleine propriété de tous ses biens, mais échappe aux réquisitions que pourraient lui imposer des magistrats romains en charge de la province[35]. Dans le contexte de la guerre mithridatique et de la guerre contre les pirates, un tel privilège n'était pas dénué d'intérêt pratique. Mais la liberté avait des limites : en échange de ce privilège, les Termessiens s'engageaient à ne pas taxer les transports des publicains qui seraient amenés à traverser son territoire, c'est-à-dire ceux qui conduisaient d'une ville de l'intérieur vers un port le produit du tribut ou d'autres impôts romains.

Décret de Kolophon pour Ménippos

col. 1 [...] ayant accompli celle-ci d'une manière digne à la fois du peuple qui l'avait envoyé et de la métropole, il y a séjourné en suivant l'enseignement des meilleurs professeurs.

Revenu des études, il se montra conforme à ce qui a été dit plus haut dès son âge adulte, allant en ambassade et donnant les meilleurs avis en politique, et ne le cédant en zèle à aucun des citoyens. Car nombreuses furent les ambassades qu'il accomplit auprès des généraux, des questeurs et des Romains passés en Asie, nombreuses aussi celles qu'il fit auprès de la royauté attalique et d'un grand nombre de cités. Mais il a accompli les ambassades les plus grandes et sur les sujets les plus pressants auprès du Sénat même des dirigeants, ayant fait deux fois le voyage de Rome au sujet de la cité elle-même et ayant préservé intacts les privilèges du peuple ; pour la troisième fois, au sujet du territoire de Dioshiéron et des lieux des Défilés et du Prépélaion ; pour la quatrième fois, ceux qui venaient en Asie faisant passer les

32. L. et J. Robert, *Claros* I : *Décrets hellénistiques*, Paris, 1989 ; ci-dessus p. 211 et ci-avant.
33. J. Reynolds, *Aphrodisias and Rome*, Londres, 1982.
34. Un exemple de cette liste est fourni par l'inscription d'Éphèse publiée par Chr. Habicht, « New Evidence from Asia », *JRS*, 65, 1975, p. 64-91, où figurent les noms des cités, tribus et autres communautés de la province, rangées par diocèse.
35. Dessau, *ILS*, 38 ; R. K. Sherk, *Rome and the Greek East*, Cambridge, 1984, p. 89-92, n° 72.

jugements du domaine des lois à celui de leur propre pouvoir et les citoyens accusés étant chaque fois forcés d'assumer une fourniture de caution ; pour la cinquième fois, des lettres ayant été envoyées de Rome au sujet du jugement rendu contre la cité par-devant les consuls et au sujet du citoyen que l'on a mandé à Rome pour une accusation capitale. Dans toutes ces ambassades, avec ses collègues, il a réussi et il a remporté des maîtres des décisions très belles et très utiles. Il a consolidé pour le peuple la pleine possession du territoire littoral et il a conservé les frontières ancestrales du territoire des Défilés et du Prépélaion.

Il a libéré les habitants de la ville des cautions exigées et du pouvoir du gouverneur, l'*éparcheia* étant retranchée de l'autonomie. Il a maintenu l'autorité de nos lois pour toute accusation portée même contre les Romains car le Sénat a décidé que le Romain, soit coupable, soit accusateur de l'un de nos concitoyens, soit jugé chez nous, et le citoyen, qui était accusé pour le meurtre d'un Romain et qui avait été mandé à Rome sous l'inculpation capitale et soumis à jugement en même temps que la cité, il l'a sauvé ainsi que les lois. Ce pourquoi, comme de raison, vinrent des ambassadeurs des villes parentes et amies pour participer aux manifestations de joie et aux sacrifices.

Les gens de Métropolis ayant formulé une accusation selon laquelle nos magistrats auraient fait une saisie d'hommes sur leur territoire et intenteraient des actions mensongères contre ceux qui, chez eux, paraissaient alors occuper le premier rang dans la [...]

col. 2 [...] il a rendu vain le complot de ceux qui faisaient une contre-ambassade mais encore il a rapporté cette addition à la réponse (du Sénat) que, en dehors de la province, il ne convient au gouverneur ni de juger, ni de se mêler de tout ; c'est une réponse tout à fait conforme à la démocratie et très belle.

Élu stratège des hoplites en temps de guerre et avec la présence des armées romaines, ayant exercé ensuite la même magistrature de nouveau, il recevait lui-même ceux des Romains qui venaient dans la ville, faisant ainsi que les maisons des citoyens n'avaient pas à être réquisitionnées pour le logement et il manifestait le plus grand souci de l'utilité commune en prenant sur lui l'ensemble des dépenses. Il a conservé avec ses collègues dans les magistratures à la fois la concorde entre les citoyens et les propriétés appartenant à chacun et, en général, ayant introduit beaucoup de dispositions utiles et avantageuses pour tous les habitants de la ville, il détient le témoignage de son impulsion constante vers le bien.

Élu agonothète, il a promis de faire construire avec une somme d'un talent les chambranles du pronaos pour Apollon, dieu maître de la ville ; se surpassant lui-même, il les a construits plus grands que promis, avec une somme d'argent plus forte de beaucoup.

Ayant présidé aux concours eux-mêmes de façon soigneuse et avec justice, il a obtenu une notoriété digne d'envie de la part de tous ceux qui étaient venus à la panégyrie, Hellènes et Barbares. Dans la même année aussi, ayant la couronne de prytane, non seulement dans l'Arrivée de Dionysos, après avoir célébré heureusement les sacrifices aux dieux au nom de la ville, il a fait un banquet public, mais encore dans les réunions mensuelles du prytanée il a honoré à tour de rôle les citoyens en les invitant au foyer commun ; le second jour du banquet public, il a fait participer à sa générosité les isotèles et les métèques.

Comme étaient venus dans la cité, et plus d'une fois, le gouverneur romain Quintus Mucius avec le questeur et des tribuns militaires, il les a tous reçus et il a rendu à la cité les sommes qu'elle lui avait versées pour les dépenses. Sous la prytanie d'Euphranôr, le peuple ayant voté de célébrer les banquets royaux pour les *neoi* et les *presbyteroi* et les sommes versées pour cela ne suffisant pas mais les *epimenioi* désignés fournissant de grosses sommes sur leur argent, Ménippos a libéré de la dépense ceux qui allaient devenir *epimenioi* et il a renvoyé à la ville les sommes versées par elle ; quant à l'intention du peuple et aux [--] des rois [...].

col. 3 [...] il a accompli gratuitement et il a fait beaucoup d'autres promesses au peuple, ne laissant passer aucune occasion ni aucun besoin urgent ; pour les fournitures, manifeste fut la générosité qu'il a eue envers les dieux et envers les hommes. Ainsi donc, recommandé aux plus grands des Romains à cause de sa valeur en tout, et allant en ambassade en leur nom et étant jugé digne de confiance, il est devenu illustre dans beaucoup de villes grecques et les ayant acquis (les Romains) comme patrons véritables de la ville, il a été extrêmement utile au peuple auprès des gouvernants chez lesquels sont les services les plus nécessaires pour tous les hommes.

Afin donc que le conseil et le peuple montrent qu'ils honorent les gens de bien d'une façon digne de leurs bienfaits envers eux, plaise au conseil et au peuple de décerner l'éloge à Ménippos, fils d'Apollônidès par adoption et, selon la nature, fils d'Eumédès, du dème Prométhéos, de la tribu Séleukis, (en l'honorant) d'une couronne d'or et d'une statue de bronze doré à cause de sa valeur et de son attachement envers le peuple ; que les honneurs soient proclamés à chaque fois aux Dionysies et aux *Klaria* dans les concours ; que prennent soin de la proclamation le prytane aux Dionysies, aux *Klaria* les agonothètes, dans la pyrrhique et les concours gymniques, le héraut faisant cette proclamation : « Le peuple couronne Ménippos, fils d'Apollônidès par adoption et, selon la nature, fils d'Eumédès, d'une couronne d'or et d'une statue de bronze doré, parce qu'il est bienfaiteur, zélé et empressé envers la communauté des citoyens, et qu'il a présidé à la patrie dans des circonstances critiques » ; et de lui décerner l'éloge parce que, dans l'épuisement de la cité, agréant l'honneur à lui-même rendu par le peuple et montrant une attitude conforme à ce qui a été dit plus haut, il promet de prendre à ses frais la dépense que nécessitera l'érection de la statue bien que le peuple eût assumé avec plaisir la dépense à cause de son attachement pour Ménippos. Qu'il soit invité à la proédrie dans les concours lorsque les autres y sont invités, qu'il ait aussi la nourriture au prytanée. Que l'on consacre sa statue dans le sanctuaire d'Apollon *Clarios*, dans l'emplacement qui aura été indiqué par le trésorier et qu'on y inscrive la proclamation indiquée, et que l'on dresse à côté une stèle contenant ce décret.
Les votants au nombre de 1342 ; pour : 1326 ; contre : 16.

Source : L. et J. Robert, *Claros I. Décrets hellénistiques*, Paris, De Boccard, 1989, p. 63-104 (trad. L. et J. Robert).

En principe, l'exemption (*immunitas*) doit accompagner la liberté puisque celle-ci place la cité hors de la province. Elle s'applique au tribut et aux réquisitions diverses. Pourtant, on prend souvent soin de préciser que l'exemption est accordée en plus de la liberté : Cnide, libre et exempte en novembre 45[36], Aphrodisias exempte grâce à Antoine[37], Tarse, les cités lyciennes[38]. En revanche, Kolophon doit entretenir les armées romaines de passage (décret pour Ménippos), mais il est vrai que l'on est encore dans le contexte de la guerre contre Aristonikos. Quoi qu'il en soit, comme le rappelle Jean-Louis Ferrary, « la liberté était aussi un combat, qui devait être mené avec constance contre les tentatives d'empiétement des proconsuls et des publicains »[39] : théoriquement soumises en rien à l'autorité des uns et des autres, les cités libres furent pourtant souvent victimes de leurs abus. Cela explique sans doute, en partie, que certaines d'entre elles se rallièrent aussi facilement à Mithridate VI en 89-88, alors que leur statut privilégié aurait dû les tenir à l'abri du conflit.

Sur les cités qui ne jouissent pas de ce privilège de liberté, Rome dispose en revanche d'une autorité pleine et entière. On voit ainsi Rome intervenir dans

36. *I. Knidos*, 12.
37. *OGIS* 454.
38. Appien, *Bellum Civile*, V, 7.
39. J.-L. Ferrary, « Rome et les cités grecques d'Asie Mineure au IIe siècle », dans A. Bresson et R. Descat éd., *Les cités d'Asie Mineure occidentale au IIe siècle a. C.*, Bordeaux, 2001, p. 103.

l'octroi de territoires supplémentaires ou au contraire diminuer l'étendue d'un territoire jugé excessif. Dès 189, elle donne à Ilion, déclarée libre, les territoires de Rhoitaion et de Gergis[40]. On ne compte plus les mesures de même nature après la création des provinces : le meilleur exemple reste l'octroi de vastes territoires aux cités pontiques, anciennes ou nouvelles, que l'on a rappelé plus haut. Mais elle peut donner une cité à une autre ou, au contraire, la reprendre : elle donne Kéramos à Stratonicée de Carie en 81[41], comme elle avait arraché la même Stratonicée, en même temps que Kaunos, aux Rhodiens en 166.

Rome et les institutions civiques

Rome intervient peu dans l'organisation interne des cités et ne cherche en rien à imposer un mode de fonctionnement copié sur le sien. Il arrive cependant qu'un magistrat ou pro-magistrat intervienne, sans doute pour trancher un conflit entre des interprétations ou des pratiques diverses. En Bithynie, Pompée dut ainsi légiférer au sujet de la citoyenneté. Selon Pline le Jeune[42], il aurait interdit aux cités bithyniennes d'accorder la citoyenneté à des citoyens d'autres cités de la même province, sans doute pour éviter que les cités ne se livrent à une surenchère pour s'attirer les faveurs des riches. Il y a peu de chances qu'il soit intervenu de lui-même et il dut le faire à la demande de cités petites ou moyennes qui voyaient se détourner d'elles leurs citoyens les plus riches, honorés de citoyennetés plus reluisantes. De même, il prit quelques mesures au sujet des magistratures et des conseils puisque Pline note que « la loi de Pompée, qui est en vigueur chez les Bithyniens et dans le Pont, n'exige pas un versement de ceux qui sont choisis par les censeurs pour entrer dans la *boulè* »[43]. Pompée n'a donc pas introduit l'usage romain de l'honoraire décurional, respectant en cela la tradition grecque. Mais on aimerait évidemment savoir ce que prévoyait cette loi car elle ne devait pas se contenter de confirmer les pratiques antérieures. On apprend seulement qu'elle innova en décidant que les bouleutes seraient choisis parmi les citoyens de plus de trente ans ayant rempli une magistrature civique[44], ce qui revenait à en exclure tout citoyen ordinaire. Malheureusement, Pline n'en dit pas davantage et l'on ignore s'il y eut d'autres modifications avant l'époque d'Auguste où, de façon certaine, furent appliquées de nouvelles règles sur le recrutement et surtout la permanence des conseils civiques[45].

---

40. Strabon, XIII, 1, 70 ; Polybe, V, 77-78.
41. Cf. M. Spanu, *Keramos of Caria. Storia e Monumenti*, Rome, 1997.
42. Pline, *Lettres*, X, 114.
43. Pline, *Lettres*, X, 112.
44. Pline, *Lettres*, X, 79-80.
45. Cf. *L'Asie Mineure et l'Anatolie,* p. 216-225. Sur la *lex Pompeia*, cf. Chr. Marek, *Stadt, Ära und Territorium in Pontus-Bithynia und Nord-Galatia*, Tübingen, 1993, p. 42-45 ; J. Murphy, « Pompey's Eastern Acta », *AHB*, 7, 4, 1993, p. 136-142.

La *Lex Pompeia* et l'organisation des institutions civiques en Bithynie

Honoraire décurional. (Lettres 112-113)

Pline : Maître, la loi de Pompée, qui est en vigueur chez les Bithyniens et dans le Pont, n'exige pas un versement de ceux qui sont choisis par les censeurs pour entrer dans la *boulè*[46]. Mais ceux que ta bienveillance a permis à certaines villes d'ajouter au nombre légal ont versé qui 1 000, qui 2 000 deniers. Plus tard, le proconsul Anicius Maximus a prescrit que même ceux qui étaient choisis par les censeurs, à condition que ce fût dans très peu de villes, feraient un versement variant selon les cas.

Il n'y a donc plus qu'une solution, c'est que ce soit toi qui décides si dans toutes les villes tous ceux qui désormais seront choisis comme bouleutes doivent pour leur entrée donner une somme déterminée. Car toute règle destinée à durer toujours doit être établie par toi, aux actes et aux paroles de qui est due l'éternité.

Trajan : Je ne puis décider d'une façon générale si l'honoraire décurional doit être versé par tous ceux qui dans chaque ville de Bithynie deviennent décurions, ou non. Je pense donc que comme toujours la voie la plus sûre est de suivre la loi de chaque ville, mais pour ceux qui deviennent décurions malgré eux, j'estime qu'il faudra que les duumvirs les fassent payer de préférence aux autres.

Bouleutes originaires d'autres cités (114-115).

Pline : Maître, la loi de Pompée a permis de s'adjoindre comme citoyens ceux qu'elles voulaient, pourvu qu'ils n'appartinssent pas à d'autres villes de Bithynie. La même loi édicte les motifs d'exclusion du sénat[47]. Les censeurs ont cru devoir me demander s'ils devaient exclure celui qui serait d'une autre ville.

Voici mon avis : la loi, si elle interdisait de s'adjoindre un citoyen d'une autre ville, n'ordonnait pas qu'il fût pour cette raison exclu du sénat ; en outre, on m'assurait que dans chaque ville nombreux étaient les bouleutes originaires d'autres cités et il s'ensuivrait que le statut de nombre de personnes et de cités serait bouleversé par cette partie de la loi, qu'un accord général avait déjà laissé tomber en désuétude. J'ai donc pensé qu'il était nécessaire de te consulter sur la règle à observer. Je joins à cette lettre les articles de la loi.

Trajan : Très cher Pline, tu as raison d'hésiter sur la réponse à donner aux censeurs qui te demandaient si devaient rester au sénat les citoyens d'autres cités, mais de la même province. Car l'autorité de la loi et d'autre part une longue habitude adoptée en violation de la loi ont pu te rendre perplexe. Voici le tempérament que j'adopte : ne changeons rien à ce qui est fait et laissons les citoyens de n'importe quelle ville, même nommés en violation de la loi ; mais qu'à l'avenir la loi de Pompée soit observée ; si nous voulions l'appliquer aussi pour ce qui a été fait dans le passé, nous causerions inévitablement beaucoup de troubles.

Âge d'entrée dans les curies municipales (79-80).

Pline : Maître, la loi de Pompée qui est celle des Bithyniens, interdit qu'on occupe une magistrature ou accède au sénat avant trente ans. La même loi stipule que ceux qui ont occupé une magistrature font partie du sénat. Puis est venu l'édit du divin Auguste, par lequel il a permis d'occuper les magistratures mineures à partir de vingt-cinq ans. On demande donc si celui qui a exercé une magistrature avant trente ans peut être admis par les censeurs dans le sénat et, au cas où cela est possible, si ceux aussi qui n'ont pas exercé de magistrature, peuvent en

46. Pline emploie lui-même le mot grec.

47. Pline et Trajan, écrivant en latin, emploient généralement les termes latins équivalents aux mots grecs : sénat ou curie pour *boulè*, sénateur ou décurion pour bouleute, duumvir pour archonte, etc. Il arrive cependant que Pline use de *boulè* et bouleutes, transcrits du grec.

vertu de la même interprétation être admis dans le sénat à partir de l'âge où il leur est permis d'exercer une magistrature. C'est d'ailleurs la règle qui, dit-on, a été constamment suivie jusqu'ici et qui est indispensable, car il est préférable de faire entrer dans la curie des fils de famille (*honestores homines*) plutôt que des gens du peuple.

Pour moi, quand les censeurs désignés m'ont demandé mon avis, je pensais que ceux qui avaient exercé une magistrature avant trente ans pouvaient entrer au sénat et selon l'édit d'Auguste et selon la loi de Pompée, puisqu'Auguste avait permis d'exercer une magistrature avant trente ans et que la loi avait voulu que qui avait exercé une magistrature fût sénateur. Mais pour ceux qui n'en avaient pas exercé, bien qu'ils fussent du même âge que ceux qui ont eu le droit d'en exercer, j'hésitais.

C'est pourquoi, maître, je te demande la règle que tu veux me voir suivre. Je joins à cette lettre les articles de la loi et l'édit d'Auguste.

Trajan : Mon très cher Pline, ton interprétation est la mienne. L'édit du divin Auguste a suffisamment modifié la loi de Pompée en autorisant à occuper des magistratures à partir de vingt-cinq ans et en faisant entrer au sénat de chaque cité ceux qui en avaient occupé. Mais, quand ils n'ont pas occupé de magistrature, ceux qui ont moins de trente ans ne peuvent être, à mon avis, sous le prétexte qu'ils peuvent occuper une magistrature, admis dans la curie des différents endroits.

Source : Pline le Jeune, *Lettres*, t. X (édition et traduction de M. Durry, Paris, Les Belles Lettres, 1972 ; légèrement modifiée ici).

Bibliographie : L. Vidman, *Étude sur la correspondance de Pline le Jeune avec Trajan*, Prague, 1960 ; A. N. Sherwin-White, *The Letters of Pliny. A Historical and Social Commentary*, Oxford, 1985 ; Chr. Marek, *Stadt, Ära und Territorium in Pontus-Bithynia und Nord-Galatia*, Tübingen, 1993, p. 42-45.

La mise à sac de l'Anatolie romaine

Pour une périodisation de la ruine

On a rappelé plus haut comment s'était mis en place rapidement un système d'exploitation des nouvelles provinces. Bien qu'il soit difficile d'apprécier exactement l'importance des prélèvements ainsi opérés, il paraît peu probable que ceux-ci aient ruiné la province d'Asie dès les premières décennies de son existence. Certes, l'appétit des publicains était féroce et les cités durent se défendre contre leurs empiétements[48]. Ainsi Pergame porta dès 129 devant le Sénat le différend qui l'opposait aux publicains qui voulaient soumettre son territoire aux prélèvements imposés aux autres cités d'Asie ; une commission fut envoyée sur place et un senatus-consulte trancha le conflit en faveur des Pergaméniens[49]. Les malheurs de Pergame ne sont pas isolés et on peut constituer tout un dossier sur les tentatives d'exploitation abusive des domaines publics ou sacrés par les publicains : à Éphèse, ce sont les pêcheries appartenant au sanctuaire d'Artémis qui sont

48. T. R. S. Broughton, *Roman Asia*, p. 535.
49. Deux copies provenant d'Adramyttion et de Smyrne : cf. R. K. Sherk, *Roman Documents*, p. 63-73, n° 12 (= Id., *Rome and the Greek East*, n° 45).

visées[50], à Ilion les terrains d'Athéna Ilias[51], à Priène les terres sacrées d'Athéna Polias[52]. Les Mytiléniens, qui avaient obtenu la liberté et l'immunité en 62 grâce à leur compatriote Théophane, ami de Pompée, durent faire reconnaître leurs droits contre les prétentions des publicains en 55[53]. Toute la difficulté réside dans une juste appréciation des effets de l'exploitation romaine et dans l'établissement d'une périodisation. En d'autres termes, l'Asie fut-elle ruinée dès l'établissement de la province, ou cela ne fut-il que progressif et propre aux ultimes décennies de la République moribonde ?

On a sans doute eu tort d'étendre à l'ensemble de la période le tableau effrayant tiré des sources des années 80-30, mais il serait étonnant que les effets de l'exploitation ne se soient fait sentir qu'après les guerres mithridatiques[54]. Néanmoins, il ne faut sans doute pas considérer la période comme uniformément tragique pour tous. En effet, malgré les difficultés rencontrées par les cités dont on a fait état plus haut, d'ailleurs réglées au bénéfice des provinciaux[55], une certaine prospérité a pu se maintenir durant le dernier tiers du IIe siècle, dont témoignerait l'ampleur des constructions entreprises alors dans plusieurs cités. Ainsi à Priène sont construits, reconstruits ou embellis le temple d'Athéna Polias, le théâtre, le gymnase et trois portiques[56], le temple d'Apollon à Alabanda, celui d'Hécate à Lagina (territoire de Stratonicée de Carie) ou le Didymeion et les agoras (v. 120) de Milet ; au tout début de la province d'Asie est aussi reconstruit l'autel d'Apollon à Claros, avec un dispositif pour les hécatombes[57]. Mais on peut s'interroger à juste titre sur la réalité de cette prospérité car on ne sait pas toujours comment sont financées ces constructions. Il faudrait disposer de davantage d'informations précises pour mesurer l'état de l'économie urbaine à la fin du IIe siècle. Cependant, la brutalité de l'explosion de 89-88 laisse peu de doutes sur l'état réel de l'économie de l'Asie Mineure au début du Ier siècle. Quels que soient les efforts des cités et des évergètes, la haine des Romains se nourrit probablement d'un profond malaise économique et social.

---

50. Strabon, XIV, 1, 26.
51. *OGIS* 440.
52. *I. Priene*, 111.
53. R. K. Sherk, *Roman Documents*, n° 25-26 ; cf. G. Labarre, « Théophane et l'octroi de la liberté à Mytilène : questions de méthode », *Tekméria*, 2, 1996, p. 44-54.
54. Réaction justifiée mais sans doute excessive de R. Kallet-Marx, *From Hegemony to Empire. The Development of the Roman Imperium in the East from 148 to 62 B. C.*, Berkeley, 1995, p. 125-160 notamment.
55. Mais l'impression est trompeuse : il va de soi que les provinciaux n'avaient aucune raison de faire afficher les décisions qui leur étaient défavorables et nous ne conservons donc ainsi que la trace des procès gagnés.
56. Sur le réaménagement du portique nord de l'agora et l'aménagement du sanctuaire situé à l'est de celle-ci dans la seconde moitié du IIe siècle, cf. W. Koenigs, « Planung und Ausbau der Agora von Priene », *Ist. Mitt.*, 43, 1993, p. 393. L'ensemble aurait été payé par Oropherne : *I. Priene*, 204.
57. J. de la Genière, « Claros 1992 », *REA*, 95, 1993, p. 390.

Les drames du Ier siècle

Il n'est pas question de faire ici l'inventaire des malheurs des provinciaux durant les guerres mithridatiques puis lors des guerres civiles ou de l'invasion parthe. Mais il paraît nécessaire de décrire avec quelque détail par quels mécanismes inexorables l'Anatolie tout entière se trouva enfermée dans une spirale du déclin qui la conduisit à une ruine à peu près complète à la veille d'Actium.

Il faut d'abord souligner qu'après la première guerre mithridatique, les exactions qui n'avaient auparavant frappé que l'Asie s'étendirent à toute l'Anatolie. Les publicains œuvrèrent en Bithynie dès 74, et ils tentèrent même de soumettre la cité libre d'Héraclée du Pont à leurs exigences, ce qui fut cause du massacre des Romains résidant dans cette cité[58]. À partir de 68-67 au plus tard, le Pont tout entier fut soumis aux prélèvements, puisque Pharnace II, lors de la reconquête du royaume paternel en 48-47, put y mettre à mort ou y émasculer *negotiatores* et publicains, justifiant l'intervention romaine[59]. En réalité, aucune province n'échappa aux publicains (Cicéron les évoque maintes fois dans ses lettres), aucun royaume-client ne fut à l'abri des entreprises des *negotiatores*.

Il faut sans doute distinguer, dans les malheurs qui causent la ruine des provinces anatoliennes, plusieurs phénomènes liés les uns aux autres, mais dont les effets ne sont pas de même nature. D'une part, les trois guerres mithridatiques ont provoqué sans aucun doute dépopulation, destruction de cités, pillage des biens et des récoltes, fuite des paysans, confiscation des richesses à travers toutes les provinces. Mais ces malheurs liés à la guerre se répétèrent en 47 lors de la guerre contre Pharnace, en 43-42 lors du passage des « Libérateurs », puis en 40 lors de l'invasion parthe. Certes, ce ne furent pas toujours les mêmes régions, ni les mêmes cités qui furent touchées, mais la misère croissante des uns et des autres ne pouvait que porter un coup à l'ensemble de l'économie des provinces. À ces désordres de la guerre, il faudrait ajouter le financement exceptionnel de la guerre, le versement anticipé du tribut imposé par Metellus Scipion en 48[60], les dix années de tribut réclamées par Brutus et Cassius, puis les neuf ans exigés par Antoine dès l'année suivante. On pourrait ajouter à cela le pillage des villes et des sanctuaires : Metellus Scipion se dirige vers les villes les plus riches d'Asie pour faire hiverner ses légions et en livre quelques autres au pillage des troupes pour accroître sa popularité chez les soldats[61]. À cela s'ajoute l'humiliation de voir les villes dépouillées de leurs œuvres d'art : le tristement célèbre Verrès opère en Bithynie, en Asie,

58. Appien, *Guerre de Mithridate*, 71 ; Memnon d'Héraclée, *FGrHist.* 434 F 27.5-6 (= Photius, *Bibliothèque*, codex 224, 232b-233a).
59. *Bellum Alexandrinum*, 70.
60. César, *Bellum Civile*, III, 32 : Metellus Scipion, beau-père de Pompée, a échoué à s'emparer du trésor d'Artémis d'Éphèse, mais il exige des publicains les arriérés de deux ans de tribut en même temps que l'avance de l'année suivante.
61. César, *Bellum Civile*, III, 32.

en Pamphylie notamment, mais Antoine fait enlever trois célèbres statues de Myron de l'Héraion de Samos[62]. Comme le souligne Cicéron, « un grand nombre de délégations venues d'Asie et d'Achaïe [...] contemplaient avec vénération dans le Forum les images des dieux, enlevées de leurs temples, [...] et toutes les autres statues et tous les autres objets précieux, quand elles reconnaissaient ceux-ci dans un endroit, ceux-là dans un autre »[63]. On ne saurait mieux décrire les effets du pillage romain.

Mais le plus grave est sans doute ailleurs, non dans l'exceptionnel, mais dans les pratiques quotidiennes de l'administration, des publicains et des hommes d'affaires romains. Entre le tribut, les arriérés dus au titre des indemnités de guerre, les réquisitions de toutes sortes que peuvent exiger les gouverneurs de province pour eux, leur entourage et leurs troupes, les cités sont conduites au versement de sommes considérables. Pour un Cicéron, soucieux de ne pas grever inutilement les finances civiques, combien de magistrats moins scrupuleux ! Cicéron rappelle à plusieurs reprises qu'il ne veut rien demander : « Ce qui soulage cependant ces pauvres cités, c'est qu'elles ne font aucune dépense pour moi, ni pour mes légats, ni pour mon questeur, ni pour personne. Sache que nous n'acceptons ni foin, ni ce qu'on donne d'ordinaire en application de la *lex Iulia*, même pas de bois, et que, sauf quatre lits et un toit, personne n'accepte rien[64]. » À cette vertu exagérée répond l'arrogance d'un Verrès qui, sur le chemin d'une mission en Bithynie, fait scandale à Lampsaque au point d'être pris à partie par la population[65] ; le même réquisitionne un bateau milésien pour l'escorter de Milet à Myndos et, à l'arrivée, vend le bateau à deux Romains passés au service de Mithridate[66] ! Entre ces deux positions extrêmes, la plupart des légats et pro-magistrats ont coutume de prélever sur le pays tout ce dont ils ont besoin lors de leurs déplacements. Et après le départ du gouverneur, les cités dépêchent à Rome de coûteuses ambassades chargées de faire son éloge[67].

Pressurées par les exigences des sociétés de publicains, les cités sont contraintes d'emprunter à qui veut bien leur prêter car leurs propres impôts rentrent mal, ou pas du tout, comme en témoigne Cicéron à plusieurs reprises. Depuis la *lex Gabinia* de 68, elles ne peuvent le faire à Rome même. Elles s'endettent donc auprès des hommes d'affaires et des publicains qui disposent de fonds sur place[68]. Les taux légaux fixés par Lucullus à 12 % en

---

62. Strabon, XIV, 1, 14 ; rendues par Octave.
63. Cf. Cicéron, *Verrines*, II, 1, 59.
64. Cicéron, *Lettres à Atticus*, V, 16, 3 ; même idée *Lettres à Atticus*, V, 17, 2.
65. Cicéron, *Verrines*, II, 1, 63-69.
66. Cicéron, *Verrines*, II, 1, 86-87.
67. Cicéron, *Ad Familiares*, III, 8, 2-5 : il a autorisé les cités qui le lui demandaient à ne pas envoyer d'ambassade pour rendre les honneurs dus à son prédécesseur, Appius Claudius, et Cicéron s'en justifie auprès de lui.
68. Cf. la liste des textes mentionnant des emprunts faits par les cités dans L. Migeotte, *L'emprunt public*, Paris-Québec, 1984, p. 339-343.

Asie, puis par Cicéron au même taux en Cilicie mais avec possibilité d'intérêts composés mensuels[69] ne sont guère respectés des usuriers qui prétendent obtenir jusqu'à 48 %[70]. Le rythme d'accroissement de l'endettement s'accélère sans laisser aucune possibilité aux cités de s'en sortir. Or les sommes peuvent être considérables : T. Pinnius, fils d'un ami de Cicéron, possède une créance de huit millions de sesterces (deux millions de deniers) sur Nicée[71].

Les cités ne sont pas seules en cause. Ariobarzane III de Cappadoce a contracté des emprunts écrasants, dont plus de 3 000 talents envers le seul Pompée ; même les intérêts annuels dépassent ses possibilités de remboursement et Cicéron finit par conclure un arrangement qui impose à Ariobarzane de verser 33 talents par mois, ce qui représente moins que les intérêts[72]. Pour financer l'opération, on a créé un impôt extraordinaire, qui se trouve entièrement consacré au remboursement de Pompée, pourtant loin d'être le seul créancier. La situation d'Ariobarzane n'est pas unique et Cicéron souligne au passage que la plupart des rois sont impécunieux[73].

Face à cette misère des cités et des rois, les recours sont minces. Selon Cicéron, la responsabilité de la ruine des finances civiques revient aux magistrats qui puisent dans les caisses publiques et il se félicite de leur avoir fait rendre gorge[74]. Mais on peut douter de la validité d'une telle explication, même si elle peut être exacte ici ou là. Bien d'autres mécanismes aggravent la situation. D'une part, les créanciers sont dans bien des cas des gens en vue : Pompée et Brutus sont les principaux créanciers d'Ariobarzane III de Cappadoce[75] ; à Salamine, c'est Brutus qui se cache derrière les hommes de paille auxquels résiste Cicéron[76] : il a fait légaliser par un senatus-consulte le taux exorbitant du prêt ! L'élite sociale et politique de Rome possède des intérêts dans les provinces anatoliennes[77] et utilise ses réseaux de relations pour protéger ses intérêts sans avoir besoin de se rendre dans les

69. Cicéron, *Lettres à Atticus*, V, 21, 11.
70. Cicéron, *Lettres à Atticus*, V, 21, 11 : selon l'intérêt que l'on applique, la dette des Salaminiens de Chypre passent ainsi en 22 mois de 84 à 106 (intérêt légal) ou 200 talents (intérêt exigé par l'usurier romain qui n'est autre que Brutus).
71. Cicéron, *Ad Familiares*, XIII, 61.
72. Cicéron, *Lettres à Atticus*, VI, 1, 3.
73. Cicéron, *Ad Familiares*, XV, 1, 6.
74. L'allusion est trop générale pour être exactement comprise, mais dans un autre passage Cicéron félicite son frère d'avoir interdit « l'impôt des édiles », c'est-à-dire les prélèvements des magistrats sur les dépenses publiques, notamment sur les jeux : Cicéron, *Ad Quintum fratrem*, I, 1, 26.
75. R. D. Sullivan, *Near Eastern Royalty and Rome*, Toronto, 1988, p. 178.
76. Cicéron, *Lettres à Atticus*, V, 21, 12 ; cf. L. Migeotte, *L'emprunt public*, p. 254-258, n° 75.
77. Sur les intérêts de l'ordre équestre dans les sociétés de publicains et les affaires : Cl. Nicolet, *L'ordre équestre à l'époque republicaine*, Paris, 1966, p. 317-386, notamment le tableau p. 376-379.

provinces[78]. On a vu comment on a imposé à Ariobarzane la création d'un impôt pour financer le remboursement de Pompée. Dans les provinces, la confusion entre administrateurs et créanciers est permanente : il n'est pas rare que le pro-magistrat choisisse comme légats et tribuns militaires des hommes d'affaires qui trouvent par ce moyen l'occasion de récupérer par la force leurs créances. Cicéron a beau se défendre de pratiquer ainsi, son légat M. Anneius est en affaires avec les gens de Sardes qui se trouvent, il est vrai, dans une autre province que la sienne[79]. Et lui-même avoue avoir modifié son édit provincial en y insérant « ce que les publicains, quand ils vinrent me voir à Samos, me prièrent de transcrire de ton édit [Appius Claudius, son prédécesseur] dans le mien »[80]. Un homme comme Verrès se conduit, en Asie et en Pamphylie, comme un « commerçant en statues et en tableaux [...] aux frais de la République et avec le titre de légat » aux dires même de Cicéron[81]. Surtout, la toute puissance du clientélisme assure la cohésion totale entre pro-magistrats et hommes d'affaires. Cicéron passe son temps à recommander ses clients ou à recevoir des lettres de recommandation de ses amis pour leurs propres clients. Ainsi, pour l'affaire de M. Anneius, il écrit simplement à son collègue en charge de l'Asie pour qu'il intervienne en sa faveur et fasse rendre gorge aux gens de Sardes. De même, de Cilicie il écrit à son collègue de Bithynie : puisque les Nicéens s'apprêtent à se libérer de leur dette envers T. Pinnius, Cicéron demande au propréteur de Bithynie de faire en sorte que le créancier en tire le profit maximum[82]. Une autre fois, son ami M. Caelius Rufus lui recommande « M. Feridius, chevalier romain, fils d'un de mes amis, bon et brave jeune homme, [qui] va là-bas (en Cilicie) pour ses affaires : je te le recommande et te prie de le traiter en ami. Il désire que par ton obligeante intervention – cela t'est facile et l'honnêteté n'y contredit pas – des terres qui paient redevance à des cités de ta province soient déclarées exemptes d'impôt : tu obligeras des hommes de cœur et capables de reconnaissance[83]. » Voilà le gouverneur de Cilicie pris entre deux obligations contraignantes : d'une part, comme pro-magistrat, veiller au bon état des finances civiques qui conditionne le paiement du tribut, et d'autre part, comme patron et ami, accorder à M. Feridius une *immunitas* qui privera la cité des taxes et impôts qui lui sont dus.

78. Cf. Caerellia, héritière d'un *negotiatior* installé en Asie, fait recommander ses biens, ses créances et ses agents auprès de Cicéron car elle-même ne compte aucunement résider en Asie : Cicéron, *Ad Familiares*, XIII, 72.
79. Cicéron, *Ad Familiares*, XIII, 55.
80. Cicéron, *Ad Familiares*, III, 8, 4.
81. Cicéron, *Verrines*, II, 1, 60.
82. Cicéron, *Ad Familiares*, XIII, 61 : « dans la mesure où te le permettront ta conscience et ta dignité » !
83. Cicéron, *Ad Familiares*, VIII, 9, 4.

Le même Cicéron qui, comme proconsul de Cilicie, se flatte maintes fois d'apporter son aide aux provinciaux accablés par les hommes d'affaires et connaît la situation désastreuse des finances civiques, n'hésite pas à intervenir auprès de son collègue d'Asie pour obtenir la saisie des biens de Philoklès d'Alabanda au profit de son ami Cluvius de Puteoli, qui a, par ailleurs, prêté de l'argent à cinq cités de Carie, Mylasa, Alabanda, Hérakleia, Bargylia et Kaunos[84]. On pourrait multiplier les exemples rien qu'en parcourant la correspondance de Cicéron[85]. Le sens est clair : le système de patronat et de clientèle qui commande l'ensemble des relations politiques et sociales à Rome à la fin de la République[86] joue contre les intérêts des provinciaux, à moins que ceux-ci n'entrent eux-mêmes dans ce réseau. Les administrateurs romains à qui ceux-ci pourraient demander d'arbitrer les conflits avec leurs créanciers sont eux-mêmes liés à ces hommes, quand ils ne sont pas eux-mêmes les créanciers.

Dans ces conditions, la situation financière ne peut s'améliorer. Des cités apparaissent incapables de payer leurs dettes ou le tribut. Ainsi, Cicéron avoue en 50 que des cités de sa province (il écrit depuis Laodicée du Lykos, qui fait alors partie de son gouvernement) n'ont pu verser aux publicains les annuités du bail quinquennal en cours et devaient encore des arriérés du bail précédent[87]. Parfois, si les cités paient leur dette au fisc romain, elles sont en revanche incapables d'assumer leur participation aux sanctuaires communs. Il faut donc faire proclamer des moratoires, voire des annulations de dettes. À Ilion, en 77, « chacun s'accordant sur la triste situation des cités », on décréta que l'argent que les cités devaient à la déesse porterait désormais un intérêt de 1,66 % pour les dix ans à venir, que les intérêts dus pour les années passées seraient annulés et que l'on ne reviendrait que dans dix ans au taux normal de 6,66 % prévu par la loi[88]. Cela équivalait pour les cités à emprunter au trésor de la déesse à un taux dérisoire et pour une longue période. Il est cependant difficile d'établir un lien direct entre cette situation et la domination romaine puisque les retards de paiement des cités, des magistrats et des agonothètes pour la célébration des fêtes communes du *koinon* local apparaissent dès la fin du IIIe siècle[89].

84. Cicéron, *Ad Familiares*, XIII, 56. Autres exemples au profit de son ami M. Laenius Flaccus : *Ad Familiares*, XIII, 63 ; *Lettres à Atticus*, VI, 1, 6 ; V, 20, 8.
85. Cf. T. R. S. Broughton, *Roman Asia*, p. 550-554, mais surtout le travail précurseur de J. Hatzfeld, *Les trafiquants italiens dans l'Orient hellénique*, Paris, 1914.
86. Cf. E. Deniaux, *Clientèles et pouvoir à l'époque de Cicéron*, Paris, 1993, en particulier p. 213-248 pour les intérêts économiques et financiers.
87. Cicéron, *Lettres à Atticus*, VI, 2, 5.
88. *I. Ilion*, 10 ; cf. L. Robert, *Monnaies antiques de Troade*, Paris-Genève, 1966, p. 15-17.
89. *I. Ilion*, 11, daté primitivement de 85, mais dont la date a été remontée par L. Robert, *Monnaies antiques de Troade*, Paris-Genève, 1966, p. 36, au début du IIe siècle : on fait remise des annuités en retard ; retards de paiement déjà attestés dès les années 230-220 : *ibid.*, p. 31-33. Le *koinon* regroupe alors Ilion, Dardanos, Skepsis, Assos, Alexandrie de Troade, Abydos et Lampsaque (*I. Ilion*, 10).

La pauvreté du plus grand nombre est telle que les impôts civiques eux-mêmes ne sont pas acquittés[90] ; il est vrai que les exemptions qui bénéficient aux plus riches, notamment aux Romains, privent le trésor civique de rentrées indispensables[91]. Le mal est si répandu que Sulla et César ont pris des mesures en sens inverse, rappelant que les citoyens romains n'avaient pas à se soustraire aux taxes civiques[92]. Pour combler les déficits publics, les cités ont recours à tous les expédients possibles. D'après Appien, on vit les cités mettre en gage des théâtres, des gymnases, des remparts, des ports[93]. Même les édifices sacrés ne sont pas épargnés : à Kymè d'Éolide, la cité a été obligée de vendre le sanctuaire de Dionysos[94] ! En réalité, ce sont les ressources attachées à ces édifices qui sont cédées, boutiques, ateliers ou emplacements commerciaux qui constituaient des revenus de la cité et sont de la sorte affectés au remboursement des dettes[95]. D'autres cèdent des œuvres d'art, comme Cos qui se sépare de la très célèbre statue d'Aphrodite, œuvre d'Apelle.

Cet endettement des cités et des particuliers est à l'origine de nombreux transferts de propriété en faveur soit de Romains et d'Italiens, soit au profit de riches Grecs. Alors que les lois des cités grecques ont longtemps réservé la propriété foncière aux seuls citoyens et aux dépendants ruraux, on voit des étrangers de plus en plus nombreux devenir propriétaires fonciers, notamment des Romains, grâce à la saisie des biens hypothéqués. Ainsi, le chevalier romain Appuleius Decianus, homme d'affaires à l'œuvre à Apollonis de Lydie et à Pergame, devient propriétaire des domaines de Lysanias de Temnos qui n'a pu lui rembourser une somme empruntée à haut intérêt[96]. De même Cluvius de Puteoli au détriment de Philoklès d'Alabanda[97] et les banquiers Marcus et Gaius Fufius au détriment d'Hérakleidès de Temnos et de son garant Hermippos[98]. Pour peu que ces nouveaux propriétaires obtiennent des exemptions fiscales, la spirale de l'endettement et de la ruine des finances locales se trouve relancée.

Les essais de réforme mis en œuvre par Sulla, Lucullus, César ou Cicéron (au moins à l'échelle limitée de sa province) n'ont guère apporté de soulage-

90. Cicéron, *Lettres à Atticus*, V, 16, 2.
91. Cf. la demande d'exemption de M. Feridius ci-dessus : Cicéron, *Ad Familiares*, VIII, 9, 4.
92. Intervention de Sulla à Chios (*IGR* IV, 913) et de César à Mitylène pour obliger les citoyens romains propriétaires à payer les redevances dues aux cités.
93. Appien, *Guerre de Mithridate*, 63 ; Strabon XIII, 3, 6 (portiques de Kymè).
94. Cf. R. K. Sherk, *Rome and the Greek East*, Cambridge 1984, p. 115-117, n° 95 ; H. Engelmann, *Die Inschriften von Kyme*, Bonn 1976, p. 46-57, n° 17. Le fait est connu en raison du refus de l'acquéreur de le restituer en dépit d'un édit impérial (27 av. J.-C.).
95. Cf. L. Migeotte, *L'emprunt public*, p. 340.
96. Cicéron, *Pro Flacco*, 51 ; il est dommage que Cicéron ne mentionne pas le taux de l'intérêt.
97. Cicéron, *Ad Familiares*, XIII, 56.
98. Cicéron, *Pro Flacco*, 46-48.

ment durable, ne serait-ce que parce qu'aucun d'eux ne pouvait léser durablement les intérêts de ceux dont ils recherchaient le soutien politique à Rome. On peut d'ailleurs s'interroger sur les réformes en question. Ainsi, la création des 44 districts fiscaux par Sulla en 84 peut s'interpréter par un souci de justice fiscale : mieux répartir la charge. Mais le retour très rapide des publicains montre que Sulla ne se souciait guère de mettre un terme aux abus de ceux-ci et que la perception du tribut par les cités en 84 n'était qu'une mesure d'urgence. À défaut de publicains, puisqu'ils avaient été massacrés et que, de surcroît, les sociétés fermières à Rome se trouvaient entre les mains de ses adversaires politiques[99], Sulla ne pouvait qu'inviter les cités à les suppléer temporairement. Encore n'y parvinrent-elles pas si l'on en croit Cicéron qui affirme que les cités elles-mêmes eurent recours aux publicains pour payer l'impôt sullanien[100].

Lucullus semble avoir voulu aller plus loin[101]. La limitation des taux à 12 %, l'interdiction des intérêts composés, la réduction des arriérés à deux fois le capital initial, tout en interdisant de saisir plus que le quart des biens du débiteur, tout visait à remettre à flot les finances publiques et privées. À en croire Plutarque[102], le soulagement fut rapide puisqu'en quatre ans toutes les dettes auraient été éteintes et les hypothèques levées. Mais son jugement de moraliste risque d'être optimiste. Appien mentionne une taxe de 25 % imposée par Lucullus à l'Asie sur les récoltes, les esclaves et les maisons qui va à l'encontre des dégrèvements signalés par Plutarque[103], même s'il s'agit d'un prélèvement exceptionnel pour effacer les arriérés. En tout cas, la politique de Lucullus heurtait suffisamment les intérêts des publicains et hommes d'affaires pour que, rapidement, ceux-ci travaillent à sa perte à Rome. Dès l'adoption de la *lex Gabinia*, il était clair que c'en était fait de son autorité dans les provinces anatoliennes.

Cicéron s'est contenté de mesures ponctuelles dans sa province, comme de limiter le taux d'intérêt à 12 %. Il est probable qu'il a obtenu quelques résultats puisqu'il se félicite d'avoir, en tenant ses assises, « libéré bon nombre de cités d'impôts exorbitants, de taux d'intérêts accablants, de dettes fictives »[104]. Mais on a vu plus haut qu'il est le premier à céder aux sollicitations et à intercéder pour ses amis et clients au détriment des cités, ce qui ne l'empêche pas d'adresser ses conseils à son frère, gouverneur d'Asie.

César apporta enfin une réforme unanimement saluée par les provinciaux comme une libération : l'abandon de la perception de la dîme d'Asie par les

---

99. A. Keaveney, *Sulla*, Londres, 1982, p. 114.
100. Cicéron, *Ad Quintum fratrem.*, I, 1, 33 ; sur les réformes de Sulla, cf. G. D. Merola, *Autonomia locale*, p. 49-55, avec la bibliographie antérieure.
101. J. van Ooteghem, *Lucullus*, p. 106-109.
102. Plutarque, *Lucullus*, 20.
103. Appien, *Guerre de Mithridate*, 83.
104. Cicéron, *Ad Familiares*, XV, 4.

publicains en 49 ou 48, ajouté à une diminution du tribut d'un tiers[105]. En écartant les publicains, il diminuait l'impôt réellement payé du montant de leurs profits. Mais d'une part les sociétés fermières restaient présentes pour les autres impôts (*portoria, scriptura*) et, d'autre part, les cités ruinées se trouvaient obligées d'emprunter pour payer le tribut, même diminué. En réalité, les intérêts financiers romains tiennent désormais si solidement les provinces anatoliennes que l'espoir d'échapper aux créanciers a disparu pour les cités comme pour les particuliers.

La découverte en 1976, à Éphèse, d'un long document longtemps resté inédit apporte des renseignements sur un aspect particulier de la fiscalité romaine, celui des douanes. Ce *monumentum ephesenum* comme l'ont appelé les premiers éditeurs[106] est en réalité une *lex portus Asiae*, c'est-à-dire un document fixant les règles pour la perception des revenus douaniers en Asie, dont le montant est fixé à 2,5 % de la valeur (*Quadragesima Asiae*). Bien des aspects restent problématiques et suscitent des débats, mais quelques éléments paraissent à peu près clairs. Il s'agit d'un document publié en 62 apr. J.-C. à l'initiative de Néron, en application d'un édit de cet empereur mentionné par Tacite (*Annales*, 13, 50-51) visant à permettre aux provinciaux de lutter contre les abus des publicains. C'est donc à première vue un document se rapportant au Ier siècle apr. J.-C. Mais toute la première partie du texte (lignes 8 à 84), que l'on peut considérer comme le texte primitif du règlement remonte à 75 av. J.-C., voire plus tôt[107]. Viennent ensuite, rangés par ordre chronologique, divers aménagements apportés au fil du temps, et datés par les consuls (en 17, 12, 7 et 2 av. J.-C., 5 apr. J-C., entre 8 et 12 apr., 19, etc.).

---

105. Les spécialistes sont divisés sur la portée des réformes de César ; cf. en particulier G. D. Merola, « Il sistema tributario asiano tra Repubblica e Principato », *Med. Ant.*, 4, 2001, p. 459-472 ; Ead., *Autonomia locale*, p. 72-84.

106. *Editio princeps* de H. Engelmann et D. Knibbe, « Das Zollgesetz der Provinz Asia », *EA*, 14, 1989. Depuis cette date, bibliographie considérable que l'on trouvera, notamment, chez G. D. Merola, *Autonomia locale, Governo imperiale. Fiscalità e amministrazione nelle province asiane*, Bari, 2001, en particulier p. 199, n. 1 ; il faut souligner l'apport considérable de Claude Nicolet, « A propos du règlement douanier d'Asie », *CRAI*, 1990, p. 675-698 ; Id., « Le *Monumentum Ephesenum* et les dîmes d'Asie », *BCH*, 115, 1991, p. 465-480 ; Id., « Le *Monumentum Ephesenum* et la délimitation du *portorium* d'Asie », *MEFRA*, 105, 1993, p. 929-959 ; Id., « Le *Monumentum Ephesenum*, la loi *Terentia-Cassia* et les dîmes d'Asie », *MEFRA*, 111, 1999, p. 191-215. Je n'ai pu consulter les actes d'un colloque tenu à Oxford sur ce sujet en 1999, annoncés pour l'été 2003, mais G. D. Merola a pu en tenir compte.

107. G. D. Merola signale qu'au colloque d'Oxford Claude Nicolet a défendu l'idée que cette partie du texte n'est rien d'autre que le texte original de la *Lex Sempronia* de 123, mais on ne peut en juger vraiment avant la publication des actes du colloque. La date de 75 proposée par les premiers éditeurs est considérée comme un terminus *post quem* par bien des auteurs, qui préfèrent une date entre 75 et 72 ; sur leurs raisons, cf. G. D. Merola, p. 201.

Très mutilé, le document ne peut être entièrement compris, mais on voit qu'il fait obligation aux importateurs et exportateurs, par terre ou par mer, de payer au fisc romain des droits de douanes, et établit avec soin la liste des ports où ces droits doivent être acquittés. Le texte ne mentionne pas les *stationes* qui jouaient le même rôle sur terre, encore qu'il soit prévu que ces postes de douanes doivent se situer tout près de la frontière. Quelques exemptions sont prévues, par exemple pour les marchandises expédiées au titre de la dîme d'Asie, ou pour les marchandises allant d'un port à l'autre dans la même province. Mais on observe qu'il existe un réseau dense de postes de douanes, depuis Chalcédoine au nord jusqu'à la côte pamphylienne, et que les douanes romaines contrôlent toute la province, s'ajoutant au pesant *tributum*.

Aussi la situation à la veille d'Actium est-elle désastreuse. Après un demi-siècle de guerres et d'exactions ininterrompues, la plupart des cités sont exsangues. Quelques-unes ont été détruites, d'autres sont à moitié ruinées, la population dispersée. Aux descriptions de Cicéron en 51-50, répond une lettre d'Octave aux habitants de Mylasa en 31 qui brosse un tableau effrayant de la situation : « Déjà naguère vous m'avez envoyé une ambassade au sujet du malheur qui vous tient dans ses griffes, et maintenant sont venus à moi vos envoyés, Ouliadès fils de [...], votre cité accablée, beaucoup de vos concitoyens perdus comme prisonniers de guerre, un nombre non négligeable assassinés, quelques-uns brûlés vifs en même temps que la cité, la barbarie des ennemis telle que ni les sanctuaires ni les plus sacrés des temples n'y ont résisté. Vos ambassadeurs m'ont informé de votre pays pillé et de vos fermes incendiées, avec le résultat que vous êtes victimes de tous les malheurs[108]. » La guerre et les exactions avaient transformé un pays de cocagne en champ de ruines et de désolation.

L'émergence d'une nouvelle aristocratie municipale

Les nouvelles conditions politiques et économiques des provinces anatoliennes favorisent l'émergence d'une nouvelle organisation sociale. D'une part, les résidents Romains, autant par leur fortune que par leur influence, sont amenés à s'insérer dans la vie civique. Mais il subsiste aussi des notables grecs dont quelques-uns, très riches, jouissent dans leur cité et parfois au-delà, d'une autorité qui les place au-dessus de leurs concitoyens. Entre ces deux groupes se crée une collusion de fait qui se traduit par des comportements communs dont l'évergétisme n'est qu'une des manifestations les plus visibles.

108. R. K. Sherk, *Rome and the Greek East*, Cambridge 1984, p. 112-113, n° 91 ; W. Blümel, *I. Mylasa*, n° 602.

Les Romains

Les Romains – ou Italiens : les textes d'Asie Mineure ne distinguent pas entre eux, quel que soit leur statut, avant comme après la guerre sociale – n'attendirent pas la création des provinces pour s'installer et faire des affaires[109]. Leur présence à Délos dès la création du port franc en 167, les a placés en contact étroit avec les places commerciales d'Asie Mineure. Mais la création de la province d'Asie leur apportait une protection juridique qui leur faisait défaut auparavant ; l'importance de cet avantage apparaît *a contrario* par le faible nombre de Romains installés à Rhodes en dépit du maintien de l'activité économique de la ville, alors qu'ils sont nombreux à Kaunos, située sur la côte proche, mais relevant de la province d'Asie[110]. D'ailleurs, des familles de Romains de Délos transfèrent leurs activités en Asie comme les Paconii à Cos, les Veturii et les Gerillani à Éphèse, les Gessi et les Clodii à Milet, mais aussi d'autres dans l'intérieur à Philomélion ou Kibyra[111]. Dès 133, de jeunes Romains sont inscrits au nombre des éphèbes à Pergame. Dans le courant du Ier siècle, des Romains résident dans toutes les principales cités d'Asie Mineure, où ils deviennent parfois propriétaires fonciers comme à Chios[112], Cos[113], Lesbos. Il y n'a guère de cités où l'on ne rencontre des hommes d'affaires romains, occupés à la fois à prêter de l'argent, à commercer pour leur compte ou celui de riches commanditaires romains, dans les grandes cités maritimes (Éphèse, Cos, Lampsaque), les petits ports (Kaunos, Myndos, Adramyttion) ou les villes de l'intérieur (Tralles, Philomélion). Beaucoup de ceux qui résident en permanence en Asie ne sont que des intermédiaires, mais, à l'échelle des sociétés provinciales, ces agents des riches Romains paraissent eux-mêmes comme des privilégiés et des hommes influents.

Les Romains sont à l'œuvre dans les provinces, mais aussi en dehors : ils font des affaires en Bithynie dès 81[114] et en Galatie durant tout le Ier siècle[115]. Les massacres de 88 ont provoqué un sauve-qui-peut des survivants, mais après la paix de Dardanos, on les retrouve rapidement à l'œuvre en Asie : à Lampsaque et Laodicée de Phrygie dès 79 ; en 74, Eumachos, officier de Mithridate, massacre à nouveaux des hommes d'affaires romains en Phrygie. Les associations de résidents (*conventus civium romanorum*), organisés comme des *collegia*, fleurissent un peu partout et leur liste donne un reflet de la densité

109. Cf. notamment J.-L. Ferrary, « La création de la province d'Asie et la présence italienne en Asie Mineure », dans Chr. Müller et C. Hasenohr, *Les Italiens dans le monde grec, IIe siècle av. J.-C.-Ier siècle apr. J.-C.*, *BCH* Suppl. 41, Paris, 2002, p. 133-146 ; A. Bresson, « Italiens et Romains à Rhodes et à Caunos », *ibid.*, p. 147-162.

110. A. Bresson, *ibid.*, p. 156.

111. Liste dans T. R. S. Broughton, *Roman Asia*, p. 550.

112. Appien, *Guerre de Mithridate*, 47.

113. *IGR* IV, 1087.

114. Suétone, *Jules*, 2 et 49.

115. Cf. leurs contacts avec Deiotaros : Cicéron, *Pro Deiotaro*, 26.

de leur présence[116], en Asie, en Bithynie comme en Cilicie[117]. Mais des Romains isolés résident dans de petites cités comme Apollonis de Lydie[118], Akmonia[119], Philomélion[120], Parion[121] et s'intègrent à la population locale. Il reste à faire l'étude des relations matrimoniales nouées par ces Romains avec les riches familles grecques de la région. On verrait aussi comment certains d'entre eux acquièrent la citoyenneté locale, possèdent des terres, participent à la vie civique et religieuse de la communauté. Car il ne faut pas s'imaginer tous les Romains d'Asie sous les traits de Verrès, uniquement préoccupés à piller les Grecs. Le souci de travailler à la prospérité de leurs affaires n'exclut pas la création de liens de sociabilité avec les Grecs aisés qui conservent la responsabilité principale, c'est-à-dire politique, dans les cités.

D'ailleurs les cités ont entrepris dès le IIe siècle d'entrer, à l'occasion, dans la clientèle de riches Romains. Le terme de patron ou de patronat n'apparaît pas dans les inscriptions avant le dernier tiers du IIe siècle, et le phénomène s'accélère dans les années 90-60. En réalité, les cités ont compris que le patronage d'un puissant leur permettait de disposer à Rome d'un avocat dévoué en cas de difficultés ; mais cela impose que le patron soit bien choisi et il ne peut être qu'un membre de l'ordre sénatorial, bon connaisseur de la province où il a le plus souvent été en fonction : ainsi les trois proconsuls d'Asie Valerii Flacci, honorés d'une statue équestre au sanctuaire d'Apollon de Claros par les habitants de Kolophon, et Q. Tullius Cicéron, proconsul en 61-59, furent patrons de la cité[122]. On attend de lui les mêmes générosités que de tout riche évergète, mais, comme patron, il aura des responsabilités politiques particulières[123]. Ce n'est pas le moindre paradoxe que les Romains apparaissent à la fois comme exploiteurs et comme bienfaiteurs des cités grecques d'Asie.

---

116. T. R. S. Broughton, *Roman Asia*, p. 546-547, qui cependant ne fait pas le partage entre le milieu du Ier siècle (correspondance de Cicéron) et les témoignages plus tardifs, datant du règne d'Auguste.
117. Cicéron, *Lettres à Atticus*, V, 18, 2.
118. Cicéron, *Pro Flacco*, 51, 71.
119. Cicéron, *Pro Flacco*, 36.
120. Cicéron, *Ad Familiares*, XIII, 43 : un résident romain, Oppius, représente les intérêts du banquier Egnatius.
121. Cicéron, *Ad Familiares*, XIII, 53.
122. J. -L. Ferrary, « Les inscriptions du sanctuaire de Claros en l'honneur de Romains », *BCH*, 124, 2000, p. 331-376 ; il s'agit de G. Valerius Flaccus (av. 95), de son fils L. Valerius Flaccus (entre 96 et 89) et de son petit-fils homonyme de son père (en 62) ; ce dernier est décoré du titre de « patron héréditaire ».
123. Cf. J.-L. Ferrary, « The Hellenistic World and Roman Political Patronage », dans P. Cartledge, P. Garnsey et E. Gruen éd., *Hellenistic Constructs*, Berkeley-Londres, 1997, p. 105-119. Un bon exemple est donné par Cicéron, *Ad Fam.*, XIII, 64, à propos de la manière dont les habitants de Nysa bénéficient du soutien actif de Néron (père de Tibère) vers 50 av. J.-C. Cf. C. Eilers, *Roman Patrons of Greek cities*, Oxford, 2003.

Les notables grecs

Tous les Grecs n'ont pas également à pâtir de la domination romaine. Les Romains sont loin d'avoir été les seuls à profiter de la misère générale : des Grecs spéculent sur le grain, prêtent à des taux usuraires, s'enrichissent en prenant à ferme les impôts des cités (en concurrence avec les Romains comme à Tralles en 62)[124]. Là aussi, l'étude systématique de ces grands notables grecs reste à faire. Mais dès la fin du IIe siècle, on a vu émerger des riches que leur fortune place très au-dessus du commun de leurs concitoyens comme les Kolophoniens Ménippos et Polémaios. Au Ier siècle, quelques hommes, issus de cités, grandes ou petites, acquièrent aussi une stature au-delà du commun. Un Diodôros Pasparos ou un Mithridate de Pergame, un Chairémôn de Nysa, un Pythodôros de Tralles, un Euthydèmos et un Hybréas de Mylasa[125], un Théophane de Mitylène, un Théopompe de Cnide ont su constituer des fortunes colossales par des moyens que l'on ignore, mais qui ont chance de ne pas différer beaucoup de ceux des Romains : prêt à intérêt, ferme des impôts locaux, commerce, spéculation.

Ces notables grecs ont su nouer des relations d'amitié avec les résidents romains et avec les hommes politiques[126]. Comprenant la nature des règles qui régissent les relations sociales et politiques à Rome, ils sont entrés à leur tour dans la clientèle des *imperatores*, constituant ces clientèles étrangères dont ceux-ci ne sauraient plus se passer puisque la politique romaine a désormais pour cadre la Méditerranée tout entière[127]. Déjà Kolophon loue Polémaios d'avoir « établi des liens de patronat pour sa patrie avec les plus éminents des hommes »[128]. Théophane[129] et Potamôn de Mitylène auprès de Pompée, Mithridate de Pergame, Théopompe et son fils Artémidôros de Cnide auprès de César, Pythodôros de Tralles et son fils Polémon, Nicias de Cos auprès d'Antoine, ont su se rendre utiles, voire indispensables. Les services rendus et la fidélité dans les épreuves leur valent honneurs et privilèges. Ainsi trois amiraux grecs, dont deux d'Asie Mineure, Asklépiadès de Klazomènes et Méniskos de Milet, qui ont commandé les escadres romaines (peut-être dans la guerre sociale ou lors de la guerre de Sulla en

124. Cicéron, *Pro Flacco*, 91.
125. Selon E. Noè, « Un esempio di mobilità sociale nella tarda repubblica : il caso di Ibrea di Milasa », dans E. Gabba, P. Desideri et S. Roda éd., *Italia sul Baetis*, Turin, 1996, p. 51-64, Hybréas serait un rare cas de notable de modeste origine.
126. Étude fondamentale de F. Quass, *Die Honoratiorenschicht in den Städten des griechischen Ostens*, Stuttgart, 1993, en particulier p. 125-149.
127. Sur cette question essentielle, E. Badian, *Foreign Clientelae*, Oxford, 1958, s'arrête à 70 et ne prend donc à peu près pas en compte les clientèles asiatiques des *imperatores* romains ; pour Auguste, qui possède lui aussi ses amis avant même Actium, G. W. Bowersock, *Augustus and the Greek World*, Oxford, 1965, ouvrage essentiel.
128. Ci-dessus p. 212, col. 2.
129. L. Robert, « Théophane de Mitylène à Constantinople », *CRAI*, 1969, p. 42-64.

83-82[130]) reçoivent par un senatus-consulte des privilèges multiples dont certains portent directement préjudice à leurs cités : exemption d'impôts et de liturgies civiques pour eux et leurs descendants, interdiction de les obliger à verser des *eisphorai* pour payer les dettes de la cité, restitution des biens qui auraient été saisis ou vendus en leur absence, ainsi que des héritages qui leur revenaient, libre choix des tribunaux et des procédures judiciaires, dans leur cité ou à Rome, titre d'*amici populi romani*, droit de sacrifier au Capitole, sans compter divers cadeaux de remerciement[131]. Des magistrats romains nouent des relations de ce type avec des cités entières : les deux L. Valerii Flacci, père et fils, propréteurs d'Asie l'un avant la guerre de Mithridate, l'autre en 62, sont successivement patrons de Tralles ; les habitants de cette cité, d'accord avec d'autres, avaient mis de côté des sommes destinées à organiser des fêtes en l'honneur du père, sommes que le fils n'hésita pas à détourner à son profit[132] !

Senatus-consulte en faveur d'amiraux grecs (*SC de Asclepiade*) (78 av. J.-C.)

Sous le consulat de Quintus Lutatius Catulus, fils de Quintus, et de Marcus Aemilius Lepidus, fils de Quintus, petit-fils de Marcus, quand était préteur urbain et pérégrin Lucius Cornelius Sisenna, fils de [...], au mois de mai.

Quintus Lutatius Catulus, fils de Quintus, le consul, a consulté le Sénat le 11e jour avant les calendes de juin (22 mai), dans le Comitium. Témoins de la mise par écrit : Lucius Faberius, fils de Lucius, de la tribu Sergia ; Gaius [...], fils de Lucius, de la tribu Poplilia ; Quintus Petillius, fils de Titus, de la tribu Sergia.

Attendu que Quintus Lutatius Catulus, fils de Quintus, consul, a déclaré qu'Asklépiadès, fils de Philinos, de Klazomènes, Polystratos, fils de Polyarkos, de Karystos, et Méniskos, fils adoptif d'Eirenaios et fils par le sang de Thargelios, de Milet [...] avaient été présents avec leurs bateaux dès le commencement de la guerre d'Italie, qu'ils avaient rendu service courageusement et fidèlement à notre État[133], et qu'il souhaite, s'il lui semble bon, les renvoyer dans leurs patries conformément à un décret du Sénat, que pour leurs très beaux exploits et leur courageuse conduite en faveur de notre État ils puissent recevoir des marques d'estime,

à ce sujet il a été décrété ceci : qu'Asklépiadès, fils de Philinos, de Klazomènes, Polystratos, fils de Polyarkos de Karystos, et Méniskos, de Milet, fils adoptif d'Eirenaios et fils par le sang de Thargelios, soient déclarés hommes de valeur et nos amis. Le Sénat et le

130. Cf. texte ci-dessus. Excellente édition récente avec traduction anglaise et commentaire détaillé d'A. Raggi, *ZPE*, 135, 2001, p. 73-116. Le texte fait allusion de façon imprécise à l'occasion des services rendus (la guerre en Italie) et on comprend mal l'écart de temps qui s'écoule entre la fin de la guerre sociale (89) et la date du senatus-consulte (78). A. Raggi (p. 115, n. 267) estime qu'ils ont dû servir non seulement dans la guerre sociale mais aussi, lors du retour de Sulla à Rome en 83, contre les Marianistes. Les honneurs accordés paraissent normaux pour des vétérans, et sont plutôt économiques pour Rome qui leur accorde des avantages qui pèseront sur les finances de leurs cités ; en revanche, ils n'obtiennent pas même la citoyenneté romaine, ce qui exclut des mérites exceptionnels.
131. R. K. Sherk, *Roman Documents*, n° 22, p. 124-131.
132. Cicéron, *Pro Flacco*, 52-6.
133. *Res Publica* dans le texte latin, *Patris*, dans la traduction grecque.

peuple romain considèrent les actes de ces hommes comme bons, courageux et loyaux en faveur de notre État, et, pour cette raison, le Sénat décide que eux, leurs enfants et leurs descendants soient exempts dans leurs propres cités de toutes les liturgies et contributions financières. Si une taxe a été levée sur leurs biens depuis que ces hommes ont quitté notre service, ces taxes leur seront rendues. Si l'un de leurs champs, maisons ou propriétés a été vendu depuis qu'ils ont quitté leur patrie pour le service de la République, ceci leur sera rendu dans son intégralité. Si le jour fixé pour le paiement de quelque dette est passé depuis qu'ils ont quitté leur patrie pour le service de la République, que cela ne leur cause pas préjudice, et qu'aucune dette en leur faveur ne soit pour cette raison annulée, ni qu'il soit moins légal pour eux d'exiger un paiement exact. Tout héritage qui pourrait leur être échu, à eux ou à leurs enfants, qu'ils le détiennent, le possèdent et en jouissent. Toute poursuite judiciaire qu'eux, leurs enfants, leurs descendants ou leurs épouses pourraient entreprendre contre quiconque, et si quelqu'un d'autre engage des poursuites contre eux, leurs enfants, leurs descendants ou leurs épouses, ces hommes, leurs enfants, leurs descendants ou leurs épouses ont le droit de choisir que le procès se déroule dans leurs propres cités, selon leurs propres lois, s'ils le souhaitent, ou devant nos magistrats par des juges italiens, ou dans une cité libre, une qui sera restée constamment dans l'amitié du peuple romain, là où ils préféreront, là se tiendra le procès. Si des jugements ont été rendus contre eux en leur absence depuis qu'ils ont quitté leur patrie, qu'ils soient rendus à leur ancienne condition et qu'un nouveau procès conforme au décret du Sénat soit tenu. Si leurs cités ont contracté des dettes publiques, ils ne sont pas obligés de contribuer au paiement de ces dettes. Parmi nos magistrats, celui d'entre eux qui au moment voulu afferme les contrats pour l'Asie et l'Eubée, ou qui peut imposer des taxes en Asie et en Eubée, prendra soin que ces hommes ne soient pas contraints à payer quoi que ce soit.

Quintus Lutatius et Marcus Aemilius, les consuls, chacun d'eux ou les deux à la fois, s'il leur semble bon, veilleront à ce que ces hommes soient inscrits sur la liste des amis, qu'il leur soit permis de dédier au Capitole une tablette d'amitié en bronze et d'y accomplir un sacrifice, que les cadeaux qu'on leur fait, conformément à la procédure officielle, que le logement et la pension soient pris en location et que le tout leur soit remis par le questeur urbain, les consuls l'ordonneront. Si, au sujet de leurs propres affaires, ils désirent envoyer des émissaires au Sénat ou venir eux-mêmes, qu'on donne la permission à eux, à leurs enfants et à leurs descendants de venir comme émissaires et d'en envoyer. Quintus Lutatius et Marcus Aemilius les consuls, chacun d'eux ou les deux ensemble, s'il leur semble bon, enverront des lettres à nos magistrats qui sont en charge de l'Asie et de la Macédoine, et aux magistrats de leurs cités, (disant) que le Sénat souhaite et considère comme juste que les choses soient faites ainsi, de sorte qu'il leur apparaisse utile de maintenir l'intérêt de la République et leur propre fidélité. Décret. Asklépiadès fils de Philinos, de Klazomènes, Polystratos fils de Polyarkos de Karystos, et Méniskos, fils d'Eirenaios, de Milet.

Source : *IGRR* I, 118 ; R. Sherk, *Rome and the Greek East*, p. 81-83, n° 66 ; A. Raggi, « *Senatus consultum de Asclepiade sociisque* », *ZPE*, 135, 2001, p. 73-116.

Il faut faire une place à part à un personnage hors du commun, Grec devenu Romain par affranchissement : C. Iulius Zoilos[134]. Il s'agit d'un homme

134. Il avait été étudié avec soin par L. Robert, *AC*, 35, 1966, p. 401-432 (= *OMS*, t. VI, p. 25-56), avant que les découvertes d'Aphrodisias n'apportent de nouveaux documents ; sur ceux-ci, cf. J. Reynolds, *Aphrodisias and Rome*, Londres, 1982, p. 156-164, et surtout, R. R. R. Smith, *The Monument of C. Iulius Zoilos*, Mayence, 1993 (*Aphrodisias* I). Sept textes se rapportent à lui, en plus des mentions figurant sur son monument.

d'Aphrodisias, réduit en esclavage dans les années 70-60, esclave, puis affranchi de César passé par héritage à Octave[135]. Revenu dans sa cité d'origine entre 44 et 38, il fut en relation avec Antoine et joua sans aucun doute un rôle dans la résistance de sa cité à Labienus. Détenteur d'une immense richesse, il paie à lui seul le mur de scène du théâtre de la ville, lui offre son premier temple en marbre, dédié à Aphrodite, rénove le centre urbain. Pour avoir obtenu en 30 le renouvellement du privilège de l'asylie et de la liberté, il est honoré de deux statues, obtient la prêtrise à vie d'Aphrodite et d'Eleutheria, gère au moins dix fois de suite la stéphanèphorie éponyme, est décoré enfin du titre de « Sauveur et Bienfaiteur de la Patrie ». Son hérôon funéraire – il est mort dans les années 20 –, décoré de frises, le montre couronné par Dèmos et Polis.

Par ces liens de clientèle et les honneurs accordés aux notables sur lesquels s'appuie sa domination, Rome hisse au-dessus de la cité des citoyens d'exception qui deviennent pour elle des interlocuteurs privilégiés ; elle prive leur cité des ressources financières qu'elle pourrait escompter en recevoir. Mais ce titre d'ami du peuple romain leur confère une place privilégiée à Rome, leur vaut des amitiés dans la *nobilitas* romaine, dont ils sauront faire profiter leurs concitoyens.

Quelques-uns de ces amis du peuple romain parviennent à obtenir la citoyenneté romaine qui les fait entrer de plain-pied dans le cercle privilégié des résidents romains[136]. Ainsi, Sulla avait accordé ce privilège à l'écrivain Alexandre Polyhistor de Milet[137], Pompée en fit autant pour son ami Théophane de Mytilène[138], César pour Epicratès de Milet qui l'avait arraché aux mains des pirates, puis pour Théopompe de Cnide et son fils Artémidôros, pour Hybréas de Mylasa et sans doute quelques familles de Pergame, Milet et Cos[139], Antoine pour son masseur et maître de gymnastique Artémidôros d'Éphèse et la famille de Zénon de Laodicée[140] dont le fils se trouva donc à la fois roi du Pont et citoyen romain. On distingue encore facilement au Ier siècle ces Grecs promus à la citoyenneté des vrais Romains de souche[141], mais ce n'est que le début d'un processus de fusion des élites dont on verra le plein effet sous l'Empire.

135. Il se dit affranchi d'Octave parce qu'il appartient à son entourage, non parce qu'il a été effectivement libéré par Octave.
136. B. Holtheide, *Römische Bürgerrechtspolitik und römische Neubürger in der Provinz Asia*, Freiburg, 1983.
137. B. Holtheide, p. 22 (d'autres *Cornelii* doivent sans doute leur citoyenneté à un proconsul d'Asie homonyme).
138. B. Holtheide, p. 24-25.
139. B. Holtheide, p. 26-31.
140. B. Holtheide, p. 32-39.
141. Il faut cependant noter que les Italiens n'ont fini par obtenir en bloc la citoyenneté romaine qu'en 89, après la guerre sociale ; ils n'ont guère d'avance sur les premiers Grecs !

Misère et dépendance : les nouveaux aspects de l'évergétisme

Face à cette situation nouvelle, la dépendance des cités et de la masse des citoyens pauvres à l'égard des riches s'aggrave. On ne dispose d'aucun instrument d'appréciation pour savoir si l'écart entre riches et pauvres s'accroît, mais les fortunes dont on nous parle au Ier siècle paraissent sans commune mesure avec celles des évergètes du IIIe siècle, les rois exclus. Force est de constater que l'aspect financier de l'évergétisme prend de l'ampleur et que les sommes en jeu augmentent régulièrement. Déjà une femme comme Archippè de Kymè peut financer seule l'achèvement du *bouleutérion* de sa cité dans le courant du IIe siècle. Polémaios et Ménippos ont multiplié les dépenses, faisant remise de dettes à leurs débiteurs, construisant seuls divers édifices, finançant sans relâche fêtes, concours et banquets. Mais, avec les malheurs du Ier siècle, l'argent ne suffit plus et les relations personnelles, les talents de persuasion et l'habileté des ambassadeurs reviennent au premier plan. Grâce à ses interventions, un Diodôros Pasparos parvient à rendre à Pergame une partie des avantages qu'elle avait perdus pour cause de soutien à Mithridate : réduction du tribut et des arriérés des dettes, restitution des héritages confisqués par le fisc, châtiment des abus des soldats[142]. Chairémôn de Nysa sauve littéralement sa cité de la destruction en organisant la résistance aux Parthes de Labienus. Les avantages que ces évergètes valent à leurs cités sont tels qu'ils apparaissent comme de nouveaux fondateurs : Théophane de Mitylène arrache à Pompée la liberté pour Lesbos en 62, Théopompe en fait autant pour Cnide en 49[143]. Potamôn reçoit le titre de « fondateur de la cité »[144].

142. Quinze documents rapportent les hauts-faits et les honneurs obtenus par ce grand notable. Tous les ouvrages un peu anciens placent les interventions de Pasparos au temps de l'annexion de l'Asie, c'est-à-dire dans les années 120 (ainsi L. Robert, *Études Anatoliennes*, Paris, 1937, p. 45, ou D. Kienast, *RE*, Suppl. XII, 1970, s.v. Diodoros 61, col. 224-232). C. P. Jones, « Diodoros Pasparos and the *Nikephoria* of Pergamum », *Chiron*, 4, 1974, p. 183-205, a soutenu que les *Nikèphoria* n'étaient pas triétériques, mais pentétériques ce qui place en 69 la 29e célébration, soit au temps de la guerre de Mithridate. Mais la polémique a rebondi : D. Musti, « I Nikephoria e il ruolo panellenico di Pergamo », *RFIC*, 126, 1998, p. 5-40, est revenu à la date traditionnelle, plaçant la célébration des 29e Niképhoria en 125. Après une contestation bien argumentée de B. Virgilio, « Nota sui Nikephoria Pergameni », *Studi Ellenistici*, XII, Pise, 1999, p. 353-357, puis une réplique de C. P. Jones, « Diodoros Pasparos Revisited », *Chiron*, 30, 2000, p. 1-13, D. Musti, « Un bilancio sulla questione dei *Nikephoria* du Pergamo », *RFIC*, 128, 2000, p. 257-298, a plaidé à nouveau en faveur de la date haute, sans convaincre. A. S. Chankowski, « La procédure législative à Pergame au Ier siècle av. J.-C. : à propos des décrets en l'honneur de Diodoros Pasparos », *BCH*, 122, 1998, p. 159-199, s'en tient à la date basse défendue par Jones.

143. Cf. le dossier des honneurs reçus par Théopompe dans sa cité : W. Blümel, *I. Knidos*, Bonn, 1992, n° 51-77.

144. *IG* XII, 2, 163c (*Syll.* 3, 754).

Mais en même temps que les interventions financières et politiques de ces évergètes quasi-royaux deviennent plus indispensables aux cités, les donateurs reçoivent des honneurs toujours plus remarquables, soulignant une distanciation sociale accrue. Les récompenses accordées à ces évergètes d'un genre nouveau sont à la hauteur des bienfaits reçus. Le titre d'évergète qui avait longtemps été réservé aux étrangers, leur est accordé en même temps que la présidence des concours, des statues, des images dorées, des couronnes, des funérailles officielles[145], des décrets de plus en plus longs et détaillés. Si une Archippè se contente encore d'être enterrée dans l'enclos des bienfaiteurs – ainsi, même mort, l'évergète se distingue de ses concitoyens –, on accorde l'héroïsation à Hybréas de Mylasa[146], à Théophane de Mytilène assimilé après sa mort à Zeus Eleuthérios[147], à Xénon de Thyatire[148]. Le Pergaménien Diodôros Pasparos (v. 69)[149] et le Cnidien Artémidôros (v. 50)[150] obtiennent les honneurs *isotheoi*, « égaux à ceux que l'on réserve aux dieux »[151]. Le cas de Pasparos mérite d'être précisé et illustre bien l'assimilation qui est faite entre lui et les rois d'autrefois[152]. Ainsi, une tribu de Pergame reçoit son nom, on institue un prêtre de son culte et le jour anniversaire de son retour de Rome sera l'occasion d'un concours ; un sanctuaire lui est dédié en propre[153], mais il est aussi honoré au gymnase où « il partage le trône avec les dieux de la palestre », c'est-à-dire Hermès et Héraklès [154], alors que dans une salle voisine sa statue est érigée à côté de celle de Philétairos[155]. Les grands évergètes municipaux ont visiblement remplacés les rois disparus. L'éloge des ancêtres, le rappel de leurs hauts faits et des mérites hérités par leurs descendants confirment que les dynasties d'évergètes se substituent désormais aux dynasties royales. Et on ne

145. Plusieurs exemples en Carie : P. Debord et E. Varinlioğlu éd., *Les hautes terres de Carie*, Bordeaux, 2001, p. 106-111, n° 3-5 ; p. 133-135, n° 31 ; p. 144-145, n° 37 ; p. 153, n° 42 ; la plupart date de la basse époque hellénistique.

146. Parlant au nom de l'Asie entière, il avait avec éloquence demandé à Antoine d'accorder deux étés et deux automnes par an s'il voulait que l'Asie lui paie deux ans de tribut à la fois : Plutarque, *Antoine*, 24.

147. *Syll.*[3], 753.

148. *IGR* IV, 1276, qui montre la poursuite du phénomène au début du règne d'Auguste.

149. L. Robert, *Études Anatoliennes*, Paris, 1937, p. 45-50.

150. *IBM*, 787 ; il est associé à Artémis et honoré par des *Artemidoreia*, concours gymnique pentétérique.

151. S. Price, *Rituals and Power*, Cambridge, 1984, p. 47-52 ; L. Robert, *REG*, 94, 1981, p. 358-361.

152. Cf. B. Virgilio, *Gli Attalidi di Pergamo*, Pise, 1993, p. 77-94, sur Pasparos comme continuateur de l'œuvre des rois ; Id., « La città ellenistica e i suoi benefattori : Pergamo e Diodoro Pasparos », *Athenaeum*, 82, 1994, p. 299-314.

153. W. Radt, *AA*, 1976, col. 314-316 et 1980, col. 414-416.

154. *IGR* IV, 293.

155. *IGR* IV, 295.

peut s'étonner dans ces conditions que quelques-uns soient tentés par la tyrannie, ou considérés comme des tyrans par leurs concitoyens.

Des citoyens d'exception : Euthydèmos et Hybréas de Mylasa

Mylasa a eu deux hommes exceptionnels de mon temps, qui furent à la fois des orateurs et des chefs du peuple (*démagogoi*) de leur cité, Euthydèmos et Hybréas. Euthydémos, ayant hérité de ses ancêtres une grande fortune et une excellente réputation et ayant ajouté à cela son propre talent, ne fut pas seulement un grand homme dans sa propre patrie, mais fut jugé digne du premier rang en Asie. Quant à Hybréas, comme il avait coutume de le raconter lui-même dans son école et comme cela fut confirmé par ses concitoyens, son père lui laissa un muletier et une mule de bûcheron. Entretenu par eux, il devint l'élève de Diotrephès d'Antioche pour peu de temps, puis revint et se livra lui-même au bureau de l'agoranome. Là, quand il s'y fut bien « roulé » et qu'il eût amassé un petit peu d'argent, il commença à s'occuper des affaires publiques et à suivre de près les orateurs de l'agora. Rapidement il accrut son pouvoir et fut déjà un objet d'étonnement du vivant d'Euthydèmos, mais, surtout, après sa mort, il devint comme le maître (*kyrios*) de la cité. Aussi longtemps qu'Euthydèmos vécut, il eut l'essentiel du pouvoir, étant à la fois puissant et utile à la cité, de sorte que même s'il y avait quelque chose de tyrannique en lui, on le lui pardonnait parce qu'il s'ensuivait toujours quelque chose de bon pour la cité. En tout cas, le peuple loua ce mot d'Hybréas, lancé à la fin d'un discours public : « Euthydèmos, tu es un mal nécessaire pour la cité ; ni nous ne pouvons vivre avec toi, ni sans toi. » Cependant, bien qu'il soit devenu très puissant et qu'il eut la réputation d'être à la fois bon citoyen et bon orateur, il fit un faux pas dans son opposition politique lors la guerre contre Labienus. Alors que les autres [dirigeants des cités], qui étaient sans armes et inclinaient à la paix, lui cédaient quand il se présentait face à eux avec une armée parthe – les Parthes étant devenus maîtres de l'Asie – Zénon de Laodicée et Hybréas, tous deux orateurs, refusèrent de céder et causèrent la révolte de leurs propres cités. Hybréas l'excita encore plus, jeune homme irritable et rempli de folie, par un discours. En effet quand il [Labienus] se proclama lui-même empereur des Parthes, [Hybréas dit], « Eh bien, moi aussi je me proclame empereur des Cariens ». De là [Labienus] se porta contre la cité avec ses légions de soldats romains d'Asie rangées en ordre de bataille. Il échoua à s'emparer d'Hybréas, cependant, car celui-ci s'était réfugié à Rhodes, mais il ravagea de façon honteuse sa maison, avec ses aménagements de prix, et la pilla. Et il ravagea de même toute la cité. Bien qu'il eût abandonné l'Asie, Hybréas revint, et il restaura à la fois lui-même et sa cité.

Source : Strabon, XIV, 24.
Bibliographie : E. Noè, « Un esempio di mobilità sociale nella tarda repubblica : il caso di Ibrea di Milasa », dans E. Gabba, P. Desideri et S. Roda éd., *Italia sul Baetis*, Turin, 1996, p. 51-64.

Et pourtant, en dépit du caractère ostentatoire croissant des honneurs accordés aux évergètes, on doit se poser la question des limites de leur pouvoir dans les cités. Christian Habicht dans un bref article a posé la question de la nature du régime politique dans les cités à l'époque hellénistique tardive[156]. Il estime qu'il faut relativiser la dépendance de la masse envers les puissants en notant que les riches et les puissants ont toujours été une minorité

156. Chr. Habicht, « Ist ein « Honoratiorenregime » das Kennzeichen der Stadt im späteren Hellenismus ? », dans M. Wörrle et P. Zancker éd., *Stadtbild und Bürgerbild im Hellenismus*, Munich, 1995, p. 87-92.

dans les cités, même dans la démocratique Athènes, que les hommes proches des rois ont joué un rôle majeur dès l'époque d'Alexandre et des diadoques, enfin que certains honneurs considérables, comme une tombe au cœur de la cité (agora, gymnase, bouleutérion) ou des honneurs divins furent décernés dès l'époque classique ou la haute époque hellénistique. Au total, estime-t-il, les grands évergètes comme Hybréas de Mylasa, Théophanès de Mitylène ou Théopompe de Chios furent des exceptions, et les cités restent pour l'essentiel sous le contrôle de la majorité des citoyens, même si « une minorité dirige désormais les affaires publiques avec l'assentiment et la confiance du peuple »[157]. Ainsi, le régime des cités de basse époque hellénistique ne mériterait pas le nom de « régime de notables » qu'on lui donne le plus souvent, ou, plus exactement, il ne le mériterait pas davantage que celui des époques antérieures. Les observations de Christian Habicht doivent être prises en considération car elles s'appuient sur une documentation incontestable, à savoir que l'on trouve sans grande difficulté des exemples des honneurs décernés aux grands évergètes de la fin du IIe ou du Ier siècle av. J.-C. dans des périodes bien antérieures. De plus, je crois comme lui que le contrôle populaire, qu'il s'exprime par la voie légale des procédures civiques ou par la pression d'une opinion insatisfaite, n'a jamais disparu des cités[158] : les grands évergètes, aussi puissants soient-ils grâce à leurs ressources financières ou leurs appuis politiques extérieurs, ne sont pas les « tyrans » de leurs cités, quoi qu'en dise Strabon à propos d'Euthydèmos de Mylasa (ci-dessus texte p. 267), ou, à la rigueur, des tyrans éclairés. Néanmoins, l'accumulation des honneurs, leur relative banalisation – on réservait autrefois l'inhumation au cœur de la cité au fondateur ou à quelqu'un considéré comme un vrai « refondateur » de la cité – marque, me semble-t-il, un accroissement de la distance sociale entre cette élite dirigeante et la masse du peuple. On ne peut pas ne pas en tenir compte.

157. L. Migeotte, *Actes du Xe congrès international d'épigraphie grecque et latine, Rapports préliminaires, Nîmes 1992*, p. 64, cité par Chr. Habicht p. 92, n. 28.
158. Cf. A. S. Chankowski, « La procédure législative à Pergame au Ier siècle av. J.-C. : à propos des décrets en l'honneur de Diodoros Pasparos », *BCH*, 122, 1998, p. 159-199, qui montre combien chaque générosité fait l'objet d'une récompense particulière à l'issue d'une procédure minutieuse.

Conclusions

De l'expédition d'Alexandre à l'aventure des Parthes de Labienus, des pillages galates aux invasions de Mithridate, la guerre n'a guère épargné l'Anatolie durant trois siècles. En dehors même des destructions qu'elle entraîne, des dépenses auxquelles elle oblige les cités, des dépeuplements qu'elle provoque, elle paraît en dernière analyse modeler à la fois les relations entre États et les sociétés hellénistiques. Contraintes sans cesse de prendre position dans les conflits qui opposent les États hégémoniques, les communautés – et au premier rang les cités – en recueillent les fruits ou en paient le prix, c'est selon. Que Rhodes paraisse seulement rester neutre dans un conflit qui ne la concerne que de loin, et voilà son commerce affaibli, ses accroissements de territoire révoqués ! Pas une cité d'Asie Mineure qui n'ait connu ce genre d'aventure, et souvent plusieurs fois en trois siècles : de l'attitude adoptée dans les conflits dépend que l'on obtienne, que l'on maintienne ou que l'on perde un statut favorable et des privilèges difficilement négociés. Alexandre avait clairement affiché cette politique dès 334, imité ensuite par tous ses successeurs, Romains compris. Mais le rapport de force ne s'exprime pas seulement par la brutalité des armes. Entre des forces tellement inégales – quelle comparaison possible entre Antiochos III, maître d'un empire étendu de l'Egée à l'Indus (ou du moins à l'Iran) et des cités comme Kildara, Euromos ou Telmessos ? – le discours politique, lettre royale ou décret civique, rétablit les conditions d'un partenariat sans lequel l'histoire de la région ne serait qu'une succession de faits d'armes toujours désastreux pour les plus faibles. Comme dans toute société grecque, la parole politique, affichée au cœur de la cité, interprète l'action, nourrit l'attachement à la petite patrie et laisse des raisons d'espérer des jours meilleurs.

Mais la guerre n'a pas ruiné seulement les cités. Les uns après les autres les royaumes issus de la conquête d'Alexandre impliqués dans les affaires anatoliennes, comme les puissances locales, se sont effacés de la scène, Antigonides, Lagides, Séleucides en quelques années entre 201 et 189, Rhodes après 167-168, Pergame enfin après 133, laissant les cités face à des difficultés qu'aucune ne pouvait résoudre seule (les raids galates, la piraterie), et les privant de bienfaits royaux qui n'étaient pas tous rhétoriques. Lorsque Polybe rappelle la générosité des rois en place en 227, lors du tremblement de terre de Rhodes, il ne peut s'empêcher de souligner, non sans cruauté, combien les rois de son temps sont devenus pingres. Peut-être a-t-il raison, mais je crois bien davantage qu'ils sont devenus pauvres – relativement ; surtout, écartés des affaires anatoliennes (et grecques), pourquoi feraient-ils des cadeaux dont ils n'ont plus à attendre de retombées en terme de prestige ? Désormais, il faut trouver d'autres généreux bienfaiteurs, au sein même des communautés : les changements que l'on observe dans l'évergétisme au cours du IIe siècle, le poids politique exceptionnel de quelques grands évergètes au Ier siècle, sont à leur manière la conséquence des guerres et des malheurs du temps.

Dans ces conditions, faire une pause au lendemain d'Actium, qui marque bien davantage la fin de la guerre civile romaine que la disparition du dernier royaume hellénistique, celui de Cléopâtre, ne peut paraître artificiel. Certes, à l'annonce de la victoire d'Octave, bien peu de Grecs d'Asie durent prévoir que Rome se dotait enfin d'un chef durable. Mais, de fait, ce fut le cas. Pour l'historien, qui a le privilège de connaître la suite de l'histoire, il y a bien là un moment capital. Certes, ni les structures administratives, ni les objectifs de Rome, ni la manière de négocier avec les cités ne changent ; les transformations intervenues durant les trois siècles précédents restent des acquis, aussi bien en matière de structures sociales que de comportements. La cité a connu des mutations formidables qui lui ont permis de demeurer une structure extraordinairement vivante en dépit de tout. Il lui faudra désormais s'adapter aux nouvelles conditions créées par la présence d'un État unique et tout-puissant, Rome, en contrepartie d'une sécurité assurée.

En trois siècles, l'Anatolie a connu bien d'autres changements, dans le domaine de la culture et d'abord des langues. Les langues indigènes, sans disparaître, se sont largement effacées devant le grec, devenu la langue commune, souvent la seule. Lyciens, Cariens, Pisidiens, Galates et tant d'autres, sans perdre entièrement leurs traits distinctifs, bien vivants dans le domaine religieux, sont devenus autant de Grecs par acculturation et métissage, à des degrés divers selon les milieux et les individus, façonnant à leur manière un nouvel hellénisme, éparpillés en de multiples centres intellectuels et artistiques, Rhodes, Éphèse, Smyrne, Pergame, Tarse, Aphrodisias, affirmant la vitalité de l'Asie Mineure en dépit des ravages qu'elle subit. D'un hellénisme quasi monocentrique à l'époque classique où l'attraction d'Athènes paraissait vider toute autre cité de sa substance intellectuelle, on est donc passé à un monde multipolaire, où l'Asie Mineure joue un rôle essentiel. Dans le nouvel ordre méditerranéen mis en place par Rome, cette position a de bonnes chances de se trouver confortée pour peu que revienne la prospérité, tandis que l'esprit de compétition, qui n'a jamais cessé, peut pousser les cités et les individus à briller sans cesse davantage. Après les épreuves du dernier siècle, l'Anatolie peut espérer beaucoup du retour de la paix. La suite de l'histoire dira si elle a su en profiter.

Liste des abréviations

AIIS : *Annali dell' Istituto Italiano pergli Studi Storici.*
ASAA : *Annuario della Scuola Archeologicha di Atene.*
AA : *Archäologischer Anzeiger.*
Abh. Ak. Berlin : *Abhandlungen der Akademie der Wissenschaften zu Berlin*
ABSA : *Annual of the British School at Athens.*
AC : *L'Antiquité Classique.*
AHB : *The Ancient History Bulletin.*
AJPh : *American Journal of Philology.*
Am. St. Papyrology : *American Studies in Papyrology.*
AncSoc : *Ancient Society.*
ANRW : *Aufstieg und Niedergang des römisches Welt,* Berlin, 1972-
ANS. MN : *American Numismatic Society. Museum Notes.*
Anz. Akad. Wien : *Anzeiger der österreichischen Akademie der Wissenschaften, philos. hist. Klasse, Vienne.*
AS : *Anatolian Studies.*
ASNSP : *Annali della Scuola Normale Superiore di Pisa.*
Atti CERDAC : *Centro Ricerche e Documentazione sull'Antichità classica. Atti.*
BCH : *Bulletin de Correspondance Hellénique.*
Bull. épigr. : J. et L. Robert, *Bulletin épigraphique, dans la Revue des Études Grecques.*
CA : *Classical Antiquity.*
CAH : *Cambridge Ancient History.*
CERP : A.M.H. Jones, *The Cities of the Eastern Roman Provinces,* 2e éd., Oxford, 1957.
CQ : *Classical Quarterly.*
CR : *Classical Review.*
CRAI : *Comptes rendus de l'Académie des Inscriptions et Belles-Lettres.*
Dessau : H. Dessau, *Iscriptiones Latinae Selectae,* Berlin, 1892-1916.
DHA : *Dialogues d'Histoire Ancienne.*
EA : *Epigraphica Anatolica.*
FD : *Fouilles de Delphes.*
FGrHist : F. Jacoby, *Die Fragmente der griechischer Historiker,* Berlin-Leyde, 1923-
GRBS : *Greek, Roman and Byzantine Studies.*

Holleaux (M.), *Études* : M. Holleaux, *Études d'Épigraphie et d'Histoire Grecques,* 5 vol., reprint, Paris, 1968.
HP : Ed. Will, *Histoire Politique du monde hellénistique,* 2e éd., Nancy, 1979-1982.
I. Délos : Inscriptions de Délos, Paris, 1926-1972.
I. Apameia-Pylai : Th. Corsten, *Die Inschriften von Apameia (Bithynien) und Pylai,* Bonn, 1987.
I. Delphinion : A. Rehm, *Das Delphinion in Milet,* Berlin, 1914.
I. Didymeion : A. Rehm, *Didyma. II. Die Inschriften,* Berlin, 1958.
I. Ephesos : Die Inschriften von Ephesos, Bonn, 1979-1984 (auteurs multiples).
I. Erythrai und Klazomenai : H. Engelmann et R. Merkelbach, *Die Inschriften von Erythrai und Klazomenai,* Bonn, 1972.
I. Iasos : W. Blümel, *Die Inschriften von Iasos,* Bonn, 1985.
I. Ilion : P. Frisch, *Die Inschriften von Ilion,* Bonn, 1975.
I. Kios : Th. Corsten, *Die Inschriften von Kios,* Bonn, 1985.
I. Knidos : W. Blümel, *Die Inschriften von Knidos,* Bonn, 1992.
I. Kyme : H. Engelmann, *Die Inschriften von Kyme,* Bonn, 1976.
I. Magnesia : O. Kern, *Die Inschriften von Magnesia am Meander,* Berlin, 1900.
I. Milet : A. Rehm, *Milet, I,* Berlin, 1908-1928.
I. Mylasa : W. Blümel, *Die Inschriften von Mylasa,* Bonn, 1987.
I. Nikaia : S. /ahin, *Katalog der antiken Inschriften des Museums von Iznik (Nikaia),* Bonn, 1979-1987.
I. Priene : F. Hiller von Gaertringen, *Inschriften von Priene,* Berlin, 1906.
I. Prusa ad Olympum : Th. Corsten, *Die Inschriften von Prusa ad Olympum,* Bonn, 1991-1993.
I. Prusias ad Hypium : W. Ameling, *Die Inschriften von Prusias ad Hypium,* Bonn, 1985.
I. Side : J. Nollé, *Die Inschriften von Side,* Bonn, 1993-2001.
I. Smyrna : G. Petzl, *Die Inschriften von Smyrna,* Bonn, 1982-1987.
I. Stratonikeia : S. /ahin, *Die Inschriften von Stratonikeia,* Bonn, 1981-1982.
I. Tralleis : F.B. Poljakov, *Die Inschriften von Tralleis und Nysa,* Bonn, 1989.
I. von Pergamon : M. Fränkel, *Die Inschriften von Pergamon,* Berlin, 1890 (t. 1), 1895 (t. 2), 1969 (t. 3 par Chr. Habicht).
IBM : Ancient Greek Inscriptions in the British Museum, Oxford, 1874-1916.
IG : Inscriptiones Graecae, Berlin, 1903-
IGR : R. Cagnat et *alii, Inscriptiones graecae ad res romanas pertinentes,* Paris, 1906-1927.
ILS : H. Dessau, *Inscriptiones Latinae Selectae,* Berlin, 1892-1916.
Ist. Mitt : Istanbuler Mitteilungen.
JHS : Journal of Hellenic Studies.
JRA : Journal of Roman Archaeology.
JRS : Journal of Roman Studies.
JSavants : Journal des Savants.
MAAR : Memoirs of the American Academy at Rome.
MAMA : Monumenta Asiae Minoris Antiqua, Manchester, 1928-
MBAH : Münstersche Beiträge zur antiken Handelsgeschichte.
MDAI (A) : Mitteilungen des deutschen archäologischen Instituts. Athenische Abteilung.
Med. Ant. : Mediterraneo Antico.

MEFRA : *Mélanges d'École Française de Rome. Antiquité.*
MH : *Museum Helveticum.*
NC : *Numismatic Chronicle.*
OGIS : W. Dittenberger, *Orientis Graeci Inscriptiones Selectae,* Leipzig, 1903.
OMS : L. Robert, *Opera Minora Selecta,* Amsterdam, 1969-1990.
PCZ : C.C. Edgar, *Zenon Papyri,* I-V, Le Caire, 1925-1940.
Pouilloux (J.), *Choix* : J. Pouilloux, *Choix d'inscriptions grecques,* Paris, 1960.
RA : *Revue Archéologique.*
RAL : *Atti del Accademia Nazionale dei Lincei. Rendiconti.*
RBNum. : *Revue Belge de Numismatique.*
RDAC : *Report of the Department of Antiquities, Cyprus.*
RE : *Paulys Realencyclopädie der klassischen Altertumwissenschaft,* Munich, 1893-
REA : *Revue des Études Anciennes.*
REG : *Revues des Études Grecques.*
REL : *Revue des Études Latines.*
RFIC : *Rivista di Filologia e di Istruzione Classica.*
RIDA : *Revue Internationale des Droits de l'Antiquité.*
RN : *Revue Numismatique.*
Robert (J. et L.), *Amyzon* : J. et L. Robert, *Fouilles d'Amyzon de Carie. I. Exploration, histoire, monnaies et inscriptions,* Paris, 1983.
Robert (L.), *Villes* : L. Robert, *Villes d'Asie Mineure,* Paris, 1962.
RPh. : *Revue de Philologie, de Littérature et d'Histoire Anciennes.*
RR : D. Magie, *Roman Rule in Asia Minor,* Princeton, 1950.
Sardis VII : W. H. Buckler et D. M. Robinson, *Sardis VII/1 : greek and latin inscriptions,* Leyde, 1932.
SCO : *Studi Classici e Orientali.*
SEG : *Supplementum Epigraphicum Graecum.*
SGDI : H. Collitz et F. Bechtel, *Sammlung der griechischen Dialekt-Inschrifen,* Göttingen, 1884-1915.
SicGymn : *Siculorum Gymnasium.*
Syll. ^{3} : W. Dittenberger, *Sylloge Inscriptionum Graecarum,* 3e éd., Leipzig, 1915-1924.
TAM : *Tituli Asiae Minoris,* Vienne, 1901-
Welles (C. B.), *Royal Correspondence* : C. B. Welles, *Royal Correspondence in the hellenistic Age,* New Haven, 1934.
Will (Ed.), *HP* : Ed. Will, *Histoire Politique du monde hellénistique,* 2e éd., Nancy, 1979-1982.
ZPE : *Zeitschrift für Papyrologie und Epigraphik.*

Bibliographie*

Avertissement : Cette bibliographie est à finalité pédagogique : elle ne vise donc ni à l'exhaustivité, ni même à faire la liste de tout ce qui est cité et utilisé dans cet ouvrage. On souhaite seulement donner aux étudiants, par grands thèmes, les ouvrages et études les plus importants, qui serviront de points de départ pour une enquête plus approfondie. On devra aussi se reporter aux notes de bas de page.

L'épigraphie

Elle tient une place prépondérante dans les sources écrites ; inventaire classé des recueils :

Bérard (François), Feissel (Denis), Petitmengin (Pierre) et Sève (Michel), *Guide de l'épigraphiste*, 3e éd., Paris, 2000, avec mises à jour périodiques.

Trois grandes séries en cours constituent peu à peu le corpus épigraphique de la région :

Inschriften griechischer Städte aus Kleinasien, Bonn, depuis 1972, dont beaucoup de volumes comportent une substantielle introduction historique et rassemblent les témoignages anciens sur la ville.

Tituli Asiae Minoris, Vienne, depuis 1901 (5 tomes parus), à compléter par les *Ergänzungsbände zu den Tituli Asiae Minoris*, 22 fasc. parus, dont plusieurs sont entièrement épigraphiques.

Monumenta Asiae Minoris Antiqua, Manchester, depuis 1928 (10 volumes).

mais il existe aussi des corpus indépendants pour quelques villes ou quelques régions, n'entrant pas dans ces séries :

Bresson (Alain), *Recueil des inscriptions de la Pérée rhodienne (Pérée intégrée)*, Paris, 1991.

Debord (Pierre) et Varinlioğlu (Ender) éd., *Les hautes terres de Carie*, Bordeaux, 2001.

Hiller von Gaertringen (Friedrich), *Inschriften von Priene*, Berlin, 1906.

Kern (Otto), *Die Inschriften von Magnesia am Meander*, Berlin, 1900.

Rehm (Albert), *Milet* III. *Das Delphinion in Milet*, Berlin, 1914, complété récemment par Herrmann (Peter), *Inschriften von Milet*, 2 vol., Berlin-New York, 1997-1998, qui est à la fois un supplément et une mise à jour (avec traduction allemande) des textes publiés par Rehm.

---

* Sources : aucun auteur ancien n'a traité de l'Asie Mineure à titre principal, mais l'un d'entre eux, Strabon, a laissé une description essentielle :
Biraschi (A.-M.) et Salmeri (G.) éd., *Strabone e l'Asia Minore*, Naples, 2000.

Il faut leur ajouter une part considérable de l'œuvre de Louis et Jeanne Robert ; pour les livres, cf. entre autres :

Robert (Louis), *Études Anatoliennes*, Paris, 1937.

— *La Carie*, II, Paris, 1954.

— *Villes d'Asie Mineure*, Paris, 2e éd., Pais, 1962.

— *Noms indigènes dans l'Asie Mineure gréco-romaine*, Paris, 1963.

— *Nouvelles inscriptions de Sardes*, Paris, 1964.

— *Monnaies antiques de Troade*, Paris-Genève, 1966.

— *Documents de l'Asie Mineure méridionale*, Genève-Paris, 1966.

— *À travers l'Asie Mineure*, Paris, 1980.

— *Documents d'Asie Mineure*, Paris, 1987 (recueil des articles parus sous le même titre dans le *BCH* de 1977 à 1985).

Robert (Jeanne et Louis), *Fouilles d'Amyzon en Carie. I. Exploration, histoire, monnaies et inscriptions*, Paris, 1983.

— *Claros I : décrets hellénistiques*, Paris, 1989.

Les articles sont rassemblés dans :

Robert (Louis), *Opera Minora Selecta*, I-VII, Amsterdam, Hakkert, 1969-1990.

Quelques ouvrages donnent des traductions de textes littéraires ou, surtout, épigraphiques :

Ager (Sheila L.), *Interstate Arbitrations in the Greek World*, Berkeley, 1996.

Austin (Michael), *The Hellenistic World from Alexander to the Roman Conquest. A Selection of Ancient Sources in translation*, Cambridge, 1981.

Bielman (Anne), *Femmes en public dans le monde hellénistique*, Paris, Sedes, 2002.

Ma (John), *Antiochos III and the cities of Western Asia Minor*, Oxford, 2000.

Sherk (Robert K.), *Roman Documents from the Greek East*, Baltimore, 1969.

— *Rome and the Greek East to the death of Augustus*, Cambridge, 1984.

Virgilio (Baggio), *Lancia, diadema e porpora. Il re e la regalità ellenistica*, 2e éd., Pise, 2003.

Welles (Charles B.), *Royal Correspondence in the Hellenistic Period*, New Haven, 1934.

Histoires générales

Il n'existe aucune synthèse sur l'Asie Mineure hellénistique. Quelques ouvrages constituent néanmoins des bases indispensables bien qu'ils soient centrés sur l'époque impériale :

Broughton (Thomas Robin S.), *Roman Asia*, dans T. Frank, *Economic Survey of the Roman Empire*, Baltimore, 1938, p. 499-918.

Magie (David), *Roman Rule in Asie Minor*, 2 vol., Princeton, 1950.

Mitchell (Stephen), *Anatolia. Land, Men and Gods*, 2 vol., Oxford, 1993.

On se reportera pour une vue d'ensemble à :

Astin (Alan E.), Walbank (Franck W.) *et alii*, *Cambridge Ancient History* VIII : *Rome and the Mediterranean to 133 BC*, Cambridge, 1989.

Badian (Edward), *Roman Imperialism in the late Republic*, Oxford, 1968.

Bertrand (Jean-Marie), « Rome et la Méditerranée orientale au Ier siècle av. J.-C. », dans Nicolet (Claude), *Rome et la conquête du monde méditerranéen*, 3e éd., t. 2, Paris, 1991, p. 789-845.

— *L'Hellénisme. 323-31 av. J.-C.*, Paris, 1992.

Cabanes (Pierre), *Le monde hellénistique de la mort d'Alexandre à la paix d'Apamée*, Paris, 1995.

Chamoux (François), *La civilisation hellénistique*, Paris, Arthaud, 1981 (réédité en poche).

Ferrary (Jean-Louis), « Rome, les Balkans, la Grèce et l'Orient au deuxième siècle av. J.-C. », dans Nicolet (Claude), *Rome et la conquête du monde méditerranéen*, 3e éd., t. 2, Paris, 1991, p. 729-788.

Kuhrt (Amélie) et Sherwin-White (Susan), *From Samarkhand to Sardis : a new approach to the Seleucid Empire*, Berkeley, 1993.

Lévêque (Pierre), *Le monde hellénistique*, Paris, Armand Colin, 1969 (coll. U2).

Mossé (Claude), Goukowsky (Paul) et Will (Edouard), *Le Monde grec et l'Orient*. II : *Le IVe siècle et l'époque hellénistique*, Paris, 1990.

Préaux (Claire), *Le Monde hellénistique*, 2 vol., Paris, PUF, 1978 (coll. Nouvelle Clio).

Shipley (Graham), *The Greek World after Alexander, 323-30 BC*, Londres, 2000.

Vial (Claude), *Les Grecs de la paix d'Apamée à la bataille d'Actium*, Paris, 1995.

Walbank (Frank W.), Astin (Alan E.), Frederiksen (Martin W.), Ogilvie (Robert M.), *Cambridge Ancient History*, VII/1 : *The Hellenistic Age*, Cambridge, 1984.

Les antécédents achéménides, l'époque d'Alexandre et celle des Diadoques

Austin (Michael), « The Macedonian Invasion of Asia », dans J. Rich et G. Shipley éd., *War and Society in the Greek World*, Londres, 1993, p. 197-223.

Billows (Richard A.), « Anatolian Dynasts : the case of the Macedonian Eupolemos in Karia », *Classical Antiquity*, 8, 1989, p. 173-205.

— *Antigonos the One-Eyed and the Creation of the Hellenistic State*, Berkeley-Londres, University of California Press, 1990.

Bosworth (Albert B.), *Conquest and Empire : the Reign of Alexander the Great*, Cambridge, 1988.

Briant (Pierre), « D'Alexandre le Grand aux Diadoques : le cas d'Eumène de Kardia », *REA*, 74, 1972, p. 32-73, et 75, 1973, p. 43-81.

— *Histoire de l'Empire perse, de Cyrus à Alexandre*, Paris, Fayard, 1996.

— *Alexandre le Grand*, coll. Que Sais-je ?, 5e éd., Paris 2002.

Debord (Pierre), « Les monnayages « perses » à l'effigie d'Alexandre » dans O. Casabonne éd., *Mécanismes et innovations monétaires dans l'Anatolie achéménide. Numismatique et histoire*, Paris, 2000, p. 255-264.

— *L'Asie Mineure au IVe siècle (412-323 a. C.)*, Bordeaux, 1999.

Descat (Raymond), « La carrière d'Eupolémos, stratège macédonien en Asie Mineure », *REA*, 100, 1998, p. 167-190.

Franco (Carlo), *Il regno di Lisimaco. Strutture amministrative e rapporti con le città*, Pise, Giardini, 1993 (= *Studi Ellenistici*, VI).

Hammond (Nicholas G. L.), *Alexander the Great : King, Commander and Statesman*, 3e éd., Bristol, 1994.

— *The Genious of Alexander the Great*, Londres, Duckworth, 1997 (trad. fr. *Le génie d'Alexandre le Grand*, Paris, Economica, 2002).

Klinkott (Helmar), *Die Satrapienregister der Alexander- und Diadochenzeit*, Stuttgart, 2000.

Kobes (Jörn), *Untersuchungen zu den Lokaldynasten im Hellenistischen Kleinasien (323-188 v. Chr.)*, St Katharinen, 1996.

Landucci Gattinoni (Franca), *Lisimaco di Tracia nella prospettiva del primo ellenismo*, Milan, Jaca, 1992 ;

Lund (Helen S.), *Lysimachus. A Study in early Hellenistic kingship*, Londres-New York, Routledge, 1992.

L'histoire politique, diplomatique et militaire

Elle est admirablement présentée par :

Will (Edouard), *Histoire politique du Monde Hellénistique*, 2e édition, 2 vol., Nancy, Presses Universitaires de Nancy, 1979-1982 ; réédition en Points-Histoire, Seuil, 2003.

L'organisation et la vie politique des États hellénistiques en Asie Mineure

Allen (R.E.), *The Attalid Kingdom. A Constitutional History*, Oxford, 1983.

Bagnall (Roger S.), *The administration of the Ptolemaic possessions outside Egypt*, Leyde, 1976.

Bikerman (Elias), *Institutions des Séleucides*, Paris, 1938.

Gauthier (Philippe), *Nouvelles inscriptions de Sardes* II, Genève, 1989.

Grainger (John D.), *Seleukos Nikator. Constructing a Hellenistic Kingdom*, Londres, 1990.

— *A Seleukid Prosopography and Gazetteer*, Leyde, 1997.

Habicht (Christian), *Gottmenschentum und griechische Städte*, Munich, 1970.

Hansen (Esther V.), *The Attalids of Pergamon*, Ithaca, 1971.

Hopp (Joachim), *Untersuchungen zur Geschichte der letzen Attaliden*, Munich, 1977.

Huss (Werner), « Ptolemaios der Sohn », *ZPE*, 121, 1998, p. 229-250.

Kertstez (Istvan), « Zur Sozialpolitik der Attaliden », *Tyche*, 7, 1992, p. 133-141.

Launey (Marcel), *Recherches sur les armées hellénistiques*, rééd. Paris, 1987.

Leschhorn (Wolfgang), *Antike Ären*, Stuttgart, 1993.

MacShane (R. B.), *The Foreign Policy of the Attalids of Pergamum*, Urbana, 1964.

Malay (Hasan), « Letter of Antiochos III to Zeuxis with two covering Letters (209 B.C.) », *EA*, 10, 1987, p. 7-17.

— « New Evidence concerning the Administrative System of the Attalids », *Türk Arkeoloji Dergisi*, 4, 1996, p. 83-86.

McNicoll (Antony W.), *Hellenistic Fortifications from the Aegean to the Euphrates*, Oxford, 1997.

Mehl (Andreas), *Seleukos Nikator und sein Reich*, Louvain, 1986.

Musti (Domenico), « Lo stato dei Seleucidi », *SCO*, 15, 1966, p. 61-197.

Pimouguet-Pédarros (Isabelle), *Archéologie de la défense. Histoire des fortifications antiques de Carie, époques classique et hellénistique*, Besançon, 2000.

Savalli-Lestrade (Ivana), « Courtisans et citoyens : le cas des *philoi* attalides », *Chiron*, 26, 1996, p. 149-181.

— *Les Philoi dans l'Asie hellénistique*, Genève, 1998.

— « Les Attalides et les cités grecques d'Asie Mineure au IIe siècle », dans A. Bresson et R. Descat éd., *Les cités grecques d'Asie Mineure occidentale au IIe siècle a. C.*, Bordeaux, 2001, p. 77-91.

Schalles (Hans-Joachim), *Untersuchungen zur Kulturpolitik der pergamenischen Herrscher im dritten Jahrhundert vor Christus*, Tübingen, 1985, (*Istanbuler Forschungen*, 36), p. 33-43.

Van Nuffelen (P.) « Le culte des souverains hellénistiques, le gui de la religion grecque », *AncSoc*, 29, 1998-1999, p. 175-189.

Virgilio (Biaggio), *Gli Attalidi di Pergamo. Fama ; Eredità, Memoria*, Pise, 1993.

— *Lancia, diadema e porpora. Il re e la regalità ellenistica*, 2e éd., Pise, 2003.

Wörrle (Michael), « Ptolemaios II. und Telmessos », *Chiron*, 8, 1978, p. 201-246.

Les cités

Nombre d'études englobent à la fois l'époque hellénistique et l'époque impériale (voir aussi la rubrique par secteurs géographiques) :

Asheri (David), « Leggi greche sul problema dei debiti », *SCO*, 18, 1969, p. 5-122.

Billows (Richard A.), *Kings and Colonists. Aspects of Macedonian Imperialism*, Leyde, 1995.

Bresson (Alain) et Descat (Raymond) éd., *Les cités d'Asie Mineure occidentale au IIe siècle a. C.*, Bordeaux, 2001.

Chankowski (Andrzej S.), « La procédure législative à Pergame au Ier siècle av. J.-C. : à propos des décrets en l'honneur de Diodoros Pasparos », *BCH*, 122, 1998, p. 159-19.

Cohen (Getzel M.), *The Seleucid colonies. Studies in founding, administration and organisation*, Wiesbaden, 1978 (Historia, Suppl. 30).

— « Κατοικίαι, κάτοικοι and Macedonians in Asia Minor », *AncSoc*, 22, 1991, p. 41-50.

— *The Hellenistic Settlements in Europe, the Islands and Asia Minor*, Berkeley, 1995.

Curty (Olivier), *Les parentés légendaires entre cités grecques*, Genève-Paris, 1995.

De Sainte Croix (Geoffrey Ernest M.), *The Class Struggle in the Ancient Greek World*, Londres, 1983.

Gauthier (Philippe), « Les cités hellénistiques : épigraphie et histoire des institutions et des régimes politiques », *Actes du VIIIe congrès international d'épigraphie grecque et latine*, Athènes, 1984, p. 82-107.

— *Les cités grecques et leurs bienfaiteurs*, Paris, De Boccard, 1985 (*BCH*, Suppl. 15).

— « Grandes et petites cités, hégémonie et autarcie », *Opus*, 6-8, 1987-1989 [1991].

— *Nouvelles inscriptions de Sardes*, II, Paris, 1989.

— « Les cités hellénistiques », dans Mogens H. Hansen éd., *The Ancient Greek City State. Symposium on the occasion of the 250th Anniversary of the Royal Danish Academy of Sciences and Letters*, (= *Historisk-filosofiske Meddelelser*, 67), Copenhague, 1993, p. 211-231.

Habicht (Christian), « Ist ein "Honoratiorenregime" das Kennzeichen der Stadt im späteren Hellenismus ? », dans M. Wörrle et P. Zancker éd., *Stadtbild und Bürgerbild im Hellenismus*, Munich, 1995, p. 87-92.

Hamon (P.), « À propos de l'institution du Conseil dans les cités grecques de l'époque hellénistique », *REG*, 2001, p. XVI-XXI.

Jones (Arnold Hugh M.), *The Cities of the Eastern Roman Provinces*, 2e éd., Oxford, 1971.

— *The Greek City from Alexander to Justinian*, Oxford, 1981.

Jones (Christopher P.), « Diodoros and the *Nikephoria* of Pergamon », *Chiron*, 4, 1974, p. 183-205.

— « Diodoros Pasparos Revisited », *Chiron*, 30, 2000, p. 1-14.

Jones (Christopher P.) et Russell (J.), « Two New Inscriptions from Nagidos in Cilicia », *Phoenix*, 47, 1993, p. 293-304.

Labarre (Guy), « Théophane et l'octroi de la liberté à Mytilène : questions de méthode », *Tekméria*, 2, 1996, p. 44-54.

Ma (John), « Fighting *Poleis* in the Hellenistic World », dans H. van Wees éd., *War and Violence in Ancient Greece*, Londres, 2000, p. 337-376.

— *Antiochos III and the Cities of the Western Asia Minor*, Oxford, 2000.

Machatchek (Alois) et Schwarz (Mario), *Bauforschungen aus Selge*, Vienne, 1981.

Macro (Anthony D.), « The cities of Asia Minor under the Roman Imperium », *ANRW* II,7,2, p. 658-697.

Migeotte (Léopold), *L'emprunt public dans les cités grecques*, Québec-Paris, 1984.

— « Le pain quotidien dans les cités hellénistiques. À propos des fonds permanents pour l'approvisionnement en grains », *Cahiers du Centre Glotz*, II, 1991, p. 19-41.

— *Les souscriptions publiques dans les cités grecques*, Genève, 1992.

— « Finances et constructions publiques », dans M. Wörrle et P. Zanker éd., *Stadtbild und Bürgerbild im Hellenismus*, Munich, 1995, p. 79-86.

Musti (Domenico), « I Nikephoria e il ruolo panellenico di Pergamo », *RFIC*, 126, 1998, p. 5-40.

— « Un bilancio sulla questione dei *Nikephoria* du Pergamo », *RFIC*, 128, 2000, p. 257-298.

Nawotka (Krzysztof), *Boule and Demos in Miletus and its Pontic Colonies from Classical Age until Third Century A.D.*, Wroclaw-Varsovie-Cracovie, Ossolineum, 1999.

Orth (Wolfgang), *Königlicher Machtanspruch und städtische Freiheit*, Munich, 1977.

Parrish (David) éd., *Urbanism in Western Asia Minor*, Portsmouth, 2001 (*JRA* Suppl. 45).

Quass (Friedemann), *Die Honoratiorenschicht in den Städten des griechischen Ostens. Untersuchungen zur politischen und sozialen Entwicklung in hellenistischer und römische Zeit*, Stuttgart, 1993.

Rogers (G. M.), « The foundation of Arsinoeia », *Med. Ant.*, 4, 2001, p. 587-630.

Smith (R. R. R.), *The Monument of C. Iulius Zoilos*, Mayence, 1993 (*Aphrodisias* I).

Veyne (Paul), *Le Pain et le Cirque*, Paris, 1976.

Économie et société

Broughton (Thomas Robert S.), « Roman Asia Minor » dans Frank (T.) éd., *Economic Survey of Ancient Rome*, t. IV, Baltimore, 1938.

Bussi (Silvia), *Economia e Demografia dellà schiavitù in Asia Minore ellenistico-romana*, Milan, 2001.

Garnsey (Peter), *Famine and Food Supply in the Graeco-Roman World*, Cambridge, 1988.

Kreissig (Heinz), « L'esclavage dans les villes orientales à l'époque hellénistique », *Actes du colloque de Besançon sur l'esclavage 1973*, Paris, 1976, p. 235-255.

— *Wirtschaft und Gesellschaft im Seleukidenreich*, Berlin, 1978.

Debord (Pierre), *Aspects sociaux et économiques de la vie religieuse dans l'Anatolie gréco-romaine*, Leyde, Brill, 1982.

Rostovtzeff (Michael), *Histoire économique et sociale du Monde hellénistique*, Paris, 1989 (coll. Bouquins) (trad. de l'édition anglaise de 1941).

Terres et paysans

Ameling (Walter), « Et dona ferentes. Königliche Stiftungen an griechische Städte und Heiligtümer im Zeitalter des Hellenismus », *Quaderni Catanesi di Studi Classici e Mediaevali*, 9, 1987, p. 11-40.

Boffo (Laura), *I re ellenistici e i centri religiosi dell'Asia Minore*, Florence, 1985.

Briant (Pierre), « Remarques sur les *laoi* et esclaves ruraux en Asie Mineure hellénistique », *Colloque de Besançon sur l'esclavage 1971*, Paris 1974, p. 93-134.

— « Communauté de base » et « économie royale » en Asie achéménide et hellénistique », *Recueil de la Société Jean-Bodin*, 41, 1983, p. 315-343.

Bringmann (Klaus) et von Steuben (Hans), *Schenkungen hellenistischer Herrscher an griechische Städte und Heiligtümer*, I. *Zeugnisse und Kommentare*, Berlin, 1995, (avec le compte rendu d'I. Savalli-Lestrade, *Gnomon*, 71, 1999, p. 550-555).

Broughton (Thomas Robert S.), « Roman Landholding in Asia Minor », *TAPA*, 65, 1934, p. 207-239.

— « New Evidence on Temple Estates in Asia Minor », *Studies in Roman Economic and Social History in honor of Allan Chester Johnson*, Princeton, 1951, p. 236-250.

Bussi (Silvia) et Foraboschi (Daniele), « Dominio romano e forza lavoro schiavile », *Med. Ant.*, 4, 2001, p. 449-458.

Corsaro (Mauro), « Oikonimia del re e oikonomia del satrapo. Sull'amministrazione della chora basilike d'Asia Minore degli Achemenide agli Attalidi », *ASNSP*, 10, 1980, p. 1163-1219.

— « Forme de dipendenza nell'Asia Minore ellenistica » *Modes de contacts et processus de transformation dans les sociétés anciennes. Actes du colloque de Crotone 1981*, Pise-Rome, 1983, p. 521-547.

— « A proposito di *basilike chora* nelle iscrizioni ellenistiche d'Asia Minore », *Serta antiqua et mediaevalia*, 1, Rome, 1997, p. 9-18.

— « Doni di terra ed esenzioni dai tributi ; una riflessione sulla natura dello stato ellenistico in Asia Minore », *Simblos*, 3, 2001, p. 227-261.

— « Sovrani, cittadini, servi : aspetti sociali dell'Asia Minore ellenistica », *Med. Ant.*, 4, 2001, p. 17-40.

Debord (Pierre), « Populations rurales de l'Anatolie gréco-romaine », *Atti CERDAC*, 8, 1976-1977, p. 43-58.

Dignas (Beate), *Economy of the Sacred in Hellenistic and Roman Asia Minor*, Oxford, 2002.

Isager (Signe), « Kingship and Gods in the Seleucid Empire. A Question of landed Property in Asia Minor », dans P. Bilde *et alii*, *Religion and Religious Practice in the Seleucid Kingdom*, Aarhus, 1990, p. 79-90.

Kreissig (Heinz), « Propriété foncière et formes de dépendance dans l'Hellénisme oriental », *Terre et paysans dépendants dans les sociétés antiques*, Paris, 1979.

Laffi (Umberto), « I terreni del tempio di Zeus ad Aizanoi », *Athenaeum*, 49, 1971, p. 3-53.

Levi (Mario Attilio), « Schiavitù e lavoro tributario nell'Asia Minore ellenistica », *Colloque Nieborow 1975*, Varsovie, 1979, p. 71-74.

Lohmann (Hans), « Survey in der Chora von Milet : Vorbericht über die Kampagnen der Jahre 1994 und 1995 », *AA*, 1997, p. 285-311.

Lozano (Arminda), *La esclavitud en Asia Menor Helenistica*, Oviedo [s.d.].

Papazoglou (Fanoula), *Laoi et Paroikoi. Recherches sur la structure de la société hellénistique*, Belgrade, 1997.

Schalit (Abraham), « The Letter of Antiochus III to Zeuxis regarding the establishment of jewish military colonies in Phrygia and Lydia », *JQR*, 50, 1960, p. 289-318.

Schuler (Christof), *Ländliche Siedlungen und Gemeinden im hellenistischen Kleinasien*, Munich, 1998.

Productions artisanales

Blondé (Francine), Ballet (Pascale) et Salles (Jean-François) éd., *Céramiques hellénistiques et romaines. Production et diffusion en Méditerranée orientale*, Lyon, 2002.

Empereur (Jean-Yves) et Hesnard (Antoinette), « Les amphores hellénistiques », dans P. Lévêque et J.-P. Morel, *Les céramiques hellénistiques et romaines*, II, Paris, 1987, p. 10-71.

Empereur (Jean-Yves), Hesse (Albert) et Tuna (N.), « Les ateliers d'amphores de Datça, péninsule de Cnide », dans Y. Garlan éd., *Production et commerce*, p. 105-115.

Finkielsztejn (Gérald), « Du bon usage des amphores hellénistiques en contextes archéologiques », dans F. Blondé, P. Ballet et J.-F. Salles éd., *Céramiques hellénistiques et romaines. Production et diffusion en Méditerranée orientale*, Lyon, 2002, p. 227-233.

Garlan (Yvon) éd., *Production et commerce des amphores grecques en mer Noire*, Aix-en-Provence, 1999.

Hayes (J. W.), « Sigillate orientali », dans *Enciclopedia dell'Arte Antica classica e Orientale. Atlante delle forme ceramiche. II : Ceramica fina romana nel bacino Mediterraneo (tardo ellenismo e primo impero)*, Rome, 1985.

— « Les sigillées orientales » dans P. Lévêque et J.-P. Morel éd., *Les céramiques hellénistiques*, III, Besançon, 2001, p. 145-160.

Kassab (Dominique), *Statuettes en terre-cuite de Myrina. Corpus des signatures, monogrammes, lettres et signes*, Paris, 1988.

Le Dinahet (Marie-Thérèse) et Labarre (Guy), « Les métiers du textile en Asie Mineure de l'époque hellénistique à l'époque impériale », dans *Aspects de l'artisanat du textile dans le monde méditerranéen*, Lyon, 1996, p. 49-118.

Meyer-Schlichtmann (Carsten), *Die Pergamenische Sigillata aus der Stadtgrabung von Pergamon*, Berlin, 1988.

Échanges et monnaies

Badal'janc (Ju. S.), « La Rhodes hellénistique et le nord de la mer Noire », dans Y. Garlan éd., *Production et commerce*, p. 247-253.

Bresson (Alain), « La circulation monétaire rhodienne jusqu'en 166 », *DHA*, 19, 1993, p. 134-136.

— « Italiens et Romains à Rhodes et à Caunos », *BCH* Suppl. 41, Paris, 2002, p. 147-162.

Delplace (Christiane), « Publicains, trafiquants et financiers dans les provinces d'Asie Mineure sous la République », *Ktêma*, 2, 1977, p. 233-252.

Donati (Angela), « I Romani nell'Egeo : i documenti dell'età repubblicana », *Epigraphica*, 27, 1965, p. 3-59.

Hatzfeld (Jean), *Les trafiquants italiens dans l'Orient hellénique*, Paris, 1919.

Kleiner (Fred S.) et Noe (Sydney P.), *The early cistophoric coinage*, New York, 1977.

Le Rider (Georges), « Les alexandres d'argent en Asie Mineure et dans l'Orient séleucide au IIIe siècle », *JSavants*, 1986, p. 3-51.

— « Alexander in Asia Minor », dans *Coins of Macedonia and Rome : Essays in honor of Charles Hersh*, Londres, 1998, p. 49-57.

Marcellesi (Marie-Christine), « Commerce, monnaies locales et monnaies communes dans les États hellénistiques », *REG*, 113, 2000, p. 326-358.

Müller (Christelle) et Hasenohr (Claire), *Les Italiens dans le monde grec, IIe siècle av. J.-C.-Ier siècle apr. J.-C.*, *BCH* Suppl. 41, Paris, 2002.

Newell (Edouard T.), *The coinage of the western Seleucid mints, from Seleucus I to Antiochus III*, New York, 1977, 2e éd.

Price (Martin J.), *The Coinage in the name of Alexander the Great and Philip Arrhidaeus*, 2 vol., Zurich-Londres, 1991.

Rauh (Nicholas K.), « Rhodes, Rome, and the Eastern Mediterranean Wine Trade, 166-88 BC », dans V. Gabrielsen *et alii* éd., *Hellenistic Rhodes. Politics, Culture and Society*, Aarhus, 1999, p. 162-186.

Vie culturelle

Brixhe (Claude), *Le dialecte grec de Pamphylie*, Paris, 1976.

— *Recherches sur le grec anatolien au début de notre ère*, 2e éd., Nancy, 1987.

Gauthier (Philippe), « Notes sur le rôle du gymnase à l'époque hellénistique », dans M. Wörrle et P. Zanker éd., *Stadtbild und Bürgerbild im Hellenismus*, Munich, 1995, p. 1-11.

Hesberg (Henner von), « Das griechische Gymnasion im 2. Jh. v. Chr. », *ibid.*, p. 13-27.

Le Guen (Brigitte), *Les associations de technites dionysiaques à l'époque hellénistique*, Nancy, 2001.

Legras (Bernard), *Éducation et culture dans le monde grec*, 2e éd., Paris, 2002.

Rohde (Elisabeth), *Pergamon. Burgberg und Altar*, Munich, 1982.

Sirinelli (Jean), *Les enfants d'Alexandre. La littérature et la pensée grecques (331 av. J.-C.-519 ap. J.-C.)*, Paris, 1993.

Will (Edouard), « Pour une anthropologie coloniale du monde hellénistique », *The craft of the Ancient Historian. Essays in honor of Ch. G. Starr*, New York-Londres, 1985, p. 273-301.

— « Influence : note sur un pseudo-concept », *Hellenica et Judaica. Mélanges V. Nikiprowetzsky*, Leuven-Paris, 1986, p. 499-505.

Vie religieuse

Bammer (Anton) et Muss (Ulrike), *Das Artemision von Ephesos*, Mayence, 1996.

Boyce (Mary) et Grenet (Franz), *A History of Zoroastrianism*, III, Leyde, 1991, p. 197-308.

Debord (Pierre), « Sur quelques Zeus Cariens : religion et politique », *Studi Ellenistici*, XIII, Pise, 2001, p. 19-37.

Drew-Bear (Thomas) et Naour (Christian), « Divinités de Phrygie », *ANRW*, II,18,3, p. 1907-2044.

Drew-Bear (Thomas), « Local Cults in Graeco-roman Phrygia », *GRBS*, 17, 1976, p. 247-268.

Dupont-Sommer (André) et Robert (Louis), *La déesse de Hiérapolis Castabala (Cilicie)*, Paris, 1964.

Fayer (Carla), *Il culto delle dea Roma*, Pescara, 1976.

Frézouls (Edmond), « Les cultes de la Lycie occidentale », dans J. Borchhardt et G. Dobesch, *Akten des II. Internationalen Lykien-Symposions, Wien 6-12 mai 1990*, Vienne, 1993, p. 203-212.

Harris (Harold A.), *Greek Athletes and Athletics*, Londres, 1964.

Jasink (Anna Margherita), « Divinità "cilicie" : Tahrunt, Sarruma, Santa », *Quaderni Storici*, 76, 1991, p. 17-34.

Karwiese (Stefan), *Grosse ist die Artemis von Ephesos*, Vienne, 1995.

Keil (Joseph), « Die Kulte Lydiens », *Anatolian Studies W.M. Ramsay*, Manchester, 1929, p. 239-266.

Lebrun (René), « Observations concernant des syncrétismes d'Anatolie centrale et méridionale aux second et premier millénaires avant notre ère », dans C. Bonnet et A. Motte éd., *Les syncrétismes religieux dans le monde méditerranéen antique*, Bruxelles-Rome, 1999, p. 179-189.

Musti (Domenico), « I Nikephoria e il ruolo panellenico di Pergamo », *RFIC*, 126, 1998, p. 4-40.

Olshausen (Eckart), « Götter, Heroen und ihre Kulte in Pontos - ein erster Bericht », *ANRW* II,18,3, p. 1865-1906.

Paz de Hoz (Maria), *Die lydischen Kulte im Lichte der griechischen Inschriften*, Bonn, 1999 (*Asia Minor Studien*, 36).

Robert (Louis), *Le sanctuaire de Sinuri*, Paris, 1945.

— « Discours d'ouverture », *Xe Congrès Intern. d'Épigraphie grecque et latine, Athènes, 1982*, Athènes, 1984, p. 35-45.

Schmitt Pantel (Pauline), *La cité au banquet*, Rome, 1992.

Waelkens (Marc), « Sagalassos. Religious Life in a Pisidian town during the Hellenistic and Early Imperial Period », dans C. Bonnet et A. Motte éd., *Les syncrétismes religieux dans le monde méditerranéen antique*, Bruxelles-Rome, 1999, p. 191-226.

Études régionales

• Bithynie et côte Nord

Bittner (Angela), *Gesellschaft und Wirtschaft in Herakleia Pontike. Eine Polis zwischen Tyrannis und Selbverwaltung*, Bonn, 1998.

Hannestad (Lise), « "This contributes in no small way to one's Reputation" : The Bithynian Kings and Greek Culture », dans P. Bilde, T. Engberg-Pedersen, L. Hannestad et J. Zahle éd., *Aspects of Hellenistic Kingship*, Aarhus, 1990, p. 67-98.

Lewis (M. F.), *A History of Bithynia under Roman Rule, 74 B.C.-14 A.D.*, PhD University of Minnesota, Minneapolis, 1973.

Saprykin (Sergei J.), *Heracleia Pontica and Tauric Chersonesis before Roman domination*, Amsterdam, 1997.

Vitucci (Giovanni), *Il regno di Bitinia*, Rome, 1953.

- **Pont**

Bosworth (Albert B.) et Wheatley (P. V.), « The Origins of the Pontic House », *JHS*, 118, 1998, p. 155-164,

Callataÿ (François de), *Histoire des guerres mithridatiques par les monnaies*, Louvain-la-Neuve, 1997.

Meyer (Eduard), *Geschichte des Königsreichs Pontos*, Leipzig, 1879.

— *Die Grenzen der hellenistischen Staaten in Kleinasien*, Zurich, 1925.

Olshausen (Eckart) et Biller (Joseph), *Historisch-geographische Aspekte der Geschichte des Pontischen und Armenischen Reiches. I : Untersuchungen zur historischen Geographie von Pontos unter den Mithradatiden*, Wiesbaden, 1984.

Reinach (Théodore), *Mithridate Eupator, roi du Pont*, Paris, 1890.

- **Éolide, Ionie**

Abmeier (Anton), « Zur Geschichte von Apollonia von Rhyndakos », *AMS*, 1, Bonn, 1990, p. 1-16.

Bammer (Anton), *Ephesos. Stadt an Fluss und Meer*, Berlin, 1981.

Crowther (Charles V.), « *I. Priene* 8 and the History of Priene in the Early Hellenistic Period », *Chiron*, 26, 1996, p. 195-250.

Debord (Pierre), « Les Mysiens : du mythe à l'histoire », dans V. Fromentin et S. Gotteland éd., *Origines gentium*, Bordeaux, 2001, p. 135-146.

Haussoullier (Bernard), *Études sur l'Histoire de Milet et du Didymeion*, Paris, 1902.

Manganaro (Giacomo), « Kyme e il dinasta Philetairos », *Chiron*, 30, 2000, p. 403-413.

Radt (Wolfgang), *Pergamon : Geschichte und Bauten, Funde und Erforschung einer antiken Metropole*, Cologne, 1988.

Rogers (G. M.), « The foundation of Arsinoeia », *Med. Ant.*, 4, 2001, p. 587-630.

- **Carie**

Blümel (Wolfgang), Frei (P.) et Marek (Christian) éd., *Colloquium Caricum. Akten der Internationalen Tagung über die karisch-griechische Bilingue von Kaunos*, Berlin-New York 1998 (= *Kadmos*, 37, 1998).

Bresson (Alain), « Cnide à l'époque classique : la cité et ses villes », *REA*, 101, 1999, p. 83-114.

Debord (Pierre) et Varinlioğlu (Ender) éd., *Les Hautes Terres de Carie*, Bordeaux, 2001.

Descat (Raymond), « La carrière d'Eupolémos, stratège macédonien en Asie Mineure. Appendice : Note sur une inscription caro-grecque de Caunos », *REA*, 100, 1998, p. 187-190.

Frei (P.) et Marek (Christian), *Die karisch-griechische Bilingue von Kaunos. Eine zweischrachige Staatsurkunde des 4. Jhdt v. Chr.*, Berlin-New York, 1997 (= *Kadmos*, 36, 1997, p. 1-89).

Mastrocinque (Attilio), *La Caria e la Ionia meridionale in epoca ellenistica*, Rome, 1979.

- **Rhodes et les îles**

Berthold (Richard M.), *Rhodes in the Hellenistic Age*, Berkeley, 1984.

Bresson (Alain), « Rhodes, Cnide et les Lyciens au début du IIe siècle av. J.-C. », *REA*, 100, 1998, p. 65-88.

— « Rhodes and Lycia in Hellenistic Times », dans V. Gabrielsen *et alii* éd., *Hellenistic Rhodes : Politics, Culture, and Society*, Aarhus, 1999, p. 98-131

Fraser (Peter M.) et Bean (George E.), *The Rhodian Peraea*, Oxford, 1954.

Gabrielsen (Victor), *et alii* éd., *Hellenistic Rhodes : Politics, Culture, and Society*, Aarhus, 1999.

Labarre (Guy), *Les cités de Lesbos*, Lyon, 1996.

Meadows (Andrew), « Four Rhodian Decrees. Rhodes, Iasos and Philip V », *Chiron*, 26, 1996, p. 251-266.

Sherwin-White (Susan N.), *Ancient Cos*, Göttingen, 1978.

Shipley (Graham), *A History of Samos 800-188 B.C.*, Oxford, 1987.

- **Lycie, Pamphylie, Pisidie**

Actes du colloque sur la Lycie antique, Paris, 1980.

Borchhardt (Jürgen) et Dobesh (Gherhard), *Akten des II. Internationalen Lykien-Symposions, Wien 6-12 Mai 1990*, Vienne, 1993 (avec très complète bibliographie par auteurs et par sites, t. II, p. 245-314).

Bracke (H.), « Pisidia in the Hellenistic Times », dans M. Waelkens, *Sagalassos* I. *First General Report on yhe Survey (1986-1989) and Excavations (1990-1991)*, Louvain, 1993.

Brandt (Hartwin), *Gesellschaft und Wirtschaft Pamphyliens und Pisidiens im Altertum*, Bonn, 1992 (*Asia Minor Studien*, 7).

Bresson (Alain), « Rhodes, Cnide et les Lyciens au début du IIe siècle av. J.-C. », *REA*, 100, 1998, p. 65-88.

French (David) éd., *Studies in the History and Topography of the Lycia and Pisidia*, Londres, 1994.

Hall (Alan S.) et Coulton (J. J.), « An hellenistic allotment list from Balboura in Kibyratis », *Chiron*, 20, 1990, p. 109-155.

Houwink Ten Cate (Ph. H. J.), *The Luwian population groups of Lycia and Cilicia Aspera during the Hellenistic Period*, Leyde, 1965.

Jameson (Shelagh), « The Lycian League : some Problems in its administration », *ANRW*, II, 7, 2, New York-Berlin, 1980, p. 832-855.

Kearsley (Rosalind A.), « The Mylias and the Attalids : a decree of the city of Olbasa and a new royal letter of the second century B.C. », *EA*, 44, 1994, p. 47-57.

Kosmetatou (E.), « Pisidia and the Hellenistic Kings from 323 to 133 BC », *AncSoc*, 28, 1997, p. 5-37.

Mitchell (Stephen), « Hellenismus in Pisidien » dans Schwertheim (E.), *Forschungen in Pisidien*, Bonn, 1992 (Asia Minor Studien, 6), p. 1-27.

— « The hellenisation of Pisidia », *Mediterranean Archaeology*, 4, 2001.

Mitchell (Stephen) et Waelkens (Marc), *Pisidian Antioch. The Site and its Monuments*, Londres, 1998.

Nollé (Johannes), « Die feindlichen Schwestern. Betrachtungen zur Rivalität der pamphylischen Städte », dans *Die epigraphische und altertumskundliche Erforschung Kleinasiens*, Vienne, 1993, p. 297-317.

— *Side im Altertum. Geschichte und Zeugnisse, I : Geographie, Geschichte, Testimonia. Griechische und lateinische Inschriften (1-4)*, Bonn, 1993 ; II, *Griechische und lateinische Inschriften. Papyri. Inschriften in sidetischer Schrift und Sprache. Ergänzungen und Berichtigungen. Konkordanzen. Epigraphische Indices*, Bonn, 2001.

Schwertheim (Elmar) éd., *Forschungen in Pisidien*, Bonn, 1992 (*Asia Minor Studien*, 6).

Waelkens (Marc) éd., *Sagalassos* I. *First General Report on the Survey (1986-1989) and Excavations (1990-1991)*, Louvain, 1993.

Waelkens (Marc) et Poblome (Jeroen) éd., *Sagalassos* II. *Report on the Third Excavation Campaign of 1992*, Louvain, 1993.

— *Sagalassos* III. *Report on the Fourth Excavation Campaign of 1993*, Louvain, 1995.

— *Sagalassos* IV. *Report on the Survey and Excavation Campaign of 1994 and 1995*, Louvain, 1997.

Waelkens (Marc) et Vandeput (Luitgard), « Regionalism in Hellenistic and Roman Pisidia », dans Hugh Elton et Gary Reger, *Regionalism in Hellenistic and Roman Asia Minor*, Harford, à paraître.

• Cilicie

Desideri (Paolo), « Cilicia ellenistica », *Quaderni Storici*, 76, 1991.

Jean (Eric), Dinçol (Ali M.) et Durugönül (Serra) éd., *La Cilicie : espaces et pouvoirs locaux*, Paris, 2000.

Sayar (Mohamed H.), « Tarkondimotos. Seine Dynastie, seine Politik und sein Reich », dans E. Jean, A. M. Dinçol et S. Durugönül éd., *La Cilicie : espaces et pouvoirs locaux*, Paris, 2001, p. 373-380.

Tobin (J.), « The Tarcondimotid Dynasty in Smooth Cilicia », dans E. Jean, A. M. Dinçol et S. Durugönül éd., *La Cilicie : espaces et pouvoirs locaux*, Paris, 2001, p. 381-387.

Trampedach (K.), « Tempel und Grossmacht : Olba in hellenistischer Zeit », dans dans E. Jean, A. M. Dinçol et S. Durugönül éd., *La Cilicie : espaces et pouvoirs locaux*, Paris, 2001, p. 269-288.

• Galatie

Darbyshire (G.), Mitchell (Stephen) et Vardar (L.), « The Galatian Settlement in Asia Minor », *AS*, 50, 2000, p. 75-97.

Marek (Christian), *Stadt, Ära und Territorium in Pontus-Bithynia und Nord-Galatia*, Tübingen, 1993.

Moraux (Paul), « L'établissement des Galates en Asie Mineure », *Ist. Mitt.*, 7, 1955.

Schwertheim (Elmar) éd., *Forschungen in Galatien*, Bonn, 1994.

Stähelin (Felix), *Geschichte der kleinasiatischer Galater*, 1907.

Strobel (Karl), *Die Galater : Geschichte und Eigenart der keltischen Staatenbildung auf dem Boden des hellenistischen Kleinasien*, Berlin, 1996.

Virgilio (Biaggio), *Il « tempio stato » di Pessinunte fra Pergamo e Roma nel II-I secolo A.C.*, Pise, 1981.

Wörrle (Michael), « Antiochos I., Achaios der Ältere und die Galater », *Chiron*, 5, 1975.

• Cappadoce

Asheri (David), *Fra Ellenismo e Iranismo*, Bologne, 1983.

Le Guen-Pollet (Brigitte) et Pelon (Olivier), *La Cappadoce méridionale jusqu'à la fin de l'époque romaine*, Paris, 1991.

Robert (Louis), *Noms indigènes*, Peris, 1963, p. 457-523 (Hanisa et la Cappadoce hellénistique).

La conquête romaine et la première province d'Asie

Braund (David), « Royal wills and Rome », *PBSR*, 51, 1983, p. 16-57.

Briant (Pierre), Brun (Patrice) et Varinlioğlu (Ender), « Une inscription inédite de Carie et la guerre d'Aristonicos », dans A. Bresson et R. Descat éd., *Les cités d'Asie mineure occidentale au IIe siècle*, Bordeaux, 2001, p. 241-259.

Brunt (Peter A.), « Sulla and the Asian Publicans », *Latomus*, 15, 1956, p. 17 *sq.*

Carrata Thomes (Franco), *La rivolta di Aristonico e le origini della provincia d'Asia*, Turin, 1968.

Chapot (Victor), *La province proconsulaire d'Asie*, Paris, 1914.

Colloquium on the Monumentum Ephesinum, Oxford, 1-2 octobre 1999, à paraître.

De Souza (Philip), *Piracy in the Graeco-Roman world*, Cambridge, 1999.

Delplace (Christiane), « Le contenu social et économique du soulèvement d'Aristonicos : opposition entre riches et pauvres ? », *Athenaeum*, 56, 1978, p. 20-54.

Dreher (M.), « Die *Lex Portorii Asiae* und der Zollbezirk Asia », *EA*, 26, 1996, p. 111-127.

Dumont (Jean-Christian), « À propos d'Aristonicos », *Eirene*, 5, 1966, p. 189-196.

Engelmann (Helmut), et Knibbe (Dieter), « Das Zollgesetz der Provinz Asia », *EA*, 14, 1989.

Erskine (Andrew), « The Roman as Common Benefactors », *Historia*, 43, 1994, p. 70-87.

Ferrary (Jean-Louis), « La création de la province d'Asie et la présence italienne en Asie Mineure », dans Chr. Müller et C. Hasenohr, *Les Italiens dans le monde grec, IIe siècle av. J.-C.-Ier siècle apr. J.-C., BCH* Suppl. 41, Paris, 2002, p. 133-146.

— « Rome et les cités grecques d'Asie Mineure au IIe siècle », dans A. Bresson et R. Descat éd., *Les cités d'Asie Mineure occidentale au IIe siècle a. C.*, Bordeaux, 2001, p. 93-106.

— « Les gouverneurs des provinces romaines d'Asie Mineure (Asie et Cilicie), depuis l'organisation de la province d'Asie jusqu'à la 1re guerre mithridatique (126-88 av. J.-C.) », *Chiron*, 30, 2000, p. 161-193.

— « Les inscriptions du sanctuaire de Claros en l'honneur de Romains », *BCH*, 124, 2000, p. 331-376.

— « The Hellenistic World and Roman Political Patronage », dans P. Cartledge, P. Garnsey et E. Gruen éd., *Hellenistic Constructs*, Berkeley-Londres, 1997, p. 105-119.

— *Philhellénisme et impérialisme. Aspects idéologiques de la conquête romaine du monde hellénistique*, Rome, 1988.

— « Recherches sur la législation de Saturninus et de Glaucia, I : La *lex de piratis* de Delphes et Cnide », *MEFRA*, 89, 1977, p. 619-660.

Foucart (Paul), « La formation de la province romaine d'Asie », *Mémoires AIBL*, 1904, p. 297-339.

Framonti (S.), *Hostes communes omnium. La pirateria e la fine della Republica Romana (145-33 a.C.)*, Ferrare, 1994.

Hassall (Mark), Crawford (Michael) et Reynolds (Joyce), « Rome and the Eastern provinces at the end of the second century B.C. The so-called "Piracy-Law" and a new inscription from Cnidos », *JRS*, 64, 1974, p. 195-220.

Kallet-Marx (Robert M.), *Hegemony to Empire* : *The Development of Roman* Imperium *in the East from 148 to 62 BC*, Berkeley-Los Angeles-Oxford, 1995.

Magie (David S.), *Roman Rule in Asia Minor*, Princeton, 1950.

Mellor (Ronald), *ΘΕΑ ΡΩΜΗ. The worship of the Godess Roma in the greek East*, Göttingen, 1975.

Merola (Giovanna Daniela), « Il Monumentum Ephesenum e l'organizzazione territoriale delle regioni asiane », *MEFRA*, 108, 1996, p. 263-297.

— « Il sistema tributario asiano tra Repubblica e Principato », *Med. Ant.*, 4, 2001, p. 459-472.

— *Autonomia locale, Governo imperiale. Fiscalità e amministrazione nelle province asiane*, Bari, Edipuglia, 2001.

Mitchell (Stephen), « The Administration of Roman Asia from 133 B.C. to A.D. 250 », dans W. Eck éd., *Lokale Autonomie und römische Ordnungsmacht in den kaiserzeitlichen Provinzen vom 1. Bis 3 Jahrhundert*, Munich, 1999, p. 17-46.

Nicolet (Claude) dir., *Rome et la conquête du monde méditerranéen (264-27 av. J.-C.)*, 2 vol., Paris, 1978 (deux excellents chapitres de J.-L. Ferrary et de J.-M. Bertrand).

Nicolet (Claude), « Le *Monumentum Ephesenum*, la loi *Terentia-Cassia* et les dîmes d'Asie », *MEFRA*, 111, 1999, p. 191-215.

— « Le *Monumentum Ephesenum* et la délimitation du *portorium* d'Asie », *MEFRA*, 105, 1993, p. 929-959.

— « Le *Monumentum Ephesenum* et les dîmes d'Asie », *BCH*, 115, 1991, p. 465-480.

— « À propos du règlement douanier d'Asie », *CRAI*, 1990, p. 675-698.

— *L'inventaire du monde. Géographie et politique aux origines de l'Empire romain*, Paris, 1988.

Ormerod (Henry), *Piracy in the Ancient World*, Manchester, 1924 reprint Liverpool, 1978).

Rigsby (Kent J.), « Provincia Asia », *TAPA*, 118, 1988, p. 123-153.

Pohl (H.), *Die römische Politik und die Piraterie im östlicherb Mittelmeer vom 3. bis zum 1. Jh. v. Chr.*, Berlin-New York, 1993.

Robert (Louis et Jeanne), *Claros I : décrets hellénistiques*, Paris, 1989.

Sherk (Robert K.), *Rome and the Greek East to the Death of Augustus*, Cambridge, 1984.

Sherwin-White (Adrian N.), « Roman involvement in Asia Minor, 167-88 B.C. », *JRS*, 67, 1977, p. 62-75.

— *Roman Foreign Policy in the East, 168 B.C. to A.D. 1*, Londres, 1984.

Sumner (Graham V.), « The « Piracy-Law » from Delphi and the law of Cnidos inscriptions », *GRBS*, 19, 1978, p. 211-225.

Ziebarth (Erich), *Beiträge zur Geschichte des Seeraubs und Seehandels im alten Griechenland*, Hambourg, 1929.

De la crise mithridatique au temps d'Antoine

Braund (David), *Rome and the Friendly Kingship*, Londres, 1984.

Buchheim (H.), *Die Orientpolitik des Triumvirn M. Antonius*, Heidelberg, 1960.

Callataÿ (François de), « La politique monétaire de Mithridate VI Eupator, roi du Pont, 120-63 av. J.-C. », *Colloque sur les rythmes de la production monétaire, 10-12 janvier 1986*, Paris, [s.d.], p. 55-62.

— *Histoire des guerres mithridatiques par les monnaies*, Louvain-la-Neuve, 1997.

Glew (Dennis), « Mithridates Eupator and Rome : a study of the backround of the first mithridatic war », *Athenaeum*, 65, 1977, p. 380-405.

— « Between the wars : Mithridates Eupator and Rome 85-73 BC », *Chiron*, 11, 1981, p. 109-130.

Keaveney (Arthur), *Sulla, the last Republican*, Londres, 1983.

— *Lucullus. A Life*, Londres-New York, 1992.

Mastrocinque (Attilio), *Studi sulle guerre mithridatiche*, Stuttgart, 1999.

McGing (Brian C.), *The Foreign Policy of Mithridares VI Eupator, King of Pontus*, Leyde, 1986.

Olshausen (Eckart)-Wagner (J.), *Asia Minor and Black Sea Area. The Epoch of Mithridates the Great (121-63 BC)*, Tübingen, 1981.

Strobel (Karl), « Mithridates VI. Eupator von Pontos, politisches Denken in hellenistischer Tradition versus römische Macht », *Ktèma*, 21, 1996, p. 55-94.

Sullivan (Richard D.), *Near East Royalty and Rome (100-30 BC)*, Waterloo (Canada), 1989.

Van Ooteghem (Jules), *Pompée le Grand, bâtisseur d'empire*, Bruxelles, 1954.

— *Lucius Licinius Lucullus*, Bruxelles, 1959.

Ziegler (Reinhardt), « Ären kilikischer Städte und Politik des Pompeius in Südostkleinasien », *Tyche*, 8, 1993, p. 203-219.

Liste des textes

Index des auteurs modernes

O

P-Q

R

S

T

W-Z

Index des noms et notions

N

O

P-Q

R

L'Anatolie hellénistique (334-31 av. J.-C.)

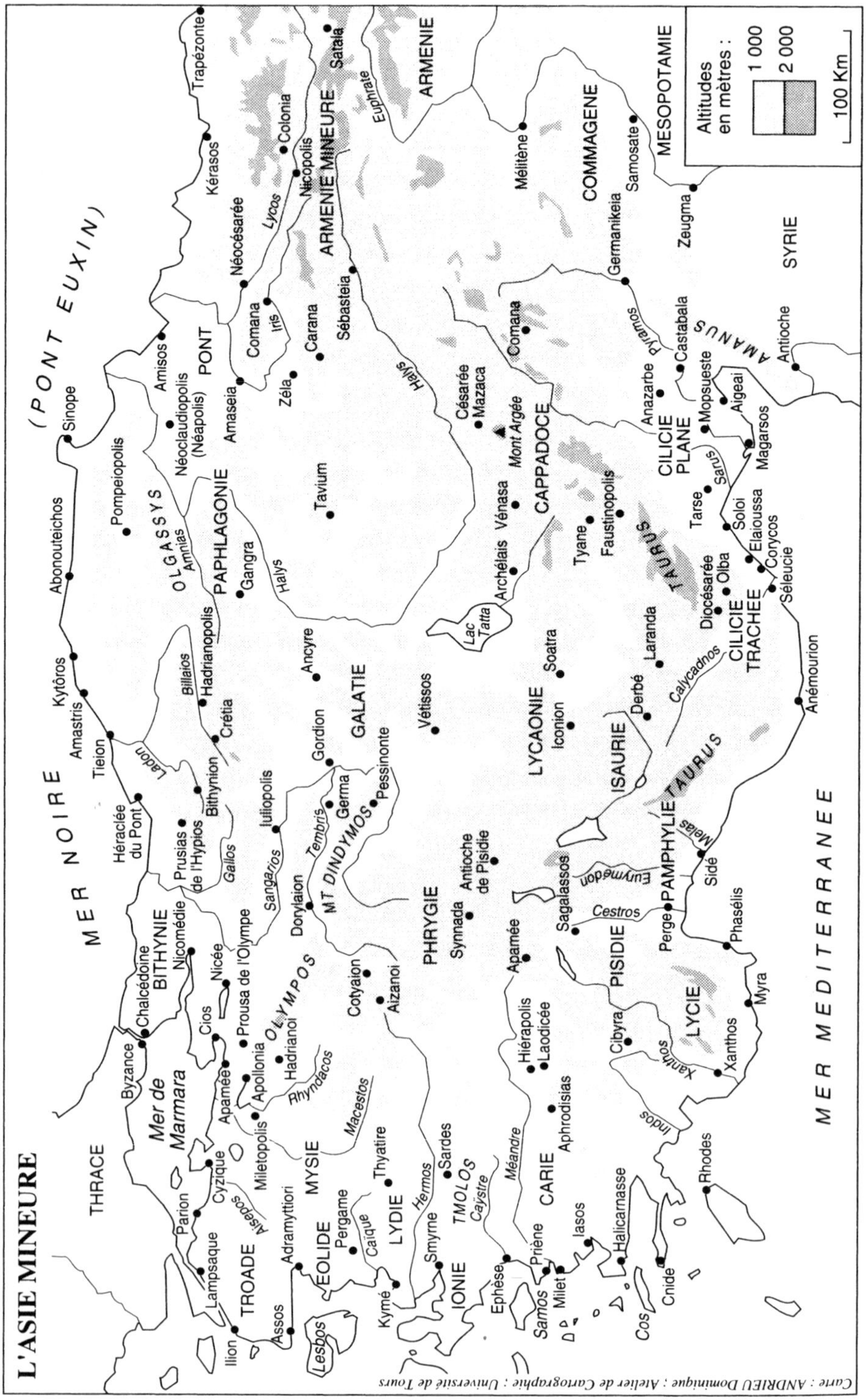

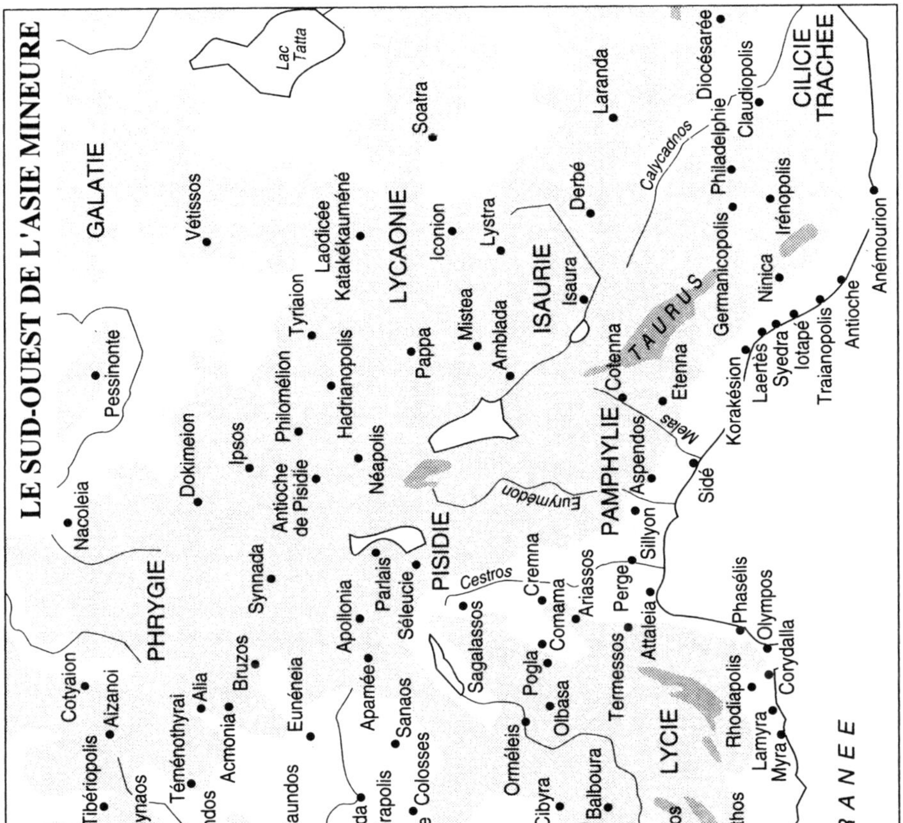
LE SUD-OUEST DE L'ASIE MINEURE
EOLIDE
IONIE
LYDIE
PHRYGIE
GALATIE
LYCAONIE
PISIDIE
ISAURIE
PAMPHYLIE
CARIE
LYCIE
CILICIE TRACHEE
TAURUS
TMOLOS
MER MEDITERRANEE
Lac Tatta
Lesbos
Samos
Cos
Rhodes
Caïque
Macestos
Hermos
Caÿstre
Méandre
Indos
Xanthos
Cestros
Eurymédon
Mélas
Calycadnos
Pitané
Myrina
Elaia
Pergame
Kymé
Aigai
Temnos
Apollonis
Stratonicée
Phocée
Clazomènes
Téos
Lébédos
Smyrne
Magnésie du S.
Mosténé
Hyrcanis
Hiérocésarée
Thyatire
Iulia Gordos
Iulia Ancyra
Colophon
Métropolis
Ephèse
Magnésie du M.
Hypaipa
Sardes
Maionia
Saïttai
Philadelphie
Priène
Milet
Didymes
Iasos
Bargylia
Halicarnasse
Kéramos
Cnide
Amyzon
Olympos
Mylasa
Alabanda
Tralles
Nysa
Stratonicée
Kys
Aphrodisias
Laodicée
Hiérapolis
Colosses
Lounda
Sanaos
Apamée
Blaundos
Silandos
Synaos
Tibériopolis
Cotyaion
Aizanoi
Téménothyrai
Acmonia
Alia
Bruzos
Euménéia
Synnada
Apollonia
Parlais
Séleucie
Nacoleia
Dokimeion
Ipsos
Pessinonte
Antioche de Pisidie
Philomélion
Hadrianopolis
Néapolis
Tyriaion
Laodicée Katakékauméné
Vétissos
Soatra
Iconion
Lystra
Pappa
Mistea
Amblada
Isaura
Derbé
Laranda
Sagalassos
Cremna
Comama
Ariassos
Pogla
Olbasa
Orméleis
Cibyra
Balboura
Boubon
Oinoanda
Kadyanda
Caunos
Termessos
Perge
Sillyon
Aspendos
Sidé
Attaleia
Cotenna
Etenna
Tlos
Xanthos
Patara
Rhodiapolis
Lamyra
Myra
Phasélis
Olympos
Corydalla
Korakésion
Laertès
Syedra
Iotapé
Traianopolis
Antioche
Anémourion
Germanicopolis
Ninica
Irénopolis
Philadelphie
Claudiopolis
Diocésarée
Altitudes en mètres :
1 000
2 000
50 Km
Carte : ANDRIEU Dominique : Atelier de Cartographie : Université de Tours

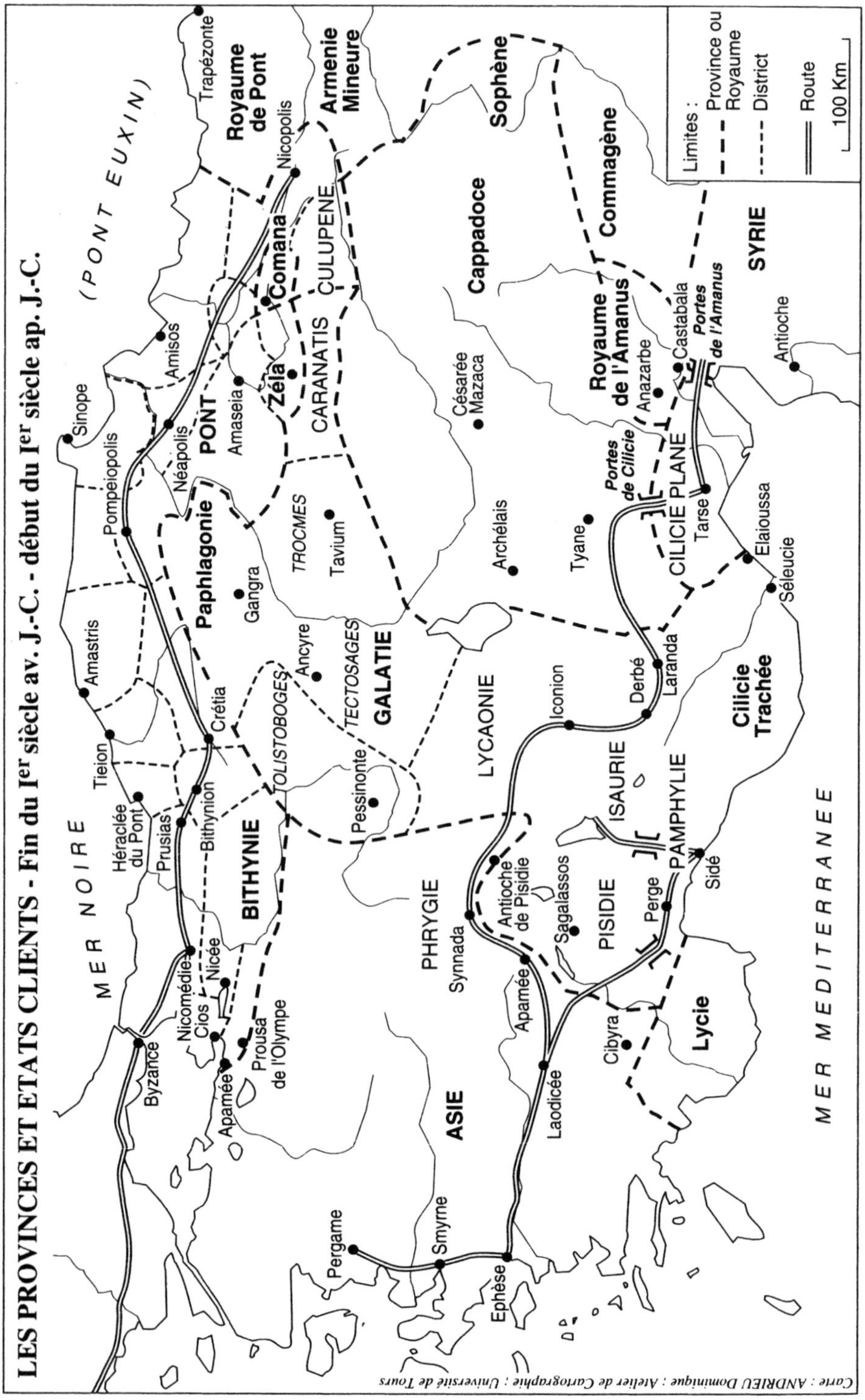
LES PROVINCES ET ETATS CLIENTS - Fin du Ier siècle av. J.-C. - début du Ier siècle ap. J.-C.
Limites :
Province ou Royaume
District
Route
100 Km
(PONT EUXIN)
MER NOIRE
MER MEDITERRANEE
Royaume de Pont
Armenie Mineure
Sophène
Commagène
Cappadoce
SYRIE
Royaume de l'Amanus
Portes de l'Amanus
Portes de Cilicie
CILICIE PLANE
Cilicie Trachée
ISAURIE
PAMPHYLIE
PISIDIE
Lycie
LYCAONIE
PHRYGIE
ASIE
BITHYNIE
Paphlagonie
PONT
GALATIE
TROCMES
TECTOSAGES
TOLISTOBOGES
CULUPENE
CARANATIS
Comana
Zéla
Trapézonte
Nicopolis
Amisos
Sinope
Amaseia
Néapolis
Pompeiopolis
Amastris
Tieion
Héraclée du Pont
Prusias
Bithynion
Crétia
Nicomédie
Nicée
Cios
Prousa de l'Olympe
Apamée
Byzance
Gangra
Tavium
Ancyre
Pessinonte
Césarée Mazaca
Archélais
Tyane
Anazarbe
Castabala
Antioche
Tarse
Elaioussa
Séleucie
Laranda
Derbé
Iconion
Antioche de Pisidie
Sagalassos
Perge
Sidé
Synnada
Apamée
Cibyra
Laodicée
Pergame
Smyrne
Ephèse
Carte : ANDRIEU Dominique : Atelier de Cartographie : Université de Tours

Table des matières

N° d'éditeur 10105806 – NC –
Imprimé en France par EMD S.A. – 53110 Lassay-les-Châteaux – N° de dossier : 10860 – Dépôt légal : août 2003